运维数字化转型

构建四位一体的数字化运维体系

DIGITIZATION TRANSFORMATION OF IT OPERATION

彭华盛／著

机械工业出版社
CHINA MACHINE PRESS

图书在版编目（CIP）数据

运维数字化转型：构建四位一体的数字化运维体系 / 彭华盛著．—北京：机械工业出版社，2023.1（2024.1 重印）

ISBN 978-7-111-72674-6

Ⅰ．①运…　Ⅱ．①彭…　Ⅲ．①企业管理－数字化－研究　Ⅳ．① F272.7

中国国家版本馆 CIP 数据核字（2023）第 034241 号

机械工业出版社（北京市百万庄大街 22 号　邮政编码 100037）

策划编辑：杨福川　　　　　　责任编辑：杨福川　董惠芝

责任校对：贾海霞　王明欣　　责任印制：李　昂

北京捷迅佳彩印刷有限公司印刷

2024 年 1 月第 1 版第 2 次印刷

186mm × 240mm・25.25 印张・514 千字

标准书号：ISBN 978-7-111-72674-6

定价：129.00 元

电话服务	网络服务
客服电话：010-88361066	机　工　官　网：www.cmpbook.com
010-88379833	机　工　官　博：weibo.com/cmp1952
010-68326294	金　　书　　网：www.golden-book.com
封底无防伪标均为盗版	机工教育服务网：www.cmpedu.com

推荐语

记得2020年12月21日，彭同学的“运维之路”公众号首次出现了“数智万物下，重新思考运维价值”的运维思考文章。自此以后，数智万物的系列文章持续涌现。从文章结构、逻辑架构到公众号设计，我知道终会有一本主题宏大而内容详尽的运维书籍出现在我面前。

三年后的今天，这本大作终于面世，我深感兴奋。华盛是我见过的专注于运维研究且愿意体系化分享的金融业运维专家。他的运维经验不仅来自他在金融业10多年工作经历，还来自他对技术的敏锐洞察和对理论的持续深入研究。而这些对新时代运维的思考、总结和实践都已沉淀在本书中。这本书对数智时代下的4个IT运维价值创造和四位一体的数字化运维体系进行了清晰的框架定义，并提供相当详细的落地实践指导。

强烈推荐这本书给所有正在运维领域工作或对运维领域感兴趣的人。它是一本体系完整、架构清晰且非常实用的新时代运维书，无论经验丰富的专业人士还是新手，无论想获得体系建议还是单领域的解决方案，这本书都不会让你失望。你将能从中找到有价值的见解甚至直接的答案，从而有效地在不断变化的运维世界获得成功。

——黎杰松 招商证券智能运维和安全负责人

安全运营是一项系统性工程，安全运营如履薄冰，安全运营如临深渊；安全运营最终要服务于广大客户，服务于业务发展。安全运营是1，科技研发和数据服务价值的凸显则是1之后的一个个0，这就是安全运营的价值。做多了安全运营工作，容易眼里全是问题，这只是到了发现问题的层次。真正要解决问题还得系统化、体系化思考解决方法，并予以实践，并且不断拥抱新的变化，不断改进，形成闭环。安全运营数字化可以解决“月亮的脸偷偷在改变”的问题，方便快速知晓安全运营环境的变化，主动拥抱变化，向数据要价值，迎接云化、分布式转型等一系列变化。华盛体系化地介绍了运维数字化，实属难得。拿到书稿，我作为一个金融科技从业者，一个运维人，迫不及待地沉浸于书香之中，收获颇丰。

我想能写出这样好的书，在于华盛不断积累、持续思考，而且在照顾家庭的同时还能有如此佳作，实在是难得。在此向华盛和华盛家人致敬，只有拥有阳光心态的人，只有专注的人才能沉下心来，把实践和思考落在纸上，也向广大科技人热情推荐此书，让我们通过对这本书的学习和思考，创造更好的安全运营生态，服务于广大客户，服务于业务发展！

——彭晓 光大银行金融科技部副总经理

本书是少有的依托个人实践经验总结出来的运维体系在企业数字化转型过程中的建设心得，从运维价值、组织、流程、平台、场景几部分展开，对运维领域的规划管理者、自动化建设者、操作执行团队、服务或产品供应商都有很好的指导和启发。比较有特色的是在平台工程领域，作者在纷繁的运维场景中体会到，数字化的技术架构不能垒烟囱，而是需要以平台化思路构建服务化、云化的开放架构，实现可共享、可扩展、可共生，这是对运维 PaaS 平台能力非常具象的描述；在场景层，指出操作平台不应该让单个工具实现所有运维操作自动化，而应该让擅长的职能型团队众创工具，让平台提供工具整合、组装能力，这是对工具 SaaS 生态的明确认知。基于私有 PaaS 结构贯穿的 CI-CD-CO（持续集成、持续部署、持续运营）工具链，是运维数字化转型的基石。

——党受辉 蓝鲸创始人、腾讯 IEG 技术运营部助理总经理

和华盛认识多年，他是一位善于系统性思考、具有深度思维能力的人。这本书是他近 15 年从事运维行业实践经验的总结和运维模式的探索。本书从运维价值谈到运维组织形态，从运维平台建设谈到如何进行价值运营，以及如何通过运维场景给组织赋能，促进运维数字化转型和运维能力的提升。本书涵盖完整的运维知识体系，可以作为运维规划及实施的参考指南和方法论。如果你刚启动运维能力的建设，那么从头阅读会给你一个完整有序的建设思路；如果你的运维能力较高，“场景革命”这部分内容会给你带来新的思考和启发。

——李晓璐 安信证券互联网运维负责人

在数字化转型大势下，各行各业都把“数”与“智”提升到了组织战略高度。运维作为一项传统且基础性的工作，在数字化转型浪潮下难免会受到冲击。而处在其中的传统金融机构，在满足系统安全稳定的强监管要求的同时，面临着敏捷交付、弹性服务、强用户体验的业务层面的诉求，而且系统“敏稳双态”共存、异构模式互连、安全与效率并重的局面也将长时间存在。因此，运维除了要维系系统运转外，还要补旧债、赋新能，追上组织演进的脚步，寻找解决数智万物下组织体系发展不对称的方法。本书正好给出了答案。其聚焦在运维的核心价值，从提高业务连续性保障水平、提高业务交付速度、辅助提升客户体验、提升 IT 服务质量 4 个核心价值创造出发，深入剖析数字化时代运维的基本原理与

实践方法论，系统地概括了运维全域的活动视图，体系化地介绍了数字化、智能化运维的基础底座，并提出了一些实际的应用案例，是作者10余年扎实的运维研发与运维管理体系建设经验的深刻总结。我作为一名同样深耕运维领域多年的老兵，读来也是深有感触，受益良多，每每与作者的沟通碰撞也能让自己有新的启发。因此，无论你是一名想从事运维工作的小白，还是一名登堂入室的行家里手，本书都将是你体系化了解运维工作全貌，深挖运维管理细节，开展数字化、智能化运维实践的宝典。

——夏立民 某商业银行运维研发负责人

在开始本书阅读之前，我在运维数字化转型方面的认知还比较浅，在关于运维数字化转型与传统所讲的运维自动化、一体化、智能化之间的关系定位，转型方向、方法以及价值等方面有着不少困惑。然而，在深入研读本书之后，我相信自己已经找到了答案。

作者从IT价值创造视角出发，讲述了多领域的数字化相关故事，系统且翔实地阐述了如何开展运维数字化转型以及如何利用转型在数智万物时代为企业创造价值。本书共分为5部分，每一部分均从不同角度、不同层面来思考和解决企业运维数字化转型中所面临的问题，每章都涵盖了实际生产环境中运用的方法和解决方案。作者认为运维数字化转型的本质和核心目标是IT价值创造，提出运维数字化转型的方向和方法是利用数字化思维，整合组织、流程、平台能力，落地数字化工作场景。除此之外，作者还重点强调了全在线、人机协同、场景革命，专门介绍了ChatOps，并描述了如何利用其优越的协作特点来支持数字化运维组织。

在数字化时代，企业的IT运维工作早已不再是简单的发布、运行维护和请求服务响应，而是需要以更高效、更自动化、更智能的数字化能力来应对不断变化的需求。本书可作为运维数字化转型指导手册，值得大家学习。阅读本书，你可以充分感受到作者倾尽自己在运维领域所学、毫无保留的态度，更能感受到作者深度的思考能力、出色的总结创新能力以及丰富的实战经验。本书分类明确、内容严谨，每个部分衔接紧密、循序渐进，读者几乎可以在任何时候选取感兴趣的内容进行阅读。因此，我真诚地推荐这本书给正在或即将参与运维数字化转型的技术人员和相关工作者，希望他们能从中获得有益的启示，抓住运维数字化转型的机会，不断提升自身的价值和组织竞争力。

——丘彬 广发银行运维自动化团队负责人

本书围绕“数据智能、协同网络、员工赋能、一切皆服务”4个关键词，重新构思了运维组织、流程、平台、场景的数字化运维体系，并从实际运维场景出发解释数字化与运维场景的关系。在企业数字化转型背景下，企业信息系统架构越来越复杂，书中提出需要构建人机协同的运维模式，聚焦于通过机器辅助运维洞察、决策与执行，即在原来运维参与者的协同网络中增加机器角色，形成人机协同的运营模式。这种人机协同的运营模式可以类比于现代化医院里经验丰富的医生与先进的检测检验设备构成的人机协同的医疗诊断模式。正如先进的检测检验设备为医疗领域带来了长足进步一样，AIOps 也将推动运维向人机协同模式发展。作为运维的机器大脑，AIOps 基于自身在数据、算法、场景、知识的优势，结合运维人员丰富的运维经验，将大大促进运维智能化水平的提升。

——裴丹 清华大学长聘副教授 AIOps 算法专家

初识华盛还是在 GOPS 大会上，我们一见如故。当时，我对他感受最深的是他的体系化思考能力。如今的企业运维正处于数字化转型中，许多碎片化的实践和点状的思考不足以指导运维管理者选择正确的道路。本书从数字化大背景出发，站在运维如何承接业务数字化转型战略的高度，帮助企业运维组织进行系统性的战略解码。

著名的管理学大师德鲁克认为组织存在的唯一理由在于创造客户价值。而本书首先清晰地定义了数字化时代运维组织应该输出的价值，再围绕价值实现，系统地阐述了组织、流程、平台、场景四位一体的新运维体系。

本书的出版恰如甘霖降于新芽，为企业级运维数字化转型提供了系统性指导，也为运维组织从成本中心走向价值中心指明了方向。

——杨辰 擎创科技 CEO

华盛是我在运维领域遇到的擅长将经验归纳提炼成原则和理论的专家。这次他写的《运维数字化转型：构建四位一体的数字化运维体系》也是领域内我见过的在数字化转型浪潮下，将数据和运维相结合的最具实践性的一本书。

在内容上，华盛对运维工作的价值创造、数字化思维、人机协同以及平台化管理等方面进行了深入探讨。书中提供了许多宝贵的实践经验和思考，为运维管理者提供了有益的指导和借鉴。

本书在解读数字化运维时，遵循企业核心价值创造的整体方向，将运维当前的价值创造总结为提高业务连续性保障水平、提高业务交付速度、辅助提升客户体验、提升 IT 服务质量 4 个方面，为读者提供了切实可行的运维管理方法。

无论对于企业内的技术人员还是管理者，特别是数字化转型部门的从业者，本书都是一本不可多得的运维管理经验之作，强烈推荐阅读。

——赵成 畅销书《进化：运维技术变革与实践探索》作者

推荐序一

当前，在国际形势多变、全球经济下行、数字化全面渗透、信息技术快速变革等大背景下，金融企业积极推进数字化转型，提升科技赋能业务能力。数字技术与业务不断深入融合，IT 运维面临巨大挑战，数字化运维应运而生，成为应对新时期诸多挑战的最佳实践。企业从组织、流程、平台、场景四个方面构建数字化运维体系，实现信息系统安全、高效运行。

数字化运维筑牢安全运行防线。安全、稳定是运维管理的底线。数字化转型给运维带来了 IT 服务多样性、交付敏捷性、系统复杂性、架构脆弱性等挑战，以经验驱动的传统运维模式已经力不从心。运维企业需要建立数据驱动的工作模式，基于数据中台与智能算法，打造智能化的天网感知体系。天网感知体系应能够在事前推动风险的主动挖掘与预测，在事中在线感知、快速发现、精准决策、高效协同，在事后全面复盘风险、建立持续学习型组织。

数字化运维赋能企业高效运作。企业数字化转型需要 IT 具备“敏稳双态”的能力，既要支撑现有业务稳健发展，又要敏捷交付客户需求。双态的数字化运维体系将构建高容量、高弹性、高可用的云基础底座，提供高效的软件持续交付能力，实现“一切皆服务”的 IT 服务管理协作，打造全数字化的工作空间，支撑数字化转型企业的高效运营。

数字化运维提升 IT 服务质量。数据已经成为重要的基础性资源。传统运维组织主要以被动保障、应急救火的模式工作，数字化运维需要充分利用运维专家的实践经验与实时、智能的运行分析能力，推动运维工作前移。有效的运维前移需要运维专家提前参与到软件架构设计、研发、测试、评审等环节，以运维数据治理为基础、以智能算法为支撑、以场景为导向，持续提升 IT 运维质量、提高 IT 效能、降低 IT 服务成本；同时，通过分析系统运行状况与性能体验数据，帮助产品人员更快发现实际用户体验问题，为客户提供更全面、更优质的服务。

数智时代已至，数字化运维大有可为。本书内容来源于数字化运维的实践经验与思考。

相信本书的出版，能够给行业和运维领域提供一个理论和实践的参考，为数字化运维在行业的普及贡献一份力量。

辛治运
广发证券副总经理、首席信息官

推荐序二

在二十国集团领导人第十七次峰会上，数字化转型成为峰会三大优先议题之一。峰会希望通过推动各国数字合作促进世界经济复苏。近年来，数字经济已经成为促进世界经济增长、繁荣行业数字科技生态的新动能。全面推动企业数字化转型已经成为众多企业的核心战略。我们也发现虽然不少组织启动了数字化转型战略实施，但仍存在诸多问题，比如认知不全、策略不明确、执行不到位、效果不明显等。

运维是企业最后一道防线，企业面临什么是运维数字化、如何推进运维数字化、如何度量运维数字化绩效等问题。本书提到的“组织、流程、平台、场景”四位一体的数字化运维体系在广发证券得到了实践，正推动着运维团队建立以数字化机制持续优化的有机体系。数字化运维体系采用了“线上化、数字化、自动化、弱智能化”相关技术，围绕“人、场景、工具、数据”四个要素打造了基于数据驱动的人机协同模式。

人是数字化运维体系中的关键主体，离开人，运维工作将无法开展。运维平台解决了“事”的数字化，尤其是对于操作性、规律性、7×24小时等类型的工作。但是，我们仍要看到当前面对复杂、多变、信息不完全的生产环境，特别是在高风险的金融领域，机器仍不具备替代人的能力。所以，数字化运维需要以人为本，利用数字化技术辅助人感知、决策。

数字化运维体系中的一系列工作场景共同构成了点、线、面、体的工作模式。每一个工作场景（线）由一系列带有时序的任务（点）构成，多个协同场景又组成了运维价值链交付模式（面），并最终构成整个IT服务的价值体系（体）。为了保障执行的正确性和时效性，企业需要建立一系列适配组织的规范、标准、规程等工作机制。这些机制是组织多年沉淀的智慧，在数字化场景中实现智慧在线化，并在实践中不断完善。

工具赋能场景更好地落地，并通过学习沉淀人的工作经验，进而持续完善。好的工具，要能发挥提能增效、闭环传递、量化管控、技术赋能的作用。比如书中提到的ChatOps就是一个好工具：一是让规律性的管理与操作行为由机器人代替，达到提能增效的效果；二是借助社交工具高频、即时、透明等特点，让信息能够精准地触达人；三是借助全线上化的协同模式，提供平台化管理的抓手；四是通过能力服务化与低代码化，让所有一线运维人员快速获得效益，实现技术赋能业务。

数字化运维通过全方位、全过程实时收集与分析挖掘数据，以智能感知的方式触达人，构建多层次网状感知防护体系，解决异常定位准确性和时效性、系统病态发现、自愈驱动等方面的难题。数据将碎片化、局部化的要素连接起来，打破信息孤岛，消除数据烟囱，推动信息共享，达到“用数据观测，用数据决策，用数据管理，用数据跟踪”的效果，建立类似外卖平台的运维平台化管理模式。这种平台化管理模式能够帮助组织应对复杂多变的环境。

数字化将改变运维组织的思维方式，重塑运维新秩序。华盛这本运维数字化转型书籍从 IT 运维从业者视角诠释并展示了运维数字化转型的基本全貌，相信能给行业运维数字化转型带来帮助。

李立峰

广发证券信息技术部副总经理、董事总经理

推荐序三

看到华盛将多年来的运维实践和思考凝聚成一部专著，我在欣喜感佩之余，也看到了运维行业的希望。本书为企业尤其是大型企业提供了一套难得的既有思维高度，又有实践经验的运维方法论，对于企业运维人员来说，是一本全面、实用、体系化、有高度的知识大全。

“运维”是我们的职业、专业，逐渐成为一种爱好和使命。我与华盛兄的相识相交，始终围绕着“运维”，最初是偶然看到华盛个人公众号“运维之路”中的文章，留言交流，取得了联系。2017 年年底，我去广州，终于相约见面，畅谈一晚，引为知交。此后见面机会虽然不多，但每次都交流得很深入，交谈中我向华盛分享过两段个人经历。

一段是 2007 年，我加入 IT 自动化软件厂商 Opsware，在拓展中国区业务时，为了向用户解释 IT 自动化软件这一全新品类在 IT 管理中的定位，重新梳理了当时已经非常复杂和多样化的运维管理软件品类，将 Gartner 定义的十大 IT 管理软件品类重新划分为围绕 CMDB（配置管理数据库）的 Monitoring、ITSM、Automation 三大类，并将其类比为人的眼睛、笔记本和手，简称为“监、管、控”，然后画了一张由监、管、控、CMDB 和 OMDB（运维大数据库）组成的 IT 运维平台架构图。此后几年，“监、管、控”的理念和这张图逐渐被国内外大型客户和大厂商接受，并成为 Gartner 对 IT 管理软件的新分类标准。

另一段是 2015 年，听到越来越多的人在谈 IT 运营，我作为一个 IT 运维从业者，一方面觉得“运营”一词比“运维”更加高大上，另一方面又困惑于这是否只是新瓶装旧酒的词语游戏。于是，我走访了不少用户，问了很多问题，记录了很多真知灼见，逐渐理解到了新名词背后的时代背景、需求和观念的变化，并据此写了一篇题为《 IT，从运维到运营》的文章，其中梳理和提炼了 IT 从运维走向运营的真正动因，以及从以“稳定、安全、可靠”为关键词的运维走向以“体验、效率、效益”为关键词的运营所带来的变革机会。

这两段经历表明普通运维人只要有效运用方法论，努力学习、实践和思考，并诉诸文字形成可输出的思考结晶，都可以逐渐构筑自己的体系，进而对行业产生一些积极的影响。说到这里，想来读者们能够理解我看到华盛这部大作时的欣喜。

欣喜之外，还有感佩。我知道华盛一直在运维路上不懈努力，但在看到这部专著时，我才意识到这份努力已经沉淀和结晶出了怎样的体量和分量。作为一个运维从业者，我深知写出这样一本全面、实用、体系化、有高度的运维书籍有多么不容易。"运维"是一件很"烦"的事情，有日常小事的烦心，也有故障这类麻烦事。要把"运维"搞懂、搞通，还能持续输出实践总结和深度思考，并形成一套完整的体系，是需要耐得烦的。

浏览一下本书的目录，就会理解到为什么"耐得烦"对做好运维如此重要。运维活动自身就是一个繁复庞杂的体系，而运维对象从数据中心和IT系统延伸到万物互联的数智化世界，也变得越来越复杂、庞大，涉及的概念、模式、技术、流程、规范、工具、平台等数不胜数且在快速迭代。要把它们搞懂、做好，不能耐得烦，是万万做不到的。而本书恰恰做到了，一方面全面覆盖了企业运维工作的方方面面，另一方面内容来自实践并可用于实践，很多段落篇章都可以直接拿来在工作中运用，同时采用系统化的方法将运维涉及的各个领域一一梳理过去，从践行到思考，构建了一个完整而庞大的体系。

"耐得烦"说起来简单，做起来难，既要有严格持久的自律，又要有深厚长远的热爱。我对华盛兄佩服的一点，就是他既有对运维的热爱，又有脚踏实地的精神，不仅在实际工作中不断探索和尝试，还始终坚持深度思考，主动运用方法论，甚至创造方法论。而在这样一大堆烦琐，甚至看起来枯燥而机械的事情中坚持下来，竟然让事情开始有了生命的意义。

所谓"有了生命的意义"，是说在读本书初稿时，我感觉华盛所描述的数智万物的运维，已经有生命体的概念了。书中所说的数字化运维体系中的四个关键词——协同网络、数据智能、一切皆服务、员工赋能，强调了构建"运维适应性系统"，其背后隐藏的逻辑都是在将运维对象、运维工具、运维流程、运维组织、运维人员看作一个正在进化并逐步成形的生命系统。在这个生命系统中，由人、工具等构成的"协同网络"，实现了人机合一的整体智能；"数据智能"点出了这个生命系统存在和构成的基础；"一切皆服务"点出了这个生命系统器官组织的存在形式、组织方式，以及器官联动机制和行动秩序；"员工赋能"强调了除技术、工具等的演进之外，运维组织、运维人员乃至企业自身应如何演进，才能融入这个数智万物构成的大生命体，以小我汇入大我，形成盖娅式的超级智慧生命体。

从生命演化的角度来看，运维是一个伟大的事业，也是一场刚刚开始的和复杂性的博弈。真正的生命一定是超越简单和确定的机械性逻辑的，是复杂和不确定的。越确定的，越接近机器；越不确定的，越接近生命。华盛在书中用专门的章节介绍和讨论了复杂科学和VUCA等概念，想来也是与此有关吧。

华盛还很年轻，他在运维方面已经成为业界专家。但对于运维这项事业来说，他的运维之路也才刚刚开启。我想对于华盛来说，运维之路是他的职业道路，更是一条修行之路。希望华盛能继续以坚定信念、坚韧精神，走得更快，走得更远。

陈傲寒

优锘科技 CEO

推荐序四

2014年，我决定离开阿里出去创业。在此之后，我通过微信公众号写了一系列文章，表达了我在运维上的一些想法和见解，也因此遇到了运维专家华盛。当时的华盛已经在银行从事运维工作多年，而后又到了券商行业。我们非常投缘，经常交换读书、工作和生活中的心得。我发现了华盛身上与众不同的特质，比如爱思考，擅长文字表达，乐于分享，对生活和工作非常热情。

我曾经鼓励华盛把自己的想法表达出来，并与他人分享。而后就见证了他思如泉涌般的产出，每篇文章都是洋洋洒洒几千字，读来让人酣畅淋漓。同时，他也在潜心写书，希望给运维行业带来一本不一样的书。回头看来，华盛能取得今天的成就，我觉得有如下几点原因。

- 从事银行和券商行业运维多年，有着全面、丰富的运维经验，并且这些经验都是来自他的实践，而实践出真知，真知是容易产生共鸣的。
- 熟悉国内运维行业发展历程，亲历多次运维变革，从人工运维到ITIL（信息技术基础架构库）的流程化运维，从流程运维到DevOps、SRE。
- 非常热爱工作和生活。每次和他聊起这些，他的语言和神情都充满了热情。每个热爱生活的人，内心都是丰富的，而后用细腻的文字总结表达出来，以此奉献诚意满满的佳作。

传统运维时代，IT组织规模小，数据驱动运维要求低，流程服务化要求高，场景落地难。在云原生时代，数据爆炸式增长，数据类型多种多样，场景落地要求越来越高，作者用数智来重新定义运维模式非常贴切。非常开心华盛把这些年对新运维的所思所想总结下来并结集成书，个人认为如下几类读者会从中受益。

- IT运维管理者。这本书的知识覆盖范围非常广，里面有很多新颖的观点和思考，值得运维管理者参考。
- 从事数字化相关工作的人员。如果要从事数字化相关工作，你必须要有全局的逻辑把握能力，跳出运维看运维，直接面向业务交付价值。

- 寻求运维认知突破的人。作者构建了一个全新的数字化运维世界，其中包括组织、流程、平台和场景等多个角度，内容丰富，视角独特。

希望这本书能帮助运维从业者在日常工作中体现更大的价值。让我们一起迎接数字化运维世界，那一定是运维人的更广阔天地。

王津银

优维科技 CEO

前 言

数智万物时代

“天下大势，浩浩荡荡，顺之者昌，逆之者亡。”

在全球经济下行、局部战争加剧、单边经济制裁、信息技术架构变革等因素的影响下，数字化转型既是当今企业必须面对的挑战，也是必须把握的机遇。企业将以数字化思维，结合数字化技术，构建一个符合价值创造与价值捕获的数字世界，需要对现有商业模式、运营方式、企业文化进行创新和重塑，以实现业务价值。

转型是一个持续认识自己、畅想未来的过程，做对的事与用对的方法尤为重要。企业虽然已经知道数字化转型的重要性，但是对选择小步试错的局部改良来影响核心商业模式的方式，还是选择从局部扩展到整体，大刀阔斧地对商业模式、业务模式、运营模式、管理模式进行颠覆性变革的方式，仍有困惑。本书涉及的企业是传统金融企业，对于这类企业来说彻底颠覆已有商业模式比较难落实，所以实现数字化转型更容易的办法是用数字化思维将原有业务重新做一遍。不同企业在数字化转型上的实践各有不同，但仍有一些异曲同工之处，比如建立顶层设计的价值创造，聚焦组织外部的客户服务、产品或商业模式创新的数字化业务，聚焦组织内部运营管理的数字化管理，聚焦技术赋能的数字化技术。

价值创造的重点是自上而下围绕企业业务和管理各领域的数字化转型愿景和目标，形成企业核心价值主张。各业务线及运营管理线基于企业核心价值主张，采用数字化思维，逐层分解具体的价值创造活动。分解后的活动是价值创造的生产端，产生的价值将传递到企业，最终有效利用数据资产。结合机器算法与算力是价值创造的关键。

数字化业务的重点是将业务与数字技术进行融合，持续提升业务运营效率与客户体验，通常包括业务线上化、数据业务化、业务智能化。业务线上化是以数字思维重塑成熟业务场景，实现业务在线，落地数据资产的有序生成和有效归集；数据业务化是变现在线数据价值，通过在线感知外部政策环境、市场变化、客户体验、内部员工反馈等信息，提升客户体验，让当前业务价值增长，并利用数字技术进行业务创新，重构产品及服务交付方式，发现新的业务增长点；业务智能化是推动人机协同的业务模式，提供实时、可靠的在线业务服务。

数字化管理的重点是结合企业规模建立适合的管理机制、流程。不少大中型企业提出构建敏捷前台与中台管理体系，实现大平台支持一线精兵作战的协同模式。这种中台管理体系是通过共享、沉淀、复用、协同和赋能等机制，实现企业资源总体协调与配置，保障制度有效落地，促进机制传导顺畅，确保各个环节合规，达到支持前台业务敏捷落地的效果。

数字化管理与数字化业务的落地需要敏捷高效的技术架构与科学有效的 IT 风险管控体系支撑。在技术架构方面，有别于传统封闭式、垂直式技术架构，数字化技术架构需要以平台化思维构建服务化、云化的开放架构，打造可共享、可扩展、可共生的技术平台。在风险管控体系方面，结合当前国际形势、全球经济下行等挑战，构建业务连续性保障、安全保障、质量保障体系。

运维数字世界

运维价值继承于 IT 价值，IT 价值继承于企业核心价值。运维数字世界要如何构建以及构建成什么样子，遵循企业价值创造的整体方向。本书基于金融企业的特点，将运维当前的价值创造总结为“提高业务连续性保障水平”“提升业务交付速度”“辅助提升客户体验”“提升 IT 服务质量”4 点。其中，业务连续性保障是整个运维，乃至 IT 领域最基础的工作；数字化转型中组织重点需要快速响应客户需求，业务交付是运维关键价值链；以客户为中心并提升客户体验，已成为大部分公司的关键战略目标，运维数据能够为提升客户体验赋能；IT 服务质量管理将推动 IT 服务全面软件化，提升 IT 服务效能。

数字化思维是运维场景数字化最终落地的指导思想。本书提出围绕“协同网络、数据智能、一切皆服务、员工赋能”四个关键词，重新设计运维工作场景。四个关键词的关系是：利用实时在线的运维数字化空间搭建实时互动的多角色协同网络，支持在线远程协作；数据智能对协同网络中众多有效连接进行强化；采用一切皆服务的理念实现所见即所得的服务交付，连接 IT 服务供需双方；员工不仅是有效连接的核心节点，也是协同网络的设计者与建设者，需要加强为员工赋能，重塑员工生产力，激发运维组织创新。

人机协同是数字化运维的方向。人机协同聚焦在通过机器辅助运维洞察、决策与执行，是在原来运维参与者的协同网络上，增加了机器角色。人机协同运维模式最关键的角色仍是人，利用人的创造力，结合机器所提供的数据和算法，辅助人执行运维任务。人机协同将是 AIOps 的一个发展方向，未来运维组织中将出现各种各样的机器角色。

平台化管理是复杂运维数字世界的管理方法。组织扩大到一定规模，以个人经验、个体责任心、工作习惯为主的方式容易引发操作风险，且无法量化绩效，管理规范无法落地。平台化管理是利用数据、算法、平台承担管理工作，为管理者提供数字化的“洞察、决策、执行”闭环能力，让每个人的工作过程可观测，辅助管理者了解参与人员的能力，并基于数据制定一些方法帮助员工提升能力。

组织、流程、平台、场景组成运维数字世界。其中，组织关注组织结构、岗位设置、人员能力的持续提升，以适应不断变化的环境；流程关注结合最佳实践与组织禀赋，实现在线化、自动化；平台关注“析”层面落地领先的AIOps算法与数据“采、存、算、管、用”的能力，“控”层面落地自动化执行的能力，“管”层面落地流程机制的能力，“监”层面落地对机器世界的感知能力；场景关注运维组织智慧的结晶，利用数字化思维，整合组织、流程、平台，实现运维数字化。

本书组织和结构

相比于其他运维书籍，本书力求从实践经验中梳理数字化运维体系的结构，从体系价值创造、组织、流程、平台、场景5部分进行分析。

第一部分重点介绍数字化转型下的运维价值与运维体系。行业中有不少运维数字化转型话题与解决方案，但很多未切中数字化转型的本质。第一部分首先介绍了数字化是什么，企业核心价值创造是什么，以及IT价值创造又是什么；其次将IT价值传递到运维组织，梳理了运维价值创造，以及实现相关价值创造的方法；最后归纳了运维数字化转型的本质是构建应对复杂环境的适应性系统。

第二部分关注运维组织，重点介绍数字化运维体系下的适应性组织。适应性组织由组织架构、专业岗位、人员能力、目标管理、思维模式等组成。相比传统职能型组织，适应性组织是成长型、人机协同型组织。

第三部分关注运维流程，重点介绍在线化、数字化流程。相比企业内其他部门，运维组织的故障管理、变更管理、服务、架构、知识管理等流程化水平比较高。数字化转型给运维流程的启发是用数字化思维重塑现有流程。

第四部分关注运维平台，重点介绍赋能型平台。推进平台建设需要规划好平台体系，建设具有良好扩展性的运维平台。该部分主要围绕“监、管、控、析”的监控平台、IT服务管理平台、运维操作平台、运维数据平台展开介绍。

第五部分关注运维场景，重点介绍数字化运维场景。运维场景是每个运维团队沉淀下来的宝贵知识，不同企业的运维场景各有不同，场景融汇了团队在组织、流程、平台方面的智慧。数字化运维需要用“连接、数据、赋能”的数字化思维，重新将运维沉淀下来的智慧场景化。

读者对象

运维工程师面临复杂度越来越高的机器、应用、逻辑、数据、协作关系，并很早就开始应用工具应对该挑战。本书以数字化为切入点，将数字化思维融入运维体系，是对本人运维知识体系的一个总结，内容源于真实运维场景的思考，涉及知识面较广。编写本书的目的是体系化地梳理企业数字化转型下的运维体系建设，希望给运维行业数字化转型提供一些帮助。书中的部分观点在我的微信订阅号“运维之路”中有提到，从订阅号的反馈看，对本书主题感兴趣的对象包括：

- 一线运维工作者；
- 运维管理决策者；
- 运维开发团队；
- IT 服务产品的产品经理；
- IT 服务解决方案工程师；
- IT 服务供应商决策者；
- IT 服务供应商销售与售前工程师；
- 希望快速了解运维某个领域的投资经理。

致谢

首先，感谢家人一如既往的支持，对我长期加班给予理解。我在 2020 年 12 月启动了本书的编写，没多久小女儿出生，让原本周末在咖啡厅独处的写书时间成为奢望，写书的进度也一度中断。妻子察觉后，提出将周末下午打造为我和大女儿的家庭学习时光，因此本书写作进度得以持续。其间，我与大女儿一起度过几十个周末的下午，感谢大女儿的陪伴。在这里，十分感谢我的妻子与女儿的陪伴，希望往后岁月静好，一切安好。

其次，感谢在自己知识体系构建中提供帮助的几位贵人。我刚工作时的领导廖俊杰，在我还在一线运维埋头干活时，老廖鼓励我走出一线运维的舒适区，给我机会站在更高层面看运维；王津银总的互联网运维知识体系唤起我对运维平台的兴趣，促使我走出业务运维；傲寒的见识、洞察，以及身上独特的艺术气质，将我这个粗糙的理工男带入一个奇妙的思维世界，引导我走出甲方思维，走入产品世界；立峰总对 IT 风险管理与数字化管理体系有着深刻见解，不断指导我将数字化思维融入运维体系，让我走出传统运维，走入数字化运维；辛治运总对数字化转型的深刻认识，激励着我学习数字技术、金融科技赋能、IT 价值创造，让我能够保有终身学习的动力。

最后，感谢持续鞭策我写完本书的朋友们，他们时不时的叮嘱让我坚持了下来。

目 录

第五部分　场景革命

第一部分 *Part 1*

数智万物下的运维

面对VUCA的复杂运维数字世界，运维面临如何支撑公司在高速行驶过程中换轮子的挑战：一是让相对稳定且可预知领域更加适应数字化时代，持续稳定；二是适应并赋能企业转型持续探索、创新，具备驾驭不确定性的能力，持续敏捷。围绕提高业务连续性保障水平、提升业务交付速度、辅助提升客户体验、提升IT服务质量4个IT运维价值创造，运维组织需要建立组织、流程、平台、场景四位一体的数字化运维体系，以不断适应VUCA环境。

Chapter 1 第1章

数智万物时代已至

人类生存于一个虚拟的、数字化的活动空间，在这个空间里人们应用数字技术从事信息传播、交流、学习、工作等活动，这便是数字化生存。

——尼葛洛庞帝《数字化生存》

不管你是否意识到，事实上你已生活在一个数字世界中。你每天花大量时间在社交App上，和一些从来没见过面，甚至连声音都没听过的老朋友沟通；你已经很久没带过钱包，信用卡每月还款额度越来越少；你启动车子后，如果没有电子地图，你可能根本无法到达一个熟悉的地方……你每天的生活与工作处于这个数字世界。这个数字世界已经不再是虚拟世界，而是一个可能比物理世界更加真实的世界。

企业数字化转型是以数字化思维，通过数字化技术的应用，构建一个符合企业价值创造与价值捕获的数字世界，是对现有商业模式、运营方式、企业文化的创新和重塑，以实现业务价值。一方面，企业数字化转型是基于客户价值创造，围绕数据智能、协同网络、员工赋能、一切皆服务，用数字化手段将企业经营模式重新设计一遍。另一方面，企业数字化转型是围绕价值传递的思路，将“提升客户体验，创造客户价值；加快业务创新，重塑商业模式；提升运营效能，增加企业效益”的价值创造理念，传递到IT部门的连续性保障、客户服务、快速交付、生态扩展、IT服务、运营协同6个能力建设上。

1.1 数智万物时代

数字化是用数字化手段重新构建一个数字世界，转型则是在数字世界中对运营、商业模式进行重塑。对于“数字世界”这个抽象名词，笔者想用几个故事来解释。

1. 故事1：数字化医疗

早在2017年，一些医院就设立了“数字化口腔医疗中心”，医疗流程已实现口腔拍片取模、口腔信息采集、三维构建、打印、试戴等全在线。以换牙为例，主要流程是：通过设备对患者口腔进行扫描，得到一个数字口腔，接着对牙齿进行数字化，再通过3D打印方式将数字化牙齿落地为物理牙齿，最后借助设备将物理牙齿装入真实的口腔。通过上述数字孪生的工作模式，医生只需进行少量的决策与局部调整，患者等待时间从1周减少到1小时以内，治疗更加精准、操作更简单，在治疗费并未增加多少的情况下大大提升了患者体验。另外，医院其他科室也在进行数字化改革，比如在运营流程管理上通过创建医院的数字孪生模型，医院管理员、医生和护士可以实时获取患者的健康状况，使用传感器监控患者病情变化，更好地分析病情等。也许未来某一天，人们可以轻松在家里通过传感器将身体状况数据传输到医院的数字孪生模型，这样轻症患者可以在线上得到治疗。

数字化医疗是一个生活场景数字化与数字孪生案例。

2. 故事2：数字孪生

电影《黑客帝国》中的母体Matrix就是一个完全的数字世界，它将真实世界中人的大脑与数字世界连通，让现实世界的人的精神数字化，从而得到人的数字孪生体。

也就是说，母体Matrix是机器文明布设的一盘大棋，人类自认为在现实世界独立选择，其实这一切是在反映机器的意志。从这个视角看，《黑客帝国》对数字世界终态做了这样的描绘：数字化一切，将一切需要人介入的环境或事物用数字化手段模拟，以一个数字化大脑驱动人类发展。电影里还有一些有趣的点与当前热门的数字化话题对应，比如尼尔在被崔妮蒂激活后看到整个世界就是数据，这与数字化的本质是将物理实体通过数据模拟对应；再比如真实世界的人与数字世界采用电话的方式建立连接，这与移动社交通信作为数字化连接手段类似。另外，母体设计与运作依靠的先知与建造师相当于程序员，母体的运作依靠一套完整的数学算法，这与当前“数据＋算法”的系统思维类似。母体中的警察、反叛军、生活场景代表一系列软件定义。

《黑客帝国》讲的是一个数字世界真真假假、假假真真的故事。

3. 故事3：平台化管理

讲到全场景数字化与平台化管理，很多人都会提到滴滴。滴滴是将人、手机、车、平台连接，并在电子地图上构建一个出行数字世界。简单来说，就是手机提供了一个定位传感器。这个传感器让顾客、司机、车变为数字化对象，并进入数字世界。滴滴平台是这个数字世界中的一个“大厂”，利用海量数据与算法，建立了一个平台型运营与商业模式，为顾客与司机供需双方提供所见即所得或直接推荐的服务。在分钟级的出行申请、司机接单两个动作后，形成了一个出行契约协同关系。基于这层关系，平台结合数据对司机的行为进行自动化、数字化管理，顾客利用平台提供的反馈机制协助平台进行更好的管理。滴滴平台利用全在线的服务申请、服务交付、问题反馈环节，进一步优化数据，形成“活数据”，进一步提升数字化管理精准度。

滴滴讲的是出行数字化场景与平台化管理的故事。

4. 故事 4：数字化颠覆

mBank 的故事来自《互联网银行》一书。mBank 最初是波兰第四大银行 BRE 旗下的网上银行，也是波兰首家完全基于互联网的银行，多年来一直是创新银行的代表。BRE 银行成立于 1986 年，主要提供零售银行、公司银行和投资银行服务，以及其他金融服务，如租赁、保理、保险、商业不动产融资、经纪业务、财富管理。相比于 BRE 传统银行，mBank 具有一些显而易见的“先天”特征：员工效率高、生息资产比重高。mBank 以客户为中心，以数字化技术为抓手，敏捷地丰富产品类型，优化服务渠道和模式，保持着稳健的经营效益和良好的资产质量。

mBank 讲的是数字化颠覆的故事。

1.2 企业价值创造

今天大部分企业都知道需要数字化转型，但对于什么是数字化转型，对哪些场景进行转型，如何转型，往往比较模糊。在众多数字化转型方法中，围绕价值创造进行数字化转型是一个被认可的方法。

《价值革命：重构商业模式的方法论》一书中提到，当前判断一个企业商业模型是否成立的核心标准在于价值创造和价值捕获这两个维度是否平衡，即你在为用户创造价值的同时，自身是否能够从中获得价值。价值创造的重点是以客户为中心为客户创造价值，价值捕获的重点是在价值创造的前提下企业自身能够从中获得价值。

ITIL4 聚焦 IT 组织管理的价值。随着技术的快速发展，业务迭代加速，外部形势越来越严峻，IT 组织面临越来越多杂乱无章的工作。ITIL4 提出标准化、自动化服务价值流，释放人力去创造新的价值，鼓励组织打破信息孤岛，强调跨组织协作和沟通，并将敏捷和 DevOps 实践集成到框架当中，提升价值交付能力。

思考一：数字化转型能为企业带来什么价值？

IDG 对全球领先的 702 位 IT 和商业决策者进行了调查，结果显示，数字化转型将从企业管理、业务经营等方面产出价值，具体如下。

- **提升员工生产力（52%）**：通过移动化、数字化、在线化等工具加强协同，提高员工生产力。
- **数据驱动业务（49%）**：利用数据与业务模式的融合，更好地管理、洞察、决策、执行业务。
- **提升客户体验（46%）**：利用数据更好地理解、洞察客户需求与客户反馈，并快速且准确地提升客户体验。
- **业务在线（46%）**：构建全在线的业务交付方式，落地实时在线的数据资产。
- **流程自动化（37%）**：通过自动化业务及运营流程，释放生产力。
- **增加收入来源（33%）**：围绕数据形成新的业务或产品模式，增加收入。
- **促进产品创新（31%）**：通过数字化为产品的升级及创新提供新的源泉。

结合 IDG 调研以及对数字化转型的理解，笔者总结一下数字化转型为企业带来的 3 个最重要的价值。

- **提升客户体验，创造客户价值**。实时感知客户需求，快速响应客户，为客户提供个性化服务。
- **加快业务创新，重塑商业模式**。以客户为中心的价值创造与价值捕获方式重塑现有业务模式，提升业务竞争力、增加收入。
- **提高运营效能，增加企业效益**。盘活公司资源配置，促进协同，激活员工，提高员工生产力，建立企业内外双在线的工作模式。

思考二：传统 ROI 指标驱动与客户价值创造驱动方式有何不同？

以往，企业更关注价值捕获，ROI（投资回报率）是价值捕获的一个评估指标。ROI 的定义是：投资应返回的价值，即企业从一项投资活动中得到的经济回报。

ROI 是一个有形的、可量化的绩效指标。在一个确定性比较强的商业世界里，ROI 很有指导意义，可用于衡量一个企业的盈利状况、经营效果和效率。但进入数字化时代后，企业的客户、市场、供应商等价值链要素都发生了巨大变化，企业面临的环境充满了复杂性与不确定性。《EDGE：价值驱动的数字化转型》一书中引用了哥伦比亚商学院教授 Rita Mcgrath 的观点："在当今快节奏、不确定的世界里，可持续竞争优势本身已经不存在，取而代之的是短暂的竞争优势。在这种竞争优势中，快速学习和高适应力是通往成功的入场券。"也就是说，Rita Mcgrath 的观点是快速响应能力、适应力和客户价值应成为商业投资的驱动目标。

数字化时代的复杂性、不确定性、非线性等特征，导致ROI不能作为企业关键的绩效指标。企业应找到目标用户，发现他们亟须解决的问题，并为用户提供解决方案，即企业的价值创造要以客户价值创造、快速响应与适应能力为关键绩效指标。

1.3 IT价值创造

信息系统的稳定性建设是企业持续发展的基石，研发管理建设是为了加快IT交付速度与提高交付质量，项目管理建设是高效有序研发产品的基础，产品管理建设是为了落地业务创新与提能增效，运维与测试管理建设是IT风险管控的最后两道防线。具体的IT价值需要继承企业核心价值。

1. 递归传递

以递归的思路看待企业价值的分解与传递，即数字化转型实施可借鉴计算机的递归算法，也就是把整体问题分解成规模较小的同类问题，然后逐步解决。递归算法的关键是总体目标由目标一致的细分方法不断分解来实现，即在数字化转型规划阶段采用自上而下的策略（递推分解任务），在实施阶段采用自下而上的策略（完成分治任务），最终由局部数字化的实现推动企业整体数字化转型。

基于递归传递思路，大部分企业的IT部门不应将对技术的追求作为团队的价值创造目标，而是应该围绕价值创造重新思考IT价值，根据新的IT价值重新设计IT数字世界。企业要实现价值创造，需要从客户需求出发，交付业务产品或服务，实现业务价值创造与价值捕获。IT价值需要瞄准业务目标进行转变。

2. IT价值演进

结合前面提到的“提升客户体验，创造客户价值；加快业务创新，重塑商业模式；提高运营效能，增加企业效益”三个数字化转型价值，下面先看看IT价值的演进。

传统的IT组织架构通常包括公司层面与部门层面。公司层面有分管CIO、CTO、IT治理委员会、公司级的项目办公室。部门层面包括：IT规划管理部门，即根据公司战略及业务发展，设计IT体系架构和部署线路；IT研发管理部门，即基于现有IT系统架构和系统，实现业务功能需求，支持业务开展；IT运维管理部门，即提供基础设施环境支持，确保业务连续性、可用性、安全性，提供IT运营服务支持；IT信息安全管理部门，即制定信息安全制度、流程、技术管控，确保信息系统、数据安全运行；其他IT测试部门、质量管理部门、IT项目管理部门、人员管理部门、外包管理部门等。传统的IT组织架构如图1-1所示。如果说应用研发、数据治理服务、质量管理与测试是为了让组织**活得更好**，那么运维管理是为了让组织**活下去**，这点在金融行业尤为重要。

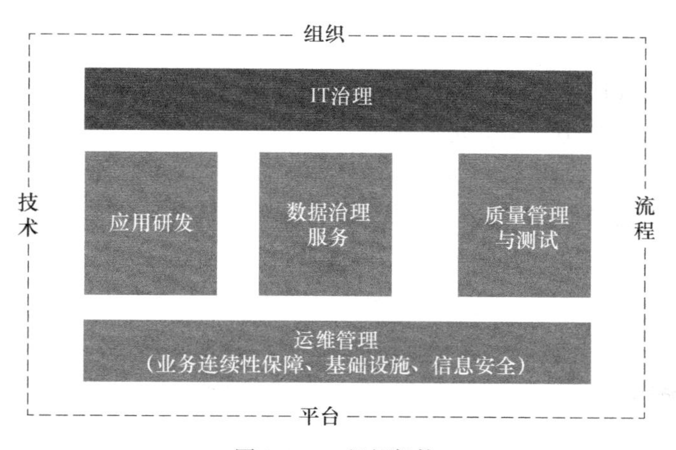

图 1-1　IT 组织架构

在企业中，IT 部门的角色定位发生了变化（见图 1-2）。初期，IT 部门主要承担成本中心角色，以技术提供者身份出现，强调被动支持业务需求实现与保障业务正常运行。随着业务与科技的快速发展，IT 架构发生了巨大变化：架构层逐渐从本地化转向云化、虚拟化，应用层的应用数量激增，迭代速度加快，业务与系统架构越来越复杂，系统间关联度变高，数据量呈指数级增长等。基于此，IT 部门工作方式需从被动响应向主动运营转型，将 IT 价值从被动支撑中逐步分离出来。首先是向强调 IT 主动服务能力的服务中心角色转型，目标是打造敏捷型团队，提升 IT 交付效能，更好地支撑业务发展。在实现服务中心角色转型后，下一步是致力于主动利用数字化技术创造新的业务机会，从 IT 资源中寻求更多的业务突破点，引领业务创新，即从服务中心向业务创新中心转型。在实现业务创新中心角色转型的同时，近年来不少商业银行成立 IT 子公司，向利润输出的价值中心角色转型，为企业外部市场提供 IT 服务，创造更多收入。

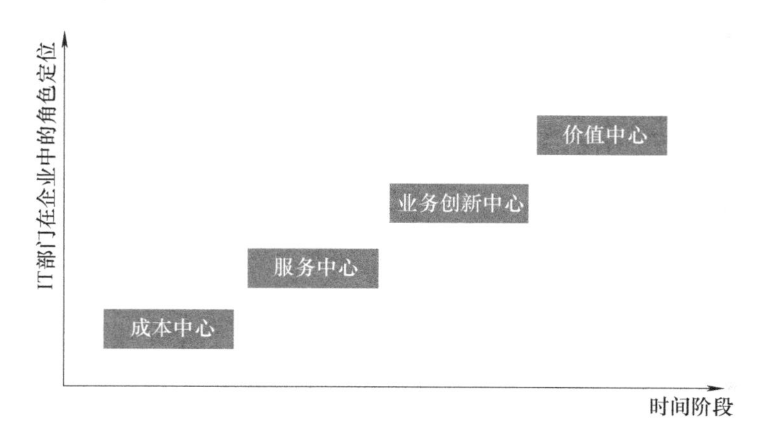

图 1-2　IT 部门角色定位演变

3. IT 关键能力

IT 部门要成为价值中心，推动业务高质量发展，重点是支撑企业更好地创造价值。笔者认为要支撑企业实现“提升客户体验，创造客户价值；加快业务创新，重塑商业模式；提升运营效能，增加企业效益”，IT 部门应具备以下 6 个能力（见图 1-3）。

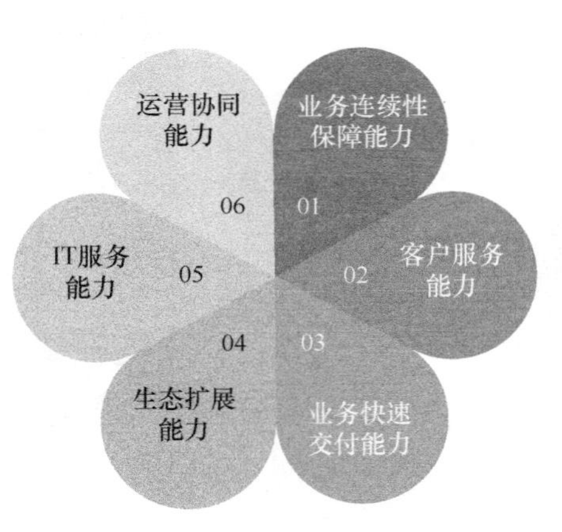

图 1-3 IT 关键能力

- **业务连续性保障能力**：以数据驱动的业务连续性保障与风险防控能力。
- **客户服务能力**：以客户为中心的感知、决策、执行的服务能力。
- **业务快速交付能力**：利用敏捷思维等方法，推动技术平台转型，支持业务快速交付新产品、新服务的创新能力。
- **生态扩展能力**：开放的场景融入或构建生态的能力。
- **IT 服务能力**：提升 IT 服务效能，灵活弹性、安全可靠的技术基础资源交付能力。
- **运营协同能力**：构建高效的数字化工作空间，优化资源配置，为运营提能增效。

上述 6 个 IT 关键能力的建设需要从组织文化、流程机制、技术平台 3 个角度制定相应措施，比如在组织文化方面，在合规风控基础上推行敏捷文化，构建扁平化、柔性化、网络化的敏捷组织架构，打造快速响应能力；在流程机制方面，以数字化协同网络、数据智能、敏捷交付等数字化思维，重塑协同机制等；在技术平台方面，推动业务中台、数据中台、技术中台等共享能力中心的技术架构转型，推动大数据应用、智能应用、自动化应用、智能风控等数据应用建设，以及建立云数据中心、一体化运维平台等。

第 2 章 Chapter 2

数智万物下的运维价值创造

为了有效地构建组织响应能力，战略必须被分解成可进行优先级排序的、小的价值投资组合。

——《EDGE：价值驱动的数字化转型》

IT 运维是一个数字化程度较高的场景。

- 运维协同网络中的软件资产、配置信息、运行状态、业务运营状况等都是比较适合数字化的。
- 运维关键的工作流程基于成熟的 ITIL、ISO20000、ISO9001、ITSS 等实现线上化。
- 配置、日志、监控、流程等数据实现持久化。

所以，数字化转型给运维带来的挑战不是单纯的数字化技术，而是新技术、新场景的快速迭代让业务复杂度、不确定因素增加，这与传统运维对于稳定、可靠的追求形成冲突。在评估数字化 IT 运维管理体系时，我们需要将价值创造从企业传递到 IT 部门，再从 IT 部门传递到运维组织。

2.1 运维价值创造

传统运维团队可按职能不同划分为不同的纵向职能型团队，比如应用 / 业务运维、运行操作、系统运维、网络运维、硬件资源运维、安全运维等团队。不同企业对于具体团队的职能定位可能有所不同。进入数字化时代，IT 架构的复杂度越来越高。对于证券实时交易而言，业务停滞 1 秒就可能带来巨大损失。而且基于证券自身的业务特点以及外部监管“零容忍”要求，信息系统业务连续性诉求远高于其他行业，因此确保业务连续性成为证券行业 IT 运维的核心任务。而业务连续性管理的总体目标是提高企业的风险防范能力，有效减少非计划的业务中断，防范运维操作风险，对首次出现的未知异常能够利用工具量化分析并快速定位，确保在重大灾难性事件发生后能按计划恢复业务。

在这样的背景下，近年来传统的运维团队认识到原来的被动救火式运维、问题驱动式运维、操作运维、经验运维等已不能有效支撑企业业务发展与转型，所以不少企业提出了一些运维转型思路，具体如下。

- 从被动救火式向主动精细化、专业化分工、标准化流程转型，组建横向持续优化型团队。
- 从问题驱动向服务驱动转型，抽象运维 IT 服务能力，建立 IT 服务目录，量化 IT 服务输出能力。
- 从操作运维向运维研发转型，为运维人员提供运维研发平台，降低运维研发门槛，快速落地一些紧迫的运维工具，减少重复的运维工作。
- 从依靠经验向数据驱动转型，结合数据分析、知识库、机器学习技术促进运维智能化。
- 从运维向 IT 运营转型，IT 运营通常围绕效能提升、风险控制、降低成本角度，开展数据分析。
- 从现场办公向线上远程协同转型。
- 向其他类似 SRE、AIOps、NoOps 等模式转型。

上述转型主要是运维内部自发的、偏技术驱动，容易出现与企业价值不匹配、转型方向有误、产出不明显、投入不能持续等问题。从价值传递角度看，运维转型要从企业价值主张出发，传递到 IT 能力、运维价值，也就是说，围绕“提升客户体验、加快业务创新交付、为运营提能增效”三个价值，分析客户及业务价值主张，了解客户与业务痛点，再从“客户服务、连续性保障、快速交付、生态扩展、IT 服务、运营协同”能力角度，分析运维在数字化转型过程中的关键价值，进一步将 IT 价值创造传递到运维，可以总结为**提高业务连续性保障水平、提升业务交付速度、辅助提升客户体验、提升 IT 服务质量** 4 个运维价值创造（见图 2-1）。

图 2-1 运维价值创造

2.2 提高业务连续性保障水平

业务连续性管理是整个运维，乃至IT组织最基本的工作。业务连续性问题事关IT组织是否能“活下去”。复杂的技术与业务环境给业务连续性保障带来极大挑战，需要利用数字化思维重塑运维保障能力。

1. 影响业务连续性的因素

在业务连续性保障思维中，我们可以参考架构设计中“故障一定会发生”的思路，梳理影响业务连续性的因素，量化评估这些因素，持续提升组织能力，完善流程机制、应用架构与工具平台。金融行业里通常采用BCM（Business Continuity Management，业务连续性管理）来描述业务连续性。BCM是一项综合管理流程，它使企业认识到潜在的危机和相关影响，制订应急响应计划、业务连续性计划和灾难恢复计划。其总体目标是提高企业的风险防范能力，以有效地响应非计划的业务破坏并降低不良影响。业务连续性管理与传统的风险和安全管理、运营管理、数字化这些相对成熟的学科不同，关注点更加聚焦：尽量别发生业务中断，如果发生中断则尽快恢复运营并尽可能降低中断带来的影响。图2-2所示为传统意义上的业务连续性管理组成要素。可以看到，业务连续性管理涉及多个层面的技术保障体系，且影响业务连续性的要素较多。每个要素的缺失都可能引发业务连续性问题，类似木桶原理，最短板决定整个业务连续性保障水平。

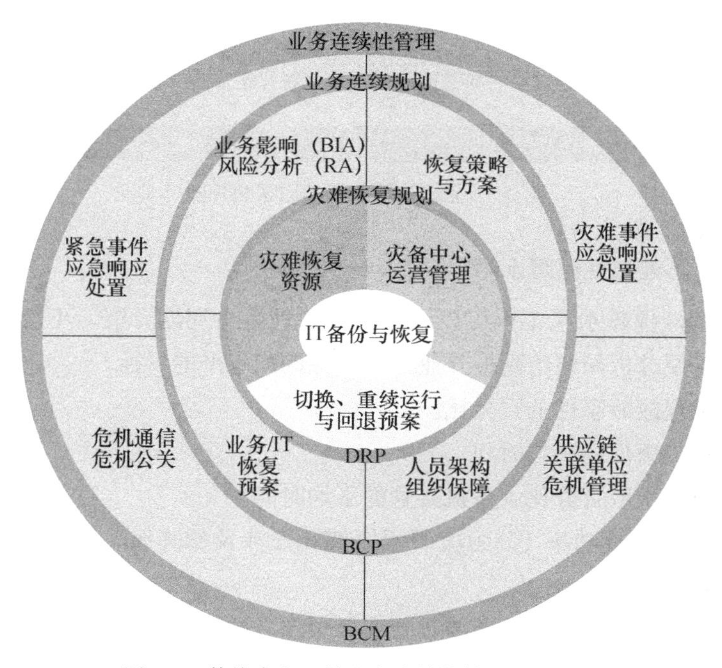

图2-2 传统意义上的业务连续性管理组成要素

进入数字化时代，政策、市场、业务模式、外部安全、系统架构、迭代效率、新技术应用等因素进一步增加了业务连续的不确定性。笔者曾对故障原因进行分析，归纳了影响业务连续性的因素：变更问题、维护问题、性能容量问题、操作问题 / 误操作、容灾 / 应用架构高可用、应用逻辑缺陷、版本控制不到位、产品或功能设计不足、数据质量不高、高可用失效、应急方案与技术保障方案不完善、应急预案缺失、应急演练不到位、问题跟踪不闭环、参数设置与配置问题、人员技能不足、流程机制不完善、外部攻击、基础设施异常、数据备份不到位、数据丢失、监控发现不及时、故障处置效率低等。通过将一系列重大异常事件围绕“备份容灾、操作管控、应用变更、应急预案、应急演练、性能容量、监控预警、应急处置、新技术应用管控”等维度进行分析，我们梳理了业务连续性影响因素鱼骨图（见图 2-3）。可以发现，每一个生产环节均可能产生重大的业务连续性故障。

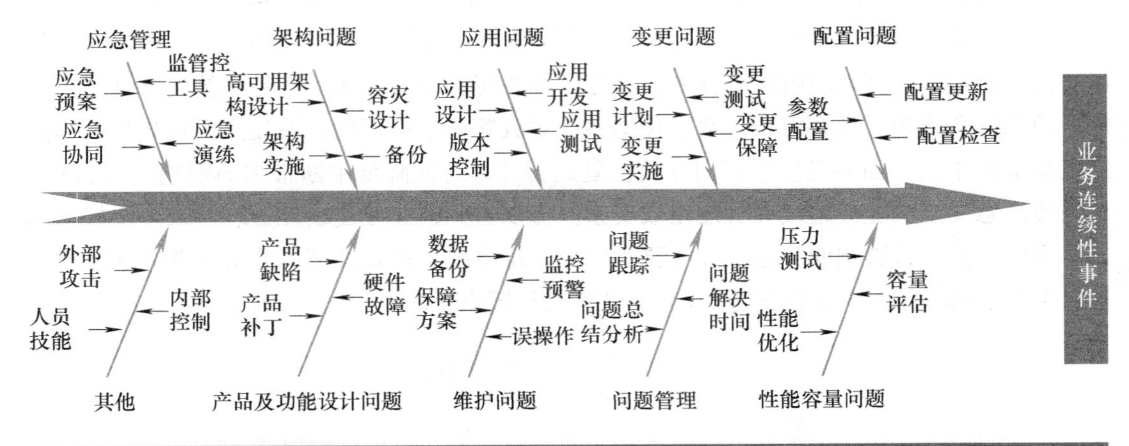

图 2-3 业务连续性影响因素鱼骨图

2. 如何提升业务连续性保障水平

提升业务连续性保障水平工作可以围绕故障管理生命周期开展。下面介绍量化业务连续性相关指标，以便分析如何达到提升业务连续性保障水平的目标。

- 监控自动发现故障事件的百分比。
- 监控发现故障事件的平均时间。
- 备机接管成功次数百分比、备机接管的平均时间。
- 应用级异常自愈成功率（分为应用程序健壮性涉及的降级、熔断等，与应用程序以外的自动化自愈）。
- 业务影响分析，涉及业务中断或重要业务量损失比例。
- 问题诊断分析及解决的平均时长。

- 应急协同响应时长。
- 应急恢复时效性与平均处理时长。

可以看到，第 1 个和第 2 个指标针对故障发现，第 3 个和第 4 个指标针对架构高可用或应急自动化接管成功情况，第 5 ~ 8 个指标针对接管失败或无法自动应急恢复。针对上述 8 个指标进行分析，运维可针对性地进行业务连续性保障能力建设，包括：

- 提升监控覆盖面。
- 提升监控发现事件的及时性。
- 提升架构或容灾的可用性。
- 提升应用架构非功能设计水平。
- 快速感知业务影响。
- 加快问题诊断。
- 加强应急协同。
- 加强应急处置的工具及技能。

针对以上影响业务连续性节点的分解，运维可量化评估节点的有效性及运作质量，再以量化指标及工作流程机制驱动组织能力提升、流程协同机制及工具完善，提升业务连续性、健壮性。但是，随着生产环境复杂度不断提升，影响业务连续性的因素越来越多，在现有人力与技术手段下，运维团队将很难保证业务连续性。利用新一代数字化技术赋能是业务连续性保障的必由之路。

- 以“协同网络＋数据驱动”提升“监、管、控、析”运维平台化能力。“协同网络＋数据驱动”是实现运维数据“采存管算用”的技术，需要以业务为中心，重新梳理与业务连接的点，围绕业务连续性价值驱动运行数据的埋点与落地，将数据分析能力融入“监、管、控、析”运维平台。
- 以主动地运行数据提升应用架构健壮性。性能、容量、业务、客户反馈等数据可辅助研发团队发现线上潜在风险，在异常爆发前优化应用，提升应用架构健壮性。
- 提升应急管理、可用性管理能力，推动运维前移，加强应用架构非功能性设计。
- 落地敏稳双态运维模式。敏稳双态运维模式将长期并存，针对不同的应用系统建立不同的连续性保障模式，稳中求稳，敏中求快。
- 优化协同机制，采用运维工作场景全在线的方式实现操作自动化、可视可控。
- 持续推进运维组织人员能力建设，建立学习型组织，构建以可用性、稳定性为目标的 SRE 模式。
- 云化基础设施，提升基础设施的稳定性、高可用、安全性、弹性伸缩能力。
- 建立混沌工程，主动检测、演练，以发现或降低影响业务连续性的风险。
- 加强数据应用，健全应对新技术风险的信息安全防控体系。

2.3 提升业务交付速度

如果说数字化转型中业务转型的关键是以客户为中心，快速响应客户定制化需求，加快业务创新的速度，那么技术转型的直接目标是快速交付、快速满足业务需求。

1. 以 IT 交付价值链提升业务交付速度

IT 交付与软件生命周期（SDLC）密切相关。SDLC 包括需求分析、方案设计、开发、系统测试、用户验收、部署发布、生产维护、后评价、退出。我们可以考虑分解为以下 3 条价值链路对 SDLC 进行分析（见图 2-4）。

- **业务需求交付价值链**：关注 SLI、SLO、SLA、服务目录、服务请求、服务响应、服务反馈。
- **IT 服务交付价值链**：关注从需求分析、方案设计、开发、系统测试到部署发布的过程。
- **系统退出价值链**：关注投入收益比、效能、系统退出、资源释放。

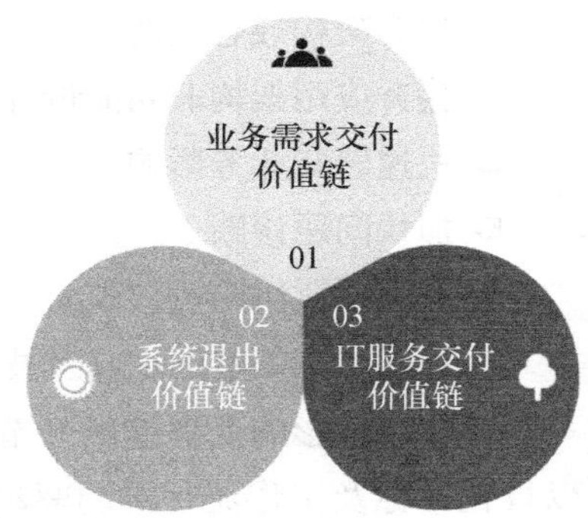

图 2-4 IT 最重要的 3 条交付价值链

针对上述 3 条价值链，运维在实施上可以考虑从以下几个角度切入来提升业务交付效率。

- 从业务需求及产品设计角度，更快地感知客户需求，准确挖掘痛点，利用设计思维及 MVP 等思路引导构思，建立敏捷型产品研发模式，提升业务交付效率。
- 运用更灵活的中台架构，沉淀业务逻辑及技术标准，提升前台应用的敏捷性。
- 推进更先进的应用架构建设，比如容器化、微服务等，全面向云化技术架构转型。
- DevOps 的持续交付能力建设，推动全链路持续集成，持续推进工具及协同模式建设。
- 利用混合云基础设施，基于云计算弹性、灵活、自动化的特征，利于软件定义方式屏蔽基础设施系统的复杂性。
- 建立投入与收益评估模型，制定系统退出机制，释放资源并投入到业务上。

2. 运维如何提升业务交付速度

利用运行数据辅助业务决策。相比于产品、需求、研发、测试等 IT 岗位，金融企业的运维岗位是一个复杂的综合性工作岗位，需要掌握大量的方法论与技术。也正是因为运维岗位的综合性，运维人员应该结合应用系统逻辑、链路等，以及掌握的运行状态与业务感知数据，为业务运营、业务创新等提供决策支持。

推进持续交付中的持续发布能力建设。市场的高速变化需要业务人员保持敏捷的适应能力，快速抓住商机，快速迭代业务需求，不断试错。对于技术人员来说，他们需要拥有持续交付能力。结合康威定律，较好的持续交付方式是多个团队共同参与 CI 与 CD 平台的建设。测试、运维牵头 CD 平台落地工作，让整个发布部署流水线在线化，加快软件测试、部署、发布，并通过在线化让发布过程人人可见，更早地发现并解决问题。对于敏捷型发布模式，将 CD 平台与 AB 测试、自动化测试、灰度发布、监控工具、自动化操作等工具在流水线层面打通，是实现软件持续交付的最佳实践方法。

云化基础设施。云计算将传统硬件、系统软件等复杂的基础设施资源进行整合和自动化，过滤技术细节，为上层应用场景提供简单、按需、所见即所得的基础设施服务，可以极大地提高研发效率，减少重复建设，提高资源利用率。平台对资源的弹性支撑有助于应用系统有效地应对需求波动。企业的云平台通常采用混合云模式，可以考虑依靠私有云建立完整的 IaaS 和 PaaS，并根据业务需求引入行业云、公有云，其中涉及敏感数据的应用系统部署于私有云，非敏感信息部署于行业云或公有云。

建立系统退出机制。随着企业 IT 系统不断建设，软件只上线不下线模式将占用大量资源，同时系统数量的不断增加需要配套投入更多的人力、硬件、软件、网络带宽、基础设备等资源。按国家计算机相关认证考试评估，软件上线后的 IT 运营管理阶段是 SDLC 中持续时间最长、投入最大的阶段。以数据驱动方式加强 IT 运营管理将有助于提高应用系统运营效能。建立应用系统效率评估指标体系，定期采集运营指标数据，定期识别并释放低效能业务系统资源，将有效 IT 资源倾斜到高效能应用系统，可提升业务交付速度。

2.4　辅助提升客户体验

以客户为中心，提升客户体验，已成为大部分企业转型的关键战略目标。提升客户体验是一线业务部门的目标，需要企业中后台的运维组织积极主动利用好数据，感知客户体验状况。

1. 客户体验管理方法

客户体验是一种纯主观的在用户使用产品过程中建立起来的感受。从企业角度看客户体验，企业需要建立客户体验管理方法，构建客户与企业接触的全触点用户旅程，包括感知、搜索、推送、使用、倾听、反馈等，以持续提升产品、营销、服务的系统性工程。

主动优化客户体验的关键是构建与用户的各种连接，采用与用户相关度更强的思维方式，做出可执行的业务策略组合，在实施上可以从**用户故事分析、客户感知、客户沟通、产品交互、产品设计** 5 方面展开。用户故事分析即按客户与公司业务的接触点，对现有产品或服务的整个生命周期进行分解，对每个接触环节的客户操作进行针对性优化；客户感知即加强客户体验数据的获取，包括客户端数据埋点、一线员工反馈、关联客户行为分析、外部舆论等，利用数据处理技术深入洞察、探寻用户显性与隐性需求；客户沟通即与客户建立友好的沟通闭环，为客户提供方便的沟通渠道，为一线员工提供更全面的数据支撑；产品交互即结合社交、视频、物联网新一代产品交互方式，用户可以获得业务服务；产品设计即培养产品经理的设计思维，加强业务与技术的深度融合。

CRM（客户关系管理）的定义为：企业为提高核心竞争力，利用相应的信息技术以及互联网技术协调企业与顾客在销售、营销和服务上的交互，从而提升管理水平，向客户提供创新式的个性化客户交互和服务的过程。CRM 的重点是从企业出发，改善用户关系，给企业带来利润。从价值角度看，CRM 关注价值捕获，但进入数字化时代，强调客户价值创造，要明确客户价值主张，解决客户痛点，实现客户价值。在此基础上，企业实现价值捕获。

数字化转型背景下的客户体验管理需要从客户角度出发，关注客户的感觉、情感，所以下面引出 CEM 方法。CEM 是客户体验管理的一个方法论，管理客户对产品全面体验的过程，在 IBM、奔驰、DELL 等国外企业得到广泛应用。CEM 以提高客户整体体验为出发点，注重与客户的每一次接触，通过协调整合售前、售中和售后等各个阶段，利用各种客户接触点或接触渠道，有目的地、无缝隙地为客户传递目标信息，营造匹配品牌承诺的形象，以实现良性互动，进而提供差异化的客户体验，实现客户忠诚，强化感知价值，从而增加企业收入与资产价值。通过对客户体验有效管理，企业可以提高客户的满意度和忠诚度，并最终提升自身价值。

CEM 核心理念主要包括 3 部分：Listen（倾听反馈）、Analyze（挖掘价值）、Action（行动指引）。其中，Listen 重点是指收集线上公开数据与打通企业内部数据，打破信息孤岛，关注数据采集、客户感知等；Analyze 重点是对在线数据进行分析，实时分析挖掘，洞察客户需求、竞品信息、市场信息等，关注数据分析能力；Action 重点是通过数据洞察，辅助管理或产品设计者做决策，并推动一线业务人员的客户服务决策，关注自动化决策、主动式客户服务等。

2. 运维应该如何提升客户体验

结合 CEM 的 Listen、Analyze、Action 3 个角度，下面介绍运维的作用。

增加客户行为数据的收集与分析，为产品设计决策者提供辅助支持。数据资产将成为企业核心竞争力，业务在线通常是数字化、资产化的第一步。在线数据通常包括员工行为数据、客户行为数据、商业竞争环境数据、业务经营数据、业务 / 运营管理数据 5 类。员工行为数据主要包括员工团队协作、工作执行、完成质量、意见反馈等数据；客户行为数据是客户体验优化的前提，主要包括客户行为，如客户的个性化喜好，客户对企业数字产品的反馈等；商业环境数据包括客户群、竞争对手、合作伙伴、监管的变化，以及合作伙伴活动、竞争对手举措、行业趋势、监管政策、宏观经济等数据；业务 / 运营管理数据是数字化转型绩效指标。若要提升客户体验，运维重点要关注客户行为数据、业务 / 运营管理数据。运维涉及大量应用日志、性能管理、网络报文、功能监控、业务拨测、各类 SLI 数据等。这些数据以往主要用于运维业务连续性保障方面的实时监控、性能分析等，对于业务分析来说是一个未开采的宝藏。以网络报文为例，以往应用系统通常将交易结果持久化，网络报文一方面能补充交易节点之间的通信过程数据，形成端到端的数据连接，另一方面通过 NPM 等技术实现低时延的持久化与分析，对于提升客户体验来说是很好的资产。同时，应用日志以及监控数据等在客户体验提升方面也有独特的作用，这些数据都可以作为企业数据资产的补充。

加强业务系统的性能管理，提升响应效率。谷歌有一个网页响应时间最长为 1 秒的观点，也就是说，如果网页加载时间超过 1 秒，用户就不愿停留。同样的例子，网络时延每增加 0.4 秒，亚马逊每年损失 16 亿美元；而每减少 0.4 秒，雅虎访问量就会增加 9%。由于当前系统架构越来越复杂，客户体验提升已不仅是提升应用的反应速度，还要和不同的应用串联起来，整合成让客户真正接受的内容。数字化转型对于运维的要求已不局限于业务不中断，还要求能够在客户发现问题前更早地发现并解决问题。所以，运维需要在现有的以业务连续性为基础的监控体系中，加强业务性能管理能力，收集更多的应用响应、时延、交易失败等数据，了解客户在使用应用过程中的问题、等待时长，以便在最短的时间内解决问题。

模拟客户行为，提前发现并解决潜在问题。主动拨测是一种主动性的监控测试方式，主要利用跨区域的监控网络，以真实终端客户使用场景为视角，对目标应用进行功能可用性、性能管理、网络报文的监控，先于最终客户挖掘故障隐患。拨测通常是通过模拟客户访问域名、URL、API 等方式，监测网络链路质量，监控 Web 端的事务可用性，主动感知客户端应用访问体验，先于客户发现问题。主动拨测通常可以监控不同区域运营设备的性能耗时与丢包、网页元素与可用性指标、竞品、终端运行时长等。主动拨测相比传统监控手段，能够更好地从功能层面提前发现问题。

建立混沌工程，对应用系统进行主动的破坏性测试。进入数字化时代，运维面临的环境越来越复杂，比如全新的应用集成与发布模式，渠道设备的数量快速增加、终端设备在线互联、各种基础设施及新技术的应用，大规模分布式架构及云原生应用的引入等。混沌工程起源于奈飞的 Chaos Monkey 项目，这个项目主动进行破坏性测试以验证功能、发现问题，提升系统健壮性、应急处理能力等。混沌工程遵循的原则是：避免大多数失效的主要方式就是经常失效。混沌工程是一种帮助运维组织获得更多关于系统新认知的实验方法。随着混沌工程应用的不断深入，涉及的破坏性测试已经从原来基础设施层面的可用性测试，发展到应用功能、上下游链路业务冗余的测试。

建立全链路压测，主动发现、预测性能瓶颈。随着业务形式不断创新，市场环境变化频繁，很多交易系统虽然线上容量消耗长期处于低水平，但会因一些突发情况达到容量瓶颈，给客户带来极差的体验。全链路压测是针对这种不确定性的一种解决方法。全链路压测通常先识别影响应用稳定性的因素，再针对性地在生产环境或准生产环境建立常态化压测，实施上可以借鉴针对某些核心交易的单个接口或单个场景做压测，结合某些关键业务的多节点过程编排多个接口的压测。另外，由于生产压力测试容易给生产环境带来污染，产生次生风险，运维组织通常需要落地防范措施，比如通过区分时段、区分读写、区分准生产环境等方式，做好事中压测可观测平台，以及事后恢复与复盘的配套机制和平台建设。

2.5 提升 IT 服务质量

IT 部门被抱怨比较多的痛点包括业务系统连续性、业务交付速度、期望与实际交付存在差距等方面的问题。为了实现 IT 交付更快、更好、更复杂的期望，IT 组织推动了 IT 服务全面软件化，以便为业务及运营提供更好的支持。

1. 提升 IT 服务质量的方法

IT 服务管理（ITSM）是一套帮助企业对 IT 系统规划、研发、实施和运营进行有效管理的方法。IT 服务管理的核心思想是 IT 组织以 IT 服务方式交付用户的 IT 需求，IT 服务质量由用户判断，以 SLA 为基础建立 IT 服务交付协同流程。很多企业将 ITIL 作为 ITSM 的指导思想，并形成一个信息化 IT 服务管理系统。最新版本的 ITIL4 在 V3 版本基础上增加了敏捷、DevOps、精益、IT 治理、领导力等工作方法，将 IT 组织内的运维、研发、测试与 IT 组织外的业务、客户协同整合在一起，提供一个数字服务的管理模式。ITIL4 正在将 ITSM 的方法向企业层面扩展，以形成 ESM（企业服务管理），即将企业内标准化能力服务化，提供相应协同输出的服务能力。

除了 ITSM 以外，BSM 也是提升 IT 服务质量的方法。BSM 是在以业务为重点的 IT 服务与 IT 基础设施之间建立起联系的软件。以业务为重点的 IT 服务可以是特殊 IT 服务或者业务流程的一部分，它需要实现 IT 资产与支持的业务服务之间的动态映射，支持映射业务所有者重要的、可见的业务指标。有些解决方案将 IT 服务分为 3 个阶段：第一阶段是主动管理阶段，此阶段对关键环节流程化，提供的服务目标是保障业务连续性、有效管控 IT 资源，重点是提升 IT 服务质量；第二阶段是服务管理阶段，此阶段以 ITSM 为方法，以服务、流程为导向，以客户为中心，通过集成 IT 服务和业务，协助企业提升 IT 服务提供和支持能力；第三阶段是业务价值阶段，采用 BSM 实现管理提升。在信息时代，企业的发展和 IT 环境的成熟是一个互相驱动、交替上升的过程。

2. 运维如何提升 IT 服务质量

提升 IT 服务质量可以考虑以下 4 点：建立评价 IT 服务质量的管理模型、建立全在线的 IT 服务交付模式、建立 IT 服务管理系统、建立统一的 IT 服务目录。

建立评价 IT 服务质量的管理模型。要建立评价 IT 服务质量的管理模型，首先要从思维上从传统注重内部动作向对外输出服务转变；其次要深入了解业务部门对 IT 服务的需求，并将业务需求转化为 IT 服务的核心目标；最后将 IT 服务需求转化为线上支持服务，并建立一套完整的、可评估的 IT 服务评价协议。IT 服务评价协议由可量化的指标组成。评价指标不仅涉及 IT 部门，还涉及业务部门、外部供应商，以便 IT 服务质量的评估与持续改进。在实施上，我们通常采用 SLA、SLO、SLI 进行逐层分解。其中，SLA（Service Level Agreement，服务水平协议）是 IT 服务提供方和被服务方之间就服务提供中关键的服务目标及双方的责任等有关细节问题而约定的协议；SLO（Service Level Objective，服务质量目标）即服务提供方与服务需求方对 IT 服务的期望，比如系统可用性是 4 个 9，还是 3 个 9；SLI（Service Level Indicator，服务质量指标），在实现 SLO 时用到，指一系列技术指标，比如可用性方面评估可能会转化为运行时长、故障时间等指标，性能方面评估会转换为响应时长、成功率等。加强运维组织的 IT 服务质量管理，可以以 SLA 为基础，以 SLO 为 IT 服务质量期望，以 SLI 为量化指标，来设计自身的服务流程、提供服务的形式、绩效评估方法。

建立全在线的 IT 服务交付模式。要建立全在线 IT 服务交付模式，首先要对关键的 IT 服务以流程方式落地，可以借鉴 ITIL 最佳实践的服务提供流程和服务支持流程，其中服务提供流程包括服务级别管理、财务管理、容量管理、IT 服务持续管理、可用性管理等，服务支持流程包括配置管理、事件管理、问题管理、变更管理、发布管理等；其次，随着 IT 服务成为“日用品”，企业对 IT 服务的需求越来越多，传统的服务支持流程将无法满足业务需求，IT 部门需要具备快速服务化 IT 支持能力，推动 XaaS（一切皆服务）；再次，线上系统需要支持服务的交付，交付模式即将人（服务需求方、服务供应方）、事、系统利用线上系统连接起来；最后，全在线的 IT 服务交付系统沉淀了数据，需要利用数据运营推动 IT 服务交付质量的持续提升。

建立 IT 服务管理系统。IT 服务管理系统通常的组成部分包括服务台、关键流程、配置管理、服务目录、知识管理等。其价值如下。

- 确保 IT 服务能够支持业务流程，提高业务运营质量。
- 通过关键流程的保障能力，为业务提供可靠的支持。
- 将 IT 服务以 SLA 为约定，让业务人员对 IT 服务质量有明确的期望，并清楚需要的付出。
- 标准化并线上化 IT 服务，加强 IT 服务与业务的协同，让 IT 服务更好地服务于业务。

- 全在线 IT 服务获取与交付，提升客户满意度。

建立统一的 IT 服务目录。IT 服务目录是将所有内部、外部 IT 服务加以整合、标准化，为服务供需双方提供线上连接的工具，并与服务台、知识库、自动化、云平台等连通，提供半自动化、全自动化能力。用户使用 IT 服务目录，能够找到自己所需要的 IT 服务，以便申请服务。平台支持用户在线获得 IT 服务的反馈，利用社交化手段对服务水平进行评价，推动 IT 服务质量的持续提升。

第3章 Chapter 3

构建应对复杂环境的数字化运维体系

“我们渴望构建一种能够描述市场、顾客及组织等世界万物的模型，并利用它为未来制定完美的战略。但很不幸，那是做不到的，而且永远做不到。未来具有VUCA特性，即波动性（Volatility）、不确定性（Uncertainty）、复杂性（Complexity）和模糊性（Ambiguity）。没有哪个模型能够永远适用，我们必须保持敏捷、行动迅速，培养创造性思维，接受敢于尝试的文化。”

——彼得·汉森

人类社会一直在遇见问题、解决问题、适应环境的螺旋上升中发展。比如，牛顿的物理定律虽然解释了从星球运行到苹果落地的规律，但无法解释非常小或速度非常快的事物，所以人类提出了量子力学和相对论。在金融企业，为了应对环境、市场、政策、业务的变化，信息技术发展经历了电算化、信息化两个阶段，现在步入数字化转型阶段。进入数字化时代，从运维体系角度看，运维适应性系统包括大量部件，比如各类机器人、信息系统、硬件等，部件之间通过越来越复杂的技术架构、业务逻辑、协同关系串起来，形成复杂的协同网络。为了保障运维适应性系统能够稳定、高效、安全运行，运维组织持续提升单节点的可靠性、可用性、适应性，同时利用“整体大于局部之和”的思路去实现更加完善的协同网络，达到支撑企业的运维价值创造。

3.1 复杂与不确定性

在企业都在进行数字化转型的今天，我们经常会听到“复杂”“不确定性”等词，所以在进入运维体系适应性系统学习前，先了解还原论、复杂科学、适应性系统、VUCA。

还原论是一种哲学思想，它认为复杂的系统、事物、现象可以化解为各部分之组合。还原论认为世界的本质在于简单。可以说，还原论是人们工作及生活中最基础的思维模式之一，是因果关系的极致反映。现实中，人们一直致力于让自己的工作与生活能更加简约、单纯、有序，比如描述技术方案时，会分解为“痛点分析、政策或业务背景、调研分析、目的与目标、整体解决方案、技术方案、关键技术、投入产出、短期计划、中长期展望”；在产品设计时，会分解为用户旅程分析、客户价值主张、精益创新等；在工具使用上，经常使用结构化思维导图等。

复杂科学不是对还原论的否定，而是针对社会中的复杂性提出的复杂环境下洞察、系统性分析方法。或者说，复杂系统仍然体现出秩序，在无中心控制的情况下，大量简单个体可自行组织成能够产生模式、处理信息甚至学习的整体。复杂系统具有适应性，因为个体和集体的行为会随着微观事件或事件集合的发生而变异或自组织。复杂适应系统可以看作相似且部分连接的微观结构形成的复杂宏观集合，可以适应不断变化的环境，提高宏观集合的生存能力。

接下来看看 VUCA 的 4 个特性。波动性是指企业将面临越来越动荡的环境、干扰越来越多；不确定性是指不确定客户、业务、市场会发生什么变化，即使原来相对确定的事情也会衍生出大量不确定行为；复杂性是指一件小事可能会产生巨大影响，而且这些小事的影响因素越来越多；模糊性是指事物并非只有一个答案。针对 VUCA 特性，行业通常会对 IT 部门提出能力提升要求，比如以客户为中心，以价值创造为核心，加快 IT 交付速度，提升协同敏捷性，提升业务创新效率，加强技术创新引领，建立试错文化，建立协同网络等。

3.2 运维复杂性因素

企业运维体系的发展是一个从组织、流程、平台、场景 4 个维度不断适应环境变化的过程，整个过程形成了一个 IT 数字世界的适应性系统。

1. 从运维价值创造分析复杂性

以下围绕“提高业务连续性保障水平”“提升业务交付速度”“辅助提升客户体验”“提升 IT 服务质量”4 个数字化运维价值创造，分析运维适应性系统有哪些复杂影响因素。

价值 1：提高业务连续性保障水平

第 2 章笔者用鱼骨图梳理了影响业务连续性的要素，可以看到影响业务连续性的要素很多，且影响要素随着业务发展、外部政策变化、企业内部转型战略与举措实施将会不断增加。以金融企业的技术架构演进为例，以往金融企业的技术架构主要以单体烟囱式架构为主。这种架构的系统逻辑简单，开发设计灵活，短时间即可快速上线。但是随着业务需求变化、系统数量增加、系统间上下游链路增加，企业的技术架构向服务化架构转变，之后又向微服务架构演进，具体实现上从集中式 ESB 向每个服务都引入 ESB 部分功能转变。可以看出，虽然分布式架构强调软件能力重用、业务抽象、去耦合、平台化、标准化、自动化，但是对于运维而言，服务化架构不可避免地引起应用链路节点增加、逻辑关系复杂，让运维面临更大挑战。为此，运维人员需要推动运维能力前移、优化工作流程，构建面向复杂环境的工程能力，比如构建自动化发布系统、持续增强监控体系、提升故障发现能力、建立全链路压测、提升运行数据感知能力等。

价值 2：提升业务交付速度

对于提升业务交付速度，运维可以利用数据分析辅助业务决策、推进 DevOps 的自动化发布能力构建、搭建云化基础设施、建立系统退出机制等。这些手段的引入相应地增加了运维复杂性。以 DevOps 为例，DevOps 的出现主要来自业务部门对软件产品或服务交付速度的要求，但更多是站在提升研发管理效率角度，给产品或服务质量、业务连续性保障工作带来冲击。这里的冲击不仅是运维需基于 DevOps 最佳实践理念在流程、工程项目角度进行建设，还涉及文化、组织、流程、工具、技术架构的全局建设。由于很多企业只引入 DevOps 理念，并没有考虑现有底子或缺乏全局性能力建设，DevOps 落地效果不佳。为了有效落实 DevOps，运维需要建立集中式 IT 基础设施，持续发布自动化工具链，针对互联网系统建立灰度发布机制，补充更加敏感的运行状态，利用运行数据反向推动应用技术架构的解耦，调整运维协同的组织架构，学习敏捷文化等。

价值 3 和价值 4：辅助提升客户体验，提升 IT 服务质量

辅助提升客户体验，提升 IT 服务质量重点是让运维团队从原来被动保障的工作思维向主动提升的工作思维转变，比如加强客户体验数据分析，加强性能管理，建立 IT 服务质量管理机制，构建在线服务交付能力等。对于现在的运维团队而言，这些工作需要对组织能力、文化思维、角色定位、管理流程、平台能力进行重塑。要在现有人力资源基本不变的情况下进行价值创造，现有运维人员必然要想尽办法从简单、重复操作的工作中释放出来，深入业务，借助平台工具、运行数据等实现能力提升。

2. 运维复杂适应性系统影响因素

图 3-1 总结了运维复杂适应性系统的影响因素。

图 3-1 运维复杂适应性系统影响因素

- **技术架构**：业务迭代需求、商业模式创新、信息技术创新等可驱动 IT 服务质量的持续提升，但新技术与新架构的引入，让运维在新技术选择时机、技术成熟度、架构高可用性评估、对存量技术架构的影响评估，以及新技术与新架构附带的选择成本等方面面临挑战。
- **应用逻辑**：越来越复杂的业务逻辑关系、更细粒度的原子服务、外部监管政策要求的风险控制等让业务逻辑越来越复杂，引发新风险，以及新风险引发组织人员对应用逻辑知识掌握、产品设计、性能评估、故障应急、影响分析、故障定位等能力的新要求。
- **变更交付**：在线感知客户体验、更快的产品或服务创新、更快的迭代速度、更短的技术评审时间、更复杂的版本管理、无序的变更计划等驱动运维人员建设更全面的技术平台、协同模式，调整绩效考核等。
- **海量连接**：移动化、物联网、开放平台等新业务模式的引入，以及全数字化协同网络的产生，带来海量数据、海量连接、海量终端。海量连接节点大幅扩大了运维业务连续性保障范围，甚至重塑运维业务连续性保障定义。
- **操作风险**：外部网络攻击形势、政策法规要求、运维操作性工作大幅增加等带来更多操作风险。应对更多操作风险带来了更多自动化工具，自动化工具的引入又带来新的操作风险，以及人员操作技能下降。
- **协同机制**：DevOps、一切皆服务、技术运营等工作模式带来新的协同机制，如何选择合适的时机，有节奏地推进组织、流程、平台有序建设，考验运维平台体系建设者的全局设计与落地能力。
- **技能与文化**：新需求、新技术、新机制带来新知识，运维组织需要打造新的学习型文化以更快适应变化，学习型文化又会重塑现有人员岗位角色、岗位能力、知识培养等配套机制。

- **外部环境**：监管政策趋严、全线上监管等驱动 IT 运维精细化、在线化、远程协同能力不断提升，迫使组织在现有人力资源基本不变的基础上，分离更多资源进行精细化运维建设。

上述 8 个影响因素都能扩展出更为细化的点，任何一个因素都可能导致运维体系发生重大事故。

3.3　构建运维适应性系统

1. 以螺旋上升方式建立运维适应性系统

运维体系是一个运维能力螺旋上升的适应性系统。为了说明螺旋上升的特点，以下参考亚马逊价值增长飞轮思路进行介绍。亚马逊价值增长飞轮的中心是亚马逊零售业务增长点，业务价值增长后带来更低的成本、更低的产品价格，进而打造体验、流量、卖家、选择的闭环，是一个螺旋上升的增长过程。同理，运维能力螺旋上升的主线是运维业务连续性保障水平提升、业务交付速度提升、客户体验提升、IT 服务质量提升；能力的提升来源于更高（质）、更多（量）、更快（速度）的需求驱动。为了满足新的需求，运维组织快速引入新技术与新方法，避免通常会产生的风险；综合优化组织、流程、场景、平台，形成适应性能力；建立适应性能力后支持更高、更快、更多需求的实现。运维围绕需求、改变、风险、适应 4 个节点循环（见图 3-2），提升能力。运维适应性系统的关键要素是组织、流程、平台、场景。下面以云原生架构为例，介绍运维适应性系统的成长飞轮。

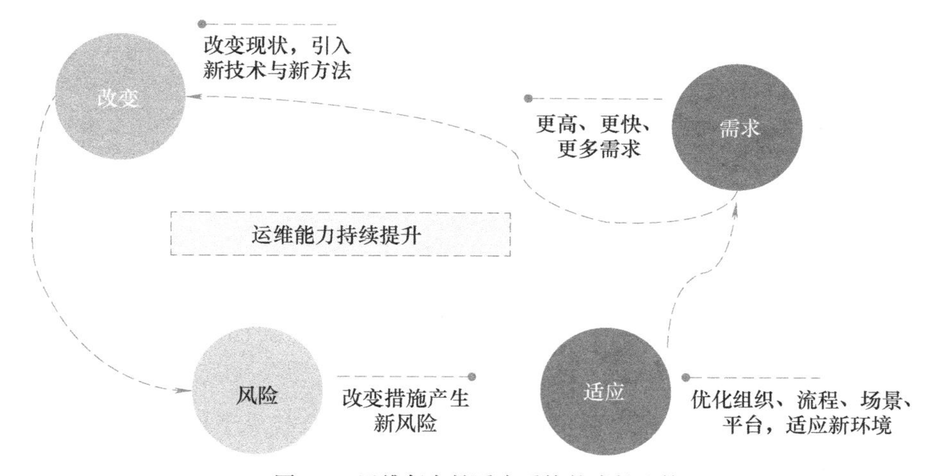

图 3-2　运维复杂性适应系统的成长飞轮

注：模型来自《技术的本质》与亚马逊增长飞轮。

- **需求**：充分发挥云计算的弹性、灵活、自动化优势，使得工程管理和基础设施管理变得更加高效和自治，从而将精力集中到业务创新中。
- **改变**：优化存量系统架构，制定新建系统技术架构评审要求，推动容器化基础设施平台建设，改造存量系统架构，加强微服务治理。
- **风险**：新技术引入的时机是否合适，新技术不成熟带来的风险，原有系统改变带来的风险，混合云环境和各种跨云 / 跨平台的运维操作、更加复杂的上下游链路关系，以及云原生技术架构开发人员技能不足带来的风险。
- **适应**：组织架构加强原来的云资源投入，运维人员学习云原生技术及应用上下游关系链路的技能，打造云原生技术中台及配套的协同机制，提升 DevOps 流水线的持续发布能力，提升容器 PaaS 平台的监控能力，构建自动化全链路性能压测、混沌工程等，形成一个针对云原生运维的工作场景。

2. 数字化时代运维适应性系统解决方案的一般选择方向

适应性系统根据输入条件，采取不同的解决方案，但还是能归纳出一般的选择方向（见图 3-3）。

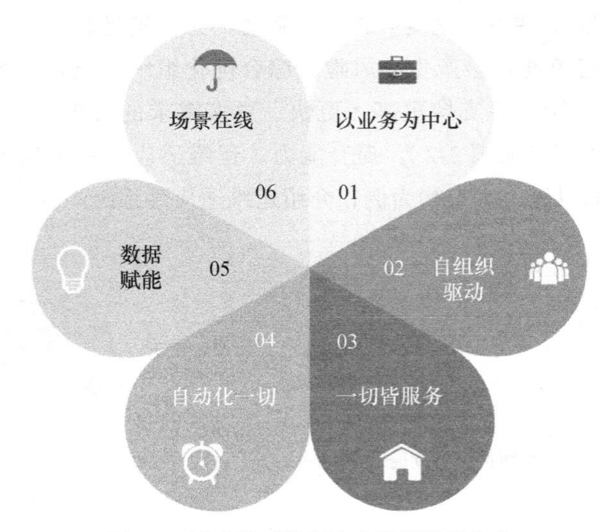

图 3-3 适应性系统解决方案的选择方向

（1）以业务为中心

应用上云解决了运维在基础设施层面的工作，运维平台减少了运维操作性工作，一方面让运维能够更稳、更快地实现，另一方面让运维人员从低价值的操作性工作中释放出来，更贴近业务、理解业务，利用数据分析提升业务连续性及客户体验，确保运维价值交付链路更加高效。以业务为中心思路尤其适合金融企业运维团队，金融企业运维团队人员流动性较小，适合业务经验的沉淀，不适合技术架构大幅度转变。所以，建立以运维开发为主的 SRE 团队可能并不适合金融企业，而应该打造以业务为中心的 SRE 团队，不断加深 SRE 团队对业务的理解，利用组织、流程、平台、场景能力建设，落实数字化运维价值创造。

（2）自组织驱动

自组织原指一个系统在内在机制的驱动下，自行从简单向复杂、从粗糙向细致方向发展，不断地提高自身的复杂度和精细度。在运维适应性系统中，企业需要建立一个柔性组织架构，达到学习型文化与组织持续改进的效果。学习型文化是在组织内建立学习、分享、沉淀、应用的学习闭环，以应对新技术、新架构、新系统、新业务带来的挑战。组织持续改进指在组织内形成一个清晰、统一、可理解的持续改进方法论，并让方法论快速融入日常工作机制。持续改进还需要组织加强横向优化型岗位建设，落实运维体系的目标管理、计划管理、时间管理、绩效管理。

（3）一切皆服务

云的自助式、所见即所得、按需获取、量化服务成本等特点，已在 IaaS、PaaS、DaaS 上得到验证。XaaS（一切皆服务）是运维组织的一个能力建设方向，建立服务目录，对运维能力标准化、标准化能力服务化，在服务目录发布，让业务人员能够像进入电商软件一样找到自己所需要 IT 支持的服务，并申请服务，在线获得服务反馈，同时利用社交化手段对服务水平进行评价，推动 IT 服务质量的持续提升。无论以客户为中心的企业整体战略，还是一切皆服务的 IT 服务目录思路，都是以人为本的延伸，利用线上化、数字化、自动化技术提升在线服务体验。

（4）自动化一切

自动化一切是将事件驱动思维模式融入运维的方方面面，可以从思维、技术两个角度发力。思维角度，即一线操作、二线运维、管理岗位对重复性、操作性工作有天然的排斥感，并想方设法用软件代替手工操作。技术角度，一是从运维工具层面建立运维原子脚本、编排任务、调度任务的自动化操作能力；二是将运维手工操作标准化，并将标准的运维操作场景化，基于场景将自动化操作与工作机制相结合；三是运维工作前移，推动应用系统自身自愈或无人值守的可靠性设计。

（5）数据赋能

数据赋能主要体现在利用运行数据，获得即时业务及运行状态的感知能力，以及自动化或半自动化的决策能力。具体来说，一是要实现运维协同网络工作的全在线，落地 IT 运营数据资产价值，利用运维数据平台强大的计算能力与扩展能力，实现数据的采集、传输、存储、处理、治理、反馈、消费的闭环；二是变现运维数据资产，将数据融入 IT 运维工作场景，为运维提供数据驱动工作能力，辅助决策制定，形成高效的执行力；三是利用自动化技术，提供人机协同模式，将可量化、可程序化的工作交给机器处理。

（6）场景在线

场景在线是在工作机制的基础上，整合资源，实现数字化。场景在线一是要场景驱动，基于场景的人、事、时间、协同、环境5要素，利用组织、资源，整合“监、管、控、析”平台能力；二是要在线，不仅是线上化，还强调即时协作、随时连接、落地数据资产价值。场景在线将收获业务标准化、流程化，是有序推动数字化持续建设的基础。

3. 应对复杂数字化运维体系

数字化运维管理架构由“组织（Organization）、流程（Process）、场景（Scene）、平台（Platform）”4部分组成，简称为OPSP。在OPSP体系架构中，**组织数字化**重点围绕组织文化、组织架构、个人能力持续优化的数字化管理能力建设；**流程数字化**是通过“连接、数据、赋能”的数字化思维重塑运维工作流程，将制度规范、管理领导力、协同模式、资源配置等通过数字化技术在线化；**场景数字化**是基于场景驱动将线上工作中的“人、事、时间、协同、环境”连接起来，实现提能增效和智慧沉淀；**平台数字化**是支撑组织、流程和场景数字化落地的技术底座。

基于OPSP打造的运维能力框架见图3-4。

图3-4 基于OPSP打造的运维能力框架

1）持续优化**组织**能力建设，主要以运行保障、业务可用性/连续性管理、资源管理、信息安全为基础，扩展运行分析、业务运营、IT服务、系统退出、运维开发等横向组织能力，并建立学习型组织文化，推动组织及个人能力的持续提升。

2）围绕敏稳双态的思路优化工作**流程**，吸收 DevOps、AIOps、SRE、ITOA、ITIL、ISO20000、ISO9001 等思想，结合连接、数据、赋能思维，由被动的流程管理向主动的 IT 服务、IT 运营模式转变，标准化协同流程。

3）围绕时间，建立盘前、盘中、盘后、节假日等的运维工作**场景**，打造人、事、时间、协同、环境为一体的线上场景，整合各类资源。

4）推动“监、管、控、析”平台体系向一体化**平台**演进，提高业务连续性保障水平；利用自动化手段替代手工操作环节，推动运维研发一体化（DevOps）；利用运维数据中台及数字运营场景的建设，推动运维数据运营（ITOA）；通过运维数据挖掘、学习，优化运维场景，探索运维智能化（AIOps）。

由于生产运行数字世界复杂度不断变化，大部分运维是一个持续优化过程，所以我们基于 OADS 方法论制定运维场景成熟度评估，具体如下。

- **线上化**，将运维工作场景标准化、规范化、在线化，落地生产运行过程中的数据资产价值，比如线上化应急处置、监控管理、值班管理、预案管理、演练管理等。线上化是持续推动运维自动化、数字化、服务化的基础。
- **自动化**，将规律性、重复性、操作性、大计算量的工作，从人工向人机协同模式转变，提升工作效率，降低操作风险，释放运维人力，比如使用巡检机器人等。
- **数字化**，分析运维日志、监控性能、报警、配置、流程等数据，构建数据驱动的“感知、决策、执行”能力，比如实现重要系统上下游链路全景、交易系统的业务订单品种全景、业务状态感知、变更状态感知等数字化应用。
- **服务化**，将底层“监、管、控、析”平台能力 API 化，以便用户通过可视化看板、数据指标、工具应用、IT 服务台等，基于服务目录进行运维。

本书后面将按 OPSP 分适应性组织、全在线流程、赋能型平台、场景革命 4 部分进行介绍，在具体部分会融入线上化、自动化、数字化、服务化的能力分析。

第二部分 Part 2

适应性组织

数字化转型驱动企业用数字化思维与数字化技术重新设计企业的业务模式，这个过程会面临业务需求迭代速度更频繁、商业模式创新交付更快、对业务连续性要求更高的挑战。基于本书提出的运维适应性系统，为了应对挑战，IT 组织将引入新技术与新架构，应用逻辑会更加复杂，服务之间的调用链会更长，运维流程与运作机制也将发生变化。在动则生变的特征下，快速变化产生了 IT 风险，需要构建一个能够适配复杂环境的数字化运维组织架构。组织主要指团队协同涉及的职权结构，包括岗位职能、人员能力、目标绩效、团队文化、思维模式等。数字化运维组织架构以数字化思维设计，支持运维复杂性系统的持续运作。

Chapter 4 第4章

数字化赋能运维管理

动荡时代最大的危险不是动荡本身，而是仍然用过去的逻辑做事。

——彼得·德鲁克

数字化时代给运维组织及个人带来了一些颠覆性变化，云原生技术架构、DevOps、AIOps、NoOps等理念不仅让运维组织产生了“运维是否正在消亡”的焦虑，也给运维人员带来了挑战。幸运的是，以业务价值为方向标，基于数字化技术、管理的赋能，充分利用协同网络、数据智能、一切皆服务、员工赋能，运维组织就可以构建一个适应性数字化运维管理体系。同时，运维组织要借鉴领先行业的数字化运营管理模式，在线协作，围绕“洞察、决策、执行”的闭环数字化能力，持续进行平台化管理。

4.1 运维之痛

当前大部分IT部门仍是企业中的成本部门，运维组织承担了IT部门中后台支撑的角色，在组织定位层面得到的资源支持不如其他中前台部门。同时，被动响应、操作性、7×24小时值守等特点，也使运维个体对职业发展产生了困惑。

1. 运维基本工作范围

运维的定义为：企业IT部门采用相关的方法、手段、技术、制度、流程和文档等，对IT软硬件运行环境（软件环境、网络环境等）、IT业务系统和IT运维人员进行的综合管理。从上述定义看，运维岗位需要综合性的技术与管理能力，并掌握大量方法论与技术。金融行业的运维基本工作通常包括如下几部分。

- **运维规范的落地**：基于内外部管理制度要求，借鉴 ITIL、ISO20000、ITSS、DevOps 等方法论，结合组织禀赋落地运维规范。
- **监管机构要求的落地**：理解、快速响应、落地监管机构的管理及工作要求。
- **运行基本保障**：配置管理、监控执行、应用发布、资源扩容、事件应急、问题跟踪等。
- **职能线基础保障**：网络、服务器、操作系统、数据库、中间件、JVM、应用等运维基本保障。
- **IT 服务交付**：服务目录、服务台、业务咨询、桌面维护、经验库、SLA 等服务交付。
- **可用性管理**：巡检、业务系统连续性、可用性、基础架构及应用系统的高可用性、备件冗余资源等。
- **风险、安全管理**：生产操作、信息安全审计、监管风险、漏洞扫描、攻击管控、攻防演练等。
- **故障管理**：事件的事前演练、混沌工程、功能评审，事中的申报、处置、定位、恢复、验证、解释等，事后的复盘、问题跟踪管理等。
- **IT 需求交付**：全在线、自动化的应用变更，系统软件、计算服务、存储服务等的交付。
- **主动运营评估**：架构高可用性、性能管理、容量管理、客户体验等主题的评估分析。
- **应急演练**：评估异常事件、业务故障等发生时的架构可用性、人员协同性等。
- **业务支撑**：数据维护、数据提取、参数维护、配置管理等。
- **运营业务**：挖掘数字化业务运行状况，促进业务痛点的发现与解决等。
- **成本控制**：数字化投入管理，评估人力、硬件、带宽、软件投入，推动成本节约专项工作等。
- **运维开发**：建设运维“监、管、控、析”平台、数字化运维场景，培养运维开发能力，营造工具众创的文化。

2. 组织之痛

运维团队容易被其他团队认为是以简单操作性工作为主的团队，在企业资源投入方向不受重视。随着信息技术与业务的发展，运维组织的痛点越来越明显。下面从外部客观因素和内部因素两方面分析金融企业运维组织痛点。

（1）外部客观因素

在数字化时代，金融企业运维组织面临业务规模不断扩大，业务竞争越来越激烈，监管要求越来越高，数据规模呈指数级增长，大量开源架构、创新技术的应用取代传统的系统架构等挑战。

- **运维组织在企业内的定位**：绝大部分运维组织是一个成本部门。企业对运维组织的重视程度通常不如开发组织，更不用说前台业务部门。定位角色决定运维组织规模无法跟上业务增长。以 Google 为例，在《Google SRE 运维解密》一书中提到，由于 Google 的数据中心规模急剧扩大，系统越来越复杂，而运维人员规模又跟不上，SRE 承担了 Google 运维管理。
- **业务对运维服务质量的要求**：越来越多的业务从线下走到线上，为了赢得更多用户的青睐，一方面要求应用性能高，功能稳定，另一方面对应用交付速度提出更高要求。前者需要设计更复杂的系统，后者需要更高效的应用发布支持，两者都会给系统响应效率、稳定性带来影响。
- **外部监管要求**：长期以来，为了防范金融风险、保障投资者与客户权益，监管机构对金融企业保持强监管。近年来，监管机构对金融企业信息技术的稳定性、规范性的监管有增无减。在强监管下，信息系统的稳定性有了进一步提升，并对运维组织提出高要求，客观上加大了运维管理精细化程度以及相应的工作量，同时规范流程引发工作效率下降。
- **业务并发要求**：信息系统用户量增加、营销活动不断推出、突发性行为，对信息系统处理能力提出了越来越高的要求，而企业不断引入弹性平台，以及大量分布式、开源架构替代传统、相对成熟稳定的架构来满足性能管理需求，这些变化都给运维组织带来了挑战。
- **数据中心规模扩大**：多数据中心建设、云化、去 IOE、分布式与云原生架构的引入使得应用系统规模、数据规模、硬件成倍扩大，应用架构复杂性不断提升。
- **创新技术引入**：创新技术的引入给运维带来了极大挑战，包括创新技术在性能、可靠性、稳定性上的不足，生态不完善，以及对创新技术人才的引入、培养。

（2）内部因素

根据调查数据，在整个运维成本的分配中，软硬件和网络设备的维护成本占 30%，维护服务成本占 30%，内部运维人力成本则占了 40%。这里的人力成本包括维护培训、流失与引入等成本。如果将维护服务成本也纳入人力成本，人力成本将上升为 70%。人力成本的影响因素如下。

- **评价运维能力的模型**：虽然 ITIL、ISO20000、ITSS、DevOps 是运维领域比较成体系的方法论，但在量化运维人员具体能力方面比较难落地，也就是说很难从量化角度评价运维人员绩效，相关评价通常比较主观。如果组织管理者对于绩效评价做得不到位，容易引发运维人员不满，影响运维人员提升技能和工作效率的动力。
- **平台化管理**：组织扩大到一定规模后，以口口相传、个体责任心、工作习惯为主的方式容易出现操作风险，且无法量化绩效，管理规范无法落地，需要借助数据驱动能力，建立平台化管理能力。

- **人机协同工作模式**：IT 软硬件体量庞大，且增长迅速，手工操作任务太多，运维数据越来越多，故障定位越来越难，对人工经验的依赖性高，监控手段不够及时、全面，应用发布、资源交付效率低，没有主动进行性能分析等。这些痛点驱动运维引入人机协同工具，对引入的机器人建立适应性管理机制。
- **“千禧一代”员工成为骨干**：“千禧一代”员工的特点与运维管理者成长背景有很大差别。传统运维管理方法的特点是标准化、流程化，如何调整运维管理方法，赋能这些个性更加突出的员工，让他们发挥更大的价值，是每个管理者需要思考的命题。
- **人才管理**：运维组织以纵向职能型为主，能够培养全能型、经验丰富的专家人才，这些专家人才利用经验能快速解决职责下的常规问题，且效率比较高，适合小型的组织。随着组织不断壮大，面对的问题越来越复杂，技术要求越来越多，这种专家人才不能满足要求。
- **运维目标**：运维目标往往以被动式为主，比如被动处理故障，被动解决问题，被动提供应用交付，被动节省成本等。这种被动式运维目标导致计划性工作不够，缺乏持续不断的自我优化，不利于运维组织主动提高效率、质量，降低成本，并向主动运营转变。

3. 个体之痛

运维人员同样面临不少挑战，包括工作时间、工作压力、学习压力、职业发展等。

- **7×24 小时制的工作时间**。运维人员通常要在节假日值班或在家通过 VPN 远程操作或远程指导进行故障应急。运维人员的上班时间与普通工作时间不同，为了不影响业务，应用发布、基础设施变更、演练等工作会放到晚上，对客的业务系统运维还可能安排到深夜。
- **高压工作**。“如履薄冰”很好地形容了运维人员的工作状态，因为任何一个生产操作都可能给业务带来影响，所以运维人员工作必须十分谨慎。同时在运维故障处理过程中，运维人员需要面临来自业务人员、客户、开发人员、外部的各层压力，但须冷静地完成故障处理，处于高压的工作状态。
- **被动地工作**。在缺乏主动分析、优化、预测性的工作的背景下，运维人员大部分是被动地工作，负责应急救火、打扫战场、收尾。
- **对工作的认识**：程序问题、硬件问题、系统软件问题、业务需求问题等都需要运维人员去解决，而且这些问题对业务可用性的影响还需要运维人员承担，运维岗位会有“背锅”的感受。

- **职业压力**：运维岗位主要和机器或系统软件打交道，所以相对于开发、项目管理等岗位，转型机会面比较窄；同时，运维工作中重复操作性工作占比多，如缺乏引导容易让运维人员麻木，失去持续改善的动力；另外，前面也提到运维人员需要掌握的技能和管理理念很多，对运维人员的学习能力要求很高；最后，从与业务远近的角度看，运维人员不如研发、产品人员，容易产生重要性低的错觉。

4.2 数字化赋能运维组织转型

针对运维之痛，领先的运维组织积极寻求破解之法，驱动组织架构、岗位、能力的转型。为了更好地统一组织各方在转型过程中的步调，我们需要抽象数字化举措的关键词。本章抽象出“数据、连接、服务、赋能”4 个关键词，作为指引构建运维数字化体系的方法。

1. 常见的运维转型方向

运维转型方向总结如下。

- **从操作性运维向运维平台化转型**。通过建设“监、管、控、析”运维平台，基于数据感知、工具平台建立人机协同运维模式，提高效率，控制风险，释放人力。
- **从被动救火式向主动运营转型**。以数字化为目标，通过整合、治理、提炼运维领域的各类数据，再在数据之上分析，并结合工具，让运维组织全面掌控业务运行状态，辅助管理者做决策。
- **从依靠经验向人机协同驱动运维转型**。基于运维数据，结合人工智能算法，解决基于专家经验运维的不足，提升监控、管理流程、操作、运营方面的效率与精准度，让机器能够承担部分专家的工作，形成人机协同工作模式。

要实现运维转型，企业需要利用好数字化能力，赋能组织管理。

2. 数字化运维关键词

进入数字世界，运维组织在管理上面临以下问题：如何数字化系统运行状态、客户体验，并针对运行问题，更快地做出决策与执行；如何在快速交付 IT 需求与生产运行风险之间达到平衡；如何围绕核心价值链，基于价值链与测试、开发、产品、业务、合作厂商等协同连接；如何将能力标准化、服务化，并对外提供在线服务，在线获得服务，在线得到反馈；如何激活员工，提升员工生产力，激发创新。

要解决上述问题，运维组织需要建立数字化运维模式。图 4-1 总结了数字化运维 4 个关键词：**协同网络、数据智能、一切皆服务、员工赋能**。

- **协同网络**。运维过程中的参与者既包括 IT 部门内部研发、运维、测试、产品、项目人员，各类横向的流程经理、架构管理者等，也包括 IT 部门外部业务部门、分支机构、厂商、外包合作方等。将参与者在线化，产生互动连接，将形成一张数字化协同网络。协同网络将促进人与人、人与机器、机器与机器等节点间的互动在线化、透明化，能够有效加强运维管理精细化，提升协同效率。

图 4-1　数字化运维 4 个关键词

- **数据智能**。数据智能实现了协同网络工作在线化，加强了节点的有效连接。实现数据智能主要分 3 步：一是实现运维协同网络工作全在线，落地运维数据资产价值，并利用运维数据平台强大的计算能力与扩展能力，实现数据的采集、传输、存储、处理、治理、反馈、消费；二是变现数据资产，将数据融入运维工作场景，为运维提供数据支撑，形成“感知、决策、执行”闭环，包括实时感知系统运行状态，得到业务部门的需求，辅助决策制定，形成高效的执行力等；三是利用自动化技术、人机协同模式，将可量化、可程序化的工作由机器辅助处理。
- **一切皆服务**。云的自动化、所见即所得、按需获取、量化服务成本等特点已在 IaaS、PaaS、DaaS 上得到验证。XaaS（一切皆服务）是运维组织在 IT 服务管理方面的转型方向。在运维组织内部将运维能力标准化，形成服务目录，可方便用户找到自己需要运维支持的服务，并申请服务，同时在线获得服务的反馈，并利用社交化手段对服务水平进行评价，推动 IT 服务质量的持续提升。
- **员工赋能**。运维组织是一个知识型、创造型、学习型团队。运维从业者是协同网络中的核心节点，是数字化转型过程中的关键因素。数字化时代，企业需要培养一支能够紧跟新时代、新国情，能够敏捷应对不断变化的环境，并具备技术创新能力的团队。运维组织要为员工提供全数字化的工作环境，激发员工积极性，提升员工生产力，激发创新。

3. 数字化赋能运维组织管理

外卖平台的管理模式是运维组织管理的一个典型例子。在外卖平台的运营模式中，后台运营管理、骑手、平台组成了一个管理三角。业务订单通过平台推送给骑手，骑手接单后，平台实现骑手、顾客、饭店与订单的连接，再将运营管理规则通过数字化手段由机器触达骑手。骑手的收益、绩效实时体现在平台上，不需要线下管理，所有的管理都通过数据、智能算法在平台上实现。外卖平台这种平台化管理模式也适用于数字化运维组织。图 4-2 从平台化管理、在线化组织协同、数据赋能组织、服务化组织、持续优化 5 个方面分析数字化对运维组织管理的赋能。

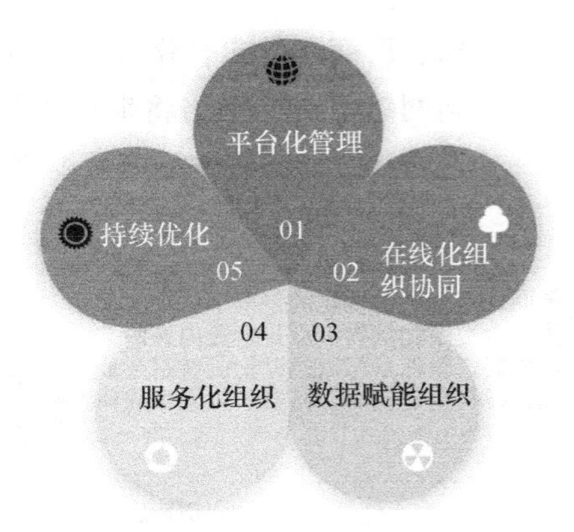

图 4-2 数字化赋能运维组织管理

1）**平台化管理**。上述外卖平台的运营模式是典型的平台化管理模式。外卖平台是一名管理者，不存在传统管理者，实现了对百万名外卖骑手的高效管理。平台化管理包括指导、评估以及奖惩激励 3 个方面。

- 平台给骑手派单，指导他们如何派送。
- 消费者评估骑手的表现。
- 平台根据消费者的评估决定奖惩。

对于运维组织，平台在“析”层面落地领先的 AIOps 算法与数据“采存算管用”的能力，在“控”层面落地自动化执行能力，在“管”层面落地流程机制，在“监”层面落地感知能力。企业基于上述平台能力，构建可落地的平台化管理能力。

2）**在线化组织协同**。在线化组织协同能够数字化协同对象与协同过程，是数据驱动运维管理的基础。运维协同对象主要包括人、机器、软件，其中人又包括运维职能团队中的一线、二线管理员，运维开发、流程经理等，以及运维职能团队以外的开发、测试、业务、客服、客户等；机器主要是物理设备，从软件定义的角度看，机器可以划为软件，软件可划分为基础设施、平台软件、应用软件，以及支撑运维的 ITOM、ITSM 软件。借鉴外卖平台的协同方式，在线化组织协同就是要让这些协同对象数字化，并让协同线上化。对象数字化可以借鉴 CMDB 进行协同对象的属性定义，并建立对象间的关系；协同线上化则以运维价值交付链为驱动，构建运维工作场景，利用场景整合平台和协同对象，扩大覆盖面，提高在线化程度。

3）**数据赋能组织**。运维组织面临的环境越来越复杂，依靠专家经验或自律性的管理已经力不从心。平台化管理能让管理可穿透，无须多个层面的信息传递，使管理更加客观、准确、扁平。数据赋能组织重点围绕运行感知、辅助专家决策、跟踪决策的执行，这是一个基于数据驱动管理的闭环。基于协同线上化，管理层可以在线感知运维工作状况，员工也可以基于数据在线向上反馈一线的观察。数据又能为管理层决策提供支撑。结合大数据技术，管理层能够分析海量数据，发现以往靠经验很难发现的规律。有了数据驱动制定的决策，下一步是让决策有效落实，一方面决策线上化后才能让决策留痕、可跟踪，另一方面可以尽量将标准化、规律性的决策自动化。

4）**服务化组织**。基于 IT 服务管理模式，利用服务价值链交付思维，构建运维服务供给双方的交付能力，真正实现 IT 服务管理。一方面，运维组织将日常工作能力标准化，抽象成可交付、可衡量、在线化的 IT 服务；另一方面，服务需求方可以在线检索，获得需要的 IT 服务。对于管理而言，将服务交付过程在线化，有助于衡量服务交付质量，并基于服务交付质量数据持续优化 IT 服务管理。

5）**持续优化**。数字化运维结合平台化管理，可建立学习型运维组织，让每个人的工作过程可观察，辅助管理者了解协同参与对象的能力，并基于现状制定更好的人员培养机制；同时可基于在线数据，制定一些平台化管理方法，比如能力积分排名等游戏化的方法，让员工了解自己的知识水平，帮助员工提升个人能力。

Chapter 5 第5章

组织架构

未来，人工智能的发展方向既不是简单的人类制造、控制、利用机器，更不可能是取代人类，而是人机协同、人机共生。因为人和机器各有所长，互为补充，可以共同合作，建立一个更加美好的社会。

——张钹院士

不同组织或组织发展的不同阶段，组织架构形式各不相同，并没有哪一种组织架构是最好的，但有更合适的组织架构。比如职能型组织架构适合培养专业化职能、便于沟通、利于规律性过程管理，矩阵式组织架构利于跨职能团队协同、最大限度共享资源、适应变化。很多金融企业的运维组织是职能型与矩阵式相结合的组织架构。数字化技术与AIOps理念的推进，给运维组织带来一种全新的组织架构：人机协同。人机协同聚焦在通过机器辅助运维洞察、决策与执行，是在原来运维参与者的协同网络上，增加机器角色，形成人机协同的业务模式。人机协同的运维模式中最关键的角色仍是人，利用人的创造力，结合机器所提供的数据和算法，辅助人进行运维工作。人机协同将是AIOps的一个发展方向，未来运维组织将出现各种各样的机器角色，代替人做一些更加专业的工作。

5.1 常规运维组织架构

职能型组织架构是当前运维组织广泛采用的组织架构，有助于实现专业化分工，比如IDC机房、基础设施服务器、平台软件、应用系统等运维团队。随着组织精细化水平的提高，一些职能型组织会将有共性、操作性的工作独立出来进行自动化或由专业团队去做，以释放一部分人力。

1. 职能型组织架构

随着业务及技术发展，我们可以预见未来 IT 资源对象、应用复杂度将呈指数级增长，业务服务质量要求、监控要求等将加大运维人员的工作量。与此同时，运维人员规模可能会相对稳定。如何在人员规模保持稳定的同时，满足业务发展要求，并创造更高效益，是运维组织在组织层面需要面对的难题。

鉴于运维目前仍存在大量操作性工作，上述难题可以转换为如何提高人员效率、降低操作成本，专业化分工则是解决这一难题的一个方法。专业化分工是由经济学家亚当·斯密在《国富论》一书中提出的。他认为，专业化分工能最大程度地提高工作效率、工作熟练度和判断力。他的论点包括：员工技巧因专业化而更加熟练，在分工条件下每一个人只从事某一种操作，就能成为“局部熟手”，不但能精益求精，还能减少技能的学习时间。专业化分工能节省劳动时间，这是因为分工使人员从事某种固定操作，有助于操作经验的积累、操作方法的完善以及效率的提高。

职能型组织的目的就是培养专业化职能，每一位管理者对直接下属有直接职权，组织中的每一个人只能向一位直接上级报告。专业化分工最重要的一点是做到职责、权利和义务清楚，打破不利于个体绩效考核的平均主义，是很多运维组织选择的组织架构模式。

运维组织通常按运维管理对象的不同，划分为几个职能型团队，比如：负责 IDC 环控相关机房的运维团队，负责基础设施网络的运维团队，负责硬件及存储设备等计算设备以及 IaaS 平台服务器的运维团队，负责平台软件的运维团队，负责应用软件的运维团队，以及负责其他合规、安全、调度等工作的运维团队。职能型组织架构中，各团队各自履行职能，管理权限集中，工作效率比较高。

不同企业会对职能型组织做一些整合与分解，比如根据组织层级关系，会将一些工作内容相似的团队做整合，像机房运维与基础设施网络运维团队的合并，服务器运维与平台软件运维团队的合并，平台软件运维与应用运维团队的合并等。同时，当某个职能团队大到一定规模时，该团队也可能会进一步按运维对象或技术类型拆分为更细的团队，比如应用运维按不同的业务对象划分为不同的业务运维团队，系统运维按技术对象划分为数据库、中间件、系统软件、PaaS 平台等不同的系统运维团队。图 5-1 列举了金融企业常见的运维组织架构。

2. 运维职能型组织架构的变化

随着工作量的增加、服务质量要求的不断提高，以被动、人工操作为主的工作越来越吃力，运维职能型组织不利于适应变化，容易出现一些弊端，比如：

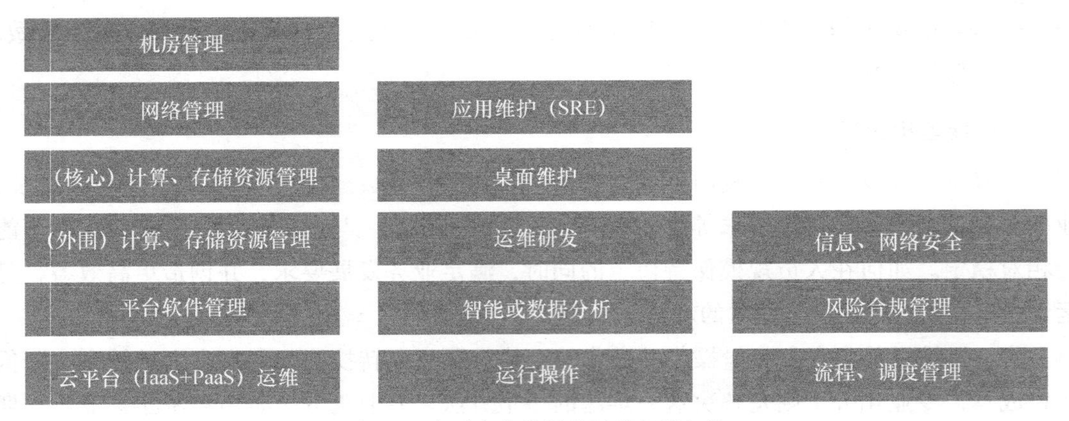

图 5-1 金融企业常见的运维组织架构

- 顶层管理理念与要求在落地过程中出现打折扣现象。
- 信息、经验比较难共享，团队间协同成本高，通用性、基础性自动化建设多以烟囱式模式开展，重复建设多。
- 缺乏统筹、持续改进的岗位，不利于某些工作主题的持续优化。
- 团队骨干、基层经理工作量与工作强度突出，成为工作瓶颈。
- 整个团队常规被动操作性工作太多，无法开展主动性、计划性工作。

针对上述问题，一些职能型组织会将有共性、人工操作性的工作独立出来，进行自动化或交由专业的团队去做。以金融行业的应用运维团队为例，一些组织会将应用运维分离出 3 类团队：一线业务运维团队、服务运维团队、稳定性运维团队。具体的职能与绩效指标如下。

- 一线业务运维团队为业务部门提供信息系统日常支持和问题处理服务，通过签订 SLA、设置服务经理岗、制定 IT 服务目录等工作机制，建立服务交付和问题管理渠道，解决用户使用信息系统过程中的疑难问题，提供相关咨询服务。一线业务运维团队关注用户使用信息系统的操作体验，推动应用系统持续优化，内部仍按业务板块分成组，更加贴近用户。该团队通常以服务时效、用户满意度为绩效指标。
- 服务运维团队负责测试、预生产、生产等环境应用部署和运行管理并提供服务支持，根据生产发布上线流程，负责应用系统运行版本统一管理，通过 7×24 小时值班机制牵头生产系统突发事件快速处置。该团队通常以服务支持满意度、生产突发故障响应时效为绩效指标。
- 稳定性运维团队主要负责生产系统应急保障，通过主动、计划性的运维工作，持续研究提升生产系统稳定性的技术、流程、机制，并推动实施，确保生产系统稳定运行。通过参与应用系统交付过程，进行应用系统性能、技术应急预案等的规划和设计，管控应用系统上线发布、变更等相关环节，运维可提升应用系统可用性和运行效率。该团队通常以系统可用性、业务连续性等为绩效指标。

5.2　成长型组织

职能型组织很容易陷入习惯化、程序化的工作状态，对快速变化的软硬件生产对象的处理处于失控状态。适应性运维组织需要推动建立成长型组织，通过成长型组织的工作氛围和文化，不断学习，不断进步，不断调整观念，以应对变化。

1. 成长型组织模式

外部环境越来越复杂，变化速度越来越快，客观上讲以不变应万变的思维已很难适用。作为数字世界的个体，需要紧跟时代发展，不断补充知识，接受变化，用正确的态度去面对困难、失败、挑战。

卡罗尔·德韦克的作品《终身成长》中描述了两种思维模式：固定型思维（或叫停滞性思维）和成长型思维。固定型思维的人认为：人之所以成功，主要是依赖天赋和能力这些先天因素，挑战和承担风险都可能直接暴露自身的不足，并表明自己的任务无法完成。固定型思维模式者认为，失败意味着自己是一个失败者，不具有这方面的天赋，他们不会从失败中学习并纠正自己，不愿意面对挑战，他们喜欢熟悉的工作领域，害怕新环境和未知的挑战。成长型思维的人追求成功与卓越，失败对他们来说也是痛苦的事，但与固定型思维的人不同的是，他们认为现状并不能定义一个人的成功，成功来源于后天的努力。这类人把时间更多地花在面对问题和处理问题上，并从中有所得，从而在新环境中获得更大的成功。他们会用动态的思维考虑问题，今天不能成功并不代表明天继续失败，过去的经验同样也不保证将来的成功。

成长型思维对运维组织至关重要。运维组织中有很多行为都是习惯化、程序化的。当组织经营方式、技术架构等发生急剧变化时，整个团队可能会出现盲目、迟钝、不知所措的情况。成长型组织通过积极面对的工作氛围和文化，建立评价组织管理能力的绩效指标，持续复盘生产事件、IT 风险、变更管理等，并通过激发组织与个人的学习动力，用全新的视角去看待问题，从过去的失败中总结经验，从未知的知识领域中学习新知识并在工作中进行应用和创新。

2. PDCA 循环

在管理领域，戴明推出的 PDCA 循环可以作为运维体系培养成长型组织的一个方法。PDCA 循环分为 4 个阶段，即计划（Plan）、执行（Do）、检查（Check）、调整（Action），在实际工作开展过程中，把各项工作按照做出计划、计划实施、检查实施效果、纳入标准进行，并不断循环改进。这个思路引入企业运维体系的具体操作如下。

- 针对企业业务发展需求，制定运维体系的整体发展规划、举措，构建适应性组织架构与流程机制，并建立可量化的运营指标，作为引导组织能力持续提升的方向标。
- 围绕“组织、流程、平台、场景”四要素，依据专业化分工、标准化流程、平台化工具，推动精细化运维分析、业务服务、运营等维度的工作资源投入，激发员工的学习与参与热情。
- 在实际工作过程中，通过量化指标，结合主动性总结、归纳、分析，建立持续改进运维体系的协同模式。比如运维组织可以考虑在必要环节增加横向优化团队或岗位，推动组织与个人的能力提升；定期对流程的落地进行分析，围绕规章制度进行查漏补缺，删减不合理的流程规范，调整无法执行的规范要求；不断分析工具运营情况，提高应用覆盖率；分析场景建设是否在持续提升线上化覆盖面，自动化、数字化、服务化能力是否在持续提升等。

3. 借鉴 PDCA 优化组织

将 PDCA 循环的思路应用于以运维纵向职能型团队为主的组织架构的建设上，可以基于现有组织将常规被动式基本运维保障转型为主动优化运维。专项、例行、可量化、可交付、专业、协同等关键词是组织转型的切入方向。图 5-2 提出了职能型运维保障分离出的运行分析、运维开发、运维服务、集中操作、横向管理、业务运营等能力。这些能力能起到以下作用。

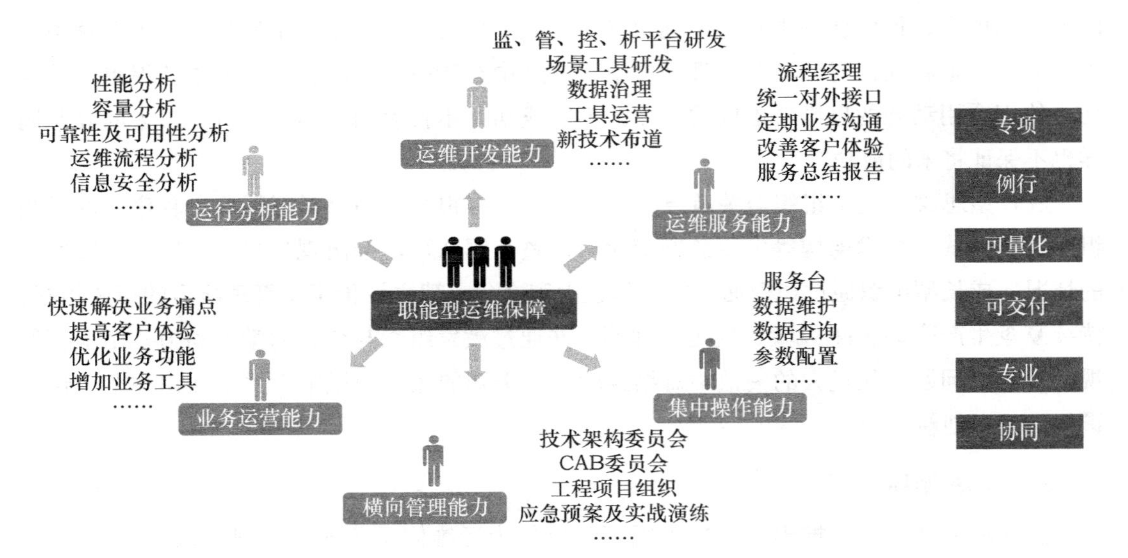

图 5-2 职能型组织优化

- 将同类操作性工作从职能型组织中分离出来，比如服务台、数据集中维护、数据提取等，通过集中操作提高这类工作的效率，获得更大的投入产出比。同时，集中、标准化处理还能降低操作风险。
- 职能型组织减少操作性工作后，可以从被动式工作中节省出一些时间处理计划性、主动优化类工作，比如压力测试、性能管理、容量分析、客户体验运营等。
- 针对整个运维团队进行一些统筹性建设工作，比如自动化工具建设，提高工具间的互联互通。统筹建设有助于获得更大的投入资源，以及收获更大的效益，减少重复建设。
- 对于一些管理、技术手段，一些运维横向团队可以进行持续的监督与优化，有利于规范化、标准化工作落地，比如变更管理、故障分析、可用性分析等。

4. 金融企业的 SRE 案例

一些企业为了解决应用运维工作琐事多、长期被动救火的现状，对应用运维团队进行优化，成立了 SRE 团队。下面介绍一个金融企业的 SRE 案例。

在计划环节，设置应用运维团队信息系统稳定性要求，设置 SLO。重点包括两点：一是梳理重要信息系统与非重要信息系统，针对重要信息系统细化 SLO，聚集优势资源在重要信息系统上，而不是平均分配资源；二是围绕底线的稳定性目标——故障管理与软件交付，持续优化故障管理与软件交付效果相关的各项工作。

在执行环节，根据计划环节的 SLO 进行细化，将原来应用运维团队涉及的应急管理、容量规划、性能优化、架构优化、交付与退出工作独立出来并成立 SRE 团队，比如：针对应急事件的事前、事中、事后周期管理，应用系统上线、准入、评审、发布、退出下线，主动性架构性能、容量评估分析，以及围绕稳定性相关的工程性工具研发工作；同时，将原来应用运维团队的一线服务台服务处理、知识管理、常规业务支持、问题咨询、数据维护、参数修改、数据提取、监控监测、环境维护等工作独立出来固化为标准化工作事项，成立服务型团队。在人员分配上，由于 SRE 团队涉及的职责对主动运营要求高，企业可将一些主动性强、对技术有研究的人员分配到 SRE 团队，聚焦在故障风险提前发现、故障快速解决、软件交付稳定等稳定性指标上。服务型团队主要选择适合面向 IT 服务、业务功能性知识的沉淀、沟通、操作、执行的人员，聚焦于 IT 服务质量与客户体验的提升。

在检查、调整环节，SRE 团队与服务型团队分别需要关注关键的评价指标，包括应用可用性、故障平均修复时间、软件交付效率与成功率、服务响应效率、工单一线处置率。通常，SRE 团队重点对以下方面进行持续优化：生产对象的监控，对故障的预测、发现、感知、辅助定位，主动性的数据分析，应用架构管理的前移，软件发布工具与流程等。服务型团队重点推动语音服务台和线上机器人的知识库、数据维护、数据提取等工具与流程的持续优化。

5. 运维能力模型

运维能力的评价基准界定很难，但又很重要。很难，是因为不同企业的运维组织定位、规模不一样，没有一个标准的运维能力模型；很重要，是因为如果对运维能力没有评价基准，组织只能靠主观来判断某个团队或个人做得好还是不好，可持续改进的效果将大打折扣。为了说明运维能力模型，下面借鉴信息技术服务运维能力成熟度模型（以下简称为“ITSS运维成熟度模型”）来做简要介绍。不同运维组织可以借鉴ITSS运维成熟度模型的几个分级进行定位，并参考成熟度对应要求，结合自身特点细化团队及个人能力要求。

- **基本级**：体系有，即实施了必要的运维能力管理，日常运维工作有序运行。
- **扩展级**：体系全，即实施了较为系统的运维能力管理，形成了较为完善的人员、流程、技术和资源方面的管理制度，并得到落实。
- **改进级**：协同好，即以整合能力为主，组织的运维服务能力发展战略清晰，形成了完善的运维服务体系，综合运用ITSS能力标准，建立协同运行能力。
- **提升级**：量化管理精，即实现了运维变革、可量化的运维能力管理，推动业务发展变革。

上述4个能力成熟度的级别是一个持续改进的过程，结合前面提到的PDCA循环持续优化理念，可以分为计划、执行、检查、改进4个步骤。

- **计划**：根据自身业务定位和能力，对人员、资源、技术和过程进行规划，建立相适应的指标体系和服务保障体系，确保有能力提供运行维护服务，并进行持续优化。
- **执行**：按照运维整体策划实施，确保能力管理和服务实施过程可追溯，服务结果可计量或可评估，提交满足质量要求的交付物。
- **检查**：检查运维服务管理活动是否符合计划和质量目标，定期评审服务过程及相关管理体系，以确保能力的适宜性和有效性。
- **改进**：弥补运维管理过程中的不足，持续提升运维能力。

借助ITSS运维成熟度模型，组织能够在多方面对运维能力进行评估定位，持续提升运维能力。

5.3 人机协同赋能组织架构

“人机协同”是一种全新的运维模式，这个模式围绕洞察、决策、执行的闭环，既要完成大计算、海量数据分析、提升体验等工作，还要对现有的“专家经验＋最佳实践流程＋工具平台”运维模式进行补充。人机协同模式以数字平台化管理为依托，让组织具备“洞察感知、运营决策、机器执行”闭环能力。

1. 人机协同运维模式

AIOps 的研究及应用正处于爆发期，很多运维组织正在统筹规划和全面引导，未来发展空间巨大。人工智能在运维领域有几点优势：一是工作稳定性高，可不知疲倦地工作，在分析规律性问题时不受环境影响；二是操作风险低，能取代部分传统手工操作，有助于避免手工操作带来的遗漏、误操作等；三是决策效率高，可以快速对海量运维数据进行筛选和分析，帮助管理及一线运维更高效率地做决策。

虽然人工智能技术优势明显，但面对复杂、多变、信息不完全的环境，特别是具有高风险的金融领域，仍不能替代人，更多地应用在某些特定弱人工智能领域，在运维场景中主要用于故障发现、故障定位、报警收敛等方面。随着数字化能力的持续建设，笔者认为未来运维组织将呈现人机协同运维模式。**人机协同聚焦在通过机器辅助运维洞察、决策与执行，是在原来运维参与者的协同网络上，增加机器角色，形成人机协同的业务模式**。人机协同运维模式最关键的角色仍是人，利用人的创造力，结合机器所提供的数据和算法，辅助人进行运维工作。

阿里巴巴的曾鸣在《智能商业》一书中提到：数据智能强调运营决策直接由机器决定；看由人操作的环节能不能由机器直接代替是评价公司智能化水平的有效标准，只要能被机器替代，就是智能商业的一次质的飞跃。若要打造人机协同的智能运维模式，运维组织必须具备持续提升的风险控制能力，必须加快 IT 交付速度，提高 IT 服务质量，优化用户体验。人机协同运营模式需要发挥运维专家与机器人的特点，基于“数据＋平台”管理，建立新的智能运维模式。人机协同模式具有以下几个特点。

“数据＋算法”为运维专家赋能，实现实时感知、辅助决策。人机协同模式首先是让机器赋能运维专家，让运维专家具备更强的洞察力与决策力。以往，无论日常应急处置、变更评审、架构管理等基本保障，还是运营效率、性能、体验分析，都是以专家经验驱动为主。机器进行数据分析可以释放人力，让运维人员具有实时感知能力与决策能力。

增加运维机器人岗位，辅助人进行工作。机器要发挥稳定性高、不知疲倦、决策与执行准确性高、海量计算等优点，重塑“操作性”“规律性”“大计算”“7×24 小时”等类型的工作。重塑与自动化操作有一定的区别：自动化是模拟人的操作，自动重做一次；重塑是要建立机器人岗位，要从机器人优点角度重新设置岗位，比如设立专项巡检机器人、监控处置的一线机器人岗位，或设立具有平台管理督促、智能服务台的横向管理职能的机器人岗位。重塑就是要发挥机器的优点，让机器做人不想做的与人做不到的事，并做得更高效。

建立平台化管理，落实决策。平台化管理在前面提到过，即平台利用数据、算法承担管理上的一些工作，包括建立在线组织协同机制，线上化组织协同工作，为管理提供数字化的洞察、决策、执行，让每个人的工作过程可观察，以便管理者知道协同参与对象的能力水平，制定有针对性的人员能力提升策略，并基于在线数据制定一些平台化管理方法，帮助员工提升个人能力。

2. 人机协同的组织架构

首先，梳理一下人机协同的组织架构具有的 6 个重点能力：

- 实时获知现场情况。
- 关联分析事件发生原因。
- 智能预测未来会发生什么情况。
- 判断采取什么措施。
- 自动快速执行决策。
- 实时感知工作执行的效果。

上述 6 个能力需要运维组织建立持续优化的人机协同的体系架构，这就要从数字化运维体系的组织、流程、平台、场景角度重新设计（见图 5-3）。

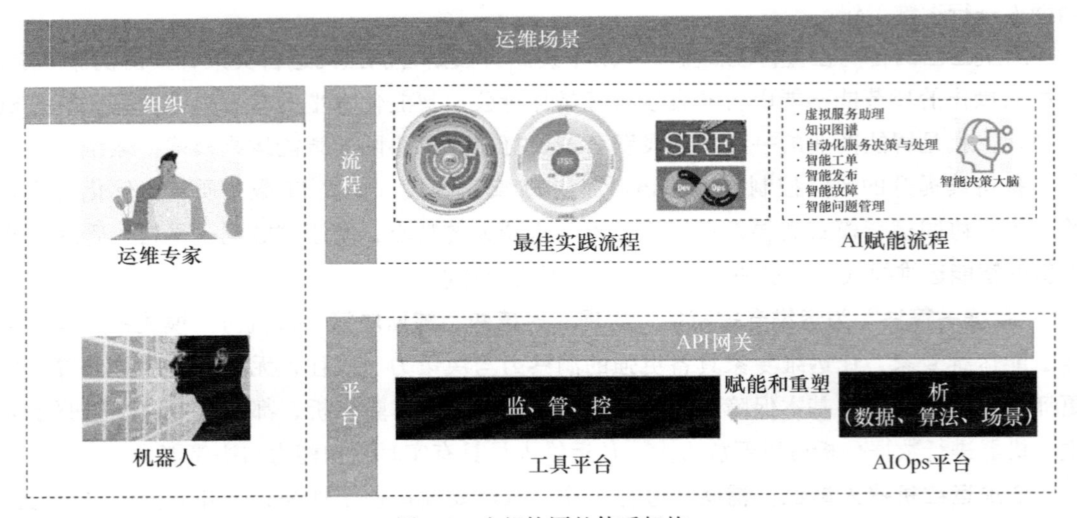

图 5-3 人机协同的体系架构

在组织层面，设立运维专家与机器人岗位两类角色。运维专家将规律性、海量计算的工作标准化，不断训练和构建机器人；机器人具备在线运维工作能力，并在协同中不断提升洞察、决策、执行的准确性和及时性。在线机器人不是模拟一个人完整的技能，而是承担某领域内“操作性”“规律性”“大计算”“7×24 小时”等类型的工作。

在流程层面，形成围绕运维最佳实践流程与 AI 赋能流程两类流程管理模式。最佳实践仍以 ITIL、ITSS、ITOA、AIOps、DevOps 等理念为主，建立运维标准化工作流程。AI 赋能流程则要以人工智能技术赋能流程，形成智能决策大脑，比如虚拟服务助理、知识图谱、自动化服务决策与处理、智能工单等。智能化手段将对原来一些需要人工审核的节点进行简化、精准化。

在平台层面，形成传统“监、管、控”工具平台与AIOps两个平台。“监、管、控”工具平台包括监控、管理、自动化三类工具。AIOps平台重点围绕“数据、算法、平台、场景”进行构建：数据以运维体系指标为输出，形成可复用、可共享的指标管理；算法是人机协同智能运维的“大脑”，是经验转化的载体；平台要支持“采、存、算、管、用”的技术支撑，确保可落地。当前，我们还不能达到从面的角度进行智能运维，比较好的方向是以场景驱动构建人机协同运维模式，再将场景进行整合形成全面运维。

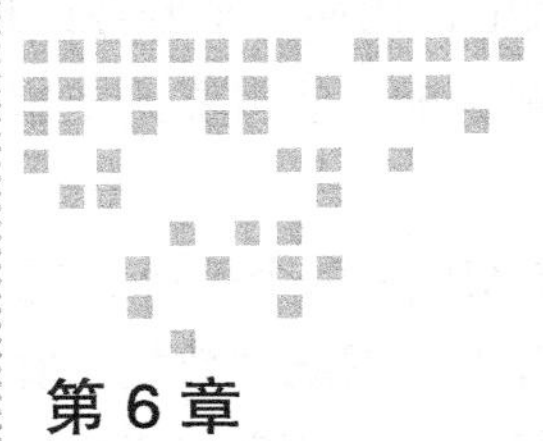

Chapter 6 第6章

岗位与能力

在新制度下，如果一个工人没有干好，总是假定首先是管理人员的过错，可能是管理人员没有正确地教会这个人，没有给他做出榜样，没有花费足够的时间教会他怎样干他的工作。

——科学管理之父弗雷德里克·泰勒

人是运维组织最核心的要素。运维组织将人力资源投入到组织最关键、最核心的底线工作的同时，还需要设立面向持续优化主题的横向优化型岗位，以形成“职能型＋优化型”组合的运维岗位。而要充分赋能运维员工，运维组织要善于运用组织架构设计、协同机制、运维平台工具，提升运维人员被动与主动的适应性能力，基于实际工作场景，为员工构建在线、自动化、数据驱动的工作空间。

6.1 职能型运维团队岗位

运维组织在面对复杂的工作任务时，往往把任务分解到多个团队去完成，形成以IDC机房运维、网络运维、服务器与存储运维、平台系统运维、应用运维、安全运维等为职能的组织架构。职能型运维团队岗位具有工作范围确定、人员职责分明、内部工作效率高、有助于精细化分工的特点，是当前运维组织最常见的组织形式。

1. 职能型运维团队岗位概述

IDC机房运维岗主要对IDC机房基础设施进行管理，负责机柜、空调、UPS等最基础的机房设施的运维管理，主要工作包括：机房机柜摆放和机柜管理，服务器和网络设备摆放规划和设备日常管理与人员出入机房管理，机房电力系统、消防监控系统、空调报警系统、温湿度报警系统、漏水报警系统、机房卡门禁系统、视频监控系统、UPS 系统运维、机房巡检管理等。

网络运维岗管理数据中心所有的交换机、路由器、防火墙等设备，以及连接设备组成的所有网络，主要工作包括网络管理及平台化统筹规划、网络监控、故障应急、网络设备上下架、专线管理、互联网线路管理、局域网日常管理和维护、VPN 办公远程接入、网络病毒查杀和网络安全保护等。

服务器与存储运维岗主要管理数据中心的小型机、服务器、存储设备、SAN 交换机等设备，以及 IaaS 云平台，主要工作包括设备监控告警处理、监控策略完善、故障应急、IT 资源规划、成本管理、云平台建设、服务器设备巡检、操作系统安装、硬件微码升级、系统及用户权限管理等。

平台系统运维岗主要是对操作系统、数据库、中间件、PaaS 云平台等系统的运维，主要工作包括系统监控、故障应急、系统安装、用户与权限管理、补丁升级、系统配置、数据库信息备份与恢复、数据库信息同步、数据库日志和表空间定期整理、中间件配置、PaaS 平台建设及管理等。

应用运维岗主要是对企业应用系统、桌面的运维，主要工作包括应用系统监控及应急、运维规范落地、应用配置管理、应用发布、资源扩容、事件及问题管理、应用系统调优、技术架构评审、应用系统 SLA 签订、服务台管理、业务咨询管理、数据维护、系统巡检、架构优化、应急演练、数据提取、参数维护等。

安全运维岗主要是对网络、办公、系统和业务等的安全管理，主要工作包括安全及合规规划、常规安全扫描、渗透测试、安全工具和系统研发、安全事件应急处理、安全制度建设、内部安全培训和考核、操作审计、监管风险管理，定期对物理网络、服务器、业务应用、用户数据等进行安全评估，设计安全防线，部署安全设备，及时更新补丁，防御病毒等。

2. 职能型运维团队岗位底线工作

运维团队的任何操作都可能引入风险。运维团队要建立底线思维，强化对运维工作的敬畏心。下面结合金融行业特点，梳理职能型运维团队 6 种常见底线工作。

（1）主动巡检、告警快速响应、协同作战、应急预案

主动巡检是值班第一项底线工作。IT 风险的“事前管理”始终优先于“事后管理”。关键节点的主动巡检是故障防患于未然的关键。下面列举一些巡检建议，包括：由于巡检是例行工作，为了确保工作的有效落地，需要将例行工作任务线上化，将巡检任务落实到具

体的人；确保巡检覆盖率，比如制定关键节点、关键业务的例行巡检项，重要系统变更后第一个工作日对变更功能的验证等；建立点面结合的巡检策略，“点”即有针对性地对重要的运行指标进行巡检评价，“面”即通过运行数据主动分析检查；建立完善的巡检机制，比如任务未按时完成时通过机器人催办，通过值班或服务台检查巡检工作的落实情况等。

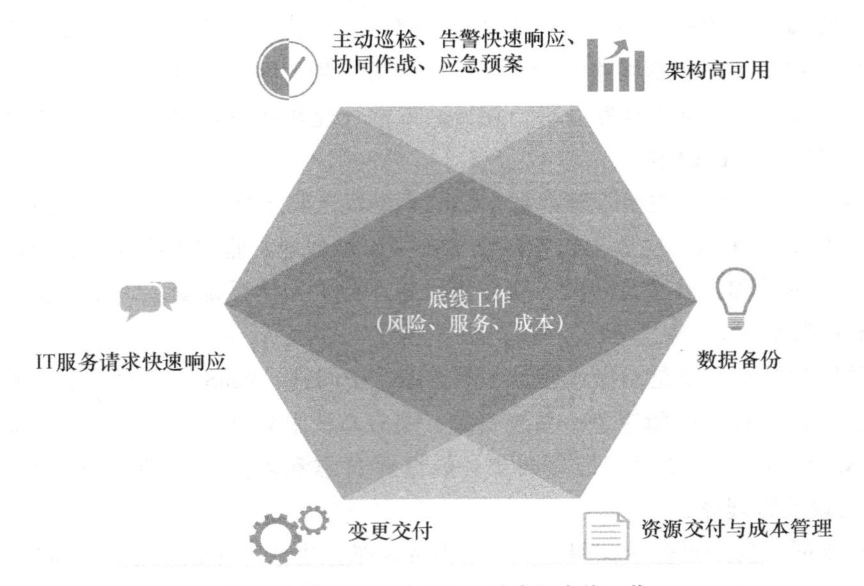

图 6-1 职能型运维团队 6 种常见底线工作

告警快速响应是值班第二项底线工作。监控已经深入运维的方方面面，监控工具已经作为一个机器运维岗位贯穿在数字化运维体系中。由于大部分故障由监控工具发现，监控告警响应效率直接影响故障处置效率。评价一个运维组织的监控能力，最主要的不是各个层次的监控工具是否完善，而应该从监控覆盖程度、准确性、监控告警处理及时性等维度评估是否做到“不漏报、少误报、快处理”。围绕“不漏报、少误报、快处理”，监控工具要尽可能减少对运维人员人工操作的依靠，依靠技术实现监控。

协同作战是第三项值班底线工作。故障管理包括事前、事中、事后三个环节，应急处置主要围绕在事中，故障处置效率直接决定运维组织、IT 组织的 KPI，直接影响公司效益、客户体验。运维组织很大一部分工作是增加无故障时长，并让故障恢复时间尽量缩短。同时，由于当前信息系统越来越复杂，很多故障并不一定由自身引发，且自身引发的故障也容易影响其他职能型团队运维管理对象，所以运维组织要建立具备故障军事化响应的协同作战能力。

运维手册是容易被忽视的环节，应急预案是运维手册中的底线要求。应急过程包括异常发现、非常规应急、协作、沟通等已知规程，目标是更快、更顺畅地完成运维工作。在实际实施过程中，因为运维涉及的问题很多，应急预案容易演变成一个越来越复杂的文档，当文档复杂到一定程度时就会变成负担，很难保证及时更新，出现准确性与快速定位问题。

- **缩小应急预案范围**：优先保证最小主机、应用程序等层面的重启、切换、回切。
- **优化应急预案**：将文档转化为标准化策略卡片，并将策略卡片线上化，以支持更高效的精准定位，并通过提高线上化策略卡片的使用频率、利用反馈等进行优化。
- **整合在应急场景**：将线上化策略卡片整合在应急场景，提高利用率，有助于形成不断反馈的闭环，提高预案准确性。
- **自动化应急预案**：线上化应急预案有助于将标准化动作自动化，比如针对主机、应用服务、容器等最小运行单元的应急。

（2）架构高可用

架构高可用并不要求运维人员对每一个组件的实现方式很了解，而是要求对何时用、如何用这个组件有准确判断，并能够争取各方资源推进优化，即什么时候优化、如何优化、如何推动。在架构优化过程中，有些思路可以借鉴，比如：

- 将运维工作前移。
- 从冷备向热备、负载均衡、分布式改进。
- 纵向扩展的性能优化，比如增加服务器，换性能更强的服务器等。
- 横向扩展的性能优化，比如增加节点，拆分数据库，数据库读写分离，增加负载均衡的服务节点，按地区分析应用，同步改异步，限制峰值等。

通常来说，基于纵向扩展的性能优化相对简单，但对于快速扩展的业务系统来说，横向扩展的性能优化效果更好，具体选择哪种需要视实际情况来定，可能有时候几个简单的SQL 优化即可快速解决性能问题。

（3）数据备份

“数据”是运维的第一道生命线。对于数据不丢的目标，仅仅做好架构高可用还不够，须设置数据传输、数据存储、数据交换等环节，因为任何一个环节出问题都可能造成数据丢失，需要对关键数据进行备份。下面介绍备份策略与备份手段。

备份策略指需要备份哪些数据、数据的重要性级别、备份数据位置、备份周期、应急方案等信息。备份数据至少包括应用程序、数据库日志、业务数据、配置数据等，备份数据位置包括源数据与目标数据的存储方式，备份周期是针对不同等级的数据实现实时复制、日备、月备等，应急方案是针对备份数据失效的应急方案。

备份手段指建立工具与流程，落实备份保障。在工具方面，针对不同类型的数据，运维组织可以选择不同的解决方案进行备份。除了备份工具外，运维组织还需要制定相关备份流程，比如数据可靠性的保障措施，包括前期保障策略的标准化、备份介质与工具的定性、备份覆盖率，以及备份介质的可用性检查等。

（4）资源交付与成本管理

基础设施资源交付与成本管理主要围绕基础设施资源准备、资源服务交付、资源服务计量3方面。

基础设施资源准备主要准备网络、计算、存储、数据、中间件、数据库等资源。其中，网络、计算、存储资源构成硬件平台。我们通常需要关注硬件资源池，推进应用和硬件的分离，以资源池形式实现对上层应用的灵活支撑；在数据、中间件等软件层面关注多种数据库存储、数据计算、中间件等的建设。在企业资源云化的背景下，上述基础设施资源成为云化要素。基础设施资源准备包括机房设备摆放规划、设备带外网络建设、微码管理与固件升级、设备到货上架、硬件资产登记、OS定期深度巡检和优化、定期关机重启、虚拟化群集资源池规划、资源池容量评估与扩容实施、服务器和存储硬件配置标准制定、虚拟机配置、资产入库管理等。

资源服务交付是以服务交付方式建立资源供需双方的协同。采用一切皆服务的方式交付资源能够高效实现资源交付，以及资源服务弹性、安全、高可用。资源服务产品通常采用IaaS层的服务器、虚拟化、混合云等方式管理，PaaS层的容器、结构化存储等方式管理。云计算支持资源和服务的自助式交付，以便业务人员按需在线申请资源，减轻操作性工作。

资源服务计量是从服务成本角度评估与管理资源，从资源角度围绕SLA、SLO、SLI设计资源分配规则。资源管理团队持续分析相关度量指标，推动服务成本与效率的平衡，促进IT部门从单纯的成本部门转变为服务运营部门。

（5）变更交付

快速达成变更交付是IT的核心价值创造，运维组织需要平衡生产变更的IT交付价值与生产故障影响。一方面，运维组织需要结合自身对基础设施高可用、资源交付、平台软件容量与性能、应用系统稳定性、生产运行指标、生产环境、应用技术架构等全面观测，将运维底线涉及的稳定性要求前移到设计阶段。另一方面，把握每一次重要变更，提前做好资源交付支持、变更前评审、变更影响面分析、变更方案制定、变更关联方协调、变更前演练和压测、变更准入条件评估、变更过程中的实施、变更后的技术及业务检查。

（6）IT服务请求快速响应

严格意义上来说，IT服务请求快速响应可以不作为底线工作，但业务咨询占用了运维组织大量资源，是运维组织对外的一个窗口，这扇窗口做得好不好有时直接影响客户体验。IT服务请求的底线要求是针对服务台或一线应用管理员建立首问责任制，严格落实服务请求及时反馈。在IT服务请求底线要求之上，企业可以考虑让运维人员走进业务、了解业务对应用的期望，并做出反馈。

不同组织还会设置其他一些底线工作内容，比如平台软件运维岗位涉及的容量管理，终端业务运维岗位涉及的终端客户体验管理等。此处简述底线工作是为了强调组织在资源有限的背景下，要优先将资源聚焦在重要的底线工作上。

6.2　横向优化型岗位

横向优化型团队通常是服务于纵向职能型团队，可以是虚拟组织或实体组织，也可以是临时性或长期性组织，具体设立方式需要根据实际决定。下面将横向优化型团队岗位分为横向专项类与工程项目类。

1. 横向专项类

运维组织能力的持续改进，需要有专项人员进行横向分析、服务支撑，比如，提高纵向职能型团队工作效率、防范操作风险，需要有运维开发团队搭建合适的监控、巡检、自动化操作等工具；纵向职能型团队要实现运营目标，需要运维开发团队建设更好的数据分析平台；管理规范的有效落地需要不断优化流程，以及建立 ITSM。金融企业通常会设立以下横向优化型岗位：IT 服务台、流程管理（事件经理、变更经理、配置经理、可用性经理等）、CAB 评审委员会、性能管理、容量管理、效能管理、架构管理、运维开发等。下面以变更经理岗位职责为例子进行介绍。

虽然 ITIL 最佳实践一直被吐槽不够敏捷，但不管是传统企业还是互联网企业的运维组织仍然借鉴 ITIL 最佳实践，并结合自身特点建立事件管理、问题管理、配置管理、变更管理、发布管理、服务级别管理、可用性管理、服务持续性管理、知识管理及供应商管理等的工作机制。以成长型思维看，组织需要建立流程机制，制定可量化的绩效指标，主动监测分析指标，发现存在的问题，制定优化方案，并跟踪优化方案的最终落地。变更经理就是为了持续提升变更管理水平而设置的岗位角色，是运维组织变更管理的运营角色，是运维组织变更管理的策划与组织角色。变更经理主要负责建立变更管理规范、工作机制、整体实施计划，统筹资源配置，并对变更管理过程工作有效性进行监测，主要的岗位职责如下。

- 落实决策层要求的变更管理目标，负责对接 IT 组织对 IT 交付、IT 风险防范等的要求，并适配到变更管理规划、里程碑、实施计划、实施方案。
- 负责制定、修订、发布具体的制度、规范、标准，并对变更管理涉及的制度、标准、流程等执行情况进行监测，主动持续优化。
- 负责变更管理具体的流程设计，并推动流程线上化，以及线上流程中标准化工作的自动化。
- 制定变更日常工作机制，并确保常态化工作机制的落地，比如：建立规范前移工作机制，制定并发布生产变更管理窗口，推动变更窗口的变更评审、重大项目的工作汇报，落地变更管理流程，验证变更效果等。

- 负责制定可衡量的变更管理绩效指标，并持续复盘变更管理执行情况，定期组织评价变更管理工作效果，制定考核制度。常见的指标包括变更总数、变更失败量 / 率、未按计划执行变更量 / 率、紧急变更量 / 率、被拒绝或退回变更量 / 率、变更负责人平均处理变更数量 / 时长、引发事件的变更数 / 率、未准时执行 CAB 评审的变更数 / 率、客户满意度、变更文档不全数 / 率、非 CD 发布的变更次数、发布导致事件数 / 率、按时发布数 / 率、平均带缺陷发布的数 / 率、不在制品库的软件包。
- 对决策层制定的战略、目标以及实施计划等工作进行监测、督促，确保常态化变更管理工作得到落实。

变更经理是一个需要综合能力的岗位，具备以下特征：有项目管理经验，沟通协同能力较好，熟悉运维工具体系，了解一线运维工作，有数据运营思维，学习能力较好。

2. 工程项目类

运维工作中，满足有明确目标、有时间要求、可落地、涉及多方协调的工作基本都适合用项目管理方式管理，比如机房搬迁、重要业务系统上线、数据库基线管理、平台软件补丁升级、定期应急演练、行业演练、重要系统运行分析等。下面以重要系统运行分析工作为例进行介绍。

重要系统运行分析项目目标是帮助重要系统运维负责人主动掌控运行状况，落实运维分析计划。以项目管理方式，安排项目经理牵头，组织一个虚拟的、不同领域的技术专家小组制定技术方案，项目经理控制好进度、范围、质量与成本，统一获得组织资源，横向推动相关方案的落地，并让纵向运维团队持续进行运维分析。

- **进度管理**。根据参与运维分析涉及的系统重要程度与评估主题，建立不同周期的评估计划，比如月度、季度分析评估。为了将评估有效落地，将评估工作任务化，项目牵头人负责整体监督任务执行。如果这项工作是首次发起，还要制定一个相对通用、可落地、可持续的运维分析方案，并挑选个别系统作为试点落地。
- **范围管理**。围绕 SLA、SLO、SLI 确定系统稳定性保障目标，从应用系统的可用性、重点业务功能稳定性与运营指标，抽象影响稳定性的量化指标，比如系统资源、数据库、中间件、交易性能（交易量、成功率、耗时）、客户体验、容量、应急效率等，建立指标的运行基线，通过对指标与基线进行比对，发现影响稳定性的潜在风险。
- **质量与成本管理**。持续复盘运维评估结果对风险防范的影响，以及给组织带来的成本收益比，一方面根据分析情况调整进度、评估范围、优化执行，另一方面加强工具平台的赋能，减少评估工作成本。

另外，由于运维分析工作涉及关联系统的协作，为了让运维分析更加高效，除了联合应用运维管理员参与，企业还需要联合其他团队支持，比如：为了分析数据库的性能，需要 DBA 提供一些可操作的标准化方法；为了试点方案可行，还需要领导决策层支持等。

6.3　从 SRE 到 BRE

适应性运维系统建设是一个围绕“需求、改变、风险、适应”4 个节点，螺旋上升的循环。这个方法同样适用于组织里个人岗位能力的持续提升。

1. 运维组织的需求、改变、风险、适应

IT 部门面临加快交付效率、提升运维质量的挑战。以金融行业为例，按照金融业信息技术“十三五”发展规划目标，“十三五”期间金融经营机构的重点任务主要包括：进一步完善金融信息基础设施，健全网络安全体系，推动新技术应用，深化金融标准化战略，优化信息技术治理体系，提供更加**集约、高效、安全**的金融信息技术服务。信息化时代，国内领先的金融企业构建了大量 IT 系统，并利用金融信息化契机获得成功。随着市场复杂性与不确定性不断增加，线上应用的寿命越来越短。以苹果应用市场为例，2019 年上半年平均每天下架的应用接近 2300 款，环比增长 45.58%。前端应用只有快速响应政策环境、监管要求、用户需求，才能在复杂的大背景下获得竞争力。但在信息化传统封闭架构下，金融企业 IT 系统形成一个个烟囱，缺乏信息互联和共享，为了满足日益多样化的业务需求，主要采用先竖向满足业务，再横向打通的方法，导致交付业务需求的成本越来越高。所以，如何确保在系统稳定和业务合规的前提下提高交付能力，是金融企业 IT 部门面临的第一个挑战。另外，生产系统业务连续性保障不容乐观。以证券行业交易所为例，2022 年以来，全球各地交易所技术故障风险事件频发：德国证券交易所于 2022 年 4 月和 7 月出现软件故障，导致中欧及东欧几个国家衍生品和股票交易受阻；2022 年 8 月新西兰交易所连续 6 天受到网络攻击，被迫多次中断交易；2022 年 10 月东京交易所系统切换异常，导致全天暂停交易；2022 年 10 月墨西哥交易所交易引擎断开，暂停交易。如何在企业快速发展过程中加强业务连续性保障，是第二个挑战。

基础架构云化、云原生应用兴起正当其时。交付效率与运行质量的挑战可以转换为以下目标：降低运营成本，让业务保持高效弹性，保障信息安全，提高交付效率、降低业务连续性风险等。这需要引入架构云化、云原生技术。当前，大部分中大型企业确定了基础设施层面云计算战略，一些有能力或对信息安全要求高的企业，重点推进私有云建设，并结合大型云服务厂商提供的公有云或行业机构提供的行业云，打造混合云的运营模式。可以预想，云计算集中了企业资源，通过集约化带来的成本优势，将为企业提供更稳定、高弹性、低成本的基础设施、数据库、中间件，及其他平台层的PaaS组件。随着云基础设施的落地，企业不是简单地将现有应用系统分步搬上云，还面临如何更好地利用云计算弹性扩展、分布式、按需获取、安全可靠等优点的问题，这就迫使在设计应用架构时要考虑将来能够运行于云环境，由此带动了云原生应用的兴起。对于云原生，云原生计算基金会（CNCF）做出以下定义："云原生技术有利于各组织在公有云、私有云和混合云等新型动态环境中，构建和运行可弹性扩展的应用。云原生的代表技术包括容器、服务网格、微服务、不可变基础设施和声明式API。"云原生架构的大规模应用对平台技术、人员技能、研发与运维方法等的要求极高，容易产生稳定性风险。

云化基础设施、云原生方法提高了上层应用的交付效率，但将复杂性落在了运维侧。云化基础设施使得企业不再需要按项目或需求去购买、部署、维护硬件和系统软件，无须资源消费方参与复杂硬件及系统软件的维护，实现了基础设施、系统软件运维标准化，用自动化替代了原来大量操作性工作。但云化基础设施需要对企业原有系统进行改造。传统企业大部分重要交易系统均采用烟囱式部署架构，且运行多年后，现有系统架构越来越复杂，"动则生变，变则异常"已成常态。云原生技术虽然能帮助业务快速迭代，但广泛使用的开源技术与分布式节点让架构更复杂了，同时软件代码与项目交付流程也发生了改变，提升了业务运维复杂性。在技术应用上，运维组织还需要关注新技术的选择时机，因为引入新技术带来的"坑"需要经过一系列质量内建手段、线上生产事件来填。

以业务为中心，推动运维能力提升，配套运维平台化建设是当前行之有效的手段。行业不同，对业务连续性的理解并不一样，比如Google提出的一个DevOps原则——愿意承担一部分试错带来的损失，在金融行业则不适用。以证券实时交易为例，业务停滞一秒均可能带来巨大损失，证券自身的业务特点以及外部监管"零容忍"要求决定信息系统业务连续性诉求会高于其他行业。确保业务连续性成为证券行业IT运维的核心任务。业务连续性管理的总体目标是提高公司的风险防范能力、有效降低非计划的业务中断、运维操作风险，对于首次出现的未知异常能够量化分析并快速定位，确保在重大灾难性事件发生后能按计划恢复业务。在这样的行业背景下，运维团队肯定不是仅会用应急工具，而应该深耕业务并运用工程能力。运维平台化是对运维组织赋能，而不是替代运维组织。运维平台需要围绕运维组织的价值创造链，持续丰富"监、管、控、析"工具平台体系，不断推进工作线上化、自动化、服务化的落地。运维岗位不仅要具备平台设计能力，还要深入理解信息系统架构、逻辑、业务。在当前系统越来越多而人员规模基本不变的背景下，企业对运维人员能力要求极高。

2. 从Google SRE到BRE

为了应对上述风险，企业需要推动运维岗位能力建设。Google SRE岗位能力要求经常被用来作为目前运维岗位能力建设的方向。下面结合金融企业的特点落地 SRE 岗位能力。

（1）SRE 岗位能力

与传统运维岗位相比，SRE（Site Reliability Engineering，站点可靠性 / 稳定性工程师）更加强调可靠性与工程能力。SRE 的主要职能是保障信息系统平稳运行。SRE 鲜明地强调了“可靠性”保障，聚焦资源到尽可能增加 MTTF（不出故障的时间）和缩短 MTTR（出故障后的恢复时间）两个指标上。SRE 需要围绕这两个关键指标提升系统运行风险排查与解除以及事件发生后的应急能力。

SRE 日常工作重点包括需求处理、容量规划、资源部署、监控告警、预案梳理、灾备演练、值班、应急事件响应、故障处置、影响分析、应急复盘、软件研发、项目站立会、系统设计、项目进度推进、工具落地推广等。可以看到，SRE 区别于传统运维岗位的第二个特征是“工程能力”，狭义地讲是软件开发能力，但又与业务开发有些区别，SRE 的开发偏向于提升业务连续性的开发，业务开发偏向于业务功能开发。

（2）BRE 能力

首先，金融行业更加强调业务连续性，因此运维角色必须懂业务。去掉业务属性，运维团队就失去了灵魂。一个好的运维人员不仅能操作各类监控工具、应急恢复、咨询解答、变更操作等，还应该在整个 IT 团队中**掌握全局**，包括所负责系统应用部署架构、上下游系统关系、最小功能模块失效影响、容量性能分析等。

其次，从 Google SRE 来看，SRE 是一支独立成长于原有运维团队的组织，是一支全新投入的人力资源。但金融企业的运维团队通常比较稳定，相比研发团队根据业务需求不断扩大，运维团队规模通常不变。所以，运维团队的转变重点是对现有运维人员进行能力建设。

另外，运维团队中资深工程师比较多。资深说明运维人员沉淀了更多经验，而经验有助于在业务连续性保障工作中更快定位问题。但从现实情况看，资深导致个人学习意愿与学习能力下降，所以让现有运维团队人员都掌握软件开发技能并不现实。如何既发挥好运维人员的经验，又培养团队成长型思维，是一个难点。

所以，运维团队可以基于 BRE 角色建设，提高业务连续性保障能力，再推动提高业务交付效率、辅助提升客户体验、提升 IT 服务质量。如果要勾画 BRE 角色，我们可以考虑以下 5 个能力（见图 6-2）。

- **系统架构师**：清楚应用系统部署架构，懂应用逻辑架构，掌握上下游系统架构、高可用架构、容灾架构等。
- **业务架构师**：清楚核心业务功能逻辑，当核心业务功能不可用，或者一笔关键交易异常时，能够及时发现，并快速应急解决，或利用混沌工程挖掘业务风险点。
- **可用性工程师**：善于利用工具，落实可用性改进、容量规划、延时优化、性能优化、业务架构优化、应急演练、应急预案编写等工作。

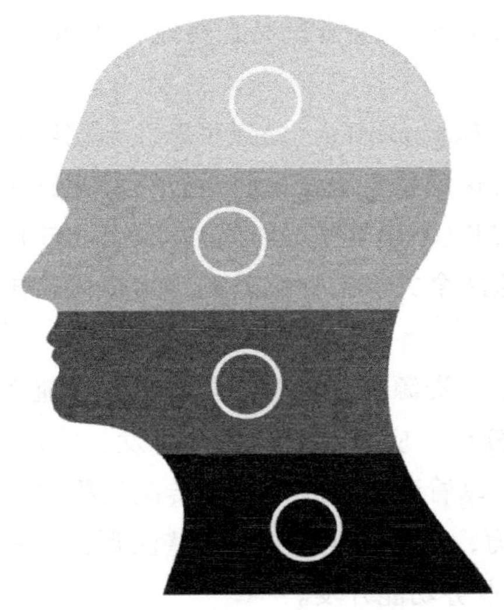

图 6-2 BRE 角色的 5 个能力

- **运营分析师**：具备数据思维，能够让系统运行、业务运行、客户体验提升、流程管理等数字化，并利用掌握的运营数据驱动研发、测试、业务持续优化。
- **运维操作员**：落地各类监控发现、舆情感知、故障应急、根因分析、系统巡检、咨询反馈、变更交付、IT 服务等工作。

3. 加强适应性能力

结合上面提到的系统架构、业务架构、可用性、运营分析、运维操作 5 个维度，我们可将运维工作分为被动性与主动性两类。

- 被动性工作：根据事件增加监控指标，扩大监控覆盖面，提升监控处理及时性，提升故障应急处置自动化，优化故障应急协同机制，落实故障后问题的闭环跟踪，提高生产变更发布自动化水平，建立生产问题咨询反馈的服务机制等。
- 主动性工作：制定系统架构标准，前移运维工作到系统设计阶段，构建可视化的应用上下游调用链路，持续推进业务逻辑评估，加强对业务核心功能及数据的理解，推进混沌工程，挖掘系统风险点，落实故障应急复盘机制，推进系统性能与容量、终端拨测、客户体验等分析工作，加强系统效能分析，推动低效系统退出机制。

可以看到，被动性工作主要面向传统运维的业务连续性保障工作，主要实现业务线上化、自动化；主动性工作主要是利用运维人员对架构、业务、运行数据的分析能力，提升全局可控能力，主要实现业务数字化、服务化。

最后，虽然金融企业的 BRE 岗位不强调软件开发能力，但要具备善于运用运维平台提升被动性与主动性工作的适应性能力。建议由一支独立职能的运维工具研发团队，根据

BRE 实际工作场景，构建自动化、数据驱动的运维平台。运维工具研发团队的定位是一支赋能 BRE 的工具开发团队，需要具有以下能力。

- 理解 BRE 的工作场景，对 BRE 及管理决策岗位的痛点保持敏感，能够抽象高频、高价值的通用场景。
- 沉淀“监、管、控、析”平台能力，具备快速落地应用的能力。
- 保持对新技术及外部技术应用的热情。
- 建立运维平台能力成熟度模型，推动平台化持续提升。

Chapter 7 第7章

目标管理

如果不详细了解服务中各种行为的重要程度，并且不去度量这些行为的正确性，我们就无法正确运维这个系统，更不要说可靠地运维。那么，不管是对外服务，还是内部API，我们都需要制定一个针对用户的服务质量目标，并且努力去达成这个质量目标。

——《SRE Google运维解密》

在生产运行对象越来越多、数据量越来越大、难度越来越高等问题持续增加的同时，运维组织人员规模与资源投入并未见长。为了有效达成企业对运维组织核心价值创造的期望，运维组织要建立清晰、可行的目标管理。目标管理要做好几件事：一是聚焦重要信息系统与关键基础设施，将有限、优质的资源投入关键领域；二是建立可量化的目标描述、过程评价、结果总结的数字化闭环；三是建立工作机制与工具，辅助组织与员工做好时间管理。

7.1 SLA、SLO、SLI

SLA、SLO、SLI是数字化运维的一个重要手段。SLA是针对目标的一个双方认同的协议，SLO定义对目标具体的量化要求，SLI定义量化要求的指标形式，可以理解为一份SLA通常由多个SLO组成。每个SLO的达成可以细分为多个SLI（见图7-1）的实现。这三个词基于IT服务管理建立，是站在整个运维组织角度，对外做出服务交付，对内对组织与员工提出绩效要求，指导运维人员达成高绩效。建立SLA、SLO、SLI，有利于组织建立差异化的 IT 服务管理，聚焦优质资源在重要的信息系统、重要基础设施、重要的价值创造、重要的工作项上。

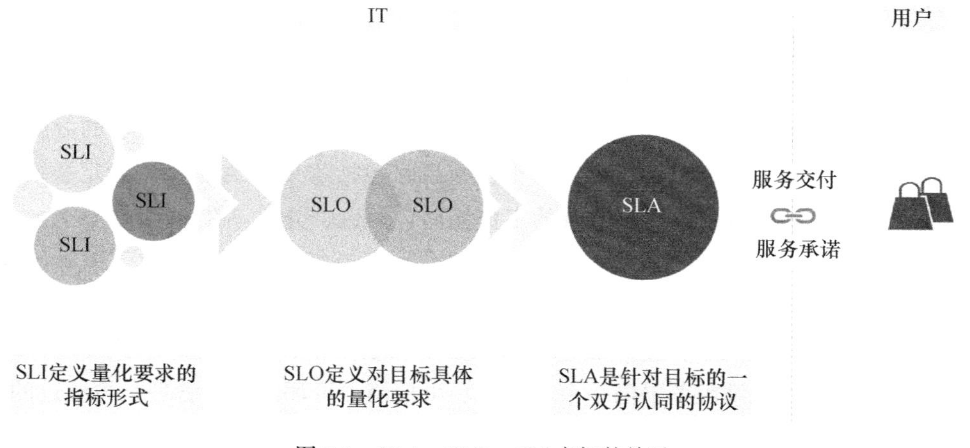

图 7-1　SLA、SLO、SLI 之间的关系

1. SLA

SLA 并不陌生，在生活中也经常遇到。比如在美团买菜，客户可以清晰地看到计划多久送达，如果没有按时送达，平台会按超时时间给你积分；网约车平台建立车主与用户之间的服务交付关系，如果预测车主未按时到，会帮用户在最近的位置更换另一个车主；在真功夫点餐，服务员会告诉用户需要等待多久，超时会给补偿。Google SRE 最佳实践认为 SLA 可以用来帮助运维组织合理配置资源。一个有明确 SLA 服务理念的运行状态是“增加额外资源来弥补系统所带来的收益小于把该资源投给其他服务所带来的收益”。

运维领域的 SLA 由 ITIL 引入，指提供服务的运维组织与用户之间就服务的品质、水准、性能等方面达成双方共同认可的协议或契约。应用服务级别协议，首先要聚焦在“协议”二字上，表示供需双方对某项服务达成一致，具有约束性，不管是面向组织外还是组织内，运维要与用户梳理服务的协议内容。其次是“级别”，运维组织要与用户在差异化服务级别要求上达到一致，比如交易系统的服务级别要求会高于内部办公系统。SLA 明确了企业部门之间对其角色、服务要有明确、清晰的认识，减少沟通成本，提升 IT 服务质量。

SLA 让服务供需双方按协议约定进行服务交付，协议的内容包含 SLO、SLI、异常恢复方式和时间等。SLA 通常涉及如下内容。

- 供需双方对所提供服务的要求内容，协议有效期限，服务级别，服务相关收费，对用户数量、地点以及提供的相应硬件服务等做出规定。
- 服务交付过程中涉及服务不可用时的应急处置要求，比如服务连续性要求、异常情况报告流程、故障升级到更高水平的支持条件、对故障报告期望的应答时间等。

- 对服务变更请求流程的说明，包括完成例行变更请求的期望时间、变更对服务连续性的影响、变更时间等。
- 如果服务失效或者达不到预期效果，供方如何提供额外支持，以及承担什么责任，比如对外部的云厂商可能是赔偿，对内部的 IT 部门扣分等。

SLA 帮助运维组织规范了常规支持服务，并将有限的资源进行了更合理的分配。在实施上，我们可以考虑先定义企业内部 SLA 服务范围，包括定义 SLA 框架，制定系统重要级别，明确哪些服务纳入协议，以及涉及的工作流程、角色、分工。在 SLA 框架下，与不同的业务部门沟通具体的服务水平协议，建立线上化服务支持，包括线上化工单、服务台等机制。线上化服务支持需要为服务交付效率、质量持续提升提供数据支撑。同时，还要与业务部门建立定期沟通机制，提高服务供需双方的沟通质量，以便更好地获知业务部门对服务的反馈。SLA 将运维服务引向一个可量化、可控制、可评论、可管理、可改进的层面，使服务不再模糊，不再只停留在纯技术层面。

2. SLO

SLO 定义服务交付期望状态或服务质量目标。SLO 在 SLA 与 SLI 中起承上启下的作用，为 SLA 提供明确的服务目标要求，为 SLI 提供量化数值。SLO 定义由服务指标与具体数值组成，比如，定义服务可用性 99.99%，某个交易接口响应时间 10ms，硬件资源服务交付时间 1 个工作日等。

运维组织需要有区别地设置 SLO，在有限的资源下聚焦更重要的目标。制定 SLO 能让服务供需双方对服务质量有清晰的预期，让服务提供者可以根据预期的服务质量平衡成本与收益，更好地控制风险。以可用性目标为例，业界通常会用 *N* 个 9 来体现可用性程度（见表 7-1），计算方法是：可用性＝平均故障间隔时间 MTBF/（平均修复时间 MTTR＋平均故障间隔时间 MTBF）。不同服务对象的可用性要求不同，比如 IDC 机房、核心网等重要基础设施的故障是全局性故障，通常其可用性目标是 100% 或 99.9999%；重要交易系统直接面向客户，可能还涉及客户权益或企业资金风险，需要投入更多资源进行保障，通常可用性目标是 99.999%。

表 7-1 可用性程度

可用性	停业时间
99.9999%（6 个 9）	31 秒 / 年
99.999%（5 个 9）	5 分钟 / 年
99.99%（4 个 9）	52 分钟 / 年
99.9%（3 个 9）	8.76 小时 / 年

3. SLI

SLO 的定义由服务指标与具体数值组成，这个可量化服务的测量指标就是 SLI。要理解 SLI，首先看指标。指标是在事物或业务的规模、程度、比例、结构等的度量基础上加工和计算得到的。例如，“客户获取成本”作为一个指标，是在给定时间段内的所有成本、同一时间段内获得的客户数量这两个维度度量上相除而得出的。

在运维领域，指标有很多，比如评价性能的交易量、耗时、成功率，评价可用性的无故障时间、故障恢复时间，评价变更管理水平的变更数量、成功率、紧急变更数量。运维指标能对运维工作进行引导和控制，使其不偏离原定的价值创造方向。随着数字化运维体系的推进，数据将融入各种工作场景，比如运维领域的资源消耗、容量、性能等指标数据会被用于业务连续性保障监控，可用性指标数据会被用于引导运营效能的持续优化，耗时、功能报错指标数据会被用于推动客户体验优化。我们需要将指标融入实际业务场景，发挥指标的价值。

不是所有的指标都可视为 SLI。应选择尽可能少的 SLI，但这些 SLI 应能说明服务是否稳定与可靠。能作为 SLI 的指标应该能直接反映服务质量，并起到驱动服务质量持续提升的作用。比如某个对客业务系统对客户体验要求很高，指标可以为响应时间、最大请求量、无故障时间、故障恢复时长等。如果是一个线上资源交付，指标可以为服务响应时长、交付周期等。

7.2 OKR

随着运维人员规模越来越大，工作协同涉及的点越来越复杂，发生内耗和浪费的可能性不断增加，企业需要有一种机制让运维组织聚焦工作重心，更一致地对齐整体目标，减少内耗。OKR 的出现重点是为了解决上述问题。

1. OKR 的由来

20 世纪 50 年代，加州大学创立了目标管理体系（Manage By Objective，MBO）。该管理体系在德鲁克的《管理的实践》一书中有提及，它认为：企业的目的和任务必须转化为目标。企业如果无总目标及与总目标相一致的分目标，来指导职工的生产和管理活动，则企业规模越大、人员越多，发生内耗和浪费的可能性越大。概括来说，MBO 是让企业管理人员和员工参与工作目标的制定，在工作中实行自我控制，并努力完成工作目标的一种制度。MBO 提出后，得到了 HP 与英特尔等公司的大力推行，并产生了很好的效益。后来，英特尔在 MBO 的基础之上发展出了 OKR，并将 OKR 推广到 Google 等企业。（据说是英特尔的一位高管投资了 Google，并向 Google 推荐了 OKR 方法。）

OKR从字面上看由O和KR两部分组成，O表示目标（Objective），KR表示关键结果（Key Result）。目标是指想做什么事情，是定性的，能简洁直白地陈述，比如让应用运维团队向SRE转型，打造以“监、管、控、析”为底座的运维平台体系等。关键结果是指衡量已经完成的工作，是定量的。

2. OKR不是KPI

OKR的核心思想与数字化运维体系“递归”传递的价值创造思想一致，旨在建立一种机制，将运维组织的目标自上而下、明确地传达到各运维团队与一线运维员工，然后各层级对顶层目标的关键结果进行分解，并采用持续跟进的方式有效落实关键结果。

虽然OKR已经成为一种十分流行的目标管理方法，但很多企业还在使用以KPI为主的目标管理方法。KPI强调保质保量地完成预定目标，在制定目标时需要决策者清楚组织或个人能达成什么样的目标，是一个考核工具。在实际应用过程中，被考核的组织或个人容易产生为保留实力而设置低KPI目标的心态。OKR则强调持续推动完成预定的目标，在制定目标及量化关键结果时兼顾自上而下与自下而上，通常制定一个有挑战的目标，比如制定一个50%概率能完成的目标，然后通过一系列机制来持续推动团队完成这个目标。目标无法完成并不会引发处罚，而是分析目标未达成的原因，进行持续改进。

3. 关键目标

OKR对员工要求比较高，它假设企业员工的素质、认知水平达到了一定高度，员工能够自发地为做好一件事而努力尝试。同时，OKR需要有一系列机制保证制定的目标、量化的关键结果合理，并持续跟进员工，及时沟通，实现最终落实。OKR的实现还需要一个扁平化组织结构，以提高基层员工的决策和自主能力。虽然OKR在定义上强调企业的使命、目标，并传达到部门组织、个人，但实际应用过程中，我们也可以缩小范围，比如从某个组织或项目群出发，这点与前面提到的“递归”传递思路一致。

以运维研发团队的OKR为例，团队的关键目标传承自运维组织的战略目标，可针对运维平台体系制定一个整体的目标，再将整体目标分解为3个以内的关键目标。比如运维工具研发团队针对将分散工具向平台化过渡，可以建立3个关键目标。

- 在“监、管、控”平台能力上，补充“析”平台。
- 基于CMDB，实现“监、管、控、析”平台在工具层面的互联互通。
- 推动运维工具运营，落实工具对员工的赋能。

为了更好地实现上述关键目标，运维团队需要将每个关键目标分解为几个关键结果，比如：

- 完成运维数据平台上线，实现运维数据“采存算管用”的基础能力，监控围绕IT服务、基础设施、平台软件、系统软件、业务功能与用户体验等维度的指标，并试点

AIOps 智能运维场景。

- 所有“监、管、控、析”平台至少需要包括消费系统、应用、集群、主机等配置项，达到互联互通效果。
- 对所有运维工具的使用情况进行数据埋点，建立可量化的运营效能指标体系，重点落地监控告警治理、IT 服务管理关键流程线上化等。

4. OKR 管理方法

要想持续进行运维目标管理，我们可以考虑以四象限看板的方式建立 OKR 管理。以下是很多 OKR 管理相关书籍推荐的一种看板（见表 7-2），这个看板的四象限分别是本周关注任务、OKR 当前状态、未来四周计划、状态指标。本周关注任务通常有 3 ~ 4 个，只有完成了这些任务，团队整体目标才能向前推进；OKR 当前状态象限列出目标与关键结果，每个关键结果设置信心值，如果信息值为 5/10，代表信心指数是五成把握，通常设置 7/10 比较好；未来四周计划除了列出工作计划外，还有哪些事情需要其他团队成员做好准备或支持；状态指标主要是列出重要的、影响目标达成的因素，需要团队额外关注，比如团队氛围、加班情况、外部重要事件等。

表 7-2 运维 OKR 四象限示例

本周关注任务	OKR 当前状态
举例 P1：运维数据平台上线 P1：监控每日重点交易时段超过 1 分钟未处理的告警（不超过 5 条）	举例 目标 1：上线运维数据平台 关键结果 1：平台化（9/10） 关键结果 2：落地交易系统运行感知分析（7/10） 关键结果 3：落地指标库（7/10）
P2：自动化操作系统、自动化部署系统，实现 CMDB 主机层面的数据消费 P2：完成新容器云平台试点的手机证券交易系统的持续对接	目标 2：实现工具互联互通 关键结果 1：监控工具集、自动化平台、云平台等全部消费 CMDB（7/10） 关键结果 2：试点上线 DevOps 软件交付工具链（6/10） 目标 3：工具运营 关键结果 1：监控的“误报、漏报、慢响应”事件（7/10） 关键结果 2：完成 80 套系统的持续部署（7/10）
未来四周计划	**状态指标**
1）基于运维数据平台，试点集中交易系统、投资交易系统、量化交易系统的运行感知分析 2）完成 20 套系统的部署 3）监控告警量优化到每日 500 条以内，实现机器人督办告警超时	1）值班各班次生产故障数量 2）紧急变更数量 3）重要信息系统故障数量 4）系统故障处置 MTTR

7.3 做好运维时间管理

随着业务的发展，运维部门成为企业中工作最繁重的部门之一。运维人员日常面临各种微信群、邮件的轰炸，由于零散、非计划性工作多，很多计划性工作经常被打断，管理决策很难得到跟进，员工执行力差，急需良好的时间管理能力。

1. 运维琐事表现

Google SRE 鲜明地提出用自动化消灭琐事的思路，提倡用自动化方式改变工作模式。由于运维琐事对于运维工程师来说太正常，且每一项都不复杂，很容易被忽视，如果运维组织不对琐事加以改进，组织内的人力资源将很快被琐事占据。下面是运维琐事的特征。

- 手工操作：比如手工处理的报表填报、变更发布、容量分析、性能分析等。
- 重复性：比如每天执行的手动巡检、手动补丁升级、批次检查、常规复盘等。
- 被动性：比如问题咨询处理、服务工单检查、监控告警处理等。
- 没有持久价值：比如磁盘空间满了，临时手工清理空间后磁盘还会满等。
- 与服务规模同步增长：比如操作系统初始化涉及的代理安装、标准目录规划等。

运维琐事还伴随着突发性、无计划性，容易中断员工正在处理的工作，影响员工工作连续性，使工程师长期处于“救火”状态，影响团队士气，阻碍组织技能的持续提升。了解运维琐事是为了让运维组织建立清晰的“消灭”琐事的文化，推动组织持续完善工具建设，将流程标准化，优化工作流程，让手工操作自动化，提升运维时间管理水平。

2. 应对琐事

为了有效应对琐事，运维人员可以考虑从流程、自动化、数据驱动、协作模式、时间管理几方面进行处理。

（1）建立端到端的运维流程

推动运维组织更顺畅的协同运作，需要建立一系列端到端流程，减少无效流程。大部分运维组织基于行业政策、企业内部规程以及 IT 服务管理相关最佳实践，建立了管理及操作流程，让运维工作规范化、标准化。流程推进中通常存在价值不清晰与流程断点问题，前者指运维流程设计没有与 IT 价值创造相呼应；后者指流程之间缺乏端到端流程共识，导致跨团队协同沟通成本高，使一项工作存在多个断点的情况。针对这两个问题，一要围绕运维价值链，打通流程孤岛与协同断点，实现协同网络和精益运营；二要充分利用数字化技术优化端到端流程，通过自动化技术让原有重复性、操作性工作自动执行，释放生产力；三要提升运维工程师体验，比如：

- 通过社交化的 ChatOps 技术，实现“人、设备、事、系统”之间的即时连接。
- 通过移动化技术提供业务 24 小时在线、随时随地开展运维协同运作。

- 通过数字化协作空间技术，梳理各个环节参与者之间的连接方式，促进信息准确与实时传递，以便于信息与经验共享。
- 通过定期对处理经验进行梳理、总结、交流，借助知识分享工具让内部成员查询、学习，或形成知识库整合在IT服务咨询的线上路径中，减少用户重复咨询情况。

（2）自动化一切

“自动化一切”属于理想状态，实际情况下手工操作将一直存在。“自动化一切”更多是建立一种主动消灭低效琐事，创造更高价值的工作文化。运维自动化水平是运维组织平台化成熟度的一个评价维度，工业和信息化部提出的运维发展路线如下：

- 第一阶段是以人手工运维为主，手工运维伴随着一些分散的脚本或工具。
- 第二阶段是用线上脚本或者工具完成工作，但是仍需要手工执行。
- 第三阶段是平台化运维，与第二阶段最大的区别在于，平台化运维涉及的工具进行了互联互通，主要实现线上规律性工作自动化。
- 第四阶段是基于DevOps等理念，建立高效协同的运维模式，此时的自动化将围绕软件交付等核心价值链。
- 第五阶段是智能运维，借助智能技术建立数据洞察、决策、执行闭环，此时的自动化将围绕人机协同运维模式。

运维组织可以考虑根据上述几个阶段，判断自身所处的阶段，并有侧重地推动相关重点项目与关键能力的建设。另外，除了一线操作需要自动化，管理上也需要自动化，比如通过机器人判断管理行为来落实管理要求，并提醒执行方落实决策。

（3）数据驱动

进入数字化时代，数据驱动模式将是运维工作的主要工作方式。以数据驱动行为自动化将是“消灭”琐事的一大利器。一是组织要建立高效的运维数据平台，从平台侧实现高效的“采存算”，支持快速采集日志，监控时序指标、告警、性能、报文、运营流水等数据，支持灵活、低代码的数据加工，并结合运维数据模型与算法，监控运维数据指标。二是运维平台需要开放灵活的数据消费能力，包括为其他工具提供开放、灵活的数据接口，为工程师提供所见即所得的数据服务。三是运维平台要向中台模式发展，落地可复用、可共享、可组装的服务，并在此基础上建立敏捷的数据应用，为工程师提供“感知、决策、执行”的数据闭环应用能力。

（4）建立适当的协作模式

关于协作，我们以ECC值班为例进行介绍。在2015年，笔者当时所在团队有一个刚被提拔的骨干申请离职，沟通过程中他提到一个问题：被动性工作太多，尤其是晚上接到临时处理监控告警、清算批次异常的电话，这个问题一直影响着他和家人，消耗着他的工作热情。我们意识到琐事给员工工作、生活都带来了消极影响，且“能力越强，干的琐事越多”这种问题在骨干身上尤其明显。因为这件事，我们开始在团队中试点一、二线分离策略，主要思路是：将每个业务运维团队分为两批，一批是一线岗位，每天工作重点围绕“监控告警处理、服务工单处理、故障处理、变更操作、问题咨询”；另一批是二线岗位，主要是做运维主动性分析工作，运维前侧涉及的评审、架构优化、项目类工作等。同时在夜间值班中每个业务运维团队安排一个同事现场值班，并要求运维所有人具备已知预案的应急处置能力，以减少夜间对非值班同事的电话咨询。这个一、二线分离策略让一部分同事能够从琐事中抽离出来做一些计划性工作，在个人工作热情、团队整体绩效方面起到了正面作用。

Google 的 on-call 制度，其实也是一种值班管理制度，产生了一些积极效果。首先，on-call 更加聚焦突发故障的处理，避免突发的重复性工作打扰每个成员。其次，Google 运维是一个全球性组织，开发、运维分散在世界各地，on-call 机制促进跨区域远程协作。最后，Google 每月会安排专人值班，处理紧急突发问题，这样每个人只是定期轮值处理紧急突发问题，其他时间可以专注于优化运维的项目性工作。

（5）将时间管理融入运维场景

时间管理是指有效利用时间，提升单位时间效率。彼得·德鲁克认为，有效的时间管理通常有：

- 记录自己的时间，以认清在什么地方消耗了时间。
- 管理自己的时间，设法减少非生产性工作的时间。
- 集中自己的时间，由零星变集中，增加连续性时间段。

因为运维工程师日常琐事多，很多工程师来到公司后，遇到一个故障可能很快半天就过去了，可能忙到连喝水的时间都没有，但回过头来看又好像没做什么事情。很多运维工程师工作几年后，当被问及“擅长方向”时可能无从回答，因为运维沉淀的经验主要与故障应急处理、变更操作等琐事相关，长期看主要是重复，经验积累的价值越来越小，只能是消耗工作热情，难以提升个人能力。要想持续提升运维知识体系能力，运维工程师需要从琐事中跳出来，关注时间管理。

工具能够赋能运维时间管理，比如涉及面向个人的线上化的任务管理、日程管理，以及面向组织的计划管理、重要生产变更日历管理、变更窗口管理。时间管理工具将以数字员工助手的角色演进，帮助员工做好工作安排，完成操作性、重复性工作。

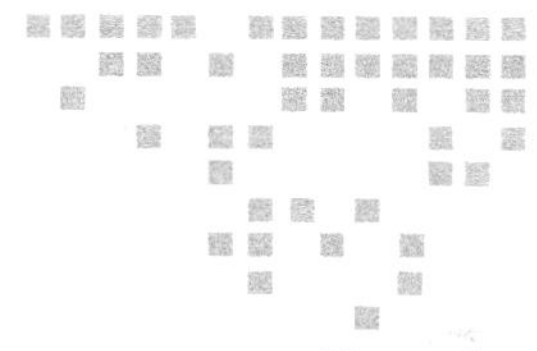

第 8 章 Chapter 8

数字化运维思维模式

思路清晰远比卖力苦干重要，心态正确远比现实表现重要，选对方向远比努力做事重要，做对的事情远比把事情做对重要。

——李嘉诚语录

因为思维模式不同，同一件事不同的人做，结果也会截然不同。思维模式的定义是：思维借以实现的形式，比如概念、判断、推理、证明是不同的思维形式。用通俗的话讲，思维模式是观察及处理问题的方法，通常会决定一个人的认知与行为。数字化运维不仅是技术平台、流程、组织架构、岗位能力的重构，还需要组织文化的改变。好的组织文化应该能够推动组织或员工的好的思维模式的形成，而好的思维模式又可以辅助组织数字化的落地。

8.1 主动运营思维

相比传统运维主要以“数据不丢，系统不宕”定义的 IT 运维为目标，围绕“控底线、优服务、提效能、降成本”的主动运营思维，能够更全面、更准确地实现企业与 IT 系统的核心价值。

1. IT 运营

运维英文单词“ Operation”翻译成中文是运营，运营比运维的含义更广且更符合企业的价值创造。很多运维组织提出从运维到运营转型的思路。从定义看，运维领域的运营属于企业内部管理方向。

前进保险是美国一家知名的汽车保险公司，1991 年公司的销售额是 13 亿美元，2002 年是 95 亿美元。分析师发现近 7 倍增长的主要原因并不是产业迅速增长，或开发了一个很好的保险产品，或雇用了强大的销售团队，或收购了其他市场，以及大量投放广告……真正的原因是前进保险有更好的运营管理模式，提供的产品价格更低、服务更好，把顾客从其他对手那里吸引了过来。比如它引入了“立即响应”理赔系统，即更快到达现场，更快理赔，因为理赔更快，索赔人不用多费口舌就能得到服务，可以减少因不满意而解除合同的情况，服务周期缩短也降低了成本。同时更快的理赔推动了现场理赔检测欺诈能力的提升，参与理赔的人少了，甚至索赔金额也降低了，因为索赔人更快得到赔偿的同时也会接受较少的赔偿金。

从前进保险公司的例子可以看到，运营管理主要目标可从提升业绩、提高效率、降低成本、提高服务水平、控制风险等多角度开展，即控风险、提效能、降成本、优服务、促体验。参考企业运营管理的概念，将企业运营管理的“质量、效率、成本”三要素应用于运维管理领域，可以为 IT 运营归纳一个定义：以业务为本，以稳健运维、风险可控为底线，从组织、流程、工具、场景四个维度构建一套标准化、可扩展的运维管理体系，持续提升服务水平，提高企业效能，降低成本。接下来以 IT 运营的“控底线、优服务、提效能、降成本”4 个关键目标为主线介绍主动运营思维。

2. 控底线

所谓底线，即超越了这个界限，事物就会发生质变，产生不可估量的危害。运维组织是企业业务连续性保障部门，业务中断或体验下降都预示着企业面临资金损失、用户流失、监管考核等风险。运维组织最重要的是守住基本底线，再考虑在底线基础上追求“高线”，即需要先有底线思维，明确哪些工作是组织必须达标的，再考虑服务、效能、成本。从 IT 运营角度看底线的管控，要了解哪些工作是底线，哪些基础设施与信息系统是关键对象，加强底线工作精细化程度。当然，底线管控并不代表运维组织被动应对，而应以奋发向上的积极防御思维，从底线发力，通过工具建设更好地落地底线工作，将部分人力从底线工作中释放出来，去追求 IT 运营的“高线”。某银行数据中心以“业务为本、运行可控、数据不丢、系统不宕”为根基，很好地说明了底线思维在运维组织中的重要位置。控底线可以考虑从以下工作出发去推进。

- **健全流程机制**：包括问题解决过程管理机制、服务交付管理机制、关系过程管理机制、控制过程管理机制，以及生产系统稳定性相关的管理机制。
- **可用性架构保障**：包括数据备份的可用性、备份环境的可用性、架构高可用性、应用架构可靠性等。

- **应急保障**：包括应急预案、监控发现、应急演练、应急操作工具、应急协同机制与工具等的完备程度。
- **常规例行保障**：包括常规巡检、监控响应、变更交付、IT 服务请求响应、问题过程管理等工作的落实。
- **IT 风险保障**：包括保障数据安全，防止信息泄漏，强化对信息资产的保护，确保业务稳定持续运营，提升业务创新与合规的落地能力等。

3. 优服务

运维组织以 IT 服务输出形式，为企业非 IT 部门提供 IT 支撑。优服务即提供更快、更好的服务交付体验。不同岗位的运维人员需要根据岗位特点主动丰富服务内容，并通过工具提升服务体验。优服务要先从 IT 服务的广度扩大 IT 服务范围，再从 IT 服务的深度细化服务内容（细化服务内容有助于服务标准化），并通过工具辅助服务落地，为用户提供数据化体验。

建立主动服务文化。一线运维人员的工作主要以事件驱动的被动式为主，服务消费方需要自己找到具体运维人员处理。这种被动式工作通常效率低下，服务交付碎片化，IT 资源缺乏统筹协调，无法形成合力。作为企业里的后台服务团队，运维组织为企业的业务、应用、所有中前后台人员提供 IT 服务，需要强调主动服务的意识，建立主动服务文化。

丰富服务内容。丰富服务内容的广度与深度，服务广度即服务类型数量的增加，服务深度即服务质量的提高。在广度上，运维组织需要进行服务梳理，比如用户类、数据类、资源类、办公支持类、权限门禁类、资产管理类、运维开发需求类、自助服务请求类、其他常规工作类等，梳理服务后用服务目录进行整合。在深度上，运维组织需要持续对服务能力进行总结，梳理从服务申请到交付整个过程的最佳实践，将经验标准化，寻求更高效的解决方案。

将服务线上化。在人力资源基本不变的情况下，既要提供更多的 IT 服务，又要提高服务质量，就需要服务线上化，提高存量人力资源的单位产出。服务线上化通常需要先梳理组织能够及需要对外开放的服务，将相关服务标准化，再将标准化服务通过自动化或自助方式上架到服务目录，并线上化管理服务的交付。

形成服务持续优化。优服务是一个持续改进的工作。判断服务是否需要进行优化，需要建立服务质量可量化的相关数据指标体系和可持续优化的机制。

4. 提效能

效能的定义是：有效的、集体的效应，即人们在有目的、有组织的活动中所表现出来的效率、效益。效率是指单位时间完成的工作量，需要提高运维组织中每个人的工作产出，或利用 IT 服务提高企业其他组织的工作产出；效益是指一项工作的成效，即提供了正确的服务，服务的产出符合企业发展目标，且服务的效果可量化。提效能需要从“做对的事”和“用正确的方法做事”两个维度推进。

做对的事。做为组织产生真正效益的事，比如运维组织的生产保障底线工作的落地、为业务人员提供 IT 资源服务、为业务人员提供 IT 运营分析服务。为确保做对的事，运维组织需要结合运维在企业中的价值创造有针对性地选择正确的方向，再统筹建设，保持团队向心力。以平台建设为例，企业很容易采用百花齐放、烟囱式的建设方式，这种建设方式虽然能快速满足短期运维需求，但由于不具备扩展性，当规模增大时平台往往会成为负担。所以，平台研发团队要兼顾全局目标与短期需求，制定一个可持续的解决方案。

用正确的方法做事。提效能涉及对内与对外两方面。对内，工具的使用可以大大提高运维效率，比如操作自动化是模拟人日常工作的动作，减少重复性运维操作，代替针对大量运维对象或海量数据计算的重复性运维操作。对外，为运维组织外的研发、测试，以及业务部门提供 IT 资源支撑，一是要更快地满足消费方对工作效率提升的具体诉求；二是主动挖掘影响工作效率的因素，主动提供提高工作效率的解决方案。在提高对外工作效率层面上，运维组织有资源与技术优势：一方面运维人员接触生产，有生产运行第一手资料；另一方面相比业务人员，运维人员更懂计算机，知道什么样的工具或功能优化是能做的。企业要推动运维人员找业务人员沟通，将业务人员在业务效率上的痛点转化为 IT 运营服务需求，比如建立与业务部门同事的沟通机制，利用生产运行数据分析潜在影响效率的环节等。

5. 降成本

在 IT 项目生命周期中，大约 80% 的时间与 IT 项目运维有关。有效的成本管理将是 IT 运营的重要工作内容。运维组织在企业中是后台支撑部门，是偏成本的部门，因为运维涉及各类成本，包括：

- 硬件资产类成本，比如机房、电、硬件服务器、服务器内的资源、运营商带宽、公有云 IaaS 服务等。
- 软件类成本，比如系统软件、数据库、中间件、应用系统的维保、许可等。
- 运营工具项目建设成本，比如监控、ITSM、日志工具等项目建设成本。
- 人力资源成本，比如运营组织内部人员、关联供应商、外包合作方的人力成本。

对 IT 运营成本管理是指在保障企业业务稳定、安全、有效运行的基础上，通过规范 IT 运营、优化资源配置、提高运营效率，达到降低 IT 运营成本的目的。但运维成本管理存在以下难点。

- **运维组织定位不明确，缺乏对中长期成本管理的规划**。业务人员在使用饮水机、打印机、电话、电脑过程中遇到问题，运维人员是否要支持？是否和电有关的问题都可以找运维人员？这类工作如果做当然能提高 IT 服务满意度，但安排运维这类专业性较强的员工做这类琐碎的工作，投入产出比并不高，这类工作更适合由物业或后勤专职人员去做。之所以出现花大力气做这种不擅长工作的问题，主要原因是对运维组织的定位不明确，成本管理优先级不清晰。另外，很多企业的成本核算是采用谁支出谁负责方式，这导致 IT 资源投入比较零散，很难进行整体优化建设。这种“头痛治头、脚痛治脚”的资源管理模式看起来短期内支出少，但长期看来会导致大量资源浪费，成本更高。

- **缺乏成本管控的标准化流程**。前面提到运维组织以 IT 服务方式为企业提供 IT 支撑，需要有完善的服务流程，可对服务的申请、受理、交付、反馈进行整合。但很多运维组织因为数字化程度不够高，标准化流程不够多，管理层的精细化要求无法有效落地，IT 人力资源成本居高不下。以问题咨询为例，很多应用运维人员每天被各类临时问题所困扰：一方面无法集中精力做计划性工作，主要做一些治标不治本的事情；另一方面容易形成信息孤岛，工作效率与质量无法量化。同时，专家式处理方式缺少明确的升级标准、合理的故障优先级机制、问题持续跟踪与优化机制，导致服务满意度下降。
- **缺少成本分析与优化工具，无法量化并提升成本管理水平**。要做好成本管理，需要有反映成本的数据，并有实时成本与历史成本交叉比较的工具。由于很多运维组织并没有建立成本分析工具，而是通过专家粗略的估算进行成本管理，很容易出现成本预估过高或不足的问题，无法直观、准确地量化实时成本与历史成本，也就无法有针对性地进行成本优化。

结合上述困难，在降成本方面，企业需要做好以下工作。

- **明确运维组织定位，整体规划，提高数字化程度**。从企业发展方向与技术能力角度，明确运维组织的定位与建设目标，匹配适度的 IT 资源投入，从管理与技术两个角度进行整体规划，选择合适的落地方式。数字化程度的提升需要管理与技术双管齐下，将管理手段平台化、技术手段指标化，让不同角色的人具备全局把控和局部深入的能力，比如将运维组织关注的服务响应时间、可用率、故障处理时长、服务工单数量、业务用户满意度等进行量化，将量化数据作为绩效管理的参考值，推动运维组织持续提升 IT 运营水平。
- **专业化分工，标准化 IT 服务流程**。面面俱到的专家式运维会导致工作出现瓶颈，沟通成本过高，因此须根据团队规模适当地进行专业化分工。专业化分工以“纵向＋横向”的管理方式进行，纵向的职能型团队负责延续各专业线的主要职能，横向的项目型团队集中资源负责支持并推动职能型团队提高工作效率，提高效益。专业化分工有助于专项成本优化，比如负责 IT 资源平台的团队建设资源交付与管理工具，负责具体资源交付的团队基于平台提供的能力加快资源交付，同时通过平台评估资源使用情况，有针对性地进行资源成本优化分析。专业化分工的同时，需要建立标准化IT服务流程，确保IT运营工作有序高效地落地。针对标准化IT服务流程的选择，企业可以考虑以传统的ITIL、ITSS等为基础，结合自身文化特点个性化调整，在实践中不断完善日常工作机制，比如针对生产问题管理的痛点，考虑设立IT运营服务台，将运行值班、故障监控、接受请求、工单派发及问题解决过程中的监测等工作内容集中在服务台。这种流水线式的工作一方面将部分运维人员从被动式工作中分离出来做计划性优化工作，另一方面有助于经验的积累，丰富知识库，集中资源进行服务优化工作，提高工作效率与服务质量。同时，这种工作方式也可以打通原来的信息孤岛，实现信息共享、文档管理，降低因个别人员流失导致组织服务能力缺失的风险。

- **有针对性地进行成本分析，持续优化成本管理**。成本优化需要工具的支持，如自动化工具的引入可以替代运维人员重复性工作，提升单位人力产出，弹性的IaaS与PaaS平台有助于硬件资源的配置。另外，组织还要推动成本优化文化建设，鼓励或奖励专业条线的运维人员主动进行有针对性的成本分析，评估成本支出趋势，推动成本优化，比如应用运维人员可以分析IT资源与网络带宽的使用情况，评估是否可以缩容，甚至可以从应用架构或设计角度评估优化资源方案的可行性，比如采用CDN减少网络投入，用互联网访问替代专线，采用微信或消息推送减少短信费用的投入，优化图片格式减少带宽使用等。
- **由成本中心向效益中心转型**。前面三点是针对运维组织自身的成本优化、服务质量的提升，最后一点从提高投入产出比角度出发。以往运维组织是一个成本中心，这点与业务部门相比尤其突出。针对这个问题，有两个解决思路可以借鉴：一是像腾讯运维团队提到的，通过主动对应用运行数据进行分析，提出优化方案，辅助业务更好地开展，或为业务人员快速构建自动化工具（偏管理自动化），提高业务人员工作效率；二是像一些大型金融企业一样建立行业云，以多租、资源集约模式为同业输出IT服务，或建立集团云或平台体系，为子公司提供IT服务支持，扩大IT服务范围。

8.2 事件驱动思维

事件驱动思维对于运维组织管理是一大利器。很多工作将内部或外部生产故障、IT风险事件、合规管理、外部监管、公司政策、公司领导决议等作为触发因素来推动组织机制快速落地。

1. 软件领域的事件驱动

软件层面的事件驱动是指在持续事务中，决策生产者以触发事件方式，将事件信息或决策信息发布出去，应对事件的消费者获得信息后进行具体的事务操作执行。理解软件工程层面的事件驱动，能够让运维组织更加理解事件驱动的内涵，并借鉴软件工程上的抽象总结，用事件驱动串联起多个运维工作场景。

在软件领域有事件驱动架构（Event Driven Architecture，EDA）。Gartner 将 EDA 定义为“一种设计范例，软件开发组织响应收到的一个或多个事件通知并执行”。由于事件驱动具备更好的扩展性，可以平衡代码的可维护性、性能和扩展性，伴随着万物互联时代海量终端传感器与数据的增加，事件驱动能很好地契合这样的场景。

比如，当我们在路边打开打车 App 时，App 就会触发很多事件，比如定位你的位置、获得目标地址、查找附近车主与车辆定位、推送车主信息、实时反馈车辆位置、路线信息、行驶过程中持续监控路线情况等，事件信息则通过手机、平台交互。采用事件驱动方式，平台决策处理的应用只须向事件总线订阅消息，当新的订单或路况变化时，订单分配与路线修订的应用只须根据事件总线的消息响应执行。而原来的请求方式则需要订单分配或路线修订应用主动去询问订单。在打车这个案例中，EDA 的架构带来以下好处。

- 让用户、司机实时感知订单进度，增强反馈，并加强平台的数字化管理能力。
- 提高平台应用程序开发和迭代速度，更利于组件封装，做到低耦合和高内聚。
- 分布式、异步、实时通信，并定义高、中、低优先级的任务响应。
- 人机协同，可以更快地发现问题，并驱动问题的解决。

从技术平台角度看，在 2020 年，笔者遇到一个 VANTIQ 厂商，它提供了事件驱动的平台解决方案，大概思路如下。

- 边缘终端提供实时采集的数据，并上报事件驱动平台，平台支持海量、实时流式的数据处理；
- 用户可以在平台采用低代码的方式加工数据，支持编写数据加工脚本，支持在编排过程中即时看到响应效果；
- 根据数据处理，实现执行环节的事件驱动。

VANTIQ 这个解决方案的关键词有实时、异步、解耦、海量连接、海量数据处理，是一种实时分布式流程协同运行方案，主要特点包括：能够受理（推拉）海量事件的实时消息处理，支持数据加工流程灵活编排，支持流程脚本编写，支持规则触发事件的多种响应，支持低代码事件编排与管理，为机器提供服务化的事件驱动服务。

2. 运维领域的事件驱动场景设计

运维组织可以参考软件层面的事件驱动模式，设计运维领域的事件驱动场景。以监控告警为起点的事件驱动场景设计思路如下。

- 基于告警事件触发告警应急处置，包括告警事件后的故障管理、告警不及时响应的时效性管理、告警不及时处理的公示升级、事后告警复盘、告警策略优化等。

- 如果监控告警识别为故障，触发基于生产故障的事件驱动，包括故障识别、故障申报、故障定位、故障处置、故障恢复、故障复盘等。
- 故障恢复后，触发故障复盘事件，包括技术架构层面是否涉及架构、功能逻辑的优化，组织层面是否涉及职责不明确，流程层面是否涉及工作规范未执行到位、应急处置协同不畅，平台层面是否涉及监控覆盖面不到位、自动化操作工具遗漏，故障演练、灰度发布、混沌工程等执行到位等。
- 在复盘架构分析层面，触发技术架构层面的事件驱动，包括系统架构高可用设计、冗余设计、无状态设计、故障隔离设计、过载保护设计、有损服务设计、支/关键路径与关键节点设计，以及可维护性涉及的日志、监控等数据服务输出是否到位，如果涉及关联风险，还要进行问题管理或风险提示。
- 发现风险问题后，触发事件风险揭示的事件驱动，包括分析事件风险，挖掘潜在风险，建立风险规避机制，触达相关风险处理、阅知人员，并建立持续跟进风险规避任务。

从上面的例子可以看到，事件可以作为运维启动的触发因素。善用事件驱动可以将多个工作场景串联在一起。同时，在工程角度，针对不同场景的工作，借鉴软件层面的事件驱动，让工具接收事件数据，根据标准化事件规则，响应事件决策，并由人或机器进行决策的执行，建立全数字化事件驱动能力。

3. 将事件驱动应用于管理

在现代事件管理学科中，事件可以指一套具有既定目标、以独特而相互关联的任务为前提，在某一时限内，集成一定的人、财、物、技术等，开展公众性、社会性、服务性活动。为了推动运维体系的发展，组织需要持续调整架构，优化工作流程，建设技术平台，推动场景的落地。这些工作会给员工日常工作带来改变，而改变容易引发阻力。为了有效落地，组织可以借助事件驱动的事中应对与事后分析来实现，比如：

- 监管机构传递新的指导意见；
- 行业其他机构遇到风险事件；
- 生产故障后的复盘会，尤其是重大业务连续性事件；
- 合规整改事项；
- 公司战略转型事项；
- 公司领导提出的工作指示；
- 一次重要的工作汇报；
- 在必经的工作流程节点中加入希望应用的机制。

借助事件驱动思维，应对不确定性危机事件的有效方案是主动挖掘、应对事件。一方面，提前制定相关规章制度，明确角色，收集全面的事件数据，进行风险评估和机会挖掘，与组织数字化生态建立连接，推动事件在系统和人之间进行快速流转，对事件保持敏感并抓住机会；另一方面，在应对事件中，借助事件关注度高、资源汇集等特点，推动组织架构、流程标准、技术平台的落地；同时，在事件复盘中，习惯对事件进行分析，并总结规律，这是惯性思维，在此阶段推动的改进工作更容易得到大家的接受。总之，在一个平淡的工作主线上，要擅于发现事件产生的水花，顺势而为，让水花加大工作成效。

8.3 数字化工作空间思维

数字化工作空间是应对工具零散、流程断点、烟囱平台等建设问题的思维模式，需要以员工日常工作场景为中心，围绕“支撑管理决策、激活员工参与、打通协同壁垒、装备条线运营”4 个维度建设，让员工在一个全在线的环境中工作。

1. 数字化工作空间

经过多年平台化建设，IT 组织不缺工具，缺的是全在线的数字化工作空间。由于工具间缺乏互联，没有形成协同网络，工作人员完成一件工作往往需要切换多个系统，甚至有很多工作只能在线下完成，没有留痕。全在线的数字化工作空间由支撑管理决策、激活员工参与、打通协同壁垒、装备条线运营四个维度构成（见图 8-1）。构建数字化工作空间，一是需要关注协同效率，从组织协同上进行优化，优化资源配置，利用 ChatOps 等全在线的连接工具，强化信息传导机制，促进协同；二是建立数字员工模型，利用在线数据构建更加安全、透明的工作环境，整合员工工作数据，形成员工数字镜像，挖掘优秀员工，辅助员工成长，为 IT 运营管理水平的持续优化赋能；三是赋能，为员工提供全在线的工作装备，即综合运用线上、社交、移动、自动化、决策等工具实现组织连接、资源共享、低效率工作减少，从而激发员工创新，提升团队敏捷应对能力。

运维数字化工作空间同样可以围绕“支撑管理决策、激活员工参与、打通协同壁垒、装备条线运营”4 个维度打造相关工具链。**支撑管理决策**是基于运维管理视角，让管理具备数据驱动的“感知、决策、执行”闭环能力。其中，感知能力指察觉运行生产环境的变化，知晓对哪些生产对象的稳定性造成影响；决策能力指运用算法对实时信息进行运行分析，辅助管理者决策；执行能力指确保传导机制顺畅，决策有序落地。**激活员工参与**是基于员工视角，为一线运维员工提供实时在线的工作体验，让员工方便地获取知识与分享信息，为员工提供自动化、线上化运维工具，将员工从操作性工作中解放出来，促进员工向主动提升能力转变。**打通协同壁垒**是从协同角度，围绕 CMDB 促进 IT 资源、工具、流程的整合，解除当前运维组织各参与方之间的连接障碍，将工具互联互通，用更加扁平、透明的方式重塑组织连接。**装备条线运营**是从各专业线角度，为运维人员打造“监、管、控、析”等平台工具，再将专业工具融入全在线工作平台，为员工提供一站式工作体验。

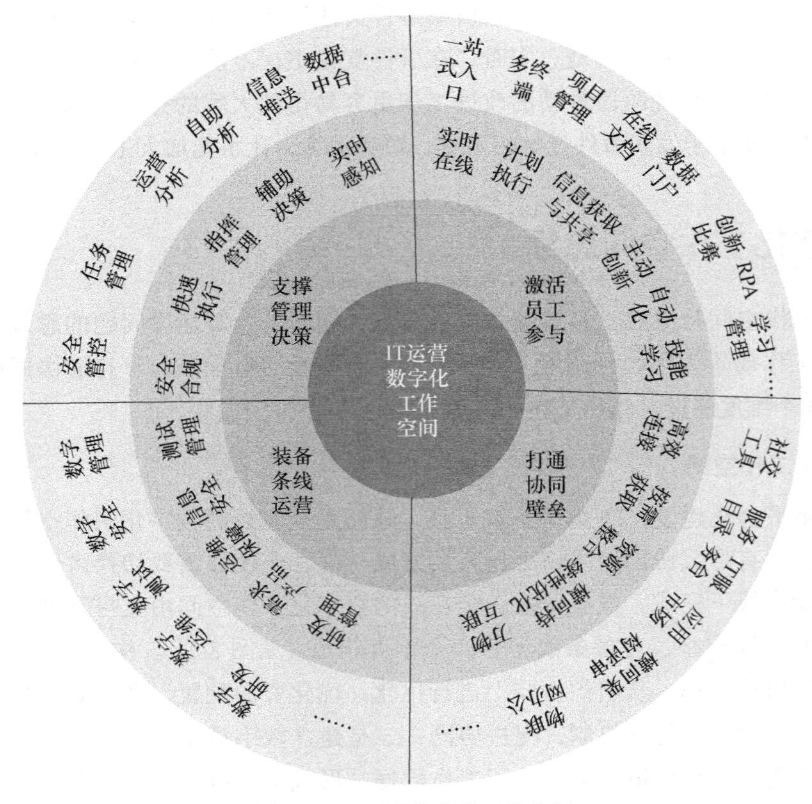

图 8-1 IT 运营数字化工作空间

2. 运维数字化工作空间应用思路

构建运维数据平台，提升洞察力与决策能力。运维涉及大量数据，具体来说可以分为两类：一类是面向生产环境的系统运行数据与反映业务系统运营状况的数据；另一类是 IT 服务管理过程中产生的工作流程、程序、文档等数据。这些数据存在结构标准化低、量大，且分散在多个工具系统中等特点。以往，在运维管理过程中，组织缺乏在线洞察运营数据的能力，存在管理决策不够透明、不准确的问题。为了提升管理决策能力，组织需要推动工作标准化、线上化、自动化，不断加强数据的沉淀，并利用大数据平台“采、存、算、管、用”的基本能力落地数据资产价值。利用 CMDB 落地数据资产配置中心，并围绕“监、管、控”工具链采集生产机器实时运行的性能、日志、系统运营等过程数据。针对数据资产的变现，要在数据洞察方面着手，通过数据可视化手段驱动以经验为导向的工作模式向以数据驱动的工作模式转变。在实现上，考虑利用可配置的数据报告与实时看板，结合实际的工作场景进行数据洞察和分析。

利用 IT 服务目录，建立所见即所得的 IT 服务能力。服务目录的思想来自“云”的思路，即将 IT 组织能力进行抽象，标准化为 IT 服务。服务供应方可以采用自组织的方式上架服务，用户可以按需在服务目录上查找自己需要的服务，并进行申请。在服务目录的设计上，为了方便使用，我们可以参考电商系统的设计：当你知道需要什么品牌、什么型号的商品时，你可以在商品目录中找到商品；当你大概知道你想要什么商品时，你可以利用搜索找到商品。所以，服务目录需要包括服务的介绍、服务承诺时效性、负责人、服务处理流程等基础信息，功能上支持用户通过自助式检索申请服务，也可以通过联系 IT 服务台解决问题。在服务的具体设计上，探索一些体验方面的设计，比如对服务进行打分，服务的在线处理轨迹等功能，提升服务质量。IT 服务包括咨询类服务、资源类服务、实施类服务、运行管理类服务、运维研发类服务、综合类服务。

激活职能线上的平台体系。运维涉及基础设施、服务器、网络、应用、安全等领域，每个领域涉及一些专业化工具。很多金融企业采用商业化产品，且经过多年沉淀，产品已与实际业务融合。重新打造能够覆盖多个专业领域的工作平台并非最佳选择。所以对于专业条线的工具，企业主要是围绕“监、管、控、析”平台，以激活职能线上的平台体系，并基于运维组织的核心价值链在平台体系之上建立场景，在场景中实现平台间的互联互通。

利用时间管理工具，加强员工时间管理能力，提高 IT 运营管理的执行力。随着业务的发展，运维成为企业中最繁重的部门之一，员工日常面临各种微信群、邮件的“轰炸”，且由于零散、非计划性工作多，很多计划性工作经常被打断，管理决策很难得到跟进。所以，运维管理需要一个扁平化、可追溯、融入运维场景的工具，一是让员工可以轻松管理自己的工作，实时获知正在处理的工作，量化工作，设置优先级；二是将运维场景工作细化到工作任务子项，推动员工工作全线上化，并以日报方式管理个人时间。时间管理工具要融入运维场景，比如巡检任务、变更流程、每日复盘等都要有任务的要素。

总体来说，数字化工作空间通过提供协同网络，方便运维人员与运维内部跨团队、IT 内部跨团队、企业内或外部供应商跨团队，以及生产环境中的软硬件对象、机器人等连接，这样既可按需获取数据信息，保证工作信息安全，还能形成运维工作数字镜像，持续提升运维水平。

8.4　敏捷思维

转型中的企业将会面临“双态”挑战，既要确保当前业务稳健、安全、可靠，又要应对市场快速变化，敏捷高效地进行业务创新，也就是常说的在高速公路上换轮子。运维也面临“双态”挑战，要求运维组织坚守底线思维，在确保业务连续性基础上，满足敏捷交付需求。

1. 敏稳双态的由来

在IT领域，国内外都提出敏稳双态的思路。Gartner提出过“双模IT”理念，将IT治理划分为两种模式：模式一强调稳定，能较精确预知，目标是将传统的IT环境进化到数字化环境，更强调可靠性。模式二强调未知的、全新的问题，目标是通过探索、试验来驾驭不确定性，更强调敏捷性。在国内，联想最早提出“双态IT”理念，认为IT可作为支撑企业业务运转的载体和手段。业务的“双态”特征对IT系统建设提出了挑战：一方面，稳态IT主要针对流程固定、行业规范成熟的业务，须采用更加成熟的技术或商业软件与基础设施，重点是风险规避；另一方面，敏态IT主要针对业务创新，探索商业模式，不断试错，须采用开源软件框架等。

2. 从《敏捷宣言》看运维

企业价值创造是一个价值传递过程，如果企业数字化转型强调敏捷，那么应通过企业文化传递到运维组织。由于金融企业需确保当前业务稳健开展，且行业对业务连续性要求越来越高，运维组织要思考哪些实践适合标准化、规范化、流程化，哪些实践又适合敏捷化。下面结合《敏捷宣言》看看运维需要关注的点。

《敏捷宣言》

我们最重要的目标，是通过及早和持续不断地交付有价值的软件使客户满意。（注：运维须平衡生产稳定与IT需求交付速度，持续关注IT需求的交付能力建设。）

欣然面对需求变化，即使在开发后期也一样，为了满足客户需求，敏捷应掌控变化。（注：运维需要建立适应性组织，能够不断适应行业政策、生产环境、技术架构、新技术引入的变化。）

经常交付可工作的软件，相隔几星期或一两个月交付一次，倾向于采取较短的周期。可工作的软件是进度的首要度量标准。敏捷中倡导可持续开发。责任人、开发人员和用户要能共同保持步调，让稳定延续。最好的架构、需求和设计出自组织团队。（注：运维需要针对迭代要求高的客户服务类信息系统构建适应性迭代发布能力，并做好灰度发布、监控、应急处置等能力建设。）

业务人员和开发人员必须相互合作。（注：一要推动运维前移，更早地让运维人员参与信息系统建设；二要加强IT服务供需方的沟通协作，提升IT服务质量。）

激发个体斗志，以他们为核心搭建项目，提供他们所需的环境和支援，辅以信任，从而达成目标。（注：做好岗位分工，集中操作性工作，并通过自动化工具减少操作性工作，为员工的创造性工作提供数字化工作空间。）

不论团队内外，传递信息效果最好、效率最高的方式是面对面交谈。（注：建立更加扁平的协同模式，比如基于ECC的应急指挥协同、基于ChatOps提供协同模式等。）

> 坚持不懈地追求技术卓越和良好设计，提升敏捷能力。（注：持续提升技术架构的可扩展性、高可用性、可维护性。）
>
> 以简洁为本，它是极力减少不必要工作量的艺术。（注：标准化工作流程，简化不必要的流程，自动化必要的流程节点。）
>
> 团队定期反思如何提高成效，并以此调整自身的行为。（注：打造复盘文化，比如事件复盘、每日工作复盘、变更复盘等。）

《敏捷宣言》中与运维相关的关键词如下：持续交付、接受变化、IT服务、加强协作、架构可扩展性、自组织、不浪费、加强总结。DevOps思想是敏态的一种方法论，持续交付是最常用的落地方法。

3. 敏稳双态下的运维

联想提过IT敏稳双态的思想，指出在企业转型过程中，业务将会出现不同程度的双态特征，即确保现有传统核心业务稳健、有序发展的同时，敏捷、高效地尝试拓展新业务。

- **稳态**：以ITIL、ISO20000等思想为主，流程固定，使用行业相对成熟的最佳实践，技术架构更加成熟。
- **敏态**：以DevOps思想为主，通常面向创新，需要快速交付客户需求，具有高频迭代、广泛采用新技术的特点。

由于金融企业对业务连续性的高要求，当前稳态运维模式仍是IT运维的主要思想，敏态运维模式的重点是在稳态运维基础上让IT交付效率与速度不断提升。持续交付是敏态运维的一个实践方法，是在持续集成的基础上完成软件构建，不断将软件持续部署到测试、准生产、生产等环境，并在相应环境中进行操作，目标是将软件产品交付给用户，持续交付业务价值。从持续交付角度看，运维一方面需要更好地适应迭代频率，不断迭代变更；另一方面还要提升高频迭代带来业务连续性风险的应对能力。另外，在敏态模式中，运维组织需要在保障业务连续性基础上，更高效地响应业务需求，构建持续交付的工程能力，并推进运维向发布前环节前移。

有人说运维组织属于不喜欢变化、不善于变化的团队。笔者的观点是，在企业数字化转型大背景下，运维组织应该是变得最快的团队。IaaS云颠覆了基础设施建设、硬件团队工作模式，去IOE改变了基础设施、系统、数据库的技术栈，云原生架构改变了业务运维团队的一些工作职能……这一切都引导着运维组织不断建设数字空间。站在敏捷角度接受变化，运维组织需要围绕企业核心价值，从业务角度去提升运维能力，而不应该丢掉越来越复杂的业务层，下沉到越来越标准化、软件定义的基础设施环境。

Chapter 9

第9章 数字化运维研发

开发运维工作模式的原理与改变生产制造的原理相同。开发运维并非优化在制造工厂里将原材料转化为成品的方式，而是展示如何优化IT价值流，以及如何把业务需求转换为向客户提供价值的能力与服务。

——《凤凰项目》

几年前与华为交流数字化转型时，华为提到请IBM做顾问实行IPD时定了一个核心思路：僵化、优化和固化，把“僵化”放第一位是为了避免用固有认知选择性地接受管理变革，让大家努力适应改变。数字化运维研发团队在金融企业的运维组织中承担着赋能、布道、引领转型的角色，需要推动运维平台建设，推动职能线运维人员从手工操作走向线上，“僵化”线上操作后再将线上工作自动化、数字化。行业普遍在运维组织中设立独立的平台研发团队，组织懂运维、具备全栈技能的人员推动运维平台的研发。要做好数字化运维研发，金融企业必须结合自身禀赋，选择适当的运维研发模式与方法，充分整合内外部资源，建立高效的协同模式。

9.1 运维研发团队模式

Google SRE、DevOps等推动了运维行业对运维人员能力的深度思考，正在推动原来的运维团队向SRE、DevOps团队转型，推动组织在招聘、岗位技能、协作机制等方面改变。

1. 金融行业的运维研发团队

对于金融行业，由于运维组织人员流动性较低，企业已有的大部分运维人员缺乏研发能力，无法达到 Google SRE 模式需要的研发能力要求，所以，金融行业运维研发更适合由一个独立团队负责平台能力建设，并通过平台能力赋能运维职能团队，利用先进的理念与工具引领运维组织转型。

金融行业运维研发团队通常需要同时拥有产品设计、项目管理、工具研发、工具运营、工具规划等多个角色的能力。由于运维研发将引入工具，带来线上化、数字化、自动化的工作模式变化，挖掘、引导、总结、明确最真实和有效的需求是一个难点。运维研发团队需要明确要做什么、如何实现、如何运营。

不同组织的运维研发团队的研发模式有区别。虽然都叫运维研发，但因为团队规划、产品、技术、资源投入不同，研发模式也有一些不同。从笔者调研看，同业运维研发团队的研发模式主要有几种。

- 基于开源平台或工具模块，以自主研发为主。
- 将外部产品整合到已有运维平台体系。
- 利用外包开发资源。
- 基于厂商的产品或平台进行合作开发（实际上多为厂商提供技术平台与开发资源，甲方提供方案）。
- 基于上面 4 种的组合。

在实践过程中，因为系统异构，标准化程度、精细化管理程度、监管要求、流程复杂度等不同，通常金融业的运维研发团队面临的难题更为复杂，研发效率远低于互联网公司。所以，互联网公司 20 人完全可以支持企业所有运维开发工具需求，但在金融行业不一定可以实现。从投入产出看，运维这个非企业核心技术线团队所耗费的人力成本，相比带来的效益，往往不如基于成熟产品的合作开发模式。所以，从调研结果看，第 4 种“基于厂商的产品或平台进行合作开发”模式在同业中的运作效果更好。

2. 平台赋能是运维研发的核心价值

运维平台建设者容易进入一个实现自我价值或唯技术领先的错误方向，比如积极引入更为先进的技术平台、应用工具，落地领先互联网企业或行业大型企业的创新性解决方案等。这种情况在当前 2B 市场火爆的大背景下越来越突出，直接导致运维平台与组织、流程、场景脱节，工具没有起到应有的作用。解决这个问题的关键是运维研发团队要认清团队的核心价值是用平台赋能、创造价值，建平台要真实地解决一线运维痛点。

运维研发是先进工作理念的布道师。要建什么工具来源于用户的价值主张，但是如何做需要运维研发团队与用户沟通，通常来说尽量不改变原来工作操作方式。运维研发在落地解决方案的过程中，会遇到“在汽车未面世前，大家需要一辆更快的马车”的困难。所以，运维研发团队需要肩负先进工作理念与协同模式的布道师责任。以持续交付为例，项目的实施不仅仅是将原来手工编程分发或配置修改做成自动化，还要引入“持续+交付”的思路，从规范、标准、过程梳理、在线流程打通、制品管理、流水线管理、工具与数据打通等环节，形成一整套方案。

场景与数据是当前运维研发的重点。运维组织经过多年沉淀，通常已经拥有了构建“监、管、控、析”平台的能力。市场上对这类平台也有了大量构建。建议针对这类平台选择扩展性好的商业或开源解决方案，运维研发团队聚焦在与企业特点相关的场景研发，结合组织、流程状况，对不同的时间、环境、人、事件下的细分工作场景进行打造，整合“监、管、控、析”平台能力。

3. 技术与理念的布道

随着新理念、新技术不断涌现，运维团队需要了解、研究、分享、应用这些新技术，为运维可持续改进提供技术支持；积极研究与应用各项新技术，不断提高运维自动化水平，提高基础设施建设水平，提升关键技术的自主掌控力；建立混合云，实现完整的IaaS和PaaS；组建高度弹性、灵活可变的IT基础架构，有力支撑各类业务，并实时应对不断变化的业务需求。

运维研发团队需要承担技术储备先锋军角色，可以考虑采取以下措施。

- 将数据“洞察、决策、执行”闭环沉淀在所有运维场景。
- 培养工具平台层面的运维开发专家，将每一年相关研究成果，比如监控平台、DevOps的CI/CD、ITSM等，整理为文档。
- 研究开源工具、组件等技术，比如Kubernetes、CK、ELK、分布式数据库中间件等。
- 在知名公众号发表与分享新技术研究。
- 设立团队自媒体，持续分享技术研究成果。
- 负责在运维组织内进行技术分享。

9.2 金融企业运维研发协作模式

金融企业运维研发主要涉及内部用户、关联的工具团队、外部厂商的协同。争取相关协同方的有效支持是很重要的。

1. 产品设计来源于用户

一切围绕用户真实痛点与价值期望。运维平台的核心价值是赋能运维组织，所以在产品设计上，运维研发团队要对运维管理、一线运维痛点有一定的敏感度。通常来说，将具有大计算量、海量数据分析、操作性、规律性、流程化、7×24 小时等特征的工作作为痛点，同时，基于自身禀赋，设计面向未来发展的产品。

挖掘有想法的团队或个人。在运维组织中，不缺乏踏实勤劳的人员，但有改变想法并能够提出解决方案的人员则比较少，这与整个组织或组织细分团队文化与管理方式有关。运维研发团队要善于挖掘有想法的团队或个人，他们能够提出更真实的用户痛点与价值期望，在产品或解决方案落地后，又可以作为种子用户进行应用，对于推广产品有积极作用。

将绩效给予用户。用户愿意参与到产品设计中，一定是因为这对用户有益，比如解决个人痛点，或实现个人价值，或获得绩效等。在这个过程中，运维研发团队最好能将平台工具的产出绩效给予用户，比如针对每个工具设置一个用户侧的产品经理岗，（因为知识背景不同，用户很难承担工具设计的大部分工作，研发团队还要有产品设计。）在工具上打上产品经理的标签，更好地激励用户参与。运维研发团队应该关注工具是否真正赋能一线运维，而且整个平台体系的赋能效果才是运维研发的绩效。

做好工具运营。评价一个工具好不好，要看工具是否能用起来，是否实现了 IT 风险控制或提能增效。通常来说，运维组织里没有用好的工具比需要新建的工具更多，或者说组织里很多已经建立的工具没有得到运营，造成浪费。做好产品运营是一个关键又容易被忽视的环节，一要争取一线用户参与到工具的使用中，提供反馈，以便敏捷地响应用户需求，让用户更加有参与感；二要让工具尽可能融入用户运维工作场景，工具使用越高频，价值越大。

2. 互联互通

打破孤岛。企业虽然构建了不少工具，但工具间缺乏互联，没有形成协同网络，往往完成一件工作需要切换多个系统，甚至有很多工作只能在线下完成，没有留痕。结合当前国内外先进的工作方式，比如国外的 Slack、Symphony，或国内的钉钉、企业微信、WeLink，我们发现它们都在推动一个全在线的工作平台，将工具进行有效整合，形成一个在线的工作平台。这个思路在运维组织中同样有效，尤其是随着 DevOps、敏捷、精益等模式的应用，多团队协同已经成为主流，运维团队内的工具以及运维团队外的工具需要打破孤岛，互联互通。

保持同理心。运维研发团队在推动工具建设时，需要其他团队配合支持。切记保持同理心，要多从对方角度考虑他能在协作过程中获得什么收益，帮助对方解决问题。比如，让其他团队协助做可视化参观大屏，需要让对方知道他可将技术领先性、运营亮点体现出来，并将自己的成绩通过大屏呈现；在与其他团队做持续交付时，要帮助对方更好地控制变更发布风险，减少发布时重复提交文档，减少发布等待时间等。

3. 长期双赢

说到合作开发，通常会有甲方与乙方，所以需要分析一下双方的优劣势，才能取长补短，实现双赢。

（1）甲方优劣势

在甲方运维研发团队中，有些成员是运维一线出身，对特定运维场景下的需求理解更深刻，更贴近真实的用户，对痛点或价值的把握更好；其次，甲方更容易理解市场中成熟的商业解决方案，并获取同业中解决方案的应用状况。

甲方劣势也比较明显，比如人力资源少，且有大量精力耗在流程上，在成本与效能的管控能力上比较弱等。

（2）乙方优劣势

乙方的优势在于，见识更广，见过行业内及行业外各种客户需求，踩过各种坑，了解行业内更通用的需求与更完备的技术解决方案；有完整的研发团队，可以支持产品设计、开发、测试等；另外，对成本与效能的管控更好，且实施效率快。

当然，乙方同样存在劣势，比如对特定的需求理解不够，为了产品化需要放弃一些特定的需求，与真实用户距离比较远，难获得真实且正确的客户需求。

（3）差距分析

有了上面甲乙双方优劣势分析，我们可以看到，将甲方和乙方的优势结合是一个很明智的选择。在这个过程中，甲方要解决一个难题："如何让乙方将资源向运维组织倾斜。"如果你是行业前五名，或是一个大区域范围内的前三名，很好，乙方可能会基于战略考虑，给你更多资源；如果你给足够多的钱，项目够大，乙方也会给你更多的资源。也就是说，如果你所在企业名气大或给的钱多，乙方的资源倾斜问题不大。但如果你的项目预算不多，企业名气又不能支持乙方战略方向倾斜，运维组织应该如何获得乙方资源支持？笔者通过观察一些厂商，得到一个可供参考的回答：甲方可以作为产品孵化场所，因为甲方的团队对产品或场景的理解更有前瞻性、更深入。想想看，如果甲方能分析乙方现有的产品，有针对性地梳理出优化的方向，或提出一种全新的模式，乙方得到的是一个更懂用户的产品经理或需求分析人员，这是一个双赢的结果。现实中，很多运维研发人员以技术为导向进行工具开发与设计，或主要承担项目经理或实施经理角色，对产品设计及后期运营支持比较少，这不利于乙方对产品功能完善的诉求。所以，在合作开发模式下，甲方运维研发人员充分发挥对工作场景深入了解的优势，提供产品设计思想与方法，有利于更好地落实研发。

9.3 运维平台建设

运维平台建设包括项目发起、价值主张设计、技术方案设计、选型与工具设计、运营 5 个环节，如图 9-1 所示。

图 9-1　运维平台建设环节

1. 项目发起

通常来说，启动项目有两个因素：一是技术推动，二是需求拉动。

- 技术推动是从技术角度出发推动项目的发起，比如“应用 ×× 技术，实现 ××”，通常是为了参加比赛、技术储备、平台体系的完整性。
- 需求拉动是从用户痛点角度出发推动项目的发起，比如“解决 ×× 问题，实现 ×× 价值”，通常是为了解决手动在多台服务部署程序、监控告警分散、应急定位慢等问题。

项目发起者要清楚项目发起的背景，这样才能抓住重点。

2. 价值主张设计

《价值主张设计　如何构建商业模式最重要的环节》一书以图文并茂的方式介绍了在产品设计过程中的价值主张设计实践，主要围绕图 9-2 所示价值主张画布展开。

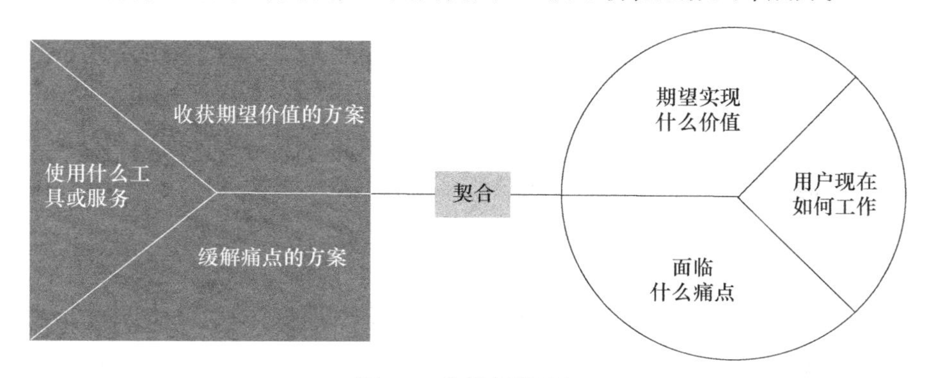

图 9-2　价值主张画布

价值主张画布能够带来以下作用：

- 准确确定用户群与用户需求。
- 找到最迫切、最重要的工作目标，获得清晰明了的重点工作。
- 使团队行动协调一致。
- 避免无效或低效工作，舍本求末，降低失败风险。

在这个环节中，我们可以使用4个方法（见图9-3）。

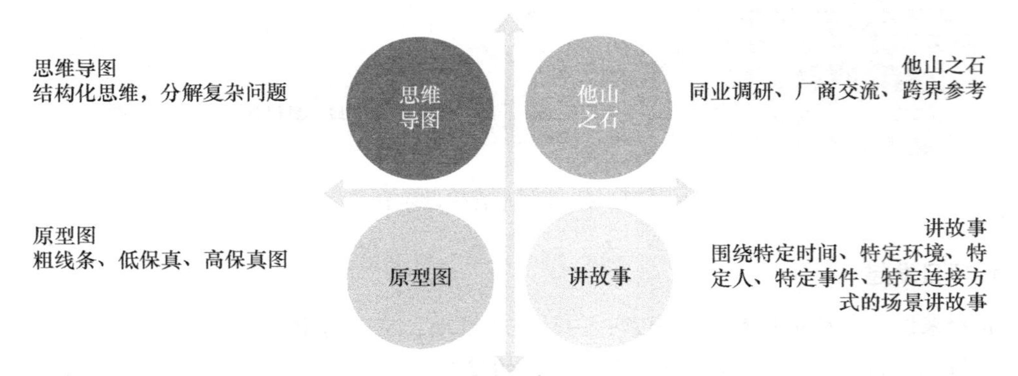

图 9-3 价值主张设计实施方法

（1）思维导图

思维导图在整理思路、扩展思维等方面都很有用。通常是将一个问题或目标，通过某种结构拆解为多个部分，每个拆解的部分又可以进一步往下拆解，有助于培养结构化思维。思维导图广泛用于工作场景中，比如写方案大纲、收集需求、设计功能、临时性讨论等场合。

思维导图主要是为了更好地分解，有一定的分解套路。比如技术方案大纲可以这样分解：背景（痛点或需求、解决思路）、技术方案（方案概述、方案分解及介绍、投入产出分析、实施路线）、展望。运维工具功能设计可以这样分解：概览（可量化的重要指标）、用户角色、用户提出的需求、实际的技术方案、主要前端功能（通常抽象为几大功能点，再对功能点进行分解）、后端功能等。

思维导图不仅有助于设计人员理解功能实现，在收集或确认用户需求、讨论逻辑关系、确定大的设计方向、与厂商沟通技术方案时都很有用。

（2）他山之石

在进行工具或功能设计时，首先需要借鉴别的系统的设计思想。在借鉴方面，可以是同领域领军企业的系统设计思路，也可以跨界2C的设计思路，有时候跨界能产生更棒的效果，因为好的生活软件实际上已培养了用户习惯。以IT服务目录为例，可借鉴ServiceNow的服务前端设计思路，以及一些日常2C产品的功能设计，比如百度、Google极简的搜索方式已经培养了用户习惯，运维组织只要借鉴这个思路去设计，在推广运营时会更容易。同理，在移动端设计上，运维组织也可以借鉴手机上的一站式搜索，比如华为手机的一站式搜索，可以对手机及云上的多个存储进行一站式搜索。

（3）原型图

原型图也是一个特别好用的工具，是思维导图分解及借鉴思想结合既有需求后的直观落地形式，是达成共识、减少后期改动、提升开发效率的方法。常采用的原型图包括粗线条、低保真、高保真图，三者的可视化效果越来越好，但投入成本也越来越高。在与厂商沟通时采用粗线条、低保真图就能达到沟通交流目的。粗线条图可以在白板、触控电视机、纸上画。

通常，粗线条图主要是将需求体现在原型上，在实际设计过程中要考虑一些布局、简单的交互，需要细化设计内容，指引开发人员开发，这时就需要使用低保真图。低保真图用于与用户需求提出方进行交流。

（4）讲故事

讲故事特别有用，尤其是要在短时间内给方案审批方讲解时或给领导汇报工作时。故事能把零散需求串起来，要讲一个好的故事并不容易，所以如果条件允许，可在故事中加上高保真图。关于讲故事，读者可以参考用户旅程，主要是说清在什么时间，什么人用工具做了什么事，得到什么效益。下面还是以IT服务为例进行讲解。

- 固定收益部新员工小明面临申请电脑、移动设备、电话、用户等一系列工作，但是小明的导师也没有一个完整的新员工服务申请清单。
- 10时10分，小明在服务目录中输入“我是新员工”，服务目录通过NLP分词发现关键字是“新员工”，并到ITSM系统、文档管理系统、工具工厂中查找到涉及“新员工”的IT服务，为小明提供以下信息：在文档管理系统中找到新员工入职指引，在工具工厂中找到服务台，在ITSM系统中找到用户申请、电话申请、网络申请、设备申请几个IT服务。
- 11时，小明根据“新员工入职指引”，在ITSM系统中发起服务申请。
- 16时，IT运维人员根据服务申请单，支持相关申请。
- 次日10时，小明在ITSM系统中可以看到服务申请进度，并可以根据SLA进行催办，服务台人员协助完成催办任务。
- 在完成相关申请后，由于VPN用户非线上交付，推动在IT服务目录中上架VPN用户申请服务，以便在服务目录中快速查找。

如上故事有侧重地将产品的统一搜索、多渠道信息整合、服务处理轨迹、服务上架、催办等主要功能呈现出来，以更加生动和贴近用户的方式进行介绍。

3. 技术方案设计

完成价值主张设计，并和项目相关方就“工作重心是什么，要做什么，做得怎么样”达成共识后，接下来运维组织就要开始评估如何实现，即设计技术方案，此时须关注4个视角（见图9-4）。

- **用户视角**：要对使用工具的用户进行梳理，了解不同用户的特点，通常重点关注用户的通用诉求，以及重要用户的高价值需求。

图 9-4 设计技术方案的视角

- **功能视角**：针对功能分类不断分解形成功能列表，通常中后台至少要有一个面向用户的功能总览、一个配置功能，再针对不同的工具设计不同的查询、操作类功能。
- **技术栈视角**：以分层的方式梳理使用的技术，重点关注与项目背景、目标相关的技术。
- **数据视角**：评估数据来源、数据存储方式、数据采集、数据计算处理、数据整合方式、数据模型、数据质量、数据安全等。

4. 选型与工具设计

设计好技术方案后，运维组织需要评估自研还是与厂商合作，如果选择与厂商合作，还要关注以下问题。

- **找一家什么样的厂商**：是找一家产品成熟的厂商，还是找一家愿意一起打磨产品的厂商。
- **厂商的技术特点的分析**：如果选定愿意一起打磨产品的厂商，运维组织需要考虑厂商的基因：有些厂商以集成为主，实施能力强，但缺少核心技术；有些厂商掌握技术平台能力，扩展空间会大一些。
- **厂商对业务的理解**：关注厂商对需求的理解能力，有些厂商只能理解需求的 50%，有些能理解到 80%，甚至带来惊喜。

下一步是设计阶段，需要关注更多的事情，通常包括融入项目场景、场景内设计策略、可视化、功能设计 4 部分。下面以运维场景平台建设项目为例，分别介绍这 4 部分设计关注的内容（见图 9-5）。

- **设计过程中融入项目场景**。运维场景平台项目的核心思想是“场景”，包括特定的时间、特定的人、特定的事件、特定的环境、特定的连接方式。
- **定义主要功能的设计策略**。运维场景平台项目在功能层面涉及大场景与小场景，大场景方面要集中资源去做通用的需求，沉淀最佳实践，小场景方面让用户自定义。两者的基础支撑是有区别的，前者是通用方案，后者是个性化方案。
- **制定一些可视化设计标准**。运维场景平台项目涉及用户体验，需要提前制定一些 UE

与 UI 标准。以 UI 为例，运维组织可以关注可视化色彩的应用，可将白与白的相近色作为底色，蓝与蓝的相近色作为装饰搭配色，慎用红色与橙色。

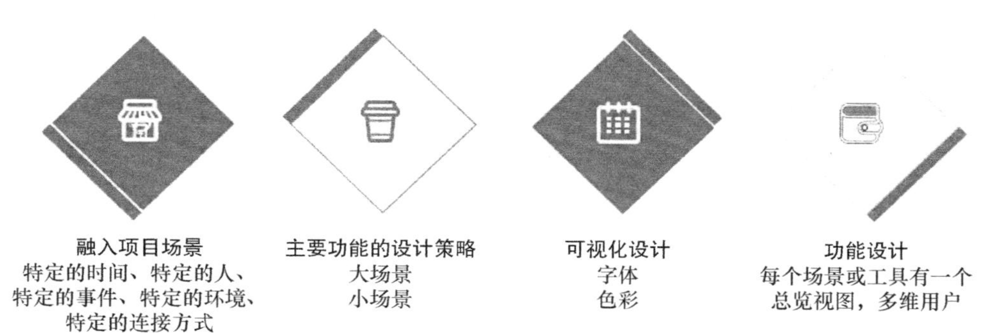

图 9-5　工具设计

- **场景下的功能设计模板**。运维场景平台项目中每个场景工具的大布局保持一致（左边为菜单，右边为功能主体），每个工具都带有用户功能总览等，这样可以提高效率，提升用户体验。

5. 运营

在企业内部，很多信息系统或工具因为没有用好，部分工具因为本身不满足预期需求、人员变动、技术架构问题而废弃，但最关键的因素是工具运营问题。工具运营不仅是要做到让工具用起来，更长远的目标是建立工具文化。工具运营步骤如下：

- 工具上线并交付。
- 宣传，培训，主动观察，建立线上反馈渠道。
- 评估用户反馈。
- 平衡成本、资源，做出优化。
- 交付新工具。

运维研发团队要将自己定位为一个服务方，开发工具是为了让运维人员更好或更快地开展工作，只有让运维人员把工具用起来，才能体现价值。在设计过程中，运维研发团队要考虑用户体验、行为习惯、操作方式，将过程数据保存起来以支撑工具优化。在工具运营过程中，有些思路可供各位读者参考。

- 工具需要结合日常工作。
- 运营工作自上而下，获得决策层支持。
- 先试点，试点的选择很重要，最好有示范效果。
- 选择合适的方式运营，比如全功能一次性完成运营，还是分功能迭代运营。
- 统计运营数据。

最后，以优锘科技陈傲寒讲过的产品设计的几个“度”作为本章的结尾。

- **稳度**：核心价值是否实现，是否符合项目发起初衷。
- **黏度**：是否对用户有黏性；用户是每小时用、每天用、每周用、每月用，还是特定场合用；当然，有时候用户用得少并不代表产品黏性不够，可能有些场景下的使用是高回报的。
- **广度**：功能扩展要有度，有时候做多了未必是好事。
- **滑度与速度**：关于交付能力与交付速度的评估。

第三部分 Part 3

全在线流程

华为 CIO 陶景文讲过："任何不涉及流程重构的数字化转型都是装样子，是在外围打转转，没有触及灵魂。"通俗地讲，数字化转型就是用数字化思维将组织的价值创造流程重新设计一遍，流程重塑是实现业务价值、提升客户体验、管理运营、管控 IT 风险的关键。借鉴 ITIL、ITSS、DevOps 等理念，相比其他领域，运维组织的流程标准化程度相对高。进入运维数字世界，组织需要围绕数据智能、协同网络、员工赋能、一切皆服务等关键词，深入运维工作场景，真正从全流程、全场景角度设计 IT 服务流程。第三部分对故障事件、变更管理、服务目录、服务台、架构管理、运维知识管理以及流程指标运营进行介绍。

Chapter 10

第10章 流程无处不在

组织运营是指企业通过流程机制和对人的管理进行价值创造，实现产出。它是企业管理水平的综合体现，是决定企业盈利能力的关键。如果没有良好的组织运营体系，再领先的技术也会失败，再出色的团队也会分崩离析。

——任正非

好的运维流程能够打通团队协作，连接组织的人、财、物各个节点，固化并沉淀最佳实践，指导组织日常运作，落实平台及场景建设。运维流程是运维体系沉淀下来的资产，体现运维组织解决实际问题的智慧。运维流程意在指明“如何”工作。在运维流程之上，组织可以构建业务、审批等工作流程，通过这些流程可实现点与点协同。没有流程就没有执行力，员工可能不知道干什么，不知道怎么干，干起来不顺畅。在运维数字化转型中讲流程思维，我们需要基于应对复杂、多变的背景，明白流程不是固化的，是在变化中演变的，这就要求流程经理有流程运营分析思维、有关键价值链的端到端流程构建思维，运维研发团队有实现流程线上化、快速应对流程变化的能力，职能型运维团队有建立人机协同模式的能力。

10.1 运维流程概览

流程可以理解为一种有规律的行动，这些行动以确定的方式执行，能产生特定的结果。运维流程建设能够保证运维组织的管理决策真正有效地落地，固化最佳实践方法，促进跨团队协作。

1. 流程误区

虽然流程很重要，但不少人认为运维流程已不适合当前强调敏捷与快速交付的 IT 价值创造。下面笔者列举一些针对运维流程的误区。

运维流程的确定性阻碍创新，增加了事务性投入。无规矩不成方圆，如果没有流程，面对同一项任务不同的人会生产出不确定性输出，不确定性输出累加到一定程度，会引发 IT 风险。IT 风险产生后需要调用大量人力去解除风险。另外，由于 IT 风险的破坏性，通常解除风险的人员是运维、研发、测试、产品骨干人员，这是组织优质资源的浪费。所以，建设运维流程可更多地改善信息系统，减少风险解除投入。

运维流程增加了交付时间，降低了软件交付效率。软件交付流程贯穿软件生命周期各个环节。比如，大家常说的 DevOps 提升交付效率，实际上 DevOps 的关键难点是流水线的梳理，从大的 CI/CD 流水线到 Pipeline 任务，本质上就是流程。只有将无序的工作标准化、固化为流程，我们才有可能实现自动化。

运维流程只加不减，越来越臃肿。流程需要维护，造成流程臃肿的原因主要是缺乏“管理流程”的“流程”。虽然在创建之初责、权、利相对清晰，但是随着组织架构越来越复杂，流程节点会越来越多，此时需要设置专项的运维流程经理与相应机制持续优化流程。

运维流程就是 ITIL 和 ITSM。一提到流程，很多人就会想到 ITIL 和 ITSM，这里有两个误区：一是 ITIL 是一个最佳实践，不能包含运维组织所有工作，组织流程除了变更、发布、事件、问题之外，还包括常规的值班管理、演练执行、常规巡检等；二是 ITSM 是一个以服务驱动的管理方法。

2. 流程价值

组织、流程、平台、场景是适应性运维系统的 4 个要素。在整个运维体系中，流程是运维价值创造与组织管理意志的体现。流程价值归纳如下。

建立适应性工作机制。随着信息系统稳定性要求越来越高，我们可建立标准化软件生命周期管理流程，推动系统运维工作前移，建立完善的生产操作管控流程，平衡敏稳双态的变更管理流程，加强评审机制流程，引入故障演练与混沌工程等。

提升协同效率。基于行业运维流程管理最佳实践与组织日常工作机制，标准化运维工作流程，一方面能将运维经验、制度等隐性知识显性化，有助于实现有序的运维协作；另一方面可与需求收集、研发、测试等流程打通，提升协同效率。

提高运维工作效率。流程能够对组织最佳实践进行提炼和固化，有助于增加有益产出，规范重复性任务，减少非增值活动，推动工作自动化，让员工从琐碎任务中释放出来。

加强运维组织管理。流程线上化管理有助于组织对团队、人员的管理，明确责任与义务，实现个人能力向组织能力转变，提升运维质量，减少个体能力差异带来的风险。流程能帮助组织减少对个人的依赖，帮助管理者从日常事务中解放出来，提升 IT 资源配置管理。

建立成长型组织。数字化运维流程管理系统能够让组织考核更加客观、公正、透明，促进组织成员聚焦提升“业务连续性、IT 服务质量、交付效率、客户体验”的运维价值创造，持续提升组织能力。

3. 运维流程无处不在

流程管理大师哈默和钱皮认为，流程是指成组的、相互联系并为客户创造价值的活动。流程不仅包括变更、发布等，它在运维过程中无处不在（见图 10-1）。

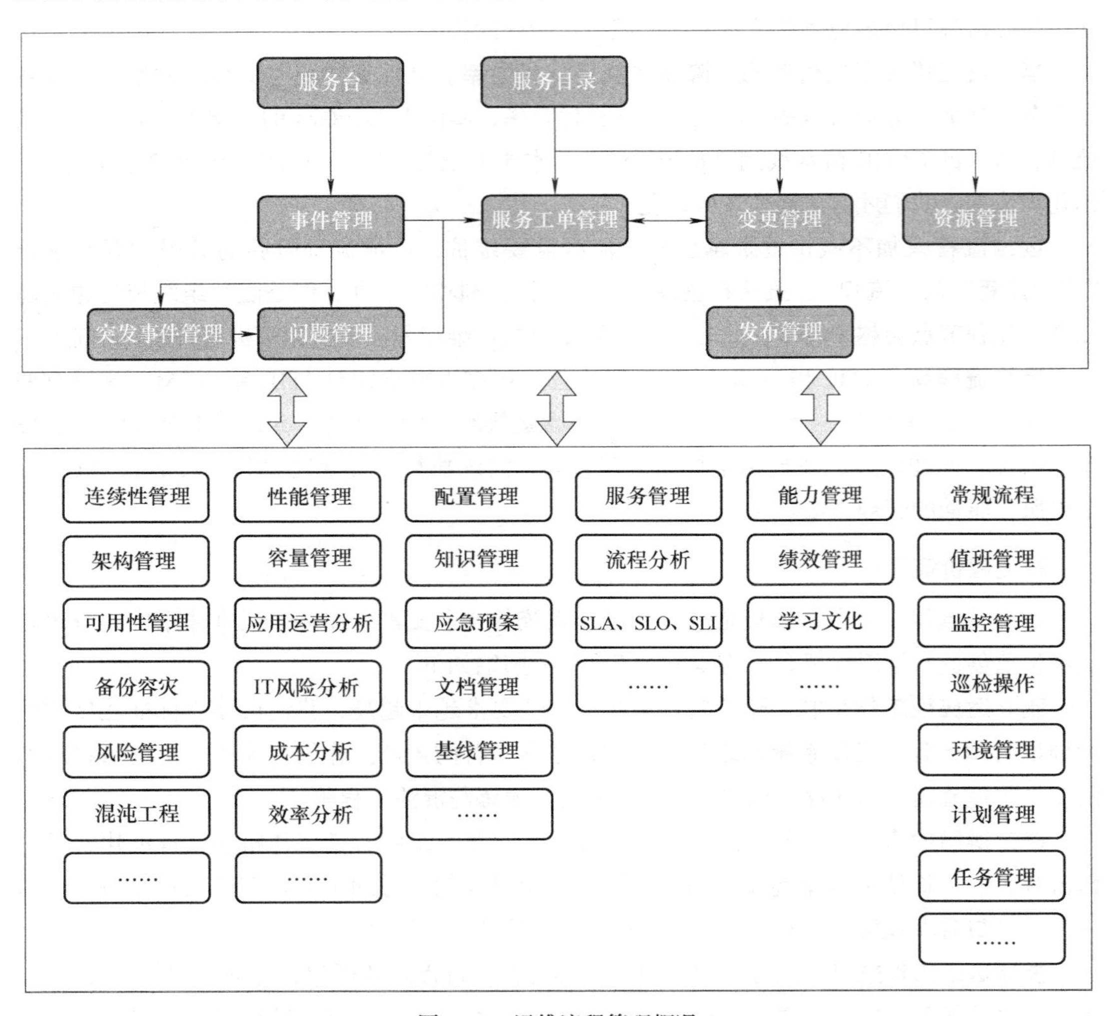

图 10-1 运维流程管理概况

从图 10-1 看，上层模块是大部分运维组织都涉及的流程管理，这些流程在 ITIL、ITSS、ISO20000 方面都会有一些最佳实践。通常结合这些最佳实践，在组织内制定相应的流程或规范，对最佳实践进行精简、适配，再进行自动化、线上化整合，能较快落地流程。下层模块中的工作事项通常更多是任务事项。在实际工作中，虽然每个组织或多或少会沉淀下一些工作“套路”，但这些“套路”很多只存在于部分人头脑中，同一个工作任务由不同的人执行可能产生不同的输出，且沟通成本高。运维组织有必要重新思考日常工作，以流程化思维将这些工作进行标准化分解，采用先僵化、后优化、再固化的思路推动流程线上化、自动化，并借助线上化流程沉淀数据，推动流程的持续优化。

10.2　运维流程管理最佳实践

下面分别基于 ITIL、ITSS、ITSM、DevOps 介绍运维流程管理最佳实践。

1. ITIL

（1）ITIL 发展史

20 世纪 80 年代中期，英国政府发现自身对外提供以及外部供应商提供给政府机构的 IT 服务质量普遍不理想，决定让下属机构——计算机和电信局（CCTA）(后来并入英国政府商务部）——启动一个项目。该项目针对如何提升 IT 服务质量进行研究，并为英国政府高效使用信息技术资源制定了一个框架，在降低成本的同时提供高效、高质量的 IT 服务。这个项目持续了 7 年时间，跟踪了 2500 个不同规模的组织，最终成果是一套公开出版的 IT 管理指南，即 ITIL V1。该指南分析了服务支持中涉及的流程，如服务台管理、变更管理、软件分发和控制流程，涵盖了容量管理、应急规划、可用性管理和成本管理等主题。

真正让 ITIL 成为 IT 服务管理领域全球广泛认可的最佳实践框架的是 ITIL V2。1999 年，ITIL V2 发布，基于流程实践总结为 2 本书，包含 7 个体系：服务支持、服务提供、实施服务管理规划、应用管理、安全管理、基础架构管理及 ITIL 业务前景。

2007 年，ITIL V3 发布，主要是在 ITIL V2 的基础上与时俱进地融入了 IT 服务管理领域当前的最佳实践，提供了端到端服务生命周期管理方法，包括由 4 个职能部门提供支持的 26 个流程，并符合 ISO20000 标准。

2019 年，ITIL4 版本发布（注意没有 V)，强调了组织和人员、信息和技术、价值流和流程、合作伙伴和供应商，同时引入服务价值体系（Service Value System，SVS)。SVS 表示不同组件如何在不同类型的组织中协同工作，以便服务创造价值。

（2）SVS

SVS 架构如图 10-2 所示，它强调价值创造，定义了相关概念和层次架构。“价值创造”的服务管理指以用户价值为驱动，指导建立 IT 服务管理体系。

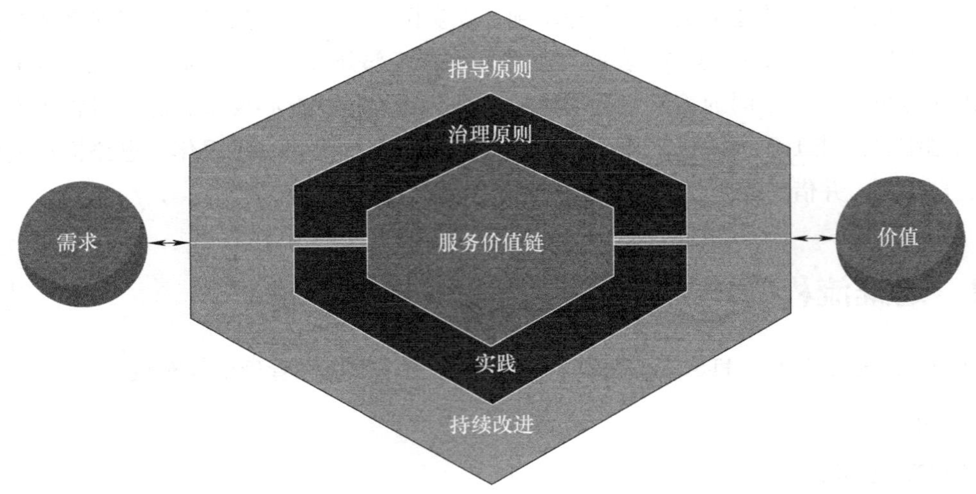

图 10-2 SVS 架构

在 SVS 图中，中间以“服务价值链”（SVC）为过程的主体，实现“价值创造”的核心观点，流程可以理解为服务价值链的一种，服务价值链强调全过程与稳定。ITIL4 还提出了服务价值流，指根据特定需求和场景，预先制定对应活动和这些活动的执行顺序。如果需求和场景变了，价值流需做出相应调整，但 SVC 未必要发生变化。SVC 既需要被上层的指导原则和治理原则所约束，又需要一系列具体的实践和持续改进的支撑，以便持续满足客户需求，概括如下。

- 通过 7 个指导原则为 SVC 设计提供指导。
- 组织（治理机构）通过制定方向、测量和评估，指导和控制 SVC 的运转。
- 服务价值链通过定义 6 个核心活动的过程模型，阐明了从输入“需求和机会”到输出“产品和服务”的过程。
- ITIL4 为 SVC 的执行提供了一系列具体的实践方法，例如故障管理、问题管理、需求管理等。
- 为了让 SVC 能够持续（而不是一次性）交付价值，达到利益相关者的期望，设计持续改进模型。

（3）指导原则

ITIL4 提供 7 个指导原则，具体如下。

- **原则 1**：专注于价值，即需要关注谁是价值相关人员，用户价值创造是什么（需求、痛点、成本、风险等），用户体验如何。

- **原则 2**：从现有的服务、流程、方案、项目和人员中评估当前的状况，再进行相关优化。
- **原则 3**：通过反馈迭代进步，即小步快跑。
- **原则 4**：合作并提高知名度，加强合作。
- **原则 5**：从整体上思考和工作，从全局性思考关联性。
- **原则 6**：保持简单实用，简化流程，去掉不必要的流程。
- **原则 7**：优化和自动化，消灭重复、有规律的琐事。

从上面的 7 个原则中，我们可以看出 ITIL4 吸收了敏捷思想，但又保留了整体性、计划性把控。

（4）34 项管理实践

ITIL4 从服务管理实践、通用管理实践、技术管理实践 3 方面提出了 34 项管理实践，具体如下。

17 个服务管理实践：可用性管理、商业分析、容量和性能管理、变更控制、事件管理、IT 资产管理、监控和事态管理、问题管理、发布管理、服务目录管理、服务配置管理、服务连续性管理、服务设计、服务台、服务级别管理、服务请求管理、服务验证和测试。

14 个通用管理实践：架构管理、持续改进、信息安全管理、知识管理、度量和报告、组织变更管理、组合管理、项目管理、关系管理、风险管理、服务财务管理、战略管理、供应商管理、劳动和人才管理。

3 个技术管理实践：部署管理、基础设施和平台管理、软件开发和管理。

2. ITSS

ITSS（Information Technology Service Standard，信息技术服务标准）是一套成体系和综合配套的信息技术服务标准库，用来规范信息技术服务产品及其组成要素，以指导实施标准化和可信赖的信息技术服务。ITSS 是一个标准库，从基础评价、管理控制，到咨询、集成实施、运维等，实现了围绕信息技术服务各方面的系列标准，实现从基础、治理、管理、行业应用的立体化体系融合。在 ITSS 官方网站上可以看到，标准主要包括以下几类：基础领域标准（14 项）、咨询设计领域标准（6 项）、集成实施领域标准（6 项）、运行维护领域标准（10 项）、服务管控领域标准（16 项）、服务外包领域标准（13 项）、云服务领域标准（6 项）、数据服务标准（7 项）、智能服务领域标准（5 项）、治理领域标准（13 项）、数据管理领域标准（8 项）、数字化转型领域标准（6 项）、行业和领域应用标准（6 项）。由于标准很多，下面以运行维护领域标准（以下称为 ITSS）为例进行介绍。

从内容看，ITSS 包括 10 项：运行维护服务能力成熟度模型、通用要求、交付规范、应急响应规范、数据中心服务规范、桌面及外围设备服务规范、应用系统服务规范、数据中心服务要求、成本度量规范、智能运维通用要求。其中，通用要求指运维能力建设，解决的是“能不能”做运维的问题；交付规范和应急响应规范，解决的是“怎么做”的问题。数据中心服务规范、桌面及外围设备服务规范、应用系统服务规范解决的是“做什么”的问题。

在上述运维标准中，笔者参考最多的是运行维护服务能力成熟度模型（以下称为ITSS.1）。ITSS.1 认为信息技术服务由人员、流程、技术和资源组成，与 ITIL 的组织和人员、信息和技术、价值流和流程、合作伙伴和供应商有相似之处。ITSS.1 提供一个 4 个级别的服务能力成熟度，分别是基础级、拓展级、改进级、提升级（见图 10-3）。

运营能力不断增强

	运维服务能力管理体系		运维服务管理过程	人员	技术研发	运维服务活动支撑资源
提升级	有量化指标并据此优化	指标数据支撑决策	有量化指标并据此优化	产品能力	具有技术创新力，可量化运维，促进业务发展	运维质量数据作为资源，优化运营服务能力
改进级	服务目录标准化和集成化	具备考核服务能力指标体系和方法	过程精细化，提升一致性和准确性	架构能力	拥有核心技术，并有前瞻性	资源共享水平高，初步量化管理
拓展级	运维服务初步目录化	完整体系	过程全覆盖	团队专业能力	业务发展基本匹配	支撑资源过程规范和信息准确
基础级	建立基本体系		建立框架	个人专业能力	具备研发基础	具备服务台、知识库和技术工具支撑资源

图 10-3 ITSS.1 的服务能力成熟度级别

- **基础级**。组织实施了必要的运维服务能力管理，有序开展日常运维服务活动，具备一些特征：管理层对实施运维服务管理有基本意识，并建立初步的运维管理体系；个人技术水平对运维服务能力的提升发挥关键作用；基本建成框架性运维服务管理过程；具备运维技术研发基本条件；根据运维服务需求提供必要的资源，开始逐步积累和利用知识。
- **拓展级**。组织具备较系统的运维服务管理能力，形成了较完善的人员、过程、技术、资源方面的管理制度，并得到有效实施。相比基础级，在管理体系、个人层面都有体系化的能力提升，组织综合能力代替专家能力决定运维服务能力，运维工具得到基本建设。
- **改进级**。组织的运维服务能力发展战略和目标清晰，形成了完善的运维服务管理体系，能综合实现人员、流程、资源和技术要素的协同改进。相比拓展级，运维服务业务由运维交付、质量管理、人力资源管理、技术研发等部门协同推进，实现标准化、精细化管理，集成化。

- **提升级**。相比改进级，组织基于指标量化提升运维服务能力，并形成推动运维服务业务变革机制，辅助运维决策，形成数字化驱动运维。

ITIL、ISO20000、ITSS 这三者有一些区别。从定位看，ITIL 是一套 IT 服务管理最佳实践框架，ISO20000 与 ITSS 数据中心运维服务能力成熟度是一种标准。从内容看，ITIL 针对管理流程或服务的最佳实践做了定义，即告诉运维组织 IT 服务应该要做成什么样；ISO20000 是在 ITIL 基础上设计的标准，告诉企业要如何获得标准化 IT 服务管理；ITSS 从人员、流程、技术、资源 4 个方面，以 PDCA 为指导思想对服务成熟度制定了 4 个持续优化的可测量级别。从对象与认证看，ITIL 针对个体，ISO20000、ITSS 针对组织。

3. ITSM

IT 已经成为企业业务运营、业务创新、客户服务、风险管理等经营活动的基础。有效地对 IT 进行管理是数字化时代企业能够敏捷应对市场变化的重要命题。通常，企业在达到一定规模后，会面临一些问题，比如：IT 部门的价值创造如何与企业业务价值创造保持一致；IT 部门与业务部门如何更好地融合，即 IT 部门如何更好地理解业务，业务部门又如何更好地理解 IT；IT 部门与业务部门之间如何建立一个有效的沟通协作渠道；如何平衡 IT 投入与 IT 收益等。

IT 服务管理（IT Service Management，ITSM）是一种 IT 管理方法。很多人将 ITSM 理解为实现 ITIL 最佳实践的信息系统或等同于 ITIL，这样的理解并不全面。从 IT 服务管理名称看，IT 主要指企业应用的软硬件等所有组成部分，服务重点强调 IT 服务的供应方向需求方交付 IT 需求的能力表现，管理针对的是在 IT 服务供应与交付过程中涉及的组织、流程、平台。Gartner 认为："ITSM 是一套通过服务级别协议（SLA）来保证 IT 服务质量的协同流程，它融合了系统管理、网络管理、系统开发管理等管理活动，以及变更管理、资产管理、问题管理等许多流程管理理论和实践。"ITSMF（国际 IT 服务管理论坛）认为："ITSM 是一种以流程为导向、以客户为中心的管理方法，它通过整合 IT 服务与组织业务，提高组织 IT 服务提供和服务支持的能力。"从两个定义看，Gartner 倾向于将 ITSM 理解为一个运维或 IT 运营的流程体系，ITSMF 则强调 ITSM 是一种以流程为导向、以客户为中心的管理方法。笔者倾向于 ITSM 是一种 IT 管理方法。ITSM 的管理方法包括一些要点，具体如下。

- **以流程为导向**：ITSM 强调从复杂的 IT 管理活动中梳理出关键、核心流程，比如变更、发布、事件、问题、配置等流程，并对每个流程设置特定的目标、范围、职能。这些流程是运维组织最基本的工作。

- **以客户为中心**：实施IT流程时，一方面需要让IT管理目标与企业业务目标一致，也可以理解为IT价值创造与企业价值创造一致；另一方面是IT管理流程需要从客户需求出发。
- **平衡IT投入与服务质量**：ITSM强调服务质量与客户满意度，而服务交付水平与投入成本相关，运维组织需要建立合理的SLA，平衡IT投入与服务质量。
- **服务可量化**：建立持续优化的运维管理机制，度量运维执行力与执行效率。流程指标是整个运维体系的重要组成部分，用于对流程管理进行引导、控制，使其不偏离原定目标方向。

ITSM最佳实践重点是在信息系统运营阶段通过建立运维组织架构、制定管理规范、利用IT运维管理工具，帮助IT运维管理人员对各种IT资源进行有效监控和管理，保证整个IT系统稳定、可靠和持续运行，为业务部门提供优质的IT服务，以较低的IT运营成本达到业务部门较高的满意度。

4. DevOps

DevOps一词是Development和Operation的组合，强调软件开发人员和运维人员的沟通合作，通过自动化流程使得软件构建、测试、发布更加快捷、频繁和可靠，是一种方法论，包含一套基本原则和实践。

软件全生命周期管理包括开发、构建、测试、发布、运营环节。其间，开发组织关注需求的交付，希望尽快实现变更发布；运维组织关注系统运行稳定，而变更通常是生产系统不稳定的主要原因。两个组织关注点不同导致产生了软件交付过程中的“部门墙”。

同时，随着业务对运维软件交付能力时效性与稳定性要求越来越高，运维组织还面临“吃力不讨好”的问题，即花费大量时间在应用部署的操作性工作中；应用部署的操作性工作越多，带来的风险越大。

DevOps解决了研发组织与运维组织“部门墙”与“吃力不讨好”的问题，从端到端进行软件交付过程的重组，采用了自动化操作、可视化控制、流水线式的软件交付。DevOps让软件交付更加高效，软件质量更高，生产端更加敏捷，运行问题更高效地反馈到开发端，形成一个软件交付全生命周期闭环。DevOps鼓励软件开发者和IT运维人员沟通、协作，提升软件交付速度和质量，侧重于通过标准化开发环境和自动化交付流程提升交付可预测性、效率、安全性、可维护性。DevOps是一种软件交付的文化，在工程实践上行业主要采用CI、CD的自动化解决方案落地。

5. SRE

SRE源于Google。Google对SRE的职责描述为：确保站点可用。为了达到这个目的，SRE需要对站点涉及的系统、组件熟悉，还需要关注生产运行状态，维护系统稳定运行。

在流程方面，SRE 重点关注指标管理、应急管理、容量规划管理、性能优化管理、交付与退出管理。其中，指标管理重点围绕信息系统稳定性，制定关键 SLO 与 SLI 指标，以量化指标推动系统稳定性提升，比如交易系统涉及的响应时间、请求速率、错误率、过载程度、资源繁忙率等指标。应急管理重点围绕事前、事中、事后的故障生命周期管理。容量规划与性能优化管理是区别于传统运维的一个重要表现，SRE 需要建立前瞻性、主动性的运行数据分析流程，防患于未然。交付与退出管理重点围绕非功能性架构设计、软件准入控制、技术评审、自动化发布、技术运营，以及系统下线的软件生命周期进行管理。

要推动上述 5 项管理工作，企业需要建立一个综合素质很高的 SRE 团队，具体要求如下。

- 熟悉系统架构与运行状态。SRE 需要懂服务器基础架构、操作系统、网络、中间件、容器、常用编程语言、全局架构，具备非常强的问题分析能力、极高的抗压能力、挖掘系统架构风险能力，以及性能与容量分析能力。
- 熟悉运维涉及的管理方法。SRE 需要根据企业禀赋，清楚运维涉及的各项工作流程，并对运维流程进行持续改善。
- 熟悉运维工具开发与产品设计。SRE 有一个 50% 的理念，即 50% 时间用于日常保障工作，50% 时间用于工程性工作。SRE 追求工具赋能运行保障，主动推动自动化操作、监控、数据服务等平台建设，并不断优化和调整，使工具效能更加突出。

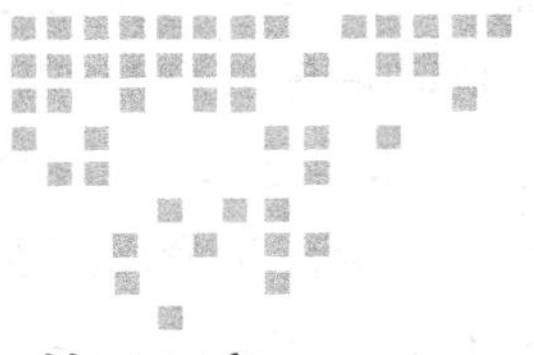

Chapter 11 第 11 章

复杂故障场景下的管理闭环

复发性故障是可扩展性的大敌，它浪费团队的时间，这些时间本可以用来创建新的功能和为股东创造更大的价值。

——《架构即未来》

海恩法则提出："一起重大的飞行安全事故背后会有 29 个事故征兆，每个征兆背后又有 300 个事故苗头，每个苗头背后还有 1000 个事故隐患。由此可见，对隐患、苗头、征兆的忽略，是导致意想不到的安全事故发生的罪魁祸首。"由于运维管理对象涉及的信息系统本身是一个复杂系统，相应的生产故障也带有复杂性、不确定性，因此需要建立故障管理机制，促进组织能力持续适应复杂环境。本章围绕故障管理闭环涉及的"故障预防、故障发现、故障响应、故障定位、故障恢复、故障复盘"环节进行讲解，从数字化赋能角度分析故障管理需要掌握的新能力。

11.1 故障的相关定义

故障管理是运维组织的一条生命线，需要组织定义好故障、问题以及管理指标，以便团队内外达成统一认识。

1. 故障

故障也被称为事件，ITIL 将事件定义为"服务的意外中断或服务质量的降低"。故障是驱动团队持续优化、跨组织协同效率提升的有力抓手，是培养学习型运维团队的切入点。

故障管理的关键目标是快速恢复服务或业务，降低影响。

针对数据中心大面积故障，或重要业务、客户交易中断等故障，很多企业还会建立突发或重大故障管理机制、高优先级故障应急协同管理机制，提前设立危机工作小组，确定相关联络人，沟通计划等。ITIL 将上述故障定义为“灾难”，即“给组织造成重大损失的突发性事件”。本章介绍的故障包括一般故障与重大故障。

2. 问题

ITIL 认为问题指造成已知故障的原因或系统潜在风险。问题管理是针对问题解决进行的跟踪、处理，包括问题识别、问题控制、错误控制。问题识别通常由研发团队、测试团队及外部供应商完成。问题控制指问题分析、记录解决方案、问题优先级划分等。错误控制是针对问题根因进行解决。并非所有问题都需要解决，比如有些团队定义超过半年不发生的问题可以考虑关闭。

问题管理与故障管理、风险管理、变更管理、知识管理等都有联系。通过故障复盘我们可找到多个已知或未知问题，问题工单可以作为变更需求来源，在变更流程中可以关闭问题，将高优先级问题纳入风险管理。另外，一些运维组织将问题管理前置到故障处置中，比如将已知问题作为故障诊断定位的经验库。

3. 管理指标

指标度量应急时效性是持续提升故障管理水平的重要手段。时效性可以通过 TTR（故障修复时间）与 TBF（无故障时间）指标度量（见图 11-1）。TTR 和 TBF 也是业务连续性管理的两个重要指标，故障处置过程中最小化 TTR，事前与事后稳定性管理中最大化 TBF。在故障应急处置场景中，我们可将影响 TTR 的故障发现、故障响应、故障诊断及处置、故障恢复 4 个阶段分别用 MTTI（平均故障发现时长）、MTTR（平均故障响应时长）、MTTD（平均故障诊断及处置时长）、MTTF（平均故障恢复时长）四个指标量化。故障发现、故障响应、故障诊断及处置、故障恢复可以看作递进过程。复杂故障应急可能涉及多次尝试性故障诊断及处置、故障修复。另外，MTTK（平均故障定位时长）也是管理指标，只是更偏向于问题管理。

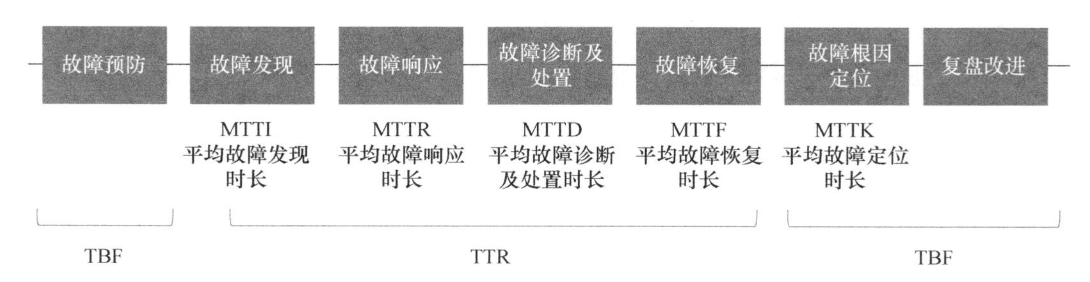

图 11-1　故障处置能力度量指标

针对上述指标进行分析，有助于将故障处理能力数字化，在各个阶段选择优化方案，以提升业务连续性。

11.2 故障管理闭环周期

故障管理闭环周期分为事前、事中、事后三个节点。图 11-2 梳理了故障管理闭环周期。由于事中处置具有分秒必争的特点，因此将事中划分为故障发现、故障响应、故障定位、故障恢复 4 个节点。考虑到在故障定位过程中会不断尝试诊断分析、影响评估，在故障响应过程中也有影响分析，所以这里不单列影响分析、应急处置两项。

故障预防	故障发现	故障响应	故障定位	故障恢复	复盘改进
• 架构评估优化 • 容量评估优化 • 性能评估优化 • 监控覆盖面优化 • 监控准确性优化 • 应急工具优化 • 日志工具就绪 • 运行观察工具就绪 • 应急预案可用性 • 应急演练到位 • 应急协同环境就绪 • 作战室 • 专家技能到位 • 混沌工程落实	• 监控告警 • 主动拨测 • 客户反馈 • 业务反馈 • 服务台反馈 • AIOps • 舆情感知 • 测试发现 • 常规巡检 • 深度巡检 • 运行分析预测 • 举一反三 • 情况通报	• 报警触达 • 应急协同 • 故障初步定级 • 服务台 • 影响分析 • 危机升级 • ECC管理 • 预案启动 • 情况通报	• 日志分析 • 链路分析 • 监控分析 • 运营数据分析 • 变更分析 • 特定系统专有工具 • 诊断定位 • 现场假设 • 专家决策 • 影响分析 • 场景复现 • 现场保留 • 解释话述 • 情况通报 • AIOps	• 重启 • 回切程序 • 主备切换 • 容灾切换 • 替代方案 • 隔离 • 限流 • 降级 • 熔断 • 重新部署 • 验证 • 情况通报	• 过程梳理 • 根因分析 • 定责（视文化而定） • 改进：监管控到位 • 改进：数据可观察 • 改进：协同顺畅 • 改进：流程到位 • 改进：技能达标 • 改进：系统风险优化 • 改进：系统可运维性 • 故障模拟 • 周边清查 • 问题跟踪 • 优缺点发布 • 日/月/季例会 • 信息共享 • 故障分析报告

图 11-2 故障管理闭环周期

1. 事前：防微杜渐

随着系统架构不断升级，功能持续迭代，系统复杂度越来越高，故障的发生不可避免，且发生场景越发无法预测。在事前环节，我们可以考虑从“发现潜在问题并解决”“提升故障处置效率”两个目标切入。前者可以围绕数据进行架构、容量、性能等的评估，利用例行机制跟踪已知问题，利用数据提升业务准确性，利用混沌工程发现未知问题等实现。后者可以利用应急自动化处置工具、运行看板、日志监控工具等实现。

2. 事中：快速恢复

事中环节重点是以最经济的方式，快速使服务可用、业务连续。好的事中处理要有一个完备、在线的协同过程，这个协同能够赋能应急专家，更快地恢复服务。

故障发现：故障发现重点关注及时性。良好运维组织的故障发现应该大部分来自监控等自动化手段，甚至能让一些确定性很强的故障实现自愈。采用机器发现故障，有助于在客户无感知的情况下恢复业务，减少对客户体验的影响。站在故障角度看监控，可以分为被动与主动两类。被动监控主要是针对已知策略的监控，主动监控是利用自动化模拟、数据分析等手段监控。主动监控是运维组织重点推进的方向。另外，故障还可以通过运行分析、巡检、客户反馈等方式发现。随着系统复杂度不断提升，越来越多的故障将以运维组织无法预知的方式出现，更全面的数字化感知能力是自动化故障发现的有力补充。

故障响应：相比故障发现、定位、恢复，故障响应环节对协同顺畅要求更高。通常，我们可以围绕信息触达速度、信息透明、值班管理及启动应急的有序、预案准确的完备性、信息通报的合理性，以及对故障影响初步判断的准确性来管理响应指标。实际应急中，对故障影响进行初步判断是一个难点，考验运维人员的故障识别能力，不仅要求他们有基本的应急技能，还要求他们对系统有深刻的理解，这样才能快速准确地识别故障。另外，在故障响应环节，系统故障受理人、关联上下游系统的运维人员、值班经理、服务台相关研发与测试人员等的作用尤其重要，需要通过不断练习、实战来提升协同能力。

故障定位：故障定位包括诊断定位与影响分析，通常是故障从发现到恢复过程中耗时最长的环节。此环节不使用根因定位，而是使用诊断定位，这是因为故障定位要建立在快速恢复的基础上，而非寻找问题根因，后者由问题管理人员负责。该环节用到的工具通常有监控、日志、运行看板、应急操作工具等，主要是为了提升故障定位的效率。由于运维人员主要依靠专家意见与临时运行状态分析来假设问题，随着系统复杂度不断提升，数字化手段的作用将越来越大，给运维研发团队带来如何将数字化手段与专家经验融合的挑战。

故障恢复：故障恢复环节重点是在定位原因后执行应急操作。通常，故障恢复最常用、最有效的动作被称为应急“三把斧”，即重启、回切、切换。

3. 事后：不要“浪费”任何一个故障

事后环节是对事前与事中环节的复盘，关注引发故障根源性问题的解决与故障事中处置效率的提升。缺少事后环节，故障会重复发生，协同会更加低效，IT 人力资源会被故障拖住，影响整个组织的 IT 价值创造。事后分析通常包括几个通用步骤。

梳理故障处置过程：梳理过程必须客观地反映事实，如果整个过程都有在线留痕则最佳，以便更加客观地分析存在的问题。梳理故障处置过程中，跨团队保持在线协作更好，能提升过程透明性。

根因分析：找出引发故障的根源，除了包括系统程序或硬件层面的问题，还包括流程、组织层面的问题等。

处置过程优化：通常从监控是否及时准确、自动化应急工具是否就绪、日志工具是否就绪、运行数据是否可观察、协同是否顺畅、工作流程是否有效执行、人员技能是否达标、系统是否具备可运维性等角度出发。

建立问题跟踪机制：问题跟踪是一个难点，需要以数据驱动、绩效支持的协同方式来确保高优先级问题得到及时解决。

编写故障报告并发布：报告编写过程中最好能建立信息分享机制，以收集跨团队意见并进行修订。报告完成后最好能公开发布。

例会：例会不可或缺，团队根据实际情况进行日、周、月、季例会，复盘重大故障、重复故障、问题解决等。一些月度或季度例会可邀请决策层参加。

定责：关于定责，很多人说复盘要对事不对人（团队），笔者认为要视企业文化而定，很多时候这与组织架构相关，透明公开的定责能激发人员对生产事件的敬畏之心，同时也可以减少“背锅”事件发生。当然，考虑到定责带来的负面影响，可以缩小公布范围。

11.3 故障管理能力增长飞轮

前面提到的复杂适应性运维体系同样适用于故障管理。本节介绍故障管理能力增长飞轮，分析如何持续提升故障应急水平。

1. 故障管理飞轮模型

前面提到了故障管理闭环，并提出持续优化每个环节的一些措施，下一步看如何推动运维组织故障管理能力提升，并有效落实以上具体举措。下面尝试利用飞轮效应建立一个故障管理自驱动模型（见图 11-3）。

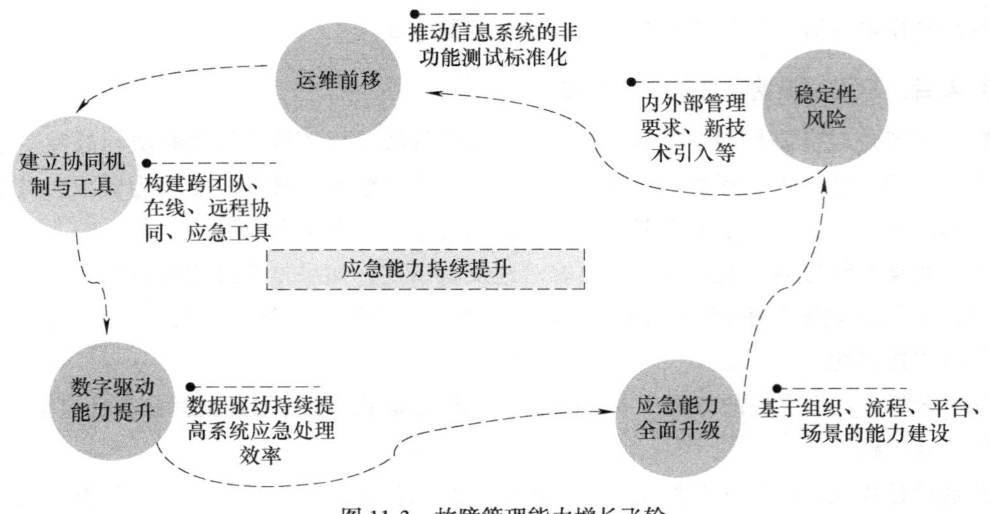

图 11-3 故障管理能力增长飞轮

飞轮效应认为团队能力提升是一个持续过程，先利用最大力气推动一个沉重的飞轮，让飞轮开始慢慢转动。随着一圈一圈转动，飞轮获得了动能，速度越来越快。在飞轮组合中，一个飞轮的转动能够带动另一个飞轮转动，某个飞轮减速也会影响另一个飞轮的速度。对于运维故障管理，运维组织可以提升故障管理与应急协同机制的可扩展性，进而推动运维能力的持续提升等。每个运维组织都可以尝试画一个适合自身的故障能力提升飞轮。飞轮构建方法可以借鉴吉姆·柯林斯提出的"飞轮效应"。

2. 从适应性运维系统看故障管理

站在整个适应性运维系统能力提升的角度，我们可以看到运维面临业务迭代需求更快且要求更多的挑战。商业模式与技术创新、海量数据应用、连接更加复杂等因素，驱动 IT 能力持续提升，带来新技术与新架构的引入。新技术引入时机、技术成熟度、架构及数据高可用性评估、对存量技术架构的影响，以及新技术附带的选择成本等，给运维带来的直接挑战就是故障更多、故障处理时效性要求更高。

为了减少故障，满足故障处理时效性要求，运维组织在故障管理过程中可以考虑从运维体系的组织、流程、平台、场景 4 个角度融入适应性体系建设。基于场景的适应性运维体系建设将在第五部分介绍，本节从组织、流程、平台角度进行介绍。

（1）组织

环境的复杂性导致故障处理需要跨团队协作，尤其是重大故障或危机时，不同团队的人涌入 ECC 值班室，线上平台出现各种信息，各种指令涌向应急执行人员，容易带来混乱，继而影响处理效率。良好的组织配置及能力要求有助于有序地进行应急处置。

建立故障管理专项或横向岗位。暂且称这个岗位为故障经理，有些团队的故障经理偏流程，优秀的故障经理一般是一线运维出身，这样的人才能更好地指挥危机处理。这个岗位人员的技术能力不一定最强，但需要在应急处置过程中起到指挥协调作用。

加强技术团队管理岗位的领导作用。一线技术团队的经理应起到制定应急决策的关键作用，传达行动指令，必要时为应急操作执行人员厘清思路，排除外部不必要的信息或指令干扰，协调团队其他技术骨干及跨团队工作，向故障经理、部门领导汇报进展、故障发现、决策等。

提升运维工程师、系统管理员能力。运维专家的能力水平体现在业务运行保障涉及的软硬件运维基础技能、对特定系统的掌控程度、协同机制与工具的应用程度。第一、三点是通用能力，第二点是特定能力。在金融行业，第二种能力需要运维团队重点提升。运维的价值创造一定要围绕业务，持续加深对业务逻辑、架构、数据的理解。

提升跨团队应急专家协同紧迫性。跨团队应急协同是应急常态。为了提升协同顺畅程度，所有参与应急的角色须对故障有敬畏心，面对故障能够放下手上所有工作快速进入排查状态。运维跨团队值班人员需要主动参与排查，分析负责的生产对象是问题根源还是受影响；研发、测试团队专家在接到故障处置信息后需要快速参与到应急处置中，在线反馈信息。

强化一、二、三线技术专家协同应急。应急管理需要建立一、二、三线应急组织架构：一线针对运维组织应急值班人员，二线针对运维组织非值班专家，三线针对研发团队、测试团队、外部厂商的专家。一、二、三线的应急组织需要协同工作，在线、透明地传递信息。

（2）流程

ECC 管理流程：国内金融企业通常会有一个总控中心（Enterprise Command Center，ECC），承担线下应急指挥作战室角色。ECC 是运维团队进行运行监控管理、工单处理、应急处置、调度联络等日常工作的场所。ECC 管理流程涉及值班管理流程、ECC 工作守则。其中，值班管理流程涉及值班经理要求、故障经理要求等，ECC 工作守则主要是规范人员在 ECC 中的行为。ECC 管理流程是保障应急资源就绪的基础，为应急指挥作战等提供信息支持。

应急处置协同流程：好的应急处置协同流程应该是围绕事中处置过程的人、系统、机器、事、工具建立一个在线协同网络。不同组织的协同网络有不同的特点，比如《Google SRE 解密》一书中提到的一些故障跟踪系统不一定完全适合金融企业，因为 Google 的办公是全球协同办公，涉及时差等。好的应急处置协同流程应该是围绕企业应急管理场景，将专家知识、工具、数据、沟通整合在一起。

事后复盘机制：复盘是为了从故障中学习，找到组织、流程、运维工具、系统架构的不足，并推动组织应急能力的持续改进。复盘机制涉及故障报告、日 / 周 / 月 / 季例会、专题分析会议等方式。

针对应急管理，运维组织还可建立问题跟踪管理、风险揭示、整改分析等流程。

（3）平台

围绕“监、管、控、析”，故障管理中涉及的平台能力建设如下。

监控：围绕“不漏报、少误报、快响应”的监控目标，推动监控基础能力建设、监控策略自动化配置、异常检测感知、主动拨测、统一监控告警、多渠道触达、监控告警自愈等。

日志：了解软件内部运行细节的窗口，支持用户信息检索、配置监控、历史数据比对等。

自动化操作：解决效率与安全问题，具有批量调度、操作风险控制、操作留痕等作用。

数据观察：利用运维数据，构建软件运行感知能力，包括实时的关键指标可视化，如基于指标的异常检测、指标与日志的钻取关系、节点与节点之间的链路关系可视化。

过程管理：建立应急事前、事中、事后的应急协同工具，实现故障发现、响应、申报、诊断、处置、恢复、复盘等工作的管理。同时，还要将应急处置过程与事件管理、问题管理、服务台管理连接起来，形成联动。

3. 从数字化角度看故障管理

（1）协同网络：在线连接机器、系统、人

故障管理是一个多角色、跨团队协同的过程。过程的参与者既包括运维组织内部员工，也包括运维组织以外的研发、测试、业务、客服、厂商、监管机构等，以及一切以数字或软件形式存在的机器、系统。将参与者在线化，将形成一张数字化协同网络。协同网络将促进员工与组织、员工与客户、人与机器等节点间的互动在线化、透明化，有效提升事前主动发现与解决问题的能力、事中快速响应与快速恢复的能力、事后复盘分析能力。

（2）数据智能：数据驱动事前、事中、事后效果

数据智能推动故障协同网络在线化，加强了参与节点的有效连接。故障过程的数据智能包括：推动多角色协同应急线上化；推动应急过程可观测以及数据指标化；将协同数据与生产对象运行数据进行变现，为风险预测、应急发现、诊断、复盘分析提供支持；推进运维智能化，实现对未知故障的发现、定位、处置，并结合自动化实现人机协同，将可量化、可程序化的工作交由机器辅助处理。

（3）员工赋能：工具与机制赋能

员工是故障协同网络中的核心节点。提升故障应急能力，尤其是临场故障处置能力，关键是发挥员工作用。运维组织要从“监、管、控、析”工具与运维机制两方面为员工提供一个全数字化工作环境，激活跨团队应急协同，促进运维由被动向主动转型。建立全数字化工作环境，一是优化组织架构，优化资源配置，强化信息传导机制，提升协同效率；二是利用在线数据构建更加安全、透明的工作环境，形成员工数字镜像，挖掘优秀员工，帮助员工成长，为应急管理的持续优化赋能；三是为员工提供全在线的“监、管、控、析”工作装备。

Chapter 12 第 12 章

防微杜渐，未雨绸缪

只有让团队定期演练，回顾事故响应流程，才能在发生无法避免的故障时不至于恐慌。

——《Google SRE 工作手册》

故障管理闭环周期中的“故障预防”属于事前管理环节，重点围绕“发现潜在问题并修复”“提升故障处置效率”两个目标，达到“防微杜渐，未雨绸缪”的效果。其中，发现潜在问题并修复的重点是接受故障的存在，手段包括从系统架构与非功能设计层面前移运维，主动评估运行状况（架构、容量、性能、事件评估），采用混沌工程、协同流程等。提升故障处置效率的重点是缩短故障时间，手段包括使用自动化工具、应急演练、应急管理等。对于技术架构层面的系统韧性设计与可运维性管理涉及的运维前移工作将在第 17 章分析，本章重点围绕混沌工程与应急演练进行讲解。

12.1 混沌工程

随着组织的应用系统、基础设施、协同流程越来越复杂，越来越多的企业开始拥抱混沌工程，采用破坏系统手段收集相关信息，提前发现技术架构、应急预案、应急协同等存在的风险。

1. 背景

混沌工程是为了发现系统风险与提升故障处置能力而进行的工程实验，通常是通过主动关闭进程、依赖异常、数据库宕机、断电等多层面操作，模拟真实情况下的服务失效，并从故障中发现硬件或软件的运行风险，以及组织人员能力与协同效率方面的问题。混沌工程是应对信息系统复杂性、建立适应性系统的一个解决方案。在当前业务量及数据量剧增、业务连续性要求越来越高、基础设施云原生平台化、应用软件架构微服务化、业务逻辑越来越复杂、交易链路节点越来越多、变更引发故障常态化等背景下，软件系统须从弹性、故障优雅降级视角构建，驱动企业级软件架构升级。混沌工程与当前企业级软件架构演进背景相吻合，是当前故障预防阶段重要的技术及故障管理方案。

2. 国内外发展情况

混沌工程来自 Netflix，大概由来如下。2008 年，Netflix 主数据库停机三天，导致 DVD 租赁业务中断，多个国家的大量用户受到影响。于是从 2011 年起，Netflix 逐步将系统迁移到 AWS 上，运行基于微服务的新型分布式架构。这种架构消除了单点故障，但提升了复杂性，需要更加可靠和容错能力强的系统。为此，Netflix 启动了 Chaos Monkey，通过随机注入故障，了解相关联服务的健壮性、弹性，发现风险。随着混沌工程的应用，Netflix 在 Chaos Monkey 的基础上建立了猴子军团，创建了混沌工程师角色，将混沌工程融入运维工作。从公开信息看，Netflix 的混沌工程演进的时间表如下。

- 2010 年，Netflix 内部开发了 AWS 云上随机终止 EC2 实例的混沌实验工具：Chaos Monkey。
- 2011 年，Netflix 公布了猴子军团工具集：Simian Army。
- 2012 年，Netflix 向社区开源基于 Java 语言构建的 Simian Army，其中包括 Chaos Monkey 第 1 版。
- 2014 年，Netflix 正式公开招聘混沌工程师。
- 2014 年，Netflix 提出故障注入测试（FIT），利用微服务架构特性，控制混沌实验的爆炸半径。
- 2015 年，Netflix 公布了 Chaos Kong，模拟 AWS 区域中断场景。
- 2015 年，Netflix 和社区正式提出混沌工程的指导思想。
- 2016 年，Kolton Andrus 创立了 Gremlin，正式将混沌实验工具商用化。
- 2017 年，Netflix 开源了由 Go 语言重构的第 2 版 Chaos Monkey，该版本必须集成 CD 工具 Spinnaker（持续发布平台）来使用。
- 2017 年，Netflix 公布了 ChAP（Chaos Automation Platform，混沌实验自动平台）。可将 ChAP 视为应用故障注入测试的加强版。
- 2017 年，Netflix 前混沌工程师撰写的新书《混沌工程》在网上出版。
- 2017 年，Russell Miles 创立了 ChaosIQ 公司，并开源了 chaostoolkit 混沌实验框架。

近两年，随着 SRE 理念被国内运维组织接受，混沌工程得到广泛应用。其中，阿里巴巴可能是国内最早推进混沌工程的组织。从公开信息看，早在 2012 年阿里巴巴内部就上线了一个 EOS 项目，用于梳理分布式服务依赖关系，并在随后推进同城容灾的断网演练、异地多活技术，推出内部故障演练平台 MonkeyKing，开始在线上环境实施混沌实验。阿里云搭建了一个面向故障演练的公有云产品——AHAS 服务体系。图 12-1 展示了阿里云官网上的 AHAS 体系。另外，阿里巴巴还开放了 ChaosBlade 项目，将底层的故障注入测试开源。

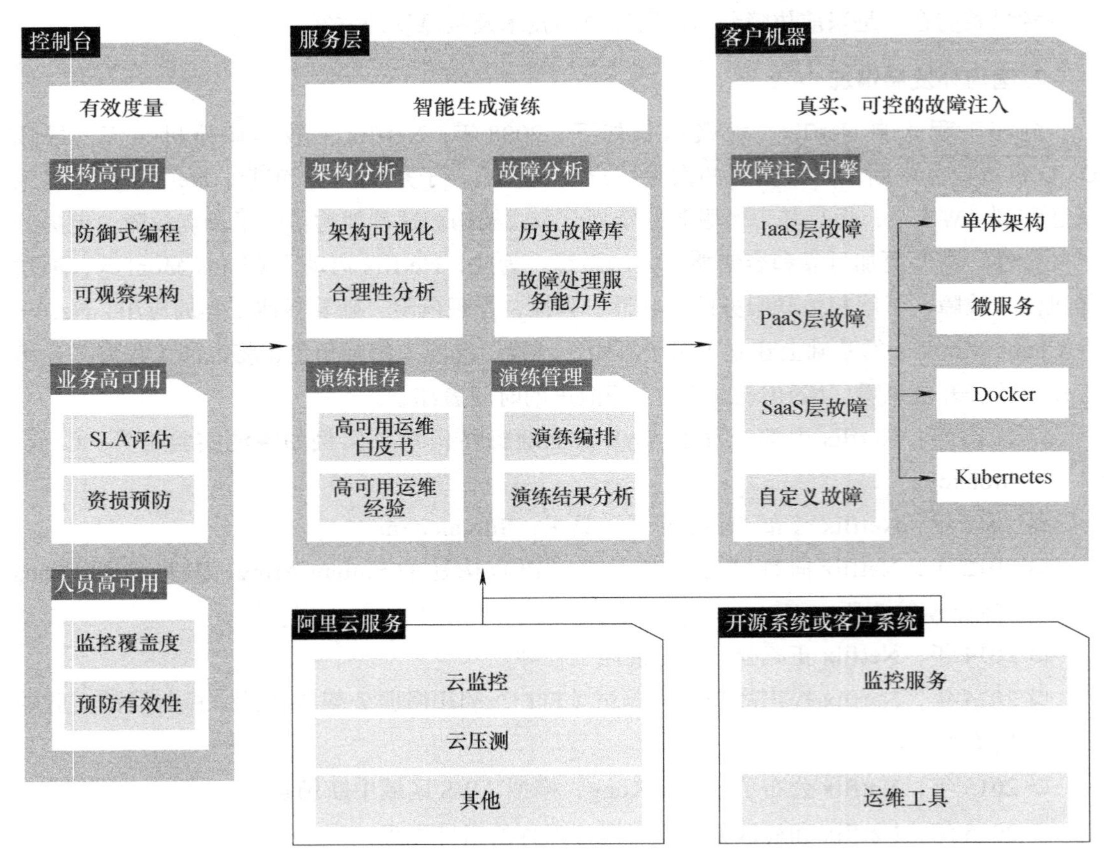

图 12-1 阿里云 AHAS 服务体系

3. 站在“未知故障与业务连续性”角度看混沌工程

混沌工程比较火，于是有些人把与演练、测试相关的工作包装成混沌工程，有些人则将混沌工程实践限定于分布式架构。以“混沌”来命名工程实践，目的是将相关工作回归到混沌理论，因此我们必须先理解复杂性科学与混沌的含义：复杂性科学研究复杂系统在一定规则下如何产生宏观有序的行为；混沌属于复杂性科学，指的是初始条件的一点点变化会给结果带来巨大影响，导致系统不稳定。在生活中，我们经常听到的蝴蝶效应、沙丁鱼群、蚁群、人体免疫系统、社交舆情等例子都可用混沌理论解释。研究复杂性科学是为了从复杂中找到一定的规律，建立适应性系统。

基于此，践行混沌工程要以接受复杂与不确定性为前提，是对看起来无序、随机、复杂的过程进行分析，发现**未知**的架构逻辑风险并进行架构优化，以增强面对**未知**问题的应对能力。站在这个角度看，演练、测试通常主要针对**已知**故障场景，即在实验之前就已经知道风险，对输入和输出已经有明确预期。这种对**已知**故障场景的验证已经有很多成熟的方法可以参照，看起来不应该作为混沌工程的重点内容。混沌工程应放在**未知**风险上。

同时，运维复杂性已经不限于系统架构复杂性，像金融企业普遍存在新旧系统之间信息通信、复杂业务系统连接、海量数据计算与管理、跨团队协同等引发的未知故障问题。所以，混沌工程不只限于应对分布式、微服务架构的故障管理，须超越单纯的技术架构视角，站在业务连续性保障角度推进。

4. 挖掘架构风险与增强应急处置能力

与故障事前管理的“发现潜在问题并修复”“提升故障处置效率”两个目标一致，混沌工程的目标应该是挖掘架构风险与增强应急处置能力。

（1）挖掘架构风险

不同岗位看 IT 的视角不一样，项目经理是项目视角，产品经理是产品视角，运维管理员是系统视角。下面以系统视角来挖掘架构风险。

1）系统架构存在以下风险。

节点风险：对每个高可用节点进行故障注入，发现架构高可用、健壮性问题。

模块组件（数据库、中间件等）异常风险：对每个模块组件进行故障注入，感知与之关联模块的异常，挖掘模块组件依赖关系，评估应急方案。

服务异常风险：对应用服务进行故障注入，感知服务异常时产生的影响，挖掘服务依赖关系，评估应急方案。

API 异常风险：对 API 进行故障注入，感知 API 异常时产生的影响，挖掘 API 依赖关系，评估应急方案。

核心或基本功能异常风险：从功能角度进行故障注入，挖掘系统核心或基本功能风险，评估应急方案。

2）依赖环境存在以下风险。

上下游链路风险：通过对节点进行故障注入，发现故障节点对上下游节点的影响。

基础设施风险：通过对硬件、网络、平台等进行故障注入，发现对上层应用、服务、功能等的影响。

（2）增强应急处置能力

监控发现：通过对系统注入故障，验证监控指标是否正常，监控维度是否完善，告警阈值是否合理，告警是否快速，告警接收人是否正确，通知渠道是否可用等，提升监控告警的准确性和时效性。

自动化操作：通过故障注入，查看缺少哪些必要的操作工具，评估是否有流程可自动化。

协同流程：通过故障注入，验证应急预案或手册是否完备、各岗位人员是否就位、客户与业务人员沟通是否到位、外部监管部门汇报是否及时等。

5. 混沌工程实施流程

阿里巴巴提出了一些可借鉴学习的混沌工程实施步骤。

1）确定初步的实验需求和实验对象。

2）通过实验可行性评估，确定实验范围。

3）设计合适的监控指标。

4）设计合适的实验场景和环境。

5）选择合适的实验工具和平台框架。

6）制订实验计划，和实验干系人充分沟通，进而联合完成实验。

7）搜集预先设计好的监控指标数据。

8）待实验完成后，清理和恢复实验环境。

9）对实验结果进行分析。

10）追踪根源并解决问题。

上面步骤已经有一个相对完整的用户故事。对上述步骤进行线上化和自动化是工具层面的关注点，所以可以将上述混沌工程实施步骤概括为：计划管理、自动化 / 线上化执行、故障观察、事后环境恢复。

（1）计划管理

- **操作方案设计**。操作方案可以考虑与应急预案相结合，因为应急预案是组织应急管理的经验沉淀。
- **流水线编排**。基于可视化且所见即所得思想进行配置。
- **计划管理**。可以理解为剧本，涉及时间、参与方、实施方案等。
- **审批流程**。混沌工程可能会对生产系统产生影响，需要对执行计划流程进行审批，可以考虑将相关审批流程与 ITSM 系统相结合。

（2）自动化 / 线上化执行

- **故障注入工具**。从平台层面看，故障注入是混沌工程与传统演练之间最明显的区别。故障注入工具是用来模拟故障触发的工具。
- **应急恢复工具**。为了控制故障爆炸半径，要做好执行控制与风险管控，提供必要的应急恢复工具。

- **自动化操作脚本**。脚本是故障注入工具及应急恢复工具执行原子，通过自动化操作代理执行。

（3）故障观察

- **评价系统健康程度的运行服务指标**。运行服务指标是信息系统最小核心功能可用的黄金量化指标，在混沌工程计划执行过程中需要建立数字化的观测能力。
- **故障感知**。除了运行服务指标外，运维组织还需要主动拨测、被动监控、数据可视化等工具。
- **协同连接**。运维组织可提供类似 ChatOps 的协同工具，以便更好地连接计划执行参与人。

（4）事后环境恢复

- **环境恢复评价**。混沌工程实施后需要进行环境恢复，避免引发生产问题。组织需要构建环境恢复完整性评价能力。
- **总结报告**。复盘混沌工程执行效果，总结在架构、协同流程、工具等方面存在的问题。
- **跟进改进任务**。跟进总结报告，整理出需要改进的工作任务，实现闭环。

6. 混沌工程需要机制上的支持

对于传统组织，混沌工程是一种相对较新的工作流程。为了让混沌工程真正发挥价值，融入运维流程，组织需要制定相关机制。

- 在决策层面，接受复杂性与不确定性，认同故障常态化，并推动有效应对故障的架构设计与应急管理。
- 在执行层面，加强故障注入、故障观察、故障恢复的管控能力，控制好故障影响范围，在对生产保持敬畏之心的基础上践行混沌工程，并建立持续优化的闭环机制。
- 在场景层面，执行故障注入实验，执行应急处置。
- 在工具层面，加强故障注入风险管控、操作留痕，并与实际工作场景中的工具连接。

12.2 应急演练

应急演练针对的是已知故障场景，即先设计一个异常事件，提前设计好参与方，按应急预案完成整个演练。

1. 应急演练的作用

运维组织可通过应急演练，检验应急预案是否有效，架构是否可靠，应急处置是否准确果断，处理是否及时有效，内部分工是否明确，操作是否规范等。应急演练是检验、评估、提高运维组织管理的一个重要手段，通过模拟已知故障，做好应急预案，并在执行中发现软硬件运行环境、系统架构、协作流程、人员技能等的不足，以改进应急管理体系。应急演练的主要作用如下。

提高应急意识。将应急演练作为一项常规工作，可在企业内形成应急管理意识，让参与人员提升对风险事件的警惕性，警钟长鸣，同时加强业务、IT、外部供应商等之间的协同工作能力。

检验预案有效性。应急演练通常与应急预案配套，可以发现应急场景与预案之间的差距，检查预案的完整性、可操作性、有效性，验证应急管理协同机制。

检验可用性架构的可靠性。高可用是运维管理的关注重点。应急演练可以发现系统高可用性问题，验证冗余资源是否可靠，故障转移是否有效。

提升实战应对能力。通过应急演练，组织可发现协同问题，提升应急处置过程中各个角色的事件处理、决策能力，增加应急事件处置信心。

协助决策层或监管层推进业务连续性管理。在金融企业，基于行业及经营机构内专项、例行的应急演练工作，决策层或监管机构可以推进业务连续性管理的落实。

2. 应急演练环节

在应急演练前，组织会对应急演练涉及的组织、场景、剧本、预案等做好充足准备，归纳起来大概有以下环节。

- **明确整体目标**：明确演练的目标，比如容灾、技术架构等层面的可用性管理，或对业务中断、主机宕机、网络中断、断电、火灾等涉及的团队协同管理等。
- **确定组织架构**：建立应急演练组织架构，通常包括决策、应急执行、应急保障小组，以及第三方供应商。
- **制定演练剧本**：剧本由场景组成，场景中包括角色、时间、具体的事等要素。组织通常是基于时序制订应急演练计划，形成可操作的剧本。
- **应急预案**：演练通常由一个或多个应急场景组成，每个场景需要配套应急预案。
- **演练培训**：由于演练通常是对已知故障的模拟，有些企业会有事前培训环节，以便演练顺利。
- **线上工具实现**：一是对于剧本顺畅运作，最好有线上化时序管理工具；二是具体场景下的自动化操作、协同、数据观察工具。
- **演练总结**：复盘演练步骤，梳理演练过程中出现的问题，针对问题制定相应的解决方案。

3. 应急演练场景

下面从高可用性验证、例行关机维护、针对项目的演练、桌面演练、非计划演练 5 方面介绍常见的应急演练场景。

（1）高可用性验证

高可用性验证是应急演练的一个常见场景，通常是验证冗余资源是否可靠，故障转移是否有效，比如机房断电、网络故障发生后，对同城或异地机房启用是否有效，切换时效性是否满足要求；主机发生故障时，备机是否实时完成自动切换并接管业务；系统的同一集群下是否存在所有主机放在一个宿主机的单点风险；应用发生故障时，软件层面限流、超时机制是否生效等。

随着企业平台化战略或中台战略的推进，企业内 IaaS、PaaS 以及云原生应用架构的落地，高可用性验证将随着技术平台复杂性提升而越来越复杂。

（2）例行关机维护

例行关机维护是运维团队的一个常规演练工作。一方面，软件在运行一段时间后会产生一些临时文件，且存在一些内存碎片无法释放等问题。另一方面，随着系统变更越来越频繁，有些配置、程序修改后的问题可能会在重启后才出现，主动重启能提前发现这类风险。

关机维护可以归纳为高可用性验证的一部分。这里单独讲解是因为关机维护可以做得更有计划性，比如年初制定全年的关机维护演练计划，针对不同的硬件、操作系统、业务系统制定不同频率的关机维护计划。

（3）针对项目的演练

针对项目的演练通常是某个重要变更需要上线，或在测试环境中验证软件在生产环境下的真实性能，运维、开发、测试团队需要联合进行演练。有些企业会搭建准生产环境，有些企业会复用备机、灾备、测试，或在业务空档期基于生产环境进行演练。从这个角度看，像证券行业的周末测试、银行业的秒杀测试可看作此类演练。

（4）桌面演练

桌面演练指参加演练的人员根据应急操作手册、应急协同流程等，在多媒体会议室对事先设定的场景进行讨论，推演应急决策、现场处理过程，从而发现应急预案、沟通协调等方面存在的问题。关于桌面演练，运维组织既可以考虑提前通知开展演练，也可以临时通知开展演练。前者适合针对方案、协同流程的完善，后者适合验证参与人是否理解并掌握应急预案。

（5）非计划演练

并非所有演练都需要提前将演练剧本通知到具体的参与方，有时只有少量人知晓并指挥演练的非计划演练能产生更佳的效果。比如在发布生产故障响应机制后，为了验证是否执行到位，可以模拟注入一个生产故障，观察相关一线运维人员、二线运维专家、三线研发、测试专家，以及服务台、安全、业务、客服等团队的协同是否顺畅。

Chapter 13 第13章

统筹协同，快速恢复

如果有两种或两种以上的方式去做某件事情，而其中一种方式将导致灾难，则必定有人会选择导致灾难的方式。根本原因是：如果事情有变坏的可能，不管这种可能性有多小，它总会发生。

——墨菲定律

面对复杂的生产环境，运维需要提高TBF和缩短TTR，围绕故障发现、故障响应、故障定位、故障恢复4个关键环节，在人员技能、协同机制、工具平台、数字化感知等方面进行统筹建设。在实施中，运维需要建立体系化、数字化的团队协同作战能力，提升故障应急处置能力。本章重点围绕缩短TTR展开，即缩短MTBF（无故障时长）、MTTI（平均故障发现时长）、MTTK（故障定位时长）、MTTF（平均故障处理时长）、MTTR（平均故障响应时长）、MTTF（平均故障恢复时长）多个时间点，从故障发生时间、发现时间、响应时间、尝试处置时间、诊断时间、应急处置开始时间、故障恢复时间等要素出发梳理应急处置的关键节点。

13.1 故障发现

故障发现指生产故障或潜在风险被监控机器或运维人员发现的过程，重点关注发现及时性。故障发现主要包括监控发现、协同网络、数据运营三种方式。良好运维组织的大部分故障发现源于监控、日志、调用链路等可观测体系。故障处置过程是一个多角色协同场景，构建在线协同网络有助于提升协同效率。基于协同网络建立高效的信息传递是当前提升故障发现能力的重要手段。另外，随着系统复杂性不断提升，运维组织也在推动数据运营分析工作，主动地基于数据运营推动故障发现将是一个有力补充。

1. 监控发现

从人机协同角度看运维管理，监控相当于给运维团队分配了成千上万台机器人，这些机器人驻扎在硬件、软件等对象中，不间断地采集指标数据，并推送异常指标。监控是发现潜在风险或异常的主要手段之一，可推动覆盖面、准确率、告警触达能力的提升，是缩短故障发现时长的关键举措。下面从被动监控、观察者视角、主动拨测三个角度分析如何提升监控发现能力。

（1）被动监控

此处强调“被动”监控是为了区别“主动”监控，指传统运维在基础设施、硬件资源、平台软件、应用可用性、客户体验多个层级的监控管理，以及统一的监控告警管理。这类监控方案通常是基于生产故障或 IT 风险的事件驱动，针对已知事件打补丁，采集指标数据，配置监控策略、触发策略，将监控告警统一推送到告警系统。若要有效落实被动监控，需要配套相关的持续、完整的工作机制。被动监控是很多运维组织主要的监控方法。

从工程角度看，源端监控强调“不漏报、少误报”，需关注平台能力建设与工具运营：平台能力建设方面，采用乐高式组合提升监控覆盖面，比如缺性能监控则补充 APM、NPM，缺终端监控则补充终端拨测工具，引入新的组件则配套加入相关组件的监控机制；工具运营方面，基于数据与机制协同推动，运维人员在工作过程中结合信息系统的实际情况，在平台通用监控策略上针对性地持续丰富，同时建立事件或任务触发机制，比如通过事件复盘、主动监控评审、监控告警数据分析等运营工作监测系统监控的覆盖面与误报情况。

（2）观察者视角

传统的被动监控管理针对的是已知异常，进行补丁式增强监控，持续完善，但面临几个困难：一是很多已知故障监控策略没有真正发挥作用，但随着架构复杂性越来越高，未知故障并未减少；二是数据量与风险触发因素增多后，单维指标监控能力不足，而多维指标监控配置又无法穷举；三是在可用性基础上增加了功能逻辑、数据类故障发现要求，对日志、链路的故障发现要求越来越高。

观察者视角是运维组织需要借助算法、海量数据、平台能力，构建全数字化监控感知能力。这种感知能力需要尽量减少补丁式细化的策略，利用算法、海量数据加强感知监控，利用平台加快感知监控的速度。观察者视角的感知监控能力有几个特点。

- 全景：举一反三，主动思考同类感知，主动消费已有数据库中的数据和日志。
- 业务：关注观测业务运行状况的指标，比如服务可用性、性能、功能。

- 数字化：与关系链路上的数据多维关联，形成评价系统的指标体系。
- 感知闭环：感知系统健康状态，利用同比、环比的基线比对、多维度组合形成感知能力，即时推送信息，驱动自动化操作，让运维能够更快、更全面地感知异常。

（3）主动拨测

在企业推动以客户体验为中心的数字化转型中，主动拨测是监控发现的一种有力补充。主动拨测是模拟用户访问终端、域名、页面 URL、功能、API 等，从客户视角监测功能可用性、感知用户端体验、检测网络链路质量、系统事务可用性，在业务方投诉前发现问题，提升客户体验。借助机器不间断、自动化执行，提前设计好拨测执行的脚本，帮助运维执行更细粒度的操作，主动获取应用性能指标，以便了解客户体验，以及应用层、网络层运行情况。同时，站在故障处置角度看主动拨测，当异常发生时对执行过程进行截图留痕，可以辅助快速定位问题。

在主动拨测解决方案中，通常包括公有云、私有化拨测。前者是拨测运营商提供部署在世界或全国各地的拨测源进行测试，不需要用户管理拨测终端，只需要根据 SLA 明确的时效性、使用次数等付费，就可以获得测试结果。后者是运维组织管理拨测涉及的服务器、终端设备等。运维组织可以根据政策、风险、成本等，选择不同的解决方案。

2. 协同网络

虽然理想情况下，故障应由机器发现，但是随着基础架构、应用逻辑、业务逻辑越来越复杂，系统中的一个小模块异常都可能导致系统自身甚至关联系统故障。此时，建立一个在线协同网络，提升协同链路上业务、客户、同业、开发团队、测试团队等的反馈效率，仍然是故障发现的有力手段。

（1）业务、客户、同业反馈

理想情况下，尽量减小由业务与客户侧反馈的故障发现占比。但是现实中仍有部分故障难以通过监控或运营分析实时发现，比如局部功能逻辑等。这类故障虽然不会带来全局性可用性故障，但是站在以客户为中心角度，此类故障会给个别或部分客户带来可用性故障，尤其是对重要客户或权益类交易故障。

针对这类故障，运维组织需要提前建立一个高效的信息反馈渠道，基于用户旅程建立全线上化的问题反馈渠道，比如：将问题反馈功能整合在业务系统中，用户在使用功能时可以方便地反馈问题，以便运维在后端快速获知反馈问题并及时处理；建立全线上化的服务台，制定一线、二线问题处理流程，以便业务人员在线获知问题处理进度，或者利用机器进行线上督办。另外，在企业内部建立必要的即时沟通群，方便公司内部业务人员即时反馈。设立相应的问题服务岗位已被很多运维组织接受。

同业反馈是针对同类业务事故的一个比较好的方法，比如，银行业涉及人行结算中心、银联、第三方支付、通信运营商等，券商业涉及的交易所、银行、通信运营商、重点厂商等，它们遇到的事件通常会有一定共性，如能建立实时故障信息互通互联渠道，将有助于故障发现、定位、恢复。提前建立行业间的即时沟通群也很有必要，在预案中提前确定咨询的步骤与责任人是一个有效的方法。

（2）开发团队、测试团队反馈

开发团队、测试团队发现的故障很重要，但边界比较难界定。边界难界定，涉及一些客观原因，比如很多系统或变更带缺陷上线，缺陷在生产运行中不定时会触发故障条件；很多线上问题如果是由业务人员反馈的，可能会先到达开发人员，但故障通常在组织内会被用于绩效考核，部分开发人员可能会因主观忽视或重视程度不够，没有及时处置故障。运维组织需要在流程中建立线上化问题反馈闭环机制，比如在变更环节，设立紧急变更类型，这类变更与一般需求变更有区别，紧急变更处置优先级更高。同时，建立线上存量缺陷管理机制，包括缺陷触发条件、缺陷影响、缺陷计划修复时间，将部分中高风险缺陷管理转为生产问题管理，并定期对线上存量缺陷进行复盘。

3. 数据运营

数据运营强调主动运行分析。主动是当前运维组织转型的一个重点方向，对应当前被动响应服务请求、需求工单、监控告警、生产故障的工作模式。下面对故障发现环节的常规巡检、深度巡检、运行感知 3 个主题进行介绍。

（1）常规巡检

巡检可以理解为对生产对象的健康检查。常规巡检指常态化的巡检。在监控、可观测能力持续完善的今天，“是否还需要巡检”或“巡检是否可以被监控替代”的话题时常被讨论。监控能代替巡检观点的主要理由是：监控覆盖面越来越广，很多巡检指标数据来源于监控系统，且监控执行力更好、实时性更强。也有观点认为巡检仍是一个必要手段，主要理由是：仍有一些重要节点监控无法实现，引入专家进行巡检可以发现一些疑难杂症。笔者的观点是：要区分运维组织的职能，对于保障设备或服务可用性团队来说，随着一系列软件定义的平台以及自动化巡检工具的出现，巡检将逐步被机器代替；而对于保障业务连续性的团队来说，巡检仍将与监控等自动化手段并存，一方面是因为监控对于业务层的问题发现覆盖面有待扩大，另一方面是由于业务保障要求运维人员持续深入地学习系统，巡检是运维人员保持必要学习力、关注度的一个手段。

总体来说，巡检的常规操作性工作将逐步被机器替代，巡检要关注生产对象健康方面。生产对象健康方面的巡检需要运维专家不断深入，并建立巡检管理机制，不断固化巡检规则、任务、报告、数据感知等解决方案。从技术角度看巡检，其可以分为定时巡检、实时巡检、基于事件驱动的临时巡检，涉及巡检策略、巡检任务、巡检报告、值班管理等。

（2）深度巡检

深度巡检强调主题分析，是主动运营的体现。一个问题通常会涉及3种策略：诊断误报并取消，潜在风险挂起，发起故障响应流程。常规巡检针对线上问题即时反馈并发起故障响应流程，深度巡检则是对潜在风险的发现或预测。可以将常规巡检类比为杀毒软件中的一键健康检查，深度巡检是针对某个部件的深度养护。从分析牵头方看，深度巡检通常包括两类：一类是由运维组织内的专家发起的主动运营分析，另一类是按商务合同要求供应商定时执行。

深度巡检应该关注影响业务连续性的风险点，比如应用及数据库等平台软件性能、容灾、应用架构高可用性、应用逻辑缺陷、数据质量、应急方案、技术保障方案、数据备份、数据丢失、监控发现及时性等。在实施上，要区别于常规巡检，针对风险点进行更加深入的分析。同时，深度巡检是一项联合运维组织内硬件及系统软件运维人员、第三方软硬件厂商、应用系统维护人员等协同进行的深度分析工作，要建立线上协同机制，确保各环节紧密衔接与落实。

（3）运行感知

运行感知与监控、巡检有一些区别，监控与巡检都是根据已经制定的策略或任务发现问题并触发故障处置流程，是针对一个个细分点的分析，而运行感知是针对一个面的实时分析。运行感知是从运维专家视角，感知运维对象的运行状况，从感知面与感知策略入手。在感知面上，要广泛使用运行数据，将影响运维对象运行的数据指标化，比如基础设施层的网络链路时延、丢包率等，平台软件层的响应时间、资源负载等，应用系统层的JVM内存利用率等，业务及体验层的交易成功率、页面加载错误率等。也就是说，只要与运行对象相关的运行状况的关键数据都要指标化。在感知策略上，要善用基线策略，比如偏离度，或引入AIOps相关算法获得更加有效的基线。

在实现上，运行感知不仅以实时运行看板独立存在，还应与当前主干运维流程结合在一起，以多消费促进感知能力的持续提升。比如，将运行感知与定时巡检任务结合在一起，要求每天或每个周末都分析感知数据；将运行感知的异常数据推送到监控告警系统，融入监控处理流程；将运行感知融入故障诊断环节，作为问题诊断、影响分析的一个工具。运行感知能力与云原生可观测提出的围绕某个生产对象，拉通相关联的运行数据，建立实时的可观测能力思路相匹配。随着运行数据分析能力的提升，运行感知在故障发现环节将发挥重要作用。

13.2 故障响应

故障响应指发现故障后机器或运维人员介入应急处理过程。相比故障发现、定位、恢复，故障响应环节对协同的顺畅要求更高，通常可以围绕应急协同、告警触达、影响分析 3 方面进行建设。其中，对故障影响进行初步判断是一个难点，考验运维人员的故障识别能力，不仅要求他们有基本的应急技能，还要求他们对系统有深刻的理解。另外，在故障响应过程中，系统故障受理人、关联上下游系统运维人员、值班经理等各个角色尤其重要，需要通过不断练习或实战来提升协同顺畅性。

1. 应急协同

在减小故障处置时间的过程中，故障响应是最容易被忽视，但又可能占用最长时间的环节。很多运维组织要求“故障先报告后处理”，其中一个考虑因素就是要加快故障的响应速度，以免延误战机。应急协同管理是故障响应的关键举措。下面从 ECC 管理、信息在线、服务台 3 点对应急协同进行介绍。

（1）ECC 管理

ECC 又叫总控中心，或监控指挥中心，是成熟运维组织执行运行监控、现场值班、联络调度、事件处置等职责时的日常工作场所。对于有单个主数据中心的运维组织，ECC 中的值班人员包括所有运维团队的值班人员，因此 ECC 是公司最核心的应急处置场所。做好 ECC 管理是加强应急协同的重要措施。

生产应急如同指挥作战，必须在统一指挥下集中优势兵力速战速决，主要参与人员包括值班经理、一线运维人员、条线专家、服务台（也可以将服务台归到一线运维）人员等。值班经理负责整个 ECC 的总体协调；一线运维人员来源于多个职能线运维岗以及 SRE 的 OnCall 岗，重点工作包括监控告警响应、故障处置、工单处理等；条线专家在无故障时并不出现在 ECC，故障集结后才会出现；服务台人员的主要工作是负责 IT 服务咨询，以及故障过程中的信息传递。

从形态上看，ECC 通常是一个独立的房间，里面有值班与应急需要的设备，比如运行情况展示大屏，一线运维人员需要的办公终端，二线现场支持需要的终端。

从故障响应看，ECC 管理需要一系列工作机制支持，比如规范一线运维的工作职责：监控告警、应急响应与处置、问题咨询、变更工单处理等。明确的工作职责有助于值班人员专注最重要的工作，提升故障响应及时性。

ECC 管理通常会建立相关工作守则，比如生产应急事件遵循“先报告后处理”“先恢复后分析”原则。在金融企业，这些守则涉及影响客户权益的事件、可能产生监管问责的事件、重点客户或重要系统的事件、数据库级别故障、系统级主备切换故障等，值班经理须第一时间通知部门领导，部门领导须决策是否向公司领导汇报。

（2）信息在线

应急管理是多团队协同工作，因此保持信息在线是非常重要的，对信息在线的多层面打通将实现运行可观测。从故障响应角度看，信息在线又可以分解为协同在线、数据在线、工具在线。

协同在线指故障处置过程线上化。从故障响应角度看，协同在线重点关注工单流转故障、故障通报、故障集结、故障升级。其中工单流转故障关注监控事件、服务请求等事项的线上化，并与故障应急场景联动；故障通报关注故障发生后，对相关人员的及时通报；故障集结关注故障关联人员的即时触达，要求相关人员到ECC现场参与应急；故障升级关注故障在处置过程中的及时升级，实现参与角色、调配资源、应急预案、时效性等的及时升级。要做到协同在线，需要提前建立协同机制，将协同机制涉及的人与团队的协作线上化，通过日常真实故障或应急演练提升协同效率，减少沟通成本。同时，协同在线还需要建立在线获知故障处理进度、故障参与资源及时通告机制，并需要机器人做好督办。

数据在线指将故障处置需要的数据在线化，让参与故障响应的一线运维人员、条线专家、值班经理、研发团队、测试团队等方便地获取数据，提升多团队并行处理故障的能力。数据在线关注提前准备哪些数据，如何让专家便捷地看数据，如何让专家方便地获得数据，如何获得故障处理进度。在数据内容方面，关注故障对象的运行数据，比如运行对象负载、性能、服务状态、近期变更、监控告警、上游系统状况等数据。要让专家便捷地看数据，可提前将相关数据以服务的方式提供给参与方，以便大家自助获取。要让专家方便地获取数据，可建立线上化运维数据服务门户，一站式开放数据。

工具在线与数据在线类似，关注功能集合，比如日志查询工具、数据库查询工具等。在实现上，工具在线可以围绕应急中心、通用工具、个性化工具推进。其中，应急中心通常从某个生产对象视角出发建设，比如稳定性保障涉及的信息系统视角；通用工具关注涉及多个团队或多人使用的工具，比如日志、数据库查询工具等；个性化工具关注某个系统业务功能、用户体验、可用性等。

（3）服务台

ITIL对服务台的定位是：连接用户和IT部门的唯一信息交换平台，具备双向信息反馈特性，与多个服务管理流程密切相关，为用户提供与问题、变更、发布、配置、IT服务持续等管理流程的连接。基于此，服务台承担了故障发现、故障响应、故障解释等工作，方便用户快速地获得故障处理进度，让运维应急专家专注应急响应，减少沟通解释工作。

在不同行业中，服务台起到的作用不同，比如对于一些大型制造业企业，服务台一天可能会受理成千上万的服务工单，这些企业的服务台在故障响应过程中起到了极为关键的作用。要想更好地提供服务，服务台应该提供快速响应IT部门内部呼叫涉及的渠道工具、工单分派工具、工单级别升级工具等，让服务台工单处理全在线。比如一个涉及故障工单的协同流程包括请求登记、故障匹配（基于知识库或专家经验）、故障分派、跟踪状态与反馈故障处理状况、故障与应急方案解释、故障解决、客户或业务方沟通。服务台需要通过持续提升线上化、自动化能力为服务赋能。

2. 告警触达

对于告警触达，强调“一站式、高响应”。一站式指全公司的监控告警需要实时汇总到一个告警系统，实现告警整合、收敛、升级、触达处理人或机器等的管理。高响应需要告警触达处理人或机器后得到快速处理，需要及时知道哪些告警发生后没有得到及时响应，哪些告警响应了但是长时间未关闭，对低响应告警再次触达或升级，并在事后定期对低响应的运维对象（人、系统、机器等）进行排名公示。

（1）统一告警

站在故障响应角度看，统一告警需要关注是否所有监控告警都进行了集中，是否从告警风暴角度对告警进行了收敛，是否从告警定位角度对告警进行了关联，是否与故障处置线上系统打通等。图 13-1 是统一告警架构图，具体内容读者可自行查阅监控专项相关文章，本节不做过多介绍。

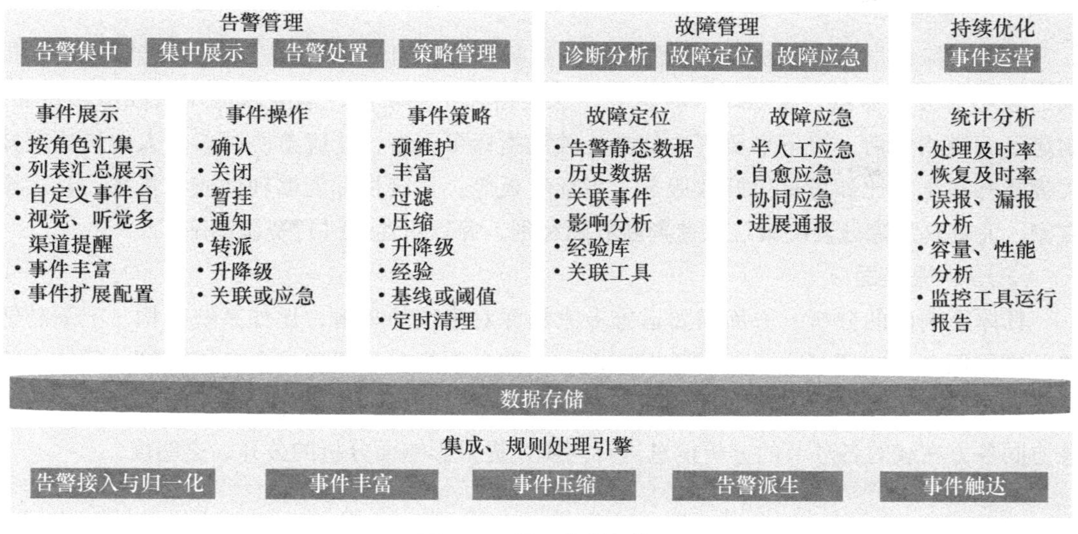

图 13-1　统一告警架构

（2）告警描述

虽然告警描述很重要，但遗憾的是很多运维组织对告警描述关注度不够。一个好的告警描述能起到辅助应急定位的作用，让运维一眼看出问题出在哪里。

（3）告警升级

监控告警已经成为最主要的故障发现渠道，构建监控告警升级机制可以提升故障响应效率。故障升级的基础是告警分级，如果组织的精细化程度不高，不建议划分太多级，比如可分为三级：一级对应高响应告警，二级对应对客户或业务有影响的告警，三级对应潜在风险但未对客户产生影响的告警。制定了告警分级，下一步是针对不同级别的告警建立对应的信息触达渠道（比如电话、IM机器人、IM消息、短信、邮件等）、触达时效性（比如：三级告警响应不超过2分钟）、告警升级策略（比如：白天5分钟不响应则告警升级、夜间10分钟不响应则告警升级等）。然后将告警响应线上化，针对低响应告警进行告警升级。对于高风险级别告警，升级可以通过触达方式升级，比如先用短信或消息通知，若响应不及时再用电话通知，或通过大屏向触达处理人上司与值班经理展示，或按级别推送到团队的IM群中进行公示。对于低风险级别的告警，若长时间不响应，可以升级为高风险级别的告警，并根据高风险级别告警策略进行告警触达。

3. 影响分析

在故障处理过程中，运维人员很容易钻进故障定位与恢复环节，要加强故障响应协同，需要让决策者、值班经理、上下游系统运维人员、开发人员、测试人员、业务人员、服务台人员共同参与，并提前做好生产对象健康状态的感知模型。

（1）关键指标

关键指标是指衡量系统核心功能或业务运行情况的可量化数据，比如性能管理中常提到的核心业务交易量、成功率、时延等。这类指标不要求多，但要求能反映故障影响面。制定了关键指标后，接下来要解决的是让关键指标可观察，让应急协同参与人能快速获知关键指标数据，比如可提供开放服务、指标看板等。关键指标能够辅助应急指挥，让运维专家，尤其是故障处置决策层快速判断故障级别，并针对性地进行资源调配。

（2）具体影响面

具体影响面的分析一方面需要运维专家加深对系统的理解，比如系统架构、上下游链路、应用服务、应用日志、关键数据库表、关键参数配置、主要的业务流程等；另一方面要为专家提供方便的工具，比如日志、运行感知等。同时，还要建立在线协同机制，让应急协同各方在线对各环节的分析信息进行同步，提升影响面分析的公开、透明度。

13.3 故障定位

故障定位指诊断故障产生的直接原因或根因。故障定位有助于故障恢复。在实际过程中，很多可用性故障借助运维专家经验的假设判断或已知预案的执行可以得到解决，但仍有部分应用逻辑等故障需要多方协同与可观测工具支持。故障定位方法通常包括专家经验驱动的假设尝试、已知预案启动、测试复现、代码分析，涉及日志、链路、监控、数据感知、知识管理5类工具。

1. 定位方法

（1）专家经验驱动的假设尝试

随着企业应用系统架构由原来单体架构向分布式微服务架构发展，以及研发、运维团队对高可用架构的重视与投入，越来越多的系统在服务层的可用性、可靠性、健壮性更强。当前，运维组织面临的主要故障定位挑战如下。

- 海量服务并发下，故障容易快速传染，比如单个服务异常引发大量异常出现，如何在大量异常服务中判断根因是难点。
- 如何更加主动、从容地找到应用逻辑上的故障点，并做出应急是难点。
- 如何在大部分数据正常的情况下，找到个别数据不可用是难点。

在面对上述挑战时，运维专家经验驱动的假设性尝试仍是当前主要的应对手段。要让运维专家经验发挥得更好，需要重点关注以下 4 件事。

- **专家技能的持续提升**。应用逻辑、数据异常问题对于传统运维专家通常是黑盒子，需要运维专家转换角色主动去了解应用功能、上下游调用链、数据流向、应用日志、应用配置、数据库流水等。
- **运维前移**。除了主动对线上系统进行学习外，运维专家还要落实运维前移工作，比如推动应用与业务监控、应用日志等运维工具的交付，提升系统的可运维性；用平台推动软件标准化；标准化、自动化软件交付链路；围绕系统稳定性进行接口、单系统与全链路压力测试，提升稳定性等。
- **技能沉淀与传承**。技能沉淀与传承也是学习型组织建设的关注点，重点关注知识生产、共享，以及运维培训、值班管理等机制。
- **工具赋能**。应用日志、交易报文、应用流水等是了解软件逻辑的渠道。这些渠道同样有助于运维，比如在故障协同中将应用日志、性能等数据通过在线工具分享给研发、测试团队，这也是一个有效的赋能手段。

（2）已知预案启动

疑难杂症或重大故障通常有两条诊断途径：一条是前面提到的专家经验驱动的假设尝试，另一条是启动已知预案。在预案启动中，我们需要考虑以下几件事。

- **预案线上化**。线上化预案主要解决当前线下文档式预案不可用、不好用的问题，采用乐高拼装的方式，将应急策略卡片化，每一个策略对应一个行为动作。
- **预案自动化**。预案线上化实现了应急动作标准化。下一步是实现预案策略自动化，比如建立围绕主机异常、应用程序异常、数据库实例异常等最小颗粒度的应急策略，触发策略时关联通用的最小颗粒应急处理的自动化操作，实现半自动化或全自动化应急处置。

- **预案融入故障处置过程**。将预案与应急处置工具整合在一起，一方面在实战中不断发现预案存在的不足，并优化，另一方面让故障驱动预案设计者更加重视预案的编写。

（3）测试复现

复杂系统的故障定位是一个跨团队协同过程。测试复现是一种协同定位的解决方案。从岗位看，测试团队与 Bug 打交道的机会最多，在软件未交付前已经遇到各种问题，对应用逻辑故障等更敏感。

以下是运维赋能测试复现的准备工作。

- 构建在线的协同工具，让测试人员能够更快地获得问题描述、问题表现的截图、应急处置流程状况等。
- 构建在线的日志工具，让测试人员方便地看到生产环境异常日志，比如网络服务 500 错误、空指针异常等。
- 构建应用服务可观测工具，让测试人员方便地看到服务、接口、功能层面成功率、交易量、耗时等数据。
- 连接测试工具，让应急人员在线获取生产已知缺陷数据，辅助测试定位。
- 建立 IT 资产全景，让应急人员在线获得配置信息，比如应用配置、版本更新情况等。
- 建立关键交易系统的准生产环境，支持数据自动化同步，让应急人员快速在准生产环境中模拟故障。

（4）代码分析

研发团队虽然可能不清楚复杂系统完整的上下游关系、部署架构，但一定最清楚具体应用逻辑、数据。与测试复现提到的类似，运维也要为研发团队提供应急协同工具。研发团队可通过程序版本、配置信息、性能数据、应用日志等定位故障。

2. 定位工具

（1）日志

日志是软件在执行过程中产出的数据。日志数据很丰富，包含正常程序处理过程、异常报错等，详细解释系统运行状况，但由于格式不统一，通常需要先进行加工处理才能被消费。日志是运维组织了解硬件及软件内部逻辑的窗口。以软件为例，从系统生命周期看，由于运维极少参与软件的需求分析、系统设计、编码、测试等环节，当系统交付到生产环境时，日志是运维了解软件运行状况的重要手段。日志记录了从业务、中间件到系统等的全链路信息，可以有效监控 IT 系统各个层面，从而有效调查系统故障。利用日志，运维可以了解用户行为操作、服务请求调用链路、功能调用是否成功等信息。

传统运维依靠人力从日志中排查故障原因，主要通过 grep、sed 等指令，利用关键词

（error、fail、exception 等）进行搜索，或通过手动设置正则表达式进行解析。这种方式不仅对代码质量要求高，而且要求运维人员对系统和业务非常熟悉。随着系统日趋复杂，日志显现出数量庞大、无固定模式、不易读懂等瓶颈。仅凭借管理员在海量日志中手动查看日志，不利于故障定位。所以，构建海量数据处理的日志分析平台，实现分散日志归集、二次加工，并利用 AIOps 等相关技术进行日志分析，是提升故障定位能力的一种方法。

（2）链路

链路能够帮助运维更全面地了解请求生命周期中系统各个组件的健康情况等。链路能够整合多层面数据，主要包括纵向与横向依赖关系信息。其中，纵向关系指基础设施、网络、计算服务器、存储、虚拟机、容器、主机、应用系统、应用、服务的关系，通常围绕应用系统进行扩散；横向关系主要指服务调用关系，通过业务进行扩散。从技术实现上，运维可以围绕 CMDB 与 PaaS 平台持续完善链路。CMDB 的发展阶段可以划分为：满足 IT 资源管理线上化、支撑运维平台化、以业务为中心的配置管理、基于链路关系的知识图谱。PaaS 平台侧重指微服务架构的应用平台，或面向云原生的应用平台。运维基于平台能够进行链路关系数据埋点，对链路关系数据进行在线获取。

（3）监控

监控策略建立在评价系统健康状况的指标之上，智能异常检测、系统感知、效能评估、IT 服务管理等同样基于指标实现。以往，监控往往被定位为“监测”的角色，即负责发现异常并报警。从运维业务连续性保障的最终价值角度看，监控要在监测的基础上，增加故障定位、定界、恢复，即告警触发后要尽可能地提供故障定位相关的信息。很多运维组织已经意识到利用监控定位问题的重要性。基于监控提升故障定位能力时，运维可以考虑以下几点。

- 对已知异常的监控，在监控发现问题后，对已知异常探测结果进行清晰描述，在条件允许的情况下关联应急预案、专家经验等进行处理。
- 基于统一告警工具，实现告警丰富，以便监控告警转化为故障时，让运维人员看到更多关联信息。
- 对于多个监控告警进行告警事件的收敛管理，基于 CMDB 进行问题初步定位。
- 利用监控数据与 AIOps 算法，构建智能化故障定位场景，提升故障定位能力。

（4）数据感知

数据感知不仅仅是将数据可视化，而是要从更高维度去感知系统运行状况。传统运维主要采用“点”的方式不断扩大监控覆盖面，即当出现新的漏洞或事件时，在监控系统增加相应的数据采集，并引入相应预警策略达到预警效果。这种“点”的监控方式是一种事后发现、被动、加固思路。为了提高监控能力，运维需要利用每个运维专家的经验将传统思路转变成以事前发现、主动、预防为主，以事后发现、被动、加固为辅。要实现事前发现、主动、预防，需要将以“点”为主的监控视角，转变成以“面”为主的监控视角（可以理解为观察者视角，自上而下），这种以“面”为主的视角可应对应用越来越复杂、业务连续性要求越来越高的挑战。

运维可以考虑以下几点。

- **打造运行指标体系**。指标是运维分析的重要原材料，广泛运用于系统运行分析场景。运维人员需要举一反三，采用面的思维，建立多维度运行指标体系，提供高效、可复用、可共享的数据服务。
- **建立指标基线**。在现有固定阈值基础上，利用同比、环比、智能动态基线的比对，利用多维度组合的可视化、即时的信息推送、自动化操作，让运维人员更快、更全面地感知异常。
- **建立感知链路关系网络**。消费并落地关系型数据库、内存数据库、日志数据库，与配置数据库，形成评估系统是否健康的链路关系网络。
- **建立业务健康全景**。围绕影响业务健康的目标，设计评估影响服务可用性、性能、功能、体验的指标，以及连接链路关系网络，建立业务健康全景。

（5）知识管理

知识管理是一个大家都知道应该要做，但大部分都没做好的事情。原因可能有很多，比如：在管理执行环节上，领导关注度不够，缺少持续管理、有效的奖惩措施；在运营上，知识没有融入员工工作流程；在技术上，知识没有与运维工具整合在一起，知识的生产、加工与应用脱节，无法验证数据的准确性，引发知识信任问题。

但是，可以预见，随着系统架构复杂度越来越高，数据量越来越大，当前主要依靠运维专家经验解决问题的模式受到的挑战越来越大。尤其对于未知故障的应急处理成为当前运维组织工作的重中之重。以手工维护为主的知识库也许可以向知识图谱发展，提升对生产对象关系描述的能力，这对故障定位起到至关重要的作用。比如，将运维知识图谱融入运维应急工具，可以将运维人员的故障定位决策过程数字化。另外，运维知识图谱还能支持数据源、指标、文本异常检测，基于人工故障库或数据挖掘的故障诊断、故障预测、故障自愈、成本优化、资源优化、容量规划、性能优化等。

13.4 故障恢复

在故障恢复中，运维组织通常采用已知预案下的恢复“三把斧”（重启、回切、切换）、自动或手动启用架构韧性策略、临时决断恢复等方式。

1. 已知预案下的恢复“三把斧”

在故障管理中，通常大部分故障有一些明确的应急预案。在实践中，不管是简单故障，还是疑难杂症，基于已知预案都是故障恢复的重要手段。在预案操作步骤中，重启、回切、切换是当之无愧使用最频繁的手段。

重启。建立线上化重启工具是很有必要的，尤其是当集群节点越来越多时，能够快速对某个或某组节点服务进行重启是一个有效的应急手段。其次，对于 7×24 小时的部分服务或进程进行监听，并针对异常服务或进程实现自动化重启也是当前系统自愈的一个常用解决方案。

回切。大部分故障是变更引入的，因此运维一方面可将涉及变更的软件发布、数据维护、参数维护等行为线上化或自动化，提供针对变更的回切工具；另一方面可将变更行为数字化，以便故障发生时能够让运维专家快速获知变更行为，并针对变更行为进行回切。需要注意的是，在管理机制上要明确所有变更原则上都应可回切。

切换。切换建立在高可用架构基础上，可分为热切换、冷切换，前者无须人工干预，后者需要人工干预。系统应该有什么样的切换方案，由自身重要级别、架构特点决定。为了提升切换效率，运维除了引入切换工具，还要定期进行切换演练，确保切换操作正确、可靠。

2. 启用架构韧性策略

架构韧性通常指系统架构经过专门的设计，可减少停工时间，保持服务高可用。架构高可用是一种提高架构韧性的策略。

在具体的架构高可用性上，首先，对于核心与重要业务系统，应该强调在设计、部署层面高可用，比如在网络、安全、存储、硬件、数据库等层面的高可用，以及在负载均衡、集群、主从、主备、哨兵等流量或服务层面的高可用，确保无单点风险。其次，对于核心业务系统的某些功能以及非核心业务系统，还要依赖降级、过载限流保护等优化机制。最后，对于应用服务拆分、逻辑解耦，减少总线依赖、增加必要的缓存、数据库层面的分库/分表、前端限流与削峰、服务降级等优化机制，提升故障恢复能力。

3. 临时决断恢复

虽然有不少故障可以基于上述两种方式恢复，但是随着运维复杂性提升以及以客户体验为中心的理念深入，运维对可用性要求在业务连续性基础上，增加了业务功能逻辑、数据完整性的故障恢复。这些故障恢复通常需要现场人员临时决断。临时决断故障恢复操作如下。

- 通过软件程序打补丁优化，或引入部分变更回退机制。
- 调整业务或技术参数。
- 手动启用备份系统或节点。
- 启动隔离、限流、降级策略。

- 针对数据库运行状况，启动构建索引等策略。

4. 恢复后信息传递

故障恢复要以恢复验证与信息通报作为最终截止标志。

恢复验证包括技术验证与业务验证。技术验证指从技术角度验证故障的恢复情况，常见的方法包括基于日志、服务状态、数据库流水等进行人工检查，以及以系统关键运行指标辅助进行验证。技术验证能够让运维人员从全局角度观测故障恢复状况。业务验证是指从具体业务层面确认故障恢复情况。在无法找到具体业务人员验证时，运维人员可以利用“在线客户”交易流水的执行状态，以及主动拨测等方式模拟业务验证。

恢复验证后，运维人员需要及时、有效地将恢复执行与恢复状况信息向相关干系人通报，包括服务台、业务主办部门、投诉客户、技术关联方、监管机构等。其中，面向服务台的信息传递重点是辅助服务台做好故障处置中的协同、故障解释，以及收集反馈信息；面向业务主办部门、投诉客户的信息传递是指将进展透明式地与业务、客户同步，提升IT服务质量、客户体验；面向技术关联方的信息传递是指通报故障相关的上下游运维、研发、测试、安全等团队故障恢复情况，推动关联方的技术验证；面向监管机构的信息传递是指针对已经达到上报监管的重大故障，在恢复后及时报告。

第14章 不浪费任何一个故障

Chapter 14

经验和教训都会成为最具价值的决策财富。

——柳传志

数智万物时代，运维组织面临不断变化的内外部环境，每天不仅要应对海量信息轰炸，还需要对信息进行有效思考，将经验沉淀为能力，打造学习型文化团队。通常来说，学习渠道包括3种：第一种是向前人学习，比如看书，吸收前人的归纳总结，获得知识；第二种是向周边经验学习，比如向周围的朋友学习，从领先的资讯中获取知识；第三种是通过自己的分析、讨论、思考，将自己的经验转化为能力，最常见的方法是复盘，即对过去所做事情重新思考、分析，找出影响结果的因素，将好的行为或不足之处进行梳理，形成自己的经验知识，并最终转化为能力。本章尝试基于复盘的关键内涵，构建一种围绕“确定故障复盘方式、梳理故障应急时间轴、还原故障处置行动、根因分析及经验沉淀、问题及改进措施跟踪、编写故障报告并发布”进行故障复盘的方法。

14.1 复盘

复盘来源于围棋术语，指在棋局结束后根据记录复演，发现对局中的得失以提高棋术。每个故障不仅是运维团队学习成长的机会，还是很多管理举措落实的抓手，组织不要浪费任何一个故障，要让故障复盘成为故障管理的必要环节。

1. 关于手账

故障管理闭环环节包括故障预防、故障发现、故障响应、故障定位、故障恢复、复盘改进，其中复盘改进是从总结改进中改动而来的。相比“总结”，“复盘”需要有一定套路和方法，强调客观回顾、持续学习。生活中有很多例子都有复盘的影子，举一个本人时间管理的例子：以前笔者时间管理相对随意，比如将日常临时性安排登记为任务，不定期反思得失。最近，笔者使用手账做时间管理，用法如下：每天上班路上登记当天需要关注的事项，在碎片时间段将已完成事项标注为“ done”，下班路上则根据手账中已完成事项串起一天的工作，通过手账反思，持续复盘并从中提升自己。

相比较而言，以前的不定期反思是“总结”，当前每日时间管理手账可以归为“复盘”。前者主要是反思总结，后者则在反思总结基础上增加了一些要素：持续性（每天）、有方法（登记目标事项，标注完成）、我（亲身经历者）、串起过程（回顾一天的工作）、收获（能力提升，经验）。

2. 故障复盘

通常，一个严重的生产故障是多个层面上连续性保障均失效的结果，比如架构的高可用、常规预防准备工作、监控发现、自动化应急工具，人员应急处置能力等。这与海恩法则的描述统一。

海恩法则强调两点：一是事故发生是无效工作积累的结果；二是人自身的素质和责任心。运维作为业务连续性保障的最后一道防线，可以用技术手段与管理手段进行可用性能力建设。故障复盘是对事前与事中环节复盘，不仅关注引发故障的根源性问题，还需要推动应急协同工作机制、人员能力、预案管理、潜在风险、监控发现、应急工具、架构高可用、上下游系统风险等全方位的分析。这里梳理出一种 6 个步骤的故障复盘方法（见图 14-1）。

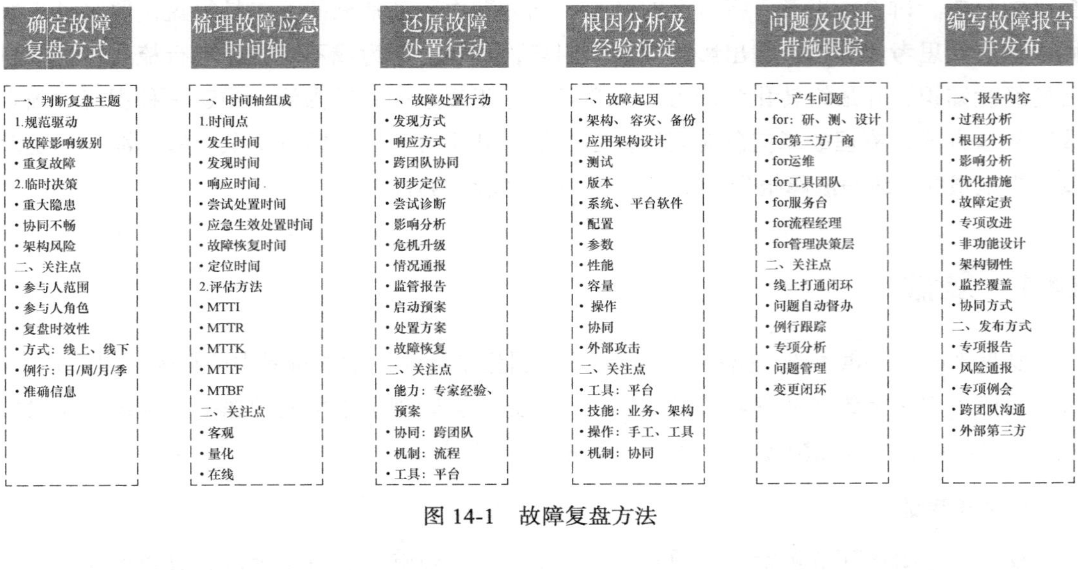

图 14-1　故障复盘方法

由于组织每天都会有大量故障，要求对每个故障进行详细复盘无法实现，组织应该根据故障级别制定不同的复盘要求，通过管理机制及工具赋能，减少故障复盘手动操作环节。

14.2　故障复盘方法

1. 确定故障复盘方式

考虑到故障复盘涉及工作量较多，建议运维组织建立多种复盘模板，基于不同复盘模板与参与人员范围来应对不同类型的故障。在模板中定义好：哪些人参加，输出什么，设计、架构、故障预防、故障处置、故障发现等的执行情况，是否需要纳入日、周、月、季例会等。

基于明确条件，比如故障级别、权益类交易、安全风险等，提前制定故障复盘模板。建议故障复盘采用线上化管理工具落地，高级别的故障增加一些线下辅助手段，比如跨团队分析，包括产品或需求团队从设计或需求角度评估，开发团队从架构或程序实现角度评估，测试团队从功能性与非功能性测试角度评估，SRE 从系统稳定性、应急处置效率、应急协同、监控发现、自动化处置等角度评估，运维工具团队从监控、自动化操作、日志等专项角度评估。整个故障分析尽量保持公开、透明，让故障参与方积极参与。

除了根据明确条件制定故障复盘模板，还有一类故障可能风险未达到高级别，但是在某方面已存在较大隐患。这类故障容易漏分析或执行跟踪不到位，建议以组织管理团队或故障流程经理驱动，通过线上任务指定具体责任人牵头落实复盘。

2. 梳理故障应急时间轴

为了标准化、线上化故障处置过程，运维需要将故障处置关键时间点进行抽象。故障应急时间可以借助指标 MTBF、MTTI、MTTK、MTTF、MTTR 进行量化，从故障发生时间、发现时间、响应时间、尝试处置时间、诊断时间、生效应急处置开始时间、故障恢复时间等梳理故障处置关键节点。通常，MTTI＝发现时间－发生时间，MTTR＝响应时间－发现时间，MTTK＝定位时间－发现时间，MTTF＝恢复时间－定位时间。要想达成这个目标，我们要建立线上化的应急处置协同机制，以便上述时间点能够在事中落地客观数据。理想情况下，这个线上化应急处置协同机制可以在一个应急场景工具中实现，或能够将多个应急工具中的关键操作行为数据整合在一起。故障应急时间轴是围绕故障应急关键时间点进行过程还原，关注客观、在线、量化。这个过程相对容易抽象，适合运维工具团队落地。

3. 还原故障处置行动

有了故障应急时间轴，下一步是让参与方围绕故障应急时间轴还原具体的处置行动。

- **发现**：谁（机器、IT 人员、客服、客户）什么时候（预防、及时、较大延迟）以什么方式（监控、巡检、投诉）发现。
- **响应**：一线值班人员监控发现故障后的响应效率，产品、研发、测试、运维、安全岗位人员在协同集结过程中的响应情况等。
- **跨团队协同**：运维团队内、运维与其他 IT 条线、IT 条线与业务线、公司与客户之间协同是否顺畅。
- **尝试诊断**：故障发生后尝试了哪些诊断操作，是否有效，专家意见是否快速、有效。
- **影响分析**：是否有足够数据支持快速判断，是否提前设定关键 KPI 以便快速分析。
- **危机升级**：高风险事件的危机升级机制是否到位，现场危机处置是否到位。
- **情况通报**：故障处置过程及恢复的信息通报是否及时、准确，话术是否合理。
- **启动预案**：预案是否完整、具备可操作性，事中是否启动预案。
- **处置方案**：尝试诊断中的生效应急处置方案，或事中应急处置方案是什么。
- **故障恢复**：处置方案的执行是否及时，跨团队协同是否快速，应急工具是否就绪。

4. 根因分析及经验沉淀

故障复盘是分析故障处置过程，沉淀经验，转化为团队知识。随着业务不断复杂，系统数据量不断增多，技术栈越来越复杂，系统调用链路越来越长，信息系统中断的风险越来越高，中断频率越来越高，甚至会造成业务中断，可用性问题越来越严峻。前面用鱼骨图总结了影响业务连续性的因素。这些因素都可能是引发故障产生及升级的根因。

参考海恩法则，我们也可以从技术与管理两个角度进行故障根因多维度分析，即从技术角度主要分析技术架构是否具有高可用性，非功能性需求是否实现，运维的可观测手段是否具备，运维监控工具的故障发现能力是否具备，日志等工具对故障诊断是否有效，运维自动化工具是否准备就绪；从管理角度主要从事前预防、事中处置、事后跟踪等多方面分析，比如生产环境管控是否到位，预案是否有效，演练是否到位，对业务、运行的理解是否达标，协同是否顺畅等。

5. 问题及改进措施跟踪

通过故障原因分析，运维可得到多个待改进事项，并给不同的角色分派改进事项。

- 故障处置团队：加强对业务的理解，扩大监控覆盖面，加强应急预案管理，加强运行状态数据分析，加强运维工具的使用等。
- 运维工具团队：加强工具的运营，扩大监控覆盖面，提升监控准确度，提升日志等异常诊断工具能力，提升自动化工具使用率，提升数据分析能力。
- 流程经理：提升应急处置过程中的协同效率、信息传输及触达效率。
- 研发团队：修复程序逻辑缺陷，提升系统健壮性，提升日志完备度、增加监控埋点，加强版本管理优化等。

- 测试团队：提升非功能性测试、功能性测试覆盖面等。
- 产品团队：完善业务逻辑设计、功能设计。
- 第三方厂商：提升硬件、软件、线路等的健壮性等。

发现改进事项只是开始，下一步是对改进措施跟踪，需要制定专项跟踪机制，比如专项问题管理例会、问题催办进展与通报、问题与变更闭环、问题关闭策略等。基于改进措施跟踪的复杂性，很多组织的问题管理应该与绩效关联，同时结合数据驱动来保障高优先级问题得到及时解决。在改进措施跟踪上，建议采用全线上闭环，打通各参与方的工作平台，实现自动化催办。

6. 编写故障报告并发布

每个故障都应该有一份故障报告。故障报告不限于一份标题为“×××故障分析报告”的文档，可将前面几个步骤的数据整合进行分析。完整的故障报告包括：故障过程、根因分析、影响分析、问题及改进措施、定责，以及针对个别突出问题的专项分析。ITSM、故障管理系统、运维专家知识库可以作为故障报告的管理系统，最好能将故障过程、操作、影响范围等数字化，并设置报告检索框，以便追踪故障处置情况。

报告编写完成后最好能公开发布。发布不仅是对问题的警戒，还包括对处理过程优点的公示。不同类型故障有不同的发布方式，比如风险通报、专项例会、跨团队沟通等。

Chapter 15 第15章

变更管理

经验告诉我们，生产环境中发生的事故，有很大一部分是由软件和硬件的变更引起或触发的。如果不主动地管理变更，有意识地降低风险，服务将恶化或瓦解。必须对变更进行管理，以确保有可扩展的服务和快乐的客户。

——《架构即未来》

故障与变更管理是运维流程、平台、场景建设中出现频率最多的两个流程，故障管理是运维底线，变更管理是为了更好地实现IT需求交付。变更管理一是为了有效防控变更引发的业务连续性风险；二是协调资源，加快IT需求交付，提升IT需求交付质量。变更管理通常包括变更流程、变更评审、变更实施、变更效果评估的管理。变更流程管理主要指制订变更发布计划，并通过线上流程进行变更申请的审批；变更评审管理主要指围绕降低变更风险，评估并推动要顺利达成变更交付目标需要开展的工作；变更实施管理主要指变更计划实施管理，以及变更发布涉及操作的管理；变更效果评估管理主要指围绕变更执行情况进行数据运营，以持续提升变更管理水平。

15.1 变更管理概述

很多人将控制风险作为变更管理唯一的目标，进而在变更管理流程中不断加入风险管控节点。完全的稳态不符合企业数字化转型的价值主张。敏稳双态是数字化时代变更管理的一种广泛认识，组织需要在管控风险的基础上，加快IT需求交付速度。

1. 生产变更管理是对 IT 需求交付效率与变更风险的管理

数字化转型要求业务能够敏捷响应外部环境，能够随着外部环境的变化做出调整，对 IT 需求的要求是快速交付。IT 需求的持续变更会带来风险。很多数据表明，企业大部分业务连续性故障是变更引发的。变更管理是 IT 服务管理的一个重要流程，是 IT 交付核心价值链的“最后一公里”。变更管理的目标是通过规范生产系统变更操作，减少变更带来的问题，并高效和迅速地处理变更。遗憾的是，很多 IT 组织认为变更管理是对交付的控制、限制，所以运维组织在推进变更管理时需要平衡变更风险、标准、效率等多个维度，并进行变更管理运营。

2. 生产变更内容主要面向应用系统与平台支撑类变更

应用系统变更通常是由需求或故障驱动的，比如：新的信息系统上线，对现有系统的配置变更、业务参数调整、数据维护、补丁升级、账户迁移、系统切换、版本回滚等。平台支撑类变更重点指支持应用系统的机房、网络、IaaS 平台、PaaS 平台、操作系统、数据库、中间件等的变更，比如机房迁移、设备更换、新模块安装、基础平台软硬件升级、扩大容量等。

3. 变更管理在稳定性和交付速度之间做平衡

为了提高变更流程执行效率，运维需要对变更请求进行分类，针对不同信息系统重要级别、连续性要求、生命周期阶段等，制定不同的变更模板。有些运维组织将变更请求分为一般变更、重大变更、紧急变更、标准变更 4 类，不同类型的变更管理方式有所区别。其中，一般变更和重大变更通常称为常规性变更，这类变更计划性较好，有一些标准变更管理机制。紧急变更重点针对无法按计划进行管理的变更，比如生产故障的修复、紧急添加业务需求等。紧急变更对交付速度要求比较高，必要时可以先执行后补单。为了提高一些规律性强、自动化水平高的变更的交付效率，企业又会划分出标准变更，比如敏态下的互联网灰度发布等。通常针对标准变更的管理，运维可跳过风险评估，按照预授权定义，实现快速审批，并可以通过自动化工具提高标准变更的审批效率。运维组织要建立标准变更的目录清单，做好标准变更的入库审核。

原则上，非紧急变更发布必须先有线上审批流程，不可事后补单；紧急变更发布可口头审批通过，但事后必须补单；标准变更发布需经协商确定，每个标准变更需描述清变更发布类型、变更发布风险等，以确保在变更发布风险可控的前提下合理调配资源，同时变更发布流程经理定期组织回顾评审标准变更清单。

4. 变更管理前移是将稳定性保障经验前置到风险发生前

随着生产系统复杂度越来越高，运维组织又在推动变更管理前移、变更评审管理、变更发布管理、变更后验证管理。其中，变更管理前移包括技术架构规范前移，运维涉及的监控、日志、配置等规范落地，以及性能测试、链路测试、压力测试等。变更评审管理主要包括项目可行性评审、技术架构评审、变更窗口管理、CAB 评审等。变更发布管理主要针对发布操作，比如持续发布、灰度发布等。变更后验证管理主要是从技术与业务两个角度，对变更需求是否达标进行验证。

15.2 变更流程

虽然针对一般变更、重大变更、紧急变更、标准变更的流程审批节点、角色设置、时效性等要求各有不同，但总体来说变更管理涉及一个主线流程（见图 15-1）：变更申请、变更评审、变更审批、变更发布、变更验证。不同的运维组织根据流程精细化程度在这个主线流程中增加节点，比如在变更审批后增加通知节点、在变更后增加跟踪、总结节点等。

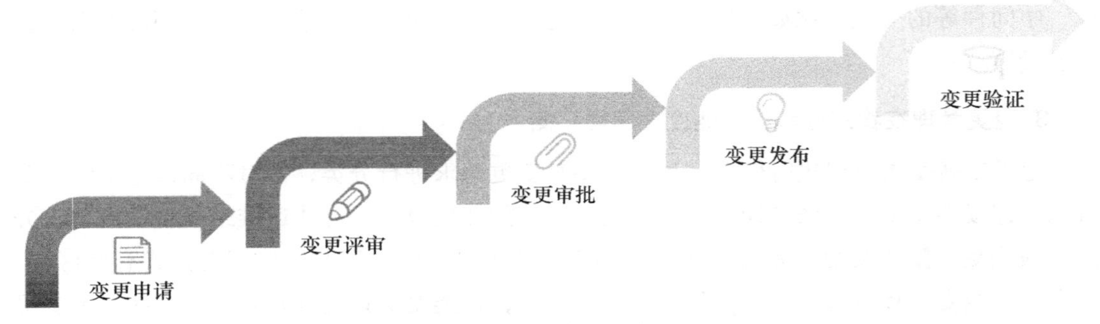

图 15-1 变更管理主线流程

1. 变更申请

变更申请指变更需求方或项目经理对变更进行申请，通常变更申请人在 ITSM 系统发起申请，然后系统自动调用变更流程工单。一个完整的变更申请通常包括变更背景、变更内容、变更发布手册、回退方案、测试报告、程序或数据变更清单、验证方案等。对于重大变更申请，可能还需要进行合规、安全等方面的管控。

2. 变更评审

变更评审主要是为了降低系统变更带来的风险，并让变更如期交付。在实际变更评审中，不同组织会在系统交付生命周期的不同阶段制定相应的变更评审机制，比如项目立项环节的可用性评审、技术或部署架构可用性评审，设计阶段的非功能性、可运维性评审，上线阶段的 CAB 评审等。

3. 变更审批

金融行业的变更通常要求见单操作，在操作前需要进行必要的、标准化的、多层级的审批。变更审批主要功能是将变更审批流程节点、步骤、岗位角色管理起来。通常，变更审批通过 ITSM 系统进行线上流转。为了加快变更审批速度、减少沟通成本，运维通常会在变更表单中设置相关约束条件，比如资源是否就绪、业务协同是否就绪。以往，变更审批通常只能由人工干预，随着企业运维平台不断完善，变更审批不仅要实现端到端流程线上化，还要简化流程，将可自动化的环节自动化，比如某个环节结束后自动触发相关自动化操作、基于 ChatOps 打造更加扁平化的审批流程。另外，变更审批后，通常还需要将变更涉及的时间、实施内容、业务影响、对下游系统影响、业务方检查反馈方案等通知给相关干系人。

4. 变更发布

变更发布是变更管理的“最后一公里”，涉及发布策略与方案的制定、发布流程、发布验收、变更后技术检查，变更异常涉及的变更回退，以及与发布相关的制品库、自动化部署工具等的管理。变更发布管理不到位容易引发生产故障，所以变更发布管理除了线上发布流程外，还需要配套相关协同操作机制，比如：变更发布前的公告、用户解释、业务验证安排、技术支持、窗口安排、后勤保障准备等；变更发布中的现场操作、关联支持、总体协调、应急管理、后勤保障等；变更发布后的基本功能验证、变更内容验证、进展通告、应急管理等。

5. 变更验证

变更验证包括技术验证与业务验证。技术验证指从技术角度进行可用性、性能、变更功能有效性、功能异常等的验证，通常采用监控、日志、数据库流水、主动拨测等手段；业务验证指从业务角度进行功能验证，通常尽最大可能模拟业务操作，需要提前准备相关用户账号、业务数据等。从验证内容看，变更验证包括变更项验证、基本或最小核心功能验证，前者是针对变更涉及的服务内容进行验证，后者是针对变更对象最基本的服务进行验证。一般来说，变更验证在变更发布后就要马上执行，若变更涉及功能无法马上生效，则要建立变更后验证跟踪机制。

15.3　变更管理切入点

变更管理是一个复杂的协同过程。本节从变更管理涉及的角色、变更窗口、变更评审 3 点进行分析，推动变更管理工作开展。

1. 变更管理涉及的角色

变更管理是一个涉及多方协同的工作，通常涉及以下角色。

变更发起人。牵头梳理变更材料、提交变更申请、跟踪和协调变更审批、发布、验证等流程，理想情况下应该由类似项目经理、产品经理等比较熟悉变更内容与变更流程的人负责。

变更负责人。对整个变更交付结果负责的人，负责与变更发起人沟通并完善变更发布计划、实施方案、回退计划、应急预案、影响分析、组织评审等，通常变更发起人与变更负责人是同一个。

变更审批人。在变更流程中，针对不同级别的变更通常会有不同的审批人。变更申请和变更审批不能由同一人负责。

变更实施人。负责在生产环境执行和实施变更的员工或团队，通常指一线运维人员。当变更流程标准化达到一定程度之后，一些组织会让独立的团队负责变更实施。

变更经理。不同组织对变更经理的角色定义不同，比如负责设计变更流程，协调、监控、跟踪流程执行，总体制定变更计划，收集变更反馈信息等。个别企业的变更经理还要负责重大变更的管控。

紧急咨询委员会（CAB）。辅助变更经理进行分析和决策，CAB 由来自不同部门的员工组成，包括 IT 部门的运维、测试、开发、安全等骨干以及供应商。

2. 变更窗口

变更窗口是指企业约定的、周期性的变更时间段，在此期间实施变更或发布变更对服务的影响更小，目的是降低变更风险，提高变更成功率，减少变更沟通成本。变更窗口并不限制变更内容，而是运维提前与研发、测试、业务约定好的一些变更时间段。

图 15-2 是一个变更窗口示例，图中色块代表不同的窗口类型。通常，对于影响业务的紧急变更不受限于窗口的管理，但需要遵守一事一批的原则。

10月						
日	一	二	三	四	五	六
	1	2	3	4	5	6
7	8	9	10	11	12	13
14	15	16	17	18	19	20
21	22	23	24	25	26	27
28	29	30	31			

色块	窗口类型
	法定长假、重大事件封网期
	应用系统大版本窗口
	周中紧急需求或故障修复窗口（影响业务故障不限此窗口控制）
	季度基础设施维护大窗口

图 15-2 变更窗口示例

变更窗口制度化。变更窗口制度化有助于规范变更窗口管理，明确各岗位角色的权利与义务，并将窗口融入变更管理生命周期。

适应敏态的 IT 交付。变更窗口有助于提升变更计划性，推动研发更好地做计划、合并版本等。在如今持续交付背景下，传统一个月一次或两次的变更方式显然无法满足。所以，敏态的变更窗口有利于修复非高度紧急的故障或实现紧急业务需求。另外，针对新系统上线试运行阶段发布迭代频繁等情况，运维可以考虑建立更加灵活的变更窗口管理机制。

提前发布变更窗口。制度化变更窗口后，运维还要在每年或每季将变更窗口发布出去，以便变更申请人提前准备。由于某些外部政策或内部管理事件也会影响变更时间段，因此变更窗口通常会进一步调整。

配套变更窗口管理机制。变更窗口的有效落实，还需要引入变更窗口管理机制，比如变更前的评审，每个月的变更总结，加强变更实施管控等。另外，还要依照变更发布管理报告周期，定期回顾变更执行结果，并将结果记录到变更发布管理服务报告中。

3. 变更评审

变更评审有两个关键作用：**降低变更带来的风险，让变更如期交付**。这两点看起来存在冲突，前者关注提供可靠、稳定的服务，后者关注个性化需求并快速变更。生产变更具有专业性强、复杂度高等特点，变更风险最好由多个领域专家从多个维度进行评估。另外，变更的危害极强，需要建立主动发现变更风险的工作机制，以及针对风险的应对措施。在控制风险的基础上如期交付业务，主要强调变更评审不能以控制风险为目的，而应强调识别与解除风险，促进变更如期完成。所以，控制风险与如期交付并不冲突，是相互关联的。

在实际的变更评审中，不同组织会在系统交付生命周期的不同阶段建立相对应的变更评审机制，比如项目立项阶段的可用性评审、技术或部署架构可用性评审，设计阶段的非功能性、可运维性评审等。在评审过程中，评审组织通常会设计评审涉及的清单。

技术评审包括以下内容。

- **交付材料评审**：包含评审人员、设备、软件、网络资源是否就绪，测试是否达到上线要求等。
- **内容审查评审**：包含评审变更内容是否满足业务需求、是否通过技术验证及业务验证，测试文档是否有效。
- **重要性程度评审**：评审变更重要程度，包含一般、重要、紧急、标准。
- **风险分析评审**：包含评审架构、容量、功能、遗留 Bug 等方面的风险。
- **变更实施评审**：包含评审变更计划、软件发布步骤、数据库执行顺序、数据迁移步骤，关联系统配合事项、变更后的技术验证与业务验证安排等。

- **应急管理评审**：包含评审版本回切、系统架构韧性、管控功能、应急预案、监控发现等。

同时，建立变更咨询委员会（CAB），围绕变更生命周期进行管控，在业务连续性目标上对变更交付进行改进。CAB由IT团队中相对权威的人士组成，可以包括运营经理、变更经理、应用运维经理、运维工程师、业务关系经理、服务台等。CAB会议可以是月会、周会或日会等。考虑到风险与效率的平衡，并非所有生产变更都需要提交到CAB进行评审，运维组织内需要制定清晰的规则，明确哪些变更需要交到CAB评审。CAB在评审过程中的职责如下。

- 评估执行变更的合规性、风险性、控制性。
- 对发现的问题进行督导，与变更干系人进行沟通，按需调整变更。
- 审核变更涉及的资源是否就绪。
- 为变更经理或变更决策者提供信息支持。
- 对即将发布的变更进行宣传或公告通知。
- 参与变更流程的持续改进。
- 根据需要对个别变更进行深入审查。
- 对上一阶段的变更进行复盘，尤其是失败的变更，以及变更引发的生产事件。

第 16 章 Chapter 16

服务目录与服务台

IT 服务管理是一种以流程为导向、以客户为中心的方法，它通过整合 IT 服务与组织业务，提高组织 IT 服务提供和服务支持的能力。

——ITSMF（国际 IT 服务管理论坛）

从运维角度看，IT 服务管理是应对复杂性提升所提出的 IT 管理方法，是以业务为本，以客户为中心，以稳健运维、风险可控为底线，从组织、流程、工具、场景 4 个维度构建的一套标准化、可扩展的 IT 运维管理方法，可以持续提升服务水平，提高企业效能，降低成本。IT 服务管理要求运维组织从原来被动运维支持的模式向主动建立服务的模式转变，关注服务供需双方的连接。服务目录将所有内部、外部 IT 服务加以整合、标准化，让 IT 服务具备成本管理基础，为服务供需双方提供线上连接工具，并与服务台、知识库、云平台等连通，提供人工、半自动化、全自动化服务。

16.1 从被动运维支持转化为主动建立服务

企业为了实现业务目标纷纷建立了以客户为中心的服务，这就要求企业的 IT 管理能够紧扣客户需求和业务流程，从而确保 IT 作为一种服务帮助企业实现业务目标和提升客户体验。同时，企业还要评估和控制 IT 投资成本，提高 IT 投入产出比。

1. 借鉴 IT 服务管理方法论

服务体验与成本管理促使 IT 组织从技术管理向 IT 服务管理（以下简称 ITSM）转变。

ITSM以“控底线、优服务、提效能、降成本”为实施目标，为组织架构调整、流程标准化、运行保障、效率提升、服务交付、成本优化提供理论支撑。

市场上ITSM系统主要以ITIL、ISO20000为理论基础进行设计。其中，ITIL提出了几十种服务的最佳实践。用户在应用ITIL时可以自行决定落地哪些流程或服务，并结合组织内部需要进行扩展。ISO20000是基于ITIL最佳实践构建的一套通过管理和规范服务流程确保IT服务质量的国际标准。ISO20000认证适用于ITSM提供者，可以是甲方内部IT组织，也可以是提供IT服务的乙方。通常，通过ISO20000认证在一定程度上说明组织对ITSM流程标准化具备较高的水平。因为ISO20000描述了企业要实施最佳IT服务管理需要完成的工作，列出一份强制流程控制清单，需要认证企业一一达标。对于金融企业来说，通过ISO20000认证的过程是标准化流程梳理与落地的过程，这个过程让运维组织工作可量化，为数字化工作奠定了基础。

业内一些新兴的2B厂商或布道者提出ITIL、ISO20000、ITSS（以下简称为“ITIL等”）体系已经过时，已不能适应现在的运维管理，应该采用更敏捷的方式构建运维管理体系。笔者并不认同这种观点，一是DevOps、AIOps虽然在不少组织获得了成功，但DevOps是一种面向软件交付的工程文化，AIOps要求的运维模式与技术平台与现实差距大，ITIL等则提供了更加全面与成熟的管理实践；二是很多人认为ITIL等落后思想的观点可能来自未真正落地ITIL等最佳实践的组织，比如将ITIL等理解为流程的管理，即基于ITIL等的服务全生命周期进行管理，不仅能提高IT管控、服务水平，还能提高工作效率；三是与康威定律相关，比如在当前金融行业内研发与运维是分离的两个部门，ITIL等可以更好地与传统金融企业文化融合，带来更快、更经济的成效，适合在整个组织中落地。

2. 打造主动服务的文化

以往运维人员的工作主要以事件驱动的被动操作为主，即服务消费方找到具体的运维人员处理，部分运维人员可能有主动帮别人解决问题的心，这种工作状态效率低下、服务交付碎片化、IT资源缺乏统筹协调，无法形成合力。作为企业里的服务团队，运维组织为企业的业务、应用、所有中前后台人员提供IT服务，需要强调主动服务意识，打造主动服务的文化。要建立主动服务的文化，组织可以考虑以下几点。

拥有客户管理意识。客户管理区别于用户管理，强调运维组织中的每个角色都要有主动服务的意识。运维组织成员需要理解运维组织最关键的价值创造均是围绕业务，为更好地运营管理业务提供IT支撑。运维组织要让不同的运维团队清楚所在岗位的具体职责，理解哪些是关键的IT服务能力，哪些是工作底线，针对工作底线进行服务能力量化，制定服务能力及格线。同时，要在工作底线基础上，不断提升服务能力。另外，运维组织成员要理解服务消费方是谁、有什么诉求，比如业务运维团队的服务消费方主要是业务人员，他们的诉求是业务连续性、更高效的 IT 资源支持；DBA 运维团队的服务消费方主要是业务运维团队，他们的诉求是数据库的高可用、高性能；运维工具开发团队的服务消费方主要是负责业务、系统、硬件、网络的职能型运维团队，他们的诉求是运维工具赋能。

建立一个可持续性优化的工作机制。要打破被动运维的工作状态，运维组织要有一个 IT 服务可持续优化的机制，通过不断分析当前组织存在的效率、质量、安全等问题，并标准化流程、构建工具来持续优化。形成可持续优化的工作机制，不仅需要在日常运维工作中反复强化组织成员的 IT 服务意识，形成主动服务的思维习惯，还需要借鉴 PCDA 思路，自顶向下将服务文化转化为可落地的服务丰富计划，将 IT 服务能力进行量化，持续评估服务交付效果。

服务文化要有体系支撑。业务或研发团队希望变更交付越快越好，但运维团队需守住业务连续性保障的底线，在实施上要多考虑计划性流程，比如 CAB 的计划评审机制就需要在多个层面让业务、研发、测试团队提前知道，以便提前做好计划。

进行精细化分工。精细化分工可以从两个层次解决持续优化问题。首先，精细化分工针对以往操作性工作进行归纳，可以提高这类工作岗位人员的熟练程度与服务质量，有利于集中资源进行分析优化；其次，精细化分工有助于从原来被动工作的人力中释放一部分进行计划性工作。

3. 梳理并丰富服务内容

丰富服务内容包括丰富服务广度与丰富服务深度，丰富服务广度即增加服务类型数，丰富服务深度即提升服务质量。

丰富服务广度，需要知道 IT 运维涉及哪些服务，比如用户类、数据类、资源类、办公支持类、权限门禁类、资产管理类、运维开发需求类、自助服务请求类、其他常规工作类等。针对上述服务，运维组织可以建立统一的 IT 服务目录，让服务提供方作为 IT 服务的牵头人，参与服务交付设计。通常来说，服务提供方更清楚自己的能力，能接触更多服务消费方，比如办公支持的运维团队需要主动收集用户对办公方面的服务需求，中间件管理员需要总结应用运维人员经常需要哪些中间件服务需求，应用运维人员需要梳理各类用户对应用或数据层面的服务需求等。

丰富服务深度，需要对服务持续总结，梳理服务从申请到交付整个过程的最佳实践，将经验标准化，寻求更高效的解决方案。同时，运维人员优化服务时要多从服务消费方出发，交付体验更好的服务。

4. 服务工具化

在人力资源基本不变的情况下，运维组织要持续丰富服务广度、深度，以及提高服务质量，通过服务工具化提高存量人力的产出。服务工具化需要先将服务标准化，再将标准化服务自动化，最后通过场景整合自动化服务。

（1）服务标准化

服务工具化的第一步是服务标准化。运维专家意见式的服务交付容易出现千人千面情况，不仅影响服务体验，也不利于服务自动化。以申请主机资源为例，资源处理人需要知道主机 IP 处于哪个网段、安装什么操作系统、操作系统版本号、默认部署的代理、部署在测试环境还是生产环境、与此主机在同一资源集群的其他主机资源在哪个区域等信息，在资源处理完之后还要将相关配置信息推送到 CMDB。如果该资源申请是靠手工完成，很容易出现申请内容不完整导致资源交付不符合要求的情况。上述资源申请服务标准化有几个优势。

- 服务交付更加有序，服务质量更高。
- 减少交付过程中的沟通成本，提高交付成功率。
- 将通用模块进行横向分离，实现个性化需求。
- 有助于细分服务原子，并进行针对性的自动化。

概括地说，服务标准化是在全局层面将服务交付统筹管理，在具体服务内容层面细分服务交付流程，以流水线方式交付。服务标准化后可以快速将标准服务线上化。

（2）服务自动化

服务标准化与线上化是以服务自动化为基础，将 IT 服务申请、受理、交付抽象为流水线式的服务模型。服务自动化针对平台自动化与工具自动化。平台自动化可通过集中资源来实现，比如服务的统一认证、统一入口等。工具自动化主要是将服务交付过程中流水线式的处理方法以最佳实践用工具固化下来。另外，服务自动化需要接入其他工具，比如可以在服务台对接经验库，在变更交付中关联架构管理工具或监控工具等，工具之间的互联互通能让传统交付质量大大提高。

（3）服务场景化

多个不同服务按一定主题进行组合，可以形成一个场景的服务。运维工具开发过程中容易将工具做成局部操作自动化，但实际的工具应该基于场景，针对服务供需双方在某个特定时间对多个工具进行整合。在服务交付场景化的粒度选择上需要视实际情况而定，建议采用 2/8 原则对 80% 的场景进行组合形成通用场景，比如在新员工入职场景中将各类资源与用户申请整合，在新应用上线场景中将软硬件资源、配置等服务整合。

5. 制定服务质量持续优化机制

实现服务线上化的同时，还要制定服务质量持续优化机制。

选择量化服务质量的指标。运维管理考核指标包括服务台咨询响应率、工单处理及时率等。这些考核指标通常采用底线思维，容易造成运维组织只有及格与不及格的评价，对员工的要求更多是尽最大努力做好基本保障，这种底线思维对组织成长不利。没有量化服务质量就无法动态评价 IT 服务做得好不好，IT 服务能力就不能持续提升，因此组织需要为每个 IT 服务选择关键的量化质量指标。

服务指标可视化。可视化可将人头脑中形成的最佳实践以计算机的形式呈现出来，它体现出专家对运维服务的理解达到什么程度，将运维数据公开、透明，实现数据共享，对数据的理解一致化，实现对 IT 资源与服务的全局掌控，进而实现数据驱动运维。

服务质量在线监测。服务质量数据分析需要有服务运行数据、历史服务质量数据波动曲线、服务质量历史交付基线。

服务质量问题的跟踪。监测到的服务问题为服务交付者或服务运营的流程经理提供决策辅助信息，以做出服务改进决策。有了决策后，下一步是执行服务决策，包括当前服务问题的快速解决，以及服务问题背后的人员、流程、工具问题的解决。

16.2 服务目录

服务目录是 IT 服务供需双方线上连接的工具，通过与服务台、知识库、云平台等连通，提供人工、半自动化、全自动化能力，以便用户按需获取服务。

1. 服务目录解决什么问题

运维组织在推动 IT 服务管理过程中经常遇到以下问题。

- 业务人员不知道运维能够提供什么服务，有些业务人员认为和电相关的都和运维有关，有些业务人员认为只是信息系统相关的软硬件与运维有关。
- 业务、运维人员对运维服务水平的定义或期望不匹配。
- 运维作为成本中心，源源不断地消耗公司资源，运维价值是高是低如何衡量？运维服务是否有成本？有限的成本应该往哪方面倾斜？
- 运维组织缺少量化服务质量与清晰计划的能力，没有主动持续优化服务质量。
- 运维以经验导向为主，运维组织缺乏有效、便捷、一站式的服务协同工具，以便快速上架服务，业务人员透明获知服务反馈，基于服务交付数据持续优化管理机制。
- 运维团队如何从被动向主动运维转型，提升运维价值。
- 运维组织关键的价值链是什么？每条价值链实际运营情况如何？如何持续提升？

2. 服务目录概述

服务目录定位为运维服务的集合，将运维组织的服务标准化、线上化，方便用户按需查找，并进行申请。

在具体构建 IT 服务目录时，首先需要对 IT 服务进行分类，参考 BMC 的服务管理框架，划分如下。

- **业务服务**：针对产品或业务中相对独立，可归纳为单独流程的服务，比如咨询、销售、售后等。
- **共享技术架构服务**：针对一些原子或底层的服务，是大部分 IT 服务的组成部分，比如网络、平台级的服务。
- **技术服务**：针对业务连续性或计算要求而提供的服务。
- **IT 配套服务**：针对研发、咨询、业务支持、桌面、账号、权限等的配套服务。

企业也可以根据实际特点进行分类，比如按 IT 组织分工方式划分为针对研发、产品、测试、运维等的服务目录，或按 IT 组织价值链路分为针对应用连续性保障、软件交付、IT 资源交付等的服务目录。服务分类的过程是 IT 组织梳理 IT 服务能力、业务对象、服务内容、标准化服务交付方式、线上化服务的过程。

服务目录涉及 IT 服务管理全生命周期的梳理（对 IT 资产标准化、线上化、数字化的过程），需要从规划、设计、运营多个维度进行分解。以手机证券系统运行保障的 IT 服务为例，服务目录应能将应用系统有效运行所需要的所有服务数字化，具体如下。

- **系统重要性级别**：与业务部门签订 SLA，定义系统关键 SLO 及 SLI 相关的服务可用性要求。
- **系统硬件部署服务状况**：描述 IaaS 层对系统提供的服务，比如部署在哪些机房、使用多少机柜、每个月耗用多少电量、主机容量负载状况、存储空间消耗、网络带宽等。
- **平台软件服务状况**：描述 PaaS 层对系统提供的服务，比如由哪些商业套件组成、使用什么基础软件、应用在什么平台、是否部署于容器、使用什么主机操作系统，以及相关软件版本等。
- **人力资源服务状况**：描述职能团队资源投入，比如系统运行保障涉及的应用运维人员、研发人员、测试人员等的投入。
- **通用人力资源服务状况**：描述横向团队人力资源投入情况，比如用户与参数集中维护、数据提取、服务台支持、工具研发等涉及人员的投入。

3. 服务目录的表达方式

传统 IT 组织通常为服务消费方提供一个统一的服务目录门户，以便用户按照自己所需找到服务，并在后台提供标准服务上架、运营管理功能。阿里云提供的自助服务见图 16-1。

一些企业将服务与知识库、服务台打通，以类似咨询的方式提供服务，这种方式比较适合用户不知道用哪个服务解决问题，比如图 16-2 所示的阿里云咨询服务。

运维服务目录对于服务的管理，包括提供服务介绍、服务时效性、负责人等基础信息，支持用户自助式检索、申请服务，以及通过联系 IT 服务台获取服务。在服务具体设计上，组织需要提升用户体验，比如设计对服务进行打分、服务在线处理轨迹功能，引入 ChatOps

等。服务目录以非 IT 人员熟悉的语言体系取代信息技术的语言体系，是一个有效的、扁平化的协作系统，也是非 IT 人员喜闻乐见的服务交付形式。

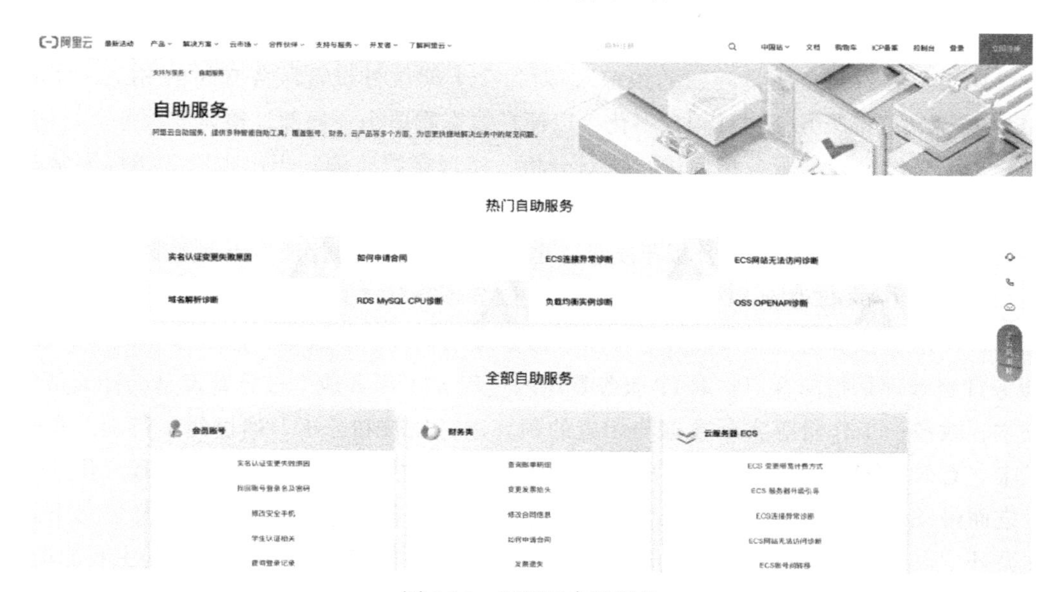

图 16-1　阿里云自助服务

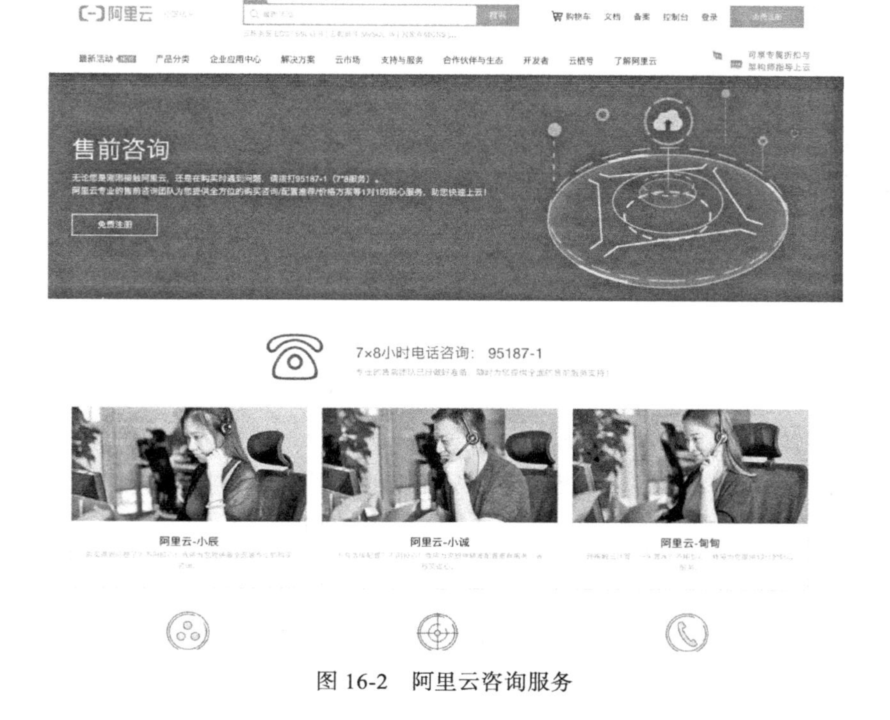

图 16-2　阿里云咨询服务

4. 服务目录的运营

服务目录支持服务消费方根据自己的需要找到服务，支持供应方上架 IT 服务。在服务运营方面，组织可以借鉴 16.1 节提到的“选择量化服务质量指标、服务指标可视化、服务质量在线监测、服务质量问题的跟踪”，对每个上架服务设置服务交付的 SLA，明确服务 SLO 与 SLI；将服务交付过程数字化，以便在线查看单个、局部、整体的服务交付情况；对服务实际交付时长与服务指标进行比对分析，实现在线监测；当出现服务指标异常时对服务进行升级，并在事后对出现问题的服务进行优化。

服务目录的运营除了可提升服务质量，也是对服务成本的管理。要理解服务成本管理，可以参考 ITIL 中的 IT 服务财务管理，包括 IT 服务预算、IT 服务计费、IT 服务成本核算等的管理。IT 服务预算管理指按照业务需求、服务级别估计各项成本，制定预算成本的过程；IT 服务计费管理是指向客户收取 IT 服务费用的过程；IT 服务成本核算管理是会计人员定期将成本、收益、工作量等实际数据与相应的预算进行比较和分析，通过纠正行动，实现降低成本、有效分配资源的过程。服务目录运营引导部门主动通过信息化资源最大化业务价值，进而带动信息化资源的有效配置，从源头上消除信息化资源滥用导致服务质量下降的恶性循环，促进运维组织从成本中心向服务中心转变，释放团队创造力与提升主观能动性，从内部挖掘服务质量持续提升的动力。

5. 服务目录在企业数字化转型中的意义

服务目录可以作为数字化时代企业内部协同的一个方法。在数字化时代一切皆服务的背景下，所有工作都将在数字化工作空间开展，服务目录是一种连接企业内外部资源的协同模式，不仅是面向 IT 服务。像广东政务网将省级以下的政务服务进行集中式、标准化管理，将大量民生服务整合在一起，以便民众一站式得到政务服务，这就是典型的企业级服务例子。

16.3 服务台

服务台在 ITSM 中扮演着一个重要角色，核心职能是为组织提供实时、多样、便捷的 IT 服务。服务台可以理解为 IT 组织向外提供服务的前台，是连接用户和 IT 组织的一个平台，起到双向信息反馈的作用，是提供高效率科技运营服务不可或缺的环节。

1. 服务台概述

服务台通常承担对用户服务请求初步处理，并根据经验库与员工经验对外提供服务的职能。如果无法处理服务，服务台可以将服务转到对应职能级团队的一线、二线、三线处理，并承担转派服务处理情况的监测。图 16-3 是常见的服务台架构。可以看到，服务台提供的服务内容主要包括咨询、请求、报障、投诉 / 建议、知识等，并建立电话、社交软件、工单、智能客服、服务目录等渠道。服务台作为一个用户连接的前台，已经融入 IT 服务管理流程，比如在事件管理流程中，用户提出生产事件或服务请求，服务台负责服务请求受理、事件识别、事件转派与跟踪、用户解释等；在发布与变更管理流程中，服务台负责收集用户变更请求并向用户发布变更信息等。为了更好地提高在线服务体验，服务台还会与“监、管、控、析”平台互联互通，实现统一的服务工单管理，提高整体效率和用户满意度。

2. 服务台组织形式

服务台组织形式通常包括分布式、集中式、虚拟式。分布式服务台指根据运维组织特点，建立多套服务台，比如根据区域、部门分别建立单独的服务台。集中式服务台由一个独立的服务台承担企业所有运维组织服务请求的处理，负责接收、记录、监督、升级请求和呼叫支持。虚拟式服务台是采用呼叫中心技术实现跨区域或全球 IT 服务支持。当出现服务请求时，虚拟式服务台可以为各地用户提供实时的服务支持。面向内部用户的运维组织可以根据自身需要建立混合式服务台，即在总部 IT 部门设置集中式服务台，配套一站式虚拟式服务台涉及的服务请求管理、知识库、服务目录等工具，并与企业事件管理、变更等流程整合。

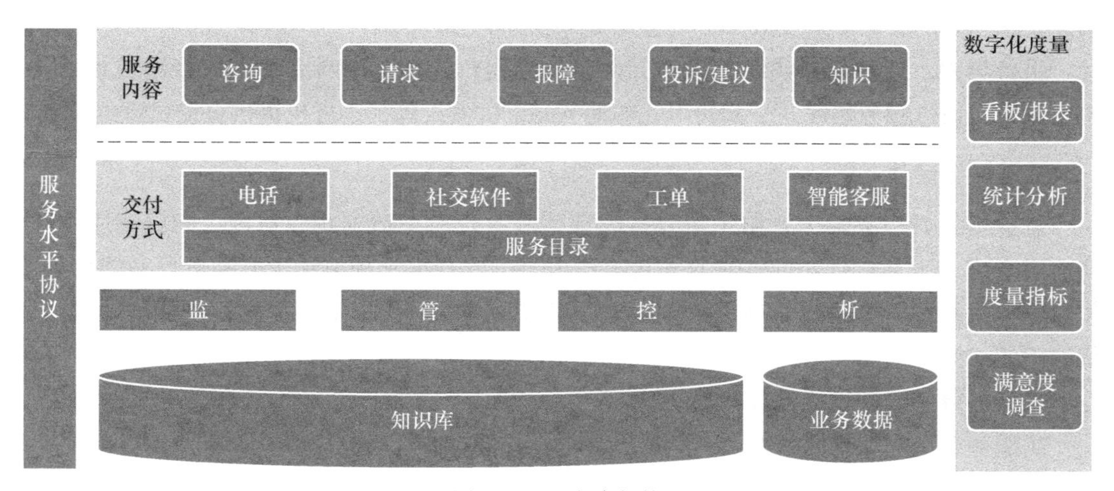

图 16-3　服务台架构

3. 服务台工作范围

服务台是一个服务渠道或服务提供主体，支持用户请求响应、信息发布、管理客户需求与客户关系，以及日常运作管理协同。

- **用户请求响应**。对用户提出的系统异常、问题咨询、服务请求、变更请求等进行受理、记录、处理、分派、跟踪。

- **信息发布**。对变更发布、生产故障影响、故障恢复、客户解释等信息进行发布。
- **管理客户需求与客户关系**。服务台作为用户与IT部门的连接工具，一方面可以为用户提供更好的服务；另一方面有助于更好地了解用户体验、用户关注的信息，跟踪并反馈用户问题。
- **日常运作管理协同**。运营过程涉及大量运营协作的工作，比如故障集结、监控告警升级、供应商联系等，通过独立的服务台进行信息触达可降低沟通成本。

4. 服务台构建思路

在构建服务台时，组织可以考虑围绕“**标准化、自助式、数据驱动、服务导向**”四个思路推进。

标准化。统一IT服务交付方式，优化服务上架、下架、申请、反馈流程，完善服务目录，结合SLA，实现服务可量化、可控制、可管理，提高服务效率和质量，提升用户满意度。

自助式。建设知识库实现知识管理和维护，解决用户常见的问题，以减少提交后台处理的请求。同时，引入数字化技术实现人机协同，比如通过机器人实时完成用户咨询类问题的答复；用户除可提交请求外，可实时查看工单处理情况、催单、系统交易指标等。

数据驱动。对所有服务请求线上化，通过服务交付数据，统计分析服务台运转情况，掌控技术团队的服务质量及效率，以持续提升服务能力。

服务导向。通过用户满意度调查，及时掌握用户需求，不断完善服务台流程和服务。丰富渠道，通过服务热线、个人门户、移动App、机器人等，全方位提供自助式运维服务。

5. 服务台运营

要持续提升服务能力，组织需要持续评估服务台对于请求响应速度、问题解决情况、客户满意度等，并有针对性地对服务台工作人员的客户需求理解能力、问题处理能力、协作能力等进行提升，制定合理的SLA，以及配套优化工具等。下面提供一些针对服务台评估常用的指标。

- 服务台每天响应事件数。
- 服务台一次解决问题率。
- 升级到二线、三线解决的事件率。
- 客户满意度。
- 平均等待时长。
- 主要问题类型的占比。
- 知识库匹配度。
- 请求转事件率。

第 17 章 Chapter 17

架构管理

企业软件的开发团队必须保持杞人忧天的心态，即相信坏事情肯定会发生。这样的软件甚至都不信任自己，所以会在内部竖起屏障，防止系统失效。

——《发布！设计与部署稳定的分布式系统》

随着技术架构复杂度不断增加，运维管理难度呈指数级增加。要发挥运维核心价值，组织不仅要保障基础设施、平台软件的高可用，还要不断向应用侧深入，提升应用软件架构管理能力，提升系统稳定性。架构是系统的骨架，是组织的核心资产。组织需要在运维侧建立架构管理工作机制，沉淀架构资产。在具体实现上，组织可通过运维前移与事件驱动等，推进技术架构标准、技术评审持续优化。

17.1 常见的技术架构

技术架构的核心价值是为业务服务提供最优解。只有最合适的技术架构，没有最好的技术架构。

技术架构是基于业务、技术、组织、可扩展性、可维护性等，由企业研发、测试、运维以及供应商等领域专家对信息系统的知识沉淀。在当前软件定义趋势下，本章的技术架构主要指软件技术架构。软件架构的定义为："一系列相关抽象模式，用于指导大型软件系统各个方面的设计，是一个系统的草图，描述的对象是直接构成系统的抽象组件。各个组件之间的连接则明确和相对细致地描述组件之间的通信。"从定义中，我们可以摘出 4 个关键词：**模式**、**组件**、**连接**、**描述**。

- **模式**：特定问题的通用、可重用解决方案，比如分层、事件驱动、分布式、缓存、异步、冗余等。
- **组件**：独立的模块，比如应用服务、数据库、中间件等。
- **连接**：组件间的调用、访问关系。
- **描述**：对模式、组件、连接的整体描述，比如架构图。

下面从应用、系统软件、基础设施3个层面大概罗列出运维领域常见的技术架构（见图17-1）。

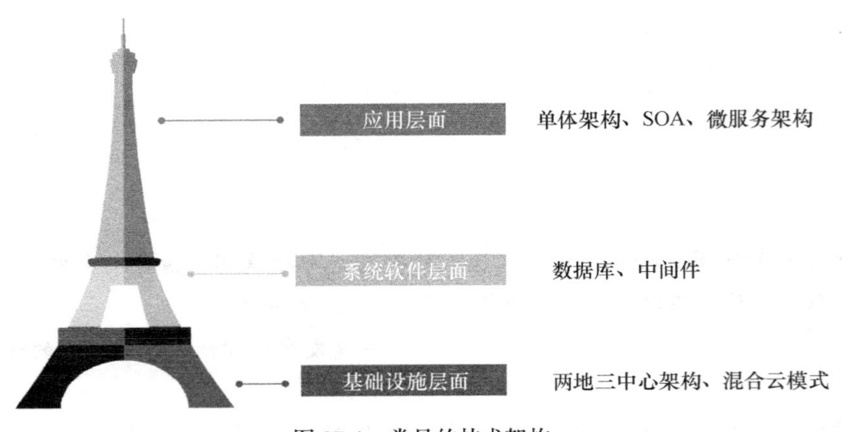

图17-1 常见的技术架构

1. 应用层面

单体、SOA、微服务架构是应用层面常见的3种技术架构，每种架构各具优缺点。

（1）单体架构

单体架构指所有功能模块的制品打包在一起，部署在一个中间件中。单体架构广泛应用于组织内部管理类、对并发要求不高、变更迭代少的系统。从稳定性看，单体架构的优点是服务器、中间件、数据库等组件部署清晰，应急保障、变更部署、变更验证、系统扩容方案等运维行为容易固化，有利于专家经验沉淀；缺点是模块紧耦合，制品包过大，牵一发而动全身，可维护性、扩展性会随着业务复杂性提升而降低，维护成本增加，故障隔离性差，程序故障修复慢。

（2）SOA

SOA（面向服务的架构）是一种组件模型，将应用程序的不同功能单元进行组件拆分，每个组件对应一个完整的业务逻辑，组件之间通过定义良好的接口和协议连接。与单体架构相比，SOA采用了一种松耦合服务模式，以服务为中心的各个组件依靠ESB，通过简单、精确定义的接口进行通信。SOA 帮助企业以更高效、更可靠、更具重用性的方式，设计整个业务体系的信息系统。相较于单体架构，以 SOA 构建的系统能够更加从容地面对业务的急剧变化。从运维角度看，单体架构组件部署方式很清晰，比如故障应急时，运维人员凭经验即可快速定位问题；SOA 下，软件、服务部署在不同的设备上，同一个业务涉及多个系统、多个团队，某一个服务组件异常可能会对全局产生影响。随着应用架构高可用性不断提升，以及运维工具平台赋能，SOA 的运维难度降低了。

（3）微服务架构

微服务架构是在 SOA 上的升华，强调的一个重点是“业务需要彻底的组件化和服务化”，原有的单个业务系统会拆分为多个可以独立开发、设计、运行的小应用。另外，微服务架构强调去中心化，由 API 网关代替 SOA 中 ESB 这种中央管控式模块，实现鉴权、负载均衡、限流熔断、服务路由等。由于每个服务都专注于某一细分功能，逻辑相对单一，更易于开发与维护，扩展性好。站在运维侧看，微服务架构带来一系列优点的同时，也进一步提升了运维管理复杂性，比如单体架构下服务主要部署几台性能强大的服务器上，而微服务架构下服务会被拆分，部署在不同的服务器上，调用链路更加复杂。

2. 系统软件层面

（1）数据库

数据是运维的生命线，数据库关注高可用、高性能、一致性、扩展性。数据库高可用主要从硬件与软件两个层面考虑，硬件层面高可用可利用存储冗余保证数据完整、可靠。下面介绍软件层面的高可用方案。

- **主备模式**：主机负责读写，备机只负责故障转移，通常主机、备机共享一份数据。主备机通过心跳机制自动或手工切换。
- **主从模式**：包括一主一从或一主多从，主机负责写，从机负责读，实现读写分离。
- **分布式**：重点解决大表的读写问题，通常是利用分布式中间件，实现事务、数据处理。中间件使底层分布式数据对于上层应用而言是透明的，相当一个逻辑数据库。在分布式中间件下，用户可以根据业务的区域、种类等进行分库分表。

针对数据库性能问题，我们通常会先从 SQL 语句、索引、程序逻辑等方面进行优化；其次是架构层面优化，比如主备模式下通常纵向扩容，即加服务器资源，换性能更强的服务器，或迁移大表；或从应用角度将查询多与写入多的逻辑区分开，对应将数据库进行垂直切分。

（2）中间件

此处中间件不局限于 Tomcat、Weblogic、Websphere 等 Web 中间件，还包括服务注册与发现涉及的 ZooKeeper、Eureka，Kafka、RocketMQ、RabbitMQ 等消息中间件。这些主

流的中间件通常会有一些比较成熟的部署方案支持。运维在架构方面重点推动平台层的标准化，配备相应的云资源，监控、自动化相关工具，以更好地支持此类组件的维护。

3. 基础设施层面

金融行业在数据中心层面主要采用两地三中心架构部署，三中心指主中心、同城备份中心、异地灾备中心。在这种模式下，多个数据中心是主备关系，平时主数据中心承担用户的核心业务，其他数据中心主要承担一些非关键业务并同时备份主数据中心的数据、配置、业务等，当发生灾难时，主数据中心宕机、备份数据中心可以快速恢复数据和应用，从而减少给用户带来的损失。随着系统稳定性要求越来越高，以及对备份中心资源利用率的考量，很多组织会推动分布式多活数据中心的建设，即将业务分布到多个数据中心，彼此并行为客户提供服务。同时，一些企业会在两地三中心架构基础上增加同城灾备中心来解决异常灾备中心数据同步时效性问题，租用异地机房解决终端接入问题，或引入行业云、公有云实现弹性扩容，形成了混合云模式。

对于应用系统，基础设施层一方面提供良好扩展性的基础设施服务；另一方面向上层应用提出双活、多活等更高的要求，驱动架构升级。

17.2 技术架构稳定性保障

不同的岗位对架构的关注点不同，比如业务架构师重点关注业务规划、业务模块、业务流程，研发工程师重点关注架构分层、数据模型、设计模式、接口、数据交互等，运维工程师重点关注高可用、故障恢复、数据、非功能性设计等。本节从运维工程师关注点讲解技术架构稳定性保障。

1. 高可用

高可用是运维管理的底线要求之一。运维工程师的主要工作是消灭单点风险，提升系统韧性。一方面，运维工程师需要在硬件、软件、平台等层面，关注为应用提供高可用的基础服务，比如主备、主从、分布式数据库，两地三中心、分布式数据中心，负载均衡器、高可用消息中间件等。另一方面，运维工程师需要提前提出架构高可用规范，制定通用组件、信息系统架构高可用参考模式，将高可用要求更早地落地在系统设计中。

2. 故障恢复

从架构角度看故障恢复，运维工程师可以依据一些最佳实践来保障架构稳定性，具体如下。

- **应用拆分**。从逻辑上分析业务主流程，将分支交易进行分离，按业务功能、区域、用户等角度拆分出独立的服务；从物理上将服务独立部署，以便出现问题后快速采取措施进行隔离。

- **服务或系统解耦**。软件设计中一般用耦合度和内聚度来衡量模块独立程度。高内聚、低耦合是软件工程中的概念，是判断设计好坏的标准。运维可以推动架构解耦，比如 Web 服务到应用逻辑服务前加消息队列，以免前端流量大导致后端处理跟不上；数据库前加缓存层，减轻数据库并发压力。
- **减少节点服务依赖**。将多节点逻辑交互改为端对端访问，一方面减少影响交易因素，另一方面减少某节点服务性能问题影响其他应用系统。
- **改为异步访问**。同步访问在某服务出现问题时，会在短时间内产生大量连接。将同步访问改异步访问，或引入消息队列可解决上述问题。
- **多层次缓存**。在前端、应用内部、数据库等层面引入缓存，比如，前端可以利用缓存减少页面刷新，比如关系数据库前可以加上内存数据库，应用中可以用缓存代替数据库读操作。
- **优化数据库**。采用 SQL 语句优化、索引新增、数据定时清理、减少数据库一次返回结果集等方式优化。
- **引入限流、削峰机制**。前端系统因为业务逻辑简单往往可以支持更多请求，但后端系统需要有效支持前端请求的激增。架构优化上，可在前端系统引入交易并发控制开关，必要时进行限流、削峰，以及后端服务降级，通过一些前端交互设计减轻对客户体验的影响。
- **支持基础设施快速扩容**。采用云平台，用软件定义基础设施硬件，在故障背景下支持快速扩容。

3. 数据

大部分系统涉及持久化数据的相关组件，比如像关系型数据库、非关系型数据库、文件内容管理等。对于数据，架构高可用、事务一致性、数据完整性、运营数据监控管理等是运维底线。持久化数据的周期通常会比系统与硬件的生命周期长很多，很多新系统上线或架构调整都涉及数据迁移。同时，一些系统涉及复杂数据处理，比如清算、对账等操作，这些操作极易受数据问题影响，运维侧需要关注数据处理的异常中断原因定位、哪些环节可以应急中断、中断后是否支持多次重试、与第三方系统约定数据不一致时以哪方为基准等。另外，随着业务复杂度变高，系统产生了更多数据，数据应用场景更多，对数据准确性要求更高。

4. 非功能性设计

运维的非功能性设计重点解决系统的可运维性问题。可运维性直接决定系统在生产环境的成本与收益，甚至决定系统生命周期。以下罗列运维工程师需要关注的非功能性设计。

- **系统运行状况可观测**。云原生提出可观测的监控指标、日志、链路三要素同样适用于传统以主机为代表的技术架构。运维是在一个黑盒子成品上进行监控、日志、链路完善。像 NPM、APM、BPM 等是运维侧的一些解决方案。从非功能性设计看可观测，运维需要前移，推动必要的监控、日志、链路相关的规范，主动上报监控性能指标数据，优化日志可读性，并提供必要的基础设施支持。
- **故障隔离与服务降级**。故障隔离和服务降级的目的是以牺牲部分业务功能或者部分客户业务为代价，保障更关键的业务或客户群体服务质量，是防止连锁性故障蔓延的方法。在设计中，运维工程师需要从系统或业务角度，梳理应用所调用的各个服务组件，对各个服务组件出现的故障进行假设，制定应对措施。
- **终端版本向下兼容**。移动化后终端版本的管理越来越重要，在架构上，运维工程师一方面需尽量保证升级后的终端版本要向下兼容正在流通的低版本；另一方面要对流通的版本进行收敛管理，支持多种在线更新机制。
- **基于基础平台运行**。无论基础设施，还是 PaaS 层的应用平台，或持续交付工具链，系统均需要尽量与公司现有基础平台对接，避免引入新的技术栈。
- **性能冗余设计**。设计系统时，要考虑高并发情况，避免业务量突增带来性能影响。相比业务连续性，资源成本的控制应排后。
- **可配置而非硬编码**。在应急时，有些参数硬编码在程序中无法快速调整，需要通过配置管理。另外，域名修改也可用配置方向，以免人工在后台修改。

17.3 架构管理

运维团队需要以业务连续性为目标制定架构管理流程、稳定性架构标准规范，以技术架构设计与非功能性架构评审作为运维前移切入点，推动具体的架构管理工作。本节从架构资产管理与架构评审管理两方面讲解运维团队的架构管理。

1. 架构资产管理

架构是 IT 团队的核心资产。数字化架构图是架构资产化的一个输出物。运维组织重点关注以下类型架构图。

- **逻辑视图**：主要针对模块、服务、组件、功能的关系描述。
- **过程视图**：主要针对组件之间通信关系的描述。
- **物理视图**：主要针对最小计算单元关系的描述。最小单元指物理主机、虚拟化主机、容器、交换机、安全设备等。

架构资产管理需要借助在线化的管理工具。以往采用的办公文档的管理模式存在架构图信息难更新、架构信息协同传递效果不佳等问题。要让架构图真正赋能运维，需要让架构管理数字化，即利用线上化手段描述架构，让架构具备可观察能力，并将数字化的架构融入运维各项工作场景。架构管理数字化在实践上可围绕架构数据化、架构可视化、架构服务化 3 个维度展开。

- **架构数据化**。上述类型架构图包括软硬件资产对象，以及资产对象之间的访问关系数据。运维可通过在 CMDB 配置项进行资产对象的建模，并获取纵向的部署关系数据与横向的链路上下游访问关系数据；同时，利用生产环境中资产对象的运行数据，为架构节点提供在线运行状况的描述。
- **架构可视化**。可视化是架构的一个重要表达方式。运维可通过获取 CMDB 配置管理的配置项数据，对架构的模式、组件、关系、描述进行可视化建模，支持按用户需求手工配置或自动生成实时架构图。
- **架构服务化**。架构管理需要利用架构服务的消费，推动架构数据保鲜与架构图的赋能，比如将架构图融入新系统的技术评审、应急管理涉及的故障定位与故障恢复、容量评估等场景。

2. 架构评审管理

通常，架构评审包括建立评审目的、制订计划、安排评审会、邀请专家审查，并进行检查、讨论、分析、找出和消除架构存在的风险。从软件生命周期看，运维架构评审包括 4 个阶段。

第一阶段是在新项目设计阶段的架构评审。首先，围绕高可用、性能管理、故障恢复、数据完整性、可维护性等，制定架构准入生产规范。其次，提供在线的资源服务，将基础设施、数据库、中间件的服务能力云化，让研发、产品人员能够标准化地使用资源，降低选择成本。最后，建立问题备忘录，从设计到交付生产有一个较长的过程，需要通过备忘录让评审问题闭环解决，并在上线变更前审核架构问题是否得到解决。

第二阶段是上线前的变更评审。此阶段是评审架构是否存在重大风险，是否影响现有业务逻辑，在容灾、应急层面的韧性，针对评审发现的架构问题，根据紧迫程度由变更评审会确定相应的待跟踪任务。

第三阶段是系统上线后的架构评审。此阶段是针对存量系统进行风险评估，主要从高可用性、性能管理、故障恢复等运行保障方面进行技术评审。评审后的改进工作可通过 ITSM 中的问题流程进行管理。

第四阶段是基于事件驱动架构评审。事件驱动的架构评审通常是针对某个生产故障、风险事件或外部监管要求等，围绕某个特定的主题，对事件涉及系统架构进行风险评估。

为了提升架构评审的效能，下面提供架构评审方法供参考。

- 明确评审目标、范围。
- 制定与技术架构稳定性相关的技术标准。
- 设计评审会议计划、角色、过程管理，用流程机制保障评审工作的落实，以及评审结果的闭环跟踪。
- 组织不同职能角色的技术专家评审，每个角色负责相关领域的技术评审，以鼓励“找问题、找亮点”的方式挖掘架构风险点，淘汰长期无风险发现的专家成员。
- 做好材料预审，避免评委在会上第一次看到评审材料，导致在评审过程中未经过充分思考和审视，匆忙提出一般性问题，削弱技术评审的价值。
- 积累和维护评审要素，收集和提炼经验和案例，逐渐建立和固化最适合企业自身产品的评审要素表。
- 赋予评审专家的“权”与“利”，让评审专家能够主动、积极地参与评审。

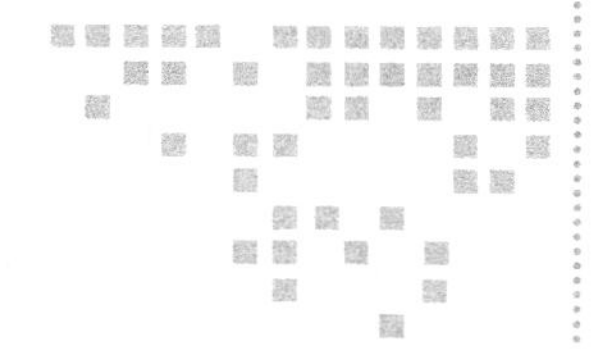

第18章 Chapter 18 运维知识管理

组织如果拥有一位不可取代的人，那么它就犯了管理失败的罪过。

——Harold S. Hook

运维知识可以定义为“人或机器对运维协同对象之间联系的描述”。从以终为始的角度看运维知识，我们需要构思一张运维知识地图，分析运维知识范围。在梳理知识过程中，我们可以从不同角度切入，比如从人角度的专家经验，从流程角度的最佳实践方法，从架构角度的分层梳理对象。知识管理是一个重要的，需要耗费大量人、财、物的系统性工程，因此组织需要全面理解运维知识管理，才能有针对性地建立相关工作机制。

18.1 知识管理概述

站在数智时代思考知识，需要以人机协同的思路去看待知识，吸收运维专家的经验，建立人训练机器的方式，最终达到人机协同的运维模式。

1. 何为知识、知识管理

知识是通过实践、研究、联系或调查获得的关于事物事实和状态的认识，是对科学、艺术或技术的理解，是人类获得关于真理和原理的认识总和，是人们在日常生活、社会活动和科学研究中所获得的对事物的了解。知识不仅是数据或信息，知识是被组织起来、在特定环境或场景下的信息。数据是一系列外部环境的事实，是未经“人”组织归纳的数字、词语、声音和图像等。如果数据被加工处理，形成明确的价值，那么它就变成了数据资产。

对数据资产进行归纳、演绎总结，形成包括对象、现象、联系等的认识和理解，我们就能沉淀出有指导意义的知识。同时，随着数字技术的发展，知识的学习主体将从人扩展到人与机器，形成人机协同。

运维知识具备沉淀、传播、扩展等特征。比如日志不能称为知识，因为日志是一个孤立的对象；将日志根据特定规则加工成指标，也不能称为知识，因为指标只是对某个对象的量化表现；将某个指标运用在某个故障处置过程中，提升应急定位效率，指标与故障处置的场景产生了联系，这种联系的描述是知识，可以沉淀下来提升下一次故障处理的效率。

知识可促进组织的成长，围绕组织知识生命周期进行管理是一个必要措施。关于知识管理的定义，被誉为知识管理奠基人的卡尔－爱立克·斯威比博士在探索了如何管理快速成长的知识型组织之后指出，知识型组织不同于传统企业，经营依赖的是知识和员工创造能力。知识是组织里最宝贵的财富。组织要推动知识的持续创造、分享、整合、记录、存取、获得、创新等，要让知识不断地回馈到知识系统，形成组织成长的推动力，这种知识创造与运营过程可以认为是知识管理。

2. 认知计算

人机协同运营模式中最关键的角色仍是人，利用人的创造力与经验，落地机器所提供的数据和算法，辅助人进行业务开展。

认知计算的灵感来源于人类大脑，机器强大的能力也能够激发人的大脑，改变人的学习方式与创造能力。人机协同模式将是企业智能化的一种态度。认知计算是指一种能够规模化学习、有目的推理，并与人类自然交互的系统。它们不需要事先精确地编程，而是从人与系统交互、流程等过程中不断学习和推理。与一般的信息系统的决定论相比，认知系统是概率论，即前者是通过一系列预先编码设定的进程，指定逻辑规则的输入，再从结构化数据中计算输出结论，而后者是基于概率。这意味着认知系统需要在设计上适应和理解更复杂的数据类型，尤其是非结构化数据，能够处理不确定性输入，输出相应概率的结果。

与人工智能系统相比，认知系统综合应用了多种认知计算技术。认知系统是建立在神经网络和深度学习之上，运用认知科学中的知识来构建能够模拟人类思维过程的系统。所以，认知科学覆盖了很多学科，例如机器学习、自然语言处理、视觉以及人机交互，而不仅仅是聚焦于某个单独的技术。认知系统可以与人类进行更自然的互动，可以强化预测性与描述性分析的结合，可以推动企业客户互动、创新、业务模式、运营管理的转型。IBM总结了7项认知计算技术。

- 人工智能：模拟人类智能过程。
- 机器人科学：构思、设计、制造和运行机器人。
- 机器学习系统：无须明确知道即可学习并改进。

- 自然语言处理：能够在人类交流时理解人类语言。
- 深度学习：通过人工神经网络算法开展机器学习。
- 预测性分析：使用算法预测结果。
- 建议引擎：分析数据并根据用户兴趣提出建议。

相比人工智能，认知计算更强调综合使用智能相关技术，并应用于企业组织场景，让组织能够成为以数据为驱动、以 AI 洞察为引领的智能型人机协同的组织。

3. 知识工程

有了知识，我们就要利用知识解决问题。解决问题是知识工程的目的。知识工程这个词汇最早出自人工智能领域。1977 年，美国斯坦福大学的费根鲍姆教授在第 5 届国际人工智能联合大会上，做了题为“人工智能的艺术：知识工程课题及研究实例”的报告，在世界上第一次正式提出知识工程。当时围绕知识工程的主要研究是专家系统。专家系统是指收集某领域的专家知识，并存储在信息系统中，然后用软件模拟人类思维（“推理＋搜索”过程），尝试解决某些专业领域的问题。在人工智能创立的前 10 年中，人们着重研究问题求解和推理过程，专家系统是人工智能发展前期的一个主要研究方向。

知识工程可以定义为：以知识为处理对象，借用工程化思想，利用人工智能的原理和技术进行设计构造和维护的知识型系统。知识工程也可以作为计算机识别和运算的技术和方法，通过信息化手段提高知识管理效率的技术手段和实施方法。知识工程主要包括知识获取、知识表示与知识利用三大过程。

与知识管理相比，知识管理是指将知识管起来，即组织已有知识，行使行政、管理、监督等作用，这主要是管理层面的事情，而并不用管如何挖掘旧的隐性知识和发现新的知识。知识工程是面向知识实施的一个工程，是基于知识的一个工程“项目”，包含从知识获取、表达、组织、应用、更新的知识全生命周期，涉及从策划、计划、构建到实施的一整套工作。

18.2　运维知识管理概述

运维知识管理是一个复杂难题，缺乏有效的管理机制是很多组织运维知识管理半途而废的原因，需要从组织、流程、平台层面，建立运维知识的生产、处理、共享、应用、更新的闭环。

1. 运用运维知识

以往，组织主要以经验推动日常工作，这种方式存在以下问题。

- 没有及时总结并吸取经验教训，进行了大量重复、低效率工作。

- 业务问题、数据维护、故障应急等运维工作对专家经验依赖程度大。
- 因为缺少经验，新人比其他 IT 岗位人员需要更多的时间才能进入运维工作状态。
- 骨干运维人员离职，对团队影响大，且容易造成大量隐性经验知识流失。
- 很难适应复杂的技术、逻辑架构，越来越快的迭代背景下的系统交付。

有效的运维知识管理能够改善上述经验驱动的运维模式。下面从管理和员工角度看运用运维知识的好处。

（1）管理角度

- 建立规范、有效的运维知识管理组织、流程及平台体系，实现持续的运维知识沉淀。
- 通过知识管理推动组织内部技能培训，提升部门员工整体的运维能力。
- 减少核心员工流失造成的系统、业务风险与损失。
- 提升 IT 服务质量，提高 IT 服务满意度。

（2）员工角度

- 能够快速解决遇到的问题。
- 利用知识工程与人工智能等技术，实现自动化运维，为员工工作赋能。
- 员工将运维经验沉淀为知识，将获得成就感与绩效。

2. 运维知识管理挑战

运维知识不仅是数据或信息，而是被组织起来，在特定环境或场景下的信息。我们在推动知识管理过程中通常会遇到一些挑战，具体如下。

隐形知识怎么转化成显性知识。隐形知识指存放在人脑中的经验，如何对经验进行抽象归纳，并沉淀下来是一个难点。将知识管理融入员工日常工作场景是一个实施思路，比如在运维故障处置场景中，告警响应方式，是否误报，是否转化为故障，故障应急过程中使用了什么日志、应急工具，哪些监控告警由同一个故障引发，这些告警有什么共性，要将这些知识在故障响应、定位、恢复、复盘等场景工具中沉淀下来。Google 的 SRE 书籍里曾提出监控告警知识沉淀在相应的告警处理手册中是将知识融入工作场景的一个实践。

如何让员工主动沉淀知识。组织进步依赖员工知识沉淀，要让员工积极参与知识管理，需要让员工在这个过程中得到实惠，让员工成为知识的创建者、分享者、受益者。比如在故障复盘中，增加故障分析的表单录入约束，引导员工落实复盘工作。给知识打上员工个性化标记、给员工提供创作博客的渠道、给员工订阅和推送外部资讯，以及建立知识创新激励机制也是推动员工主动沉淀知识的方法。

如何运营知识。知识运营通常由某个特定的人或团队作为知识运营方，类似于运维流程经理，负责向组织内其他员工收集知识，推动组织其他员工录入知识，再推动知识分享等。知识运营需要提升知识创建者的参与力度，形成持续的知识沉淀，并在知识应用中进化优化。

如何判断知识的好坏。由于知识与特定运维场景相关，当场景环境、参与对象等发生变化，知识也会发生变化，如果缺乏对知识进行更新，可能会导致知识失效，甚至出现知识误导工作的情况。

如何消费好知识。要消费好运维知识，首先要组织好知识，将知识线上化，形成知识地图，为服务提供所见即所得的知识服务，或提供订阅、推送等能力，同时还要将知识融入工作流程，比如为服务台、变更评审、故障管理、预案管理等流程提供专家经验知识。

3. 梳理运维知识范围

首先，梳理主要运维工作范围。按运维工作时间轴梳理重点工作，比如事件应急、变更发布、服务管理、监控处理、巡检操作、值班管理、数据运营、配置管理等。

其次，围绕人、事、时间、协同、环境细分具体场景。场景的细分梳理可以结合用户旅程，下面举一个事件应急场景分析。

- 人：包括值班经理、值班领导、IMS 经理、运维（一线、二线）、研发团队、测试团队、安全团队、业务团队、机器人等。
- 事：异常发现后的处置，包括申报故障（向干系人通知故障），收集重要业务指标、细分指标，分析关联业务影响，获知客户反馈、行业动态，评估应急“三把斧”决策是否就绪、问题定位是否准确、是否启动监管报备、是否落实客服解释等。
- 时间：主要针对重要业务异常事件，事件触发时间可为监控、巡检、业务反馈、IT 服务台反馈等渠道推送异常信息的时间点。
- 协同：主要针对人、事、机器的在线协同，事件的线上通告、集结、信息传递、客户解释、应急督促等。
- 环境：主要针对应急 ECC 值班、远程应急两个环节，包括线下 ECC 值班室、IM 群房间、场景工具等。

最后，细分场景后，就可以总结出场景下的知识：什么问题或环境条件，涉及什么人或机器，需要什么数据分析，得出哪些辅助决策，具体执行是什么。

4. 建立闭环的运维知识管理

从组织、流程、平台、场景看运维知识体系，下面提出一个围绕知识产生、处理、共享、应用、更新的知识管理步骤。

知识产生。主要完成知识收集和挖掘，可以采用场景化梳理知识的方法细分知识范围，有针对性地挖掘知识点。

知识处理。收集一般性知识后，需要对知识进行标注、加工、处理，形成可以通过工程化管理的知识条目。此时的知识应该是结构化数据。

知识共享。知识处理后，通过渠道共享出去，比如订阅、推送，让知识能够赋能员工或管理决策制定。

知识应用。知识应用不限于专家人工问答式，更重要的是为了实现自动化、智能化运维场景构建，将人的知识转化为机器能执行的程序，融入运维工具。

知识更新。知识的有效性与问题、环境条件、人、机器、数据分析等有关，而这些因素可能会发生变化，因此需要建立持续更新知识机制。

18.3 运维知识工程

随着智能运维的发展，运维知识工程将从传统的专家系统注重逻辑推理，转向注重知识的检索，形成运维知识图谱，提供结构化知识，为运维场景赋能，比如智能决策树、服务台智能问答等应用。

1. 专家知识库

专家知识库是知识工程中比较常见的工程化解决方案。专家知识库运营是一个众人拾柴火焰高的过程，比如 Microsoft 的 KB 知识库就非常出名，全球所有的微软支持人员会将自己工作中碰到的问题、解决问题方案、个人经验共享到知识库中。通过强大的内部知识库，企业可以迅速使信息部门将一个新人从服务台一线向二线、三线运维培养，建立一个有效的人才培养路径。

在早期的半自动化 IT 运维阶段，企业内部的基础架构单一、业务系统关联性不强。通过知识库的记录，IT 部门工作所涉及的基础设施、应用系统等产生的数据都能够得到记录，打造了一个铁打的营盘，不再害怕高级人员的流失和变动。然而，上述偏静态的知识库管理，在基础设施更加复杂的云和大数据时代正在失去作用，出现了各种难建、难管、难用的问题。在以业务为核心的运维阶段，各种基础设施之间的关系非常紧密。专家知识库需要支持业务系统的关联性分析，采取人机结合方式，利用规则引擎、机器提示关联信息，辅助人快速解决问题。

2. 专家知识库主要问题

运维组织需要认识到建立专家知识库是一个艰巨的任务，将耗费大量人力物力，这与数据中心系统的复杂性、故障的隐蔽性、业务的关联性有关。以事件管理为例，运维组织需要对事件管理和问题管理平台中出现的每一个事件进行归类整理，对出现的各个事件按部门、类型、处理难易度、解决时间等进行区分，并存入知识库。还需要将网络拓扑图、网络架构、网络配置、部署架构、应用链路关系等信息加入知识库，以便故障处置中查看关联信息，但由于每个数据生产对象的数据标准化不统一，相关数据加工处理是个难题。

运维组织要构建能够真正辅助事件管理的专家知识库，需要解决上述信息的准确性、及时性问题。

虽然很多运维组织制定了专家知识库工程化方案，但实际落地执行效果往往不太好，包括管理、运营、技术三个角度的问题。在管理上，领导关注度不够，刚开始比较积极，后续推进不足，缺少持续管理、有效的奖惩措施。在运营上，知识要融入员工工作流程，需要知识运营方参与运维工作流程的设计，在流程和线上化场景中整合知识生产过程。在技术上，专家知识库没有与运维场景工具整合在一起，知识的生产、加工，与知识的应用脱节，知识用得少无法验证知识的准确性，引发知识信任问题。

3. 专家知识库示例

专家知识库落地涉及故障管理、流程设计、操作文档编写、架构拓扑、测试方案制定、变更方案制定等工作，采用问题咨询方式。这里仅简要介绍问题咨询、故障管理和运维知识图谱。

（1）问题咨询

运维问题咨询在 IT 服务台应用广泛。IT 服务台是用户与 IT 部门最重要的连接点之一，IT 服务台需要确保用户得到所有 IT 服务支持。从数据驱动提升问题咨询效能角度看，一方面需要利用数据打通问题咨询的各个节点，建立一站式用户问题咨询旅程，包括服务目录、自助服务请求、多维度服务渠道等；另一方面利用 AIOps 技术，建立智能问答工具，通过机器学习、自然语言处理等技术学习运维人员回复文本，构建标准问答知识库，从而给出标准、统一的回复。

为了提升问题咨询服务水平，从数据治理角度看，运维组织需要推动如下事项。

- 扩大知识面，分析知识搜索热点词、知识命中率等指标数据，持续增加知识条目。
- 提升运维关系数据，围绕新一代 CMDB 持续完善纵向对象依赖关系、横向调用关系、场景操作关系等。
- 监测已有知识与实际问题解决的匹配度，尤其是对于涉及自动化操作、应急处置、变更管理等高优先级场景的知识应用。

（2）故障管理

故障管理可以分为事前、事中、事后三个节点。由于事中处置具有分秒必争的特点，我们又可以将事中处置划分为故障发现、故障响应、故障定位、故障恢复。为了有效提升故障管理能力，运维组织需要将知识管理融入每一次故障管理闭环，建立知识驱动的故障管理模式，达到以战养练的目的。将知识管理融入每一次故障管理闭环的一些思路如下。

- 将故障应急过程中需要经常使用的告警关联、变更数据、关键指标等数字化，整合在故障处置线上场景。

- 将每一次故障处置过程中的经验与问题、预案关联，在实战中自动化或线上化，沉淀为经验知识。
- 基于 AIOps 技术，将运维人员的决策过程数据化，结合算法构建智能化的决策支持知识库，从而实现经验积累。
- 基于新一代 CMDB 将知识场景化，形成围绕人、机器、软件、事、关系为一体的知识管理。

（3）运维知识图谱

知识图谱是下一代知识库工程解决方案。知识图谱是一种基于图的数据结构，由节点和边组成。在知识图谱里，每个节点表示现实世界中存在的实体，每条边为实体与实体之间的关系。知识图谱是关系的有效表示方式。通俗地讲，知识图谱是把所有不同种类的信息连接在一起而得到的一个关系网络。知识图谱提供了从关系角度去分析问题的方式。知识图谱与专家系统有一些区别：专家系统一般来说是基于规则的，专家系统中的知识更多是人工构建，知识图谱可以作为专家系统的一部分存在，提供半自动构建知识库的方法。知识图谱通常是构建智能搜索、关系分析的第一步，使得搜索智能化。构建知识图谱的主要目的是获取大量让计算机可读的知识。构建知识图谱的重点在于语义理解、知识表示、QA、智能对话和用户建模。从抽象层面看，本体最抽象，其次是知识库，最后才是知识图谱。本体强调概念关系，知识图谱强调实体关系和实体属性值，知识库则是所有知识的集合。

第19章 Chapter 19

流程指标

指标只有被使用才有价值，而且只有在它们能够告诉我们一些有意义的事情时才会被使用。指标必须设计成用来测量重要的事情，并以清晰而简捷的方式报告。

——《IT服务管理指标》

建立持续优化的运维流程管理机制，需要借助度量运维流程运作执行力、工作效率、风险管控的流程指标。流程指标是整个运维流程体系的重要组成部分，是对流程管理进行引导、控制，使其不偏离原定目标方向。在指标的设计上，运维组织需要根据核心价值主张，支持量化、实时、被监控，并透明、公开地传达到组织具体的人，让流程可以持续得到优化，这是构建持续优化流程管理的关键。在组织、流程、平台、场景四位一体的数字化运维体系下，指标的应用能够让组织流程可视、可控，在流程的协作上打造公平、透明的协同文化。同时，指标也是运维平台化管理的场景设计提供的基础原料。

本章提到的指标不包括生产环境对象涉及的运行指标，重点围绕运维流程中的指标，涉及事件管理、问题管理、变更管理、发布管理、配置管理、服务台、业务连续性、服务水平等方面的指标。

19.1 运维流程指标概述

指标来源于统计学范畴，广泛用于各个领域，比如全国人口总数约14亿、生产总值年度增长率为7%、数字化经济占国家经济总值38%、企业营业同比上升20%等。从技术角度看，指标通常由 Key 和 Value 组成。Key 反映指标的定义，即指标反映什么状况，比如全国人口数量、生产总值年度增长率；Value 反映具体的数值，比如 14 亿、7%。指标可以用数值或枚举值表现，反映的是客观现象的数量特征。不可量化的信息或没有数量特征的指标不建议纳入流程指标。

在运维流程中分析指标需要了解具体的流程，明确流程指标的作用，掌握谁会重点使用流程指标。

1. 了解具体的流程

IT 运维领域有很多指标，从描述运维数据角度看可以分为生产环境对象指标及 IT 服务管理指标，前者是与运维相关的基础设施、平台软件、应用系统、业务及体验涉及对象的指标，后者是运维管理过程中涉及的 IT 服务管理指标。流程指标运营重点关注 IT 服务管理指标。IT 服务管理涉及相关的运维平台化建设，为运维组织提供了大量数据。注意，数据会作恶，同一份流程数据用在不同背景下展示的效果可能截然不同。如果运维组织流程规范不标准，指标就不能真实地反映流程状况。所以，运维组织首先需要设计好工作流程，然后设计指标来量化流程，再决定如何让软件收集数据。幸运的是，运维组织已经有很多最佳实践可以借鉴。本章参考 ITIL 分类（见图 19-1），将流程指标数据分为服务战略、服务设计、服务转换、服务运营相关的数据。

- **服务战略类：** IT 服务战略管理、需求管理、财务管理、服务组合管理、业务关系管理等相关的数据。
- **服务设计类：** 供应商管理、信息安全管理、容量管理、IT 服务连续性管理、可用性管理、服务级别管理、服务目录管理等相关的数据。
- **服务转换类：** 变更管理、发布与部署管理、资产配置管理、变更评估、验证与测试、知识管理等相关的数据。
- **服务运营类：** 事件管理、问题管理、服务台、技术管理、应用管理、请求管理、访问管理等相关的数据。

2. 明确流程指标的作用

流程指标应用的关键目标是建立持续优化型运维组织，并确保组织价值创造与公司价值创造保持一致。在达成该目标中，流程指标发挥了以下作用。

一是为 IT 流程提供度量依据，向运维组织、IT 组织、企业经营决策层提供评价 IT 运营管理的依据，帮助利益相关者了解 IT 运营管理的总体情况。

二是为持续优化运维组织、流程、平台、场景建设提供推力，度量 IT 运营效率、服务水平、业务连续性、发布交付效率等，推动组织能力的提升、流程的优化，为提高平台能力赋能。

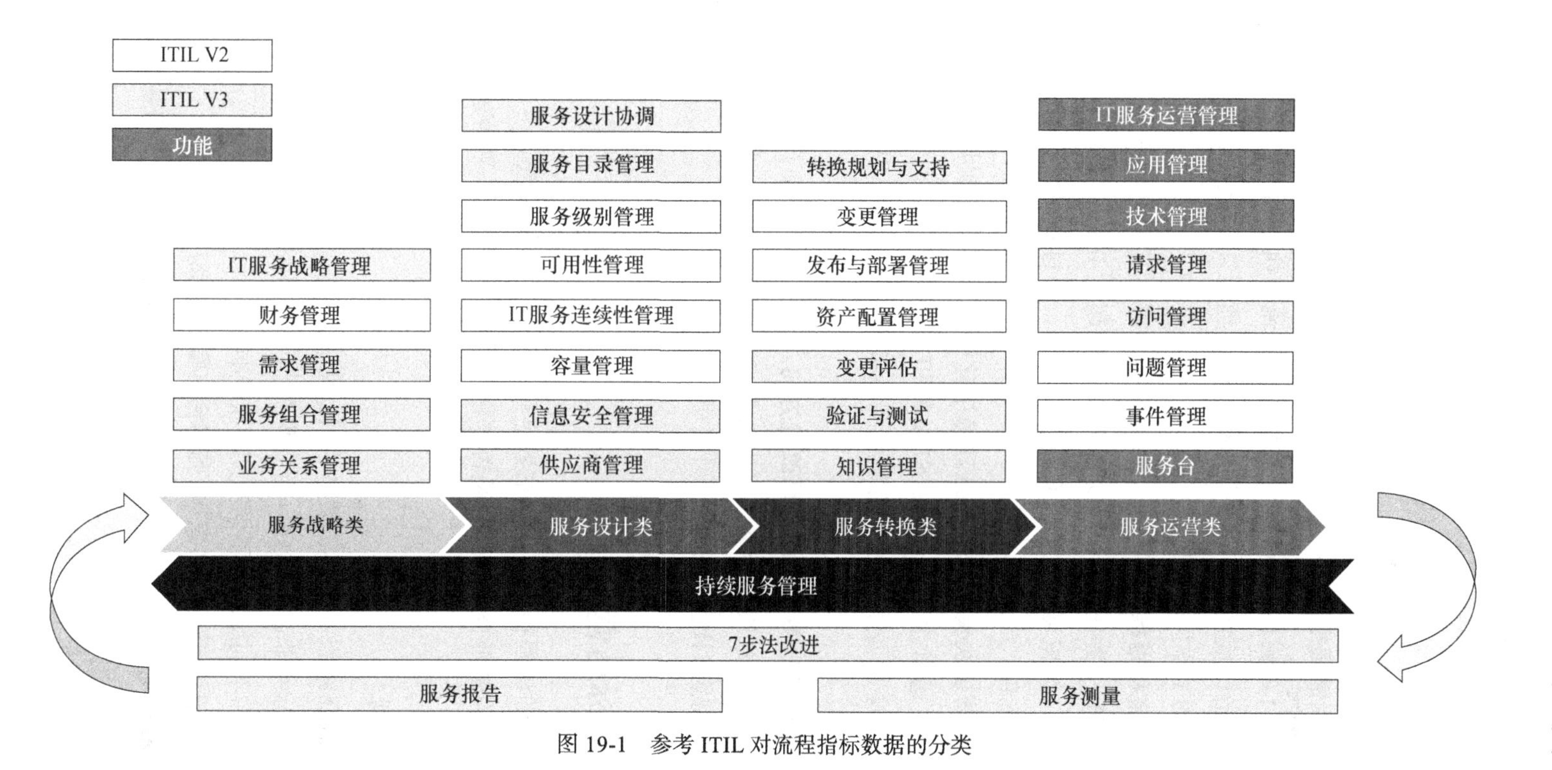

图 19-1 参考 ITIL 对流程指标数据的分类

三是引导运维组织达成规划愿景，为 IT 服务运营发展提供战略导向，达到 ISO20000、ITIL、ITSS、AIOps 等行业最佳实践或成熟度标准，并有效支撑运维组织对 SLA 目标的达成。

3. 谁会重点使用流程指标

对流程指标实时观测与趋势分析，有助于观察流程执行情况。指标数据是一种协作工具，不仅能让流程指标负责人观察流程有效性与合理性，还能为运维体系的流程经理、职能经理、一线员工的工作提供支持。

流程经理通过流程指标管理流程。每个流程都需要有对应负责人或岗位管理，最好每个管理都要有一个第一责任人，因为涉及责任岗位超过 1 个可能变成没有责任人负责。在条件允许的情况下，组织可以考虑设置流程经理岗，通过观测指标实时变化与趋势，采取必要的措施来管理流程。

流程指标赋能管理决策层或职能经理数字化管理。不同流程指标除了反映流程执行效率，还反映整个 IT 运营水平，比如：SLA 和 SLO 涉及的 SLI 可以反映 IT 服务质量，发布管理指标可以反映 IT 交付速度，可用性与业务连续性指标可以反映 IT 风险保障能力水平等。

一线员工能够透明地看到贡献与可改进方向。流程通常反映了运维组织的关键价值链。一线员工通过透明地观察流程指标，可以看到自己的工作情况、所属位置，以制定待改进举措，将促进学习型组织建设，持续提升组织文化。

19.2 流程指标运营

数字化运维关键流程指标用于评估数字化运维体系价值创造。可度量的测量值可以帮助运维组织了解架构是否合理、协同是否顺畅、执行是否到位、平台建设与运营是否落地、IT 风险是否可控。

1. 流程指标类别

本节分别举例介绍服务战略、服务设计、服务转换、服务运营四类流程指标。对于某个流程，关注的指标并非越多越好，需要聚焦与运维组织核心价值创造相匹配的几个最关键指标。关键指标在不同组织的不同时期可能不同。

（1）服务运营类流程指标：事件管理、服务台流程相关指标

事件管理流程的主要目标是尽可能快地恢复服务运营，将对业务影响降至最低，从而达到最佳服务质量和 SLA 定义的可用性水平。基于该事件管理目标，结合事件管理流程，运维组织可以重点围绕事前预防与发现，以及事中处置制定相应指标。以下指标评估供运

维组织借鉴。运维组织可以根据实际工作机制，制定相关指标的计算方法。

- 故障平均发现时长。
- 故障平均响应时长。
- 故障平均定位时长。
- 故障平均恢复时长。
- 故障监控发现率。
- 一线支持解决事件率。
- 二线支持平均响应时长。
- 绕过一线支持的事件反馈率。
- 主动解决故障率。
- 客户满意度。

服务台流程的主要目的是为客户提供一站式联络点。服务台是业务部门与 IT 部门的一个单一联络点，提供语言电话、社交 IM、线上自助服务等，支持受理、处理、分派、跟踪、反馈服务。以下指标评估供运维组织借鉴。

- 服务台每天响应事件数。
- 服务台一次解决问题率。
- 升级到二线、三线支持的事件率。
- 客户满意度。
- 平均等待时长。
- 主要问题类型占比。
- 知识库匹配度。
- 请求转事件率。

（2）服务转换类流程指标：变更管理、发布管理、配置管理流程相关指标

变更管理的主要目的是平衡 IT 需求交付效率与 IT 风险。以下指标评估供运维组织借鉴。

- 变更总数。
- 变更失败量 / 率。
- 未按计划执行变更量 / 率。
- 紧急变更量 / 率。
- 被拒绝或退回变更量 / 率。
- 变更负责人平均处理变更数量 / 时长。
- 引发事件的变更数 / 率。
- 未准时执行 CAB 评审的变更数 / 率。

- 客户满意度。
- 变更文档不全数 / 率。

发布管理是针对变更的管理，包括应用程序、软件、硬件、配置等的变更执行。以下指标评估供运维组织借鉴。

- 非 CD 发布的变更次数。
- 紧急发布数 / 率。
- 发布导致事件数 / 率。
- 按时发布数 / 率。
- 平均发布时长。
- 未经测试的发布数 / 率。
- 平均带缺陷发布的数 / 率。
- 不在制品库的软件包。
- 客户满意度。

配置管理在不同组织有不同的目的，有些是为了实现一站式 IT 资源管理，有些是为了实现平台化，有些是为了实现业务配置。以下指标评估供运维组织借鉴。

- 各配置项异常数（可统计到、系统、团队、人），比如系统主机缺失、关系有误、证书超过有效期等。
- CMDB 接口被外部系统消费的次数。
- 配置数据异常导致变更失败的数量。
- 客户满意度。

（3）服务设计类流程指标：服务水平管理、可用性管理流程相关的指标

服务设计的主要目的是实现业务需求与投入成本的平衡，实现对 IT 交付的过程管理，以便达成协商的服务交付水平。以下指标评估供运维组织借鉴。

- 未达 SLA 目标的系统、服务数量。
- 服务升级数量。
- SLA 变更数量。
- 客户满意度。

可用性管理的主要目的是使 IT 基础设施、服务和支持部门的能力最优化，使交付服务达到业务目标的可用性水平。以下指标评估供运维组织借鉴。

- 系统、服务、模块、组件不可用时长。
- 宕机恢复时长。
- 重复性故障数量。
- 系统故障平均间隔时长。

- 关键时段故障时长。

（4）服务战略类流程指标：业务关系管理流程相关的指标

业务关系管理的主要目的是交付与业务需求相匹配、灵活机动的高质量 IT 服务。以下指标评估供运维组织借鉴。

- 服务投诉量。
- 与客户正式或非正式沟通数量。
- 客户反馈问题整体解决率。
- 客户满意度。

2. 具体指标的要素分析

以下以事件管理流程的故障平均发现时长指标为例。事件管理的目标是尽可能提升事件处理效率，尽可能降低生产事件对生产业务连续性的影响。故障平均发现时长指标是事件管理中事前管理流程中的一个关键指标。指标要素包括指标名称、指标描述、指标负责人、指标消费方、超时阈值、目标值、数据来源、计算口径等。故障平均发现时长指标涉及以下要素。

- **指标名称**：故障平均发现时长。
- **指标描述**：生产故障从发生到被运维机器或人第一时间发现的时长，理论上机器能更快发现。
- **指标负责人**：流程经理。
- **指标消费方**：包括事件流程经理、职能团队经理、一线管理员。
- **目标值**：小于 2 分钟。
- **超时阈值**：5 分钟。
- **数据来源**：实时故障应急协同系统、统一监控告警系统、服务台、ITSM 等。
- **计算口径**：故障发现时间减实际发生时间。

3. 流程指标运营

（1）常见问题

流程指标反映流程质量。基于持续优化思路，在执行流程过程中，运维可根据实际情况不断优化指标。流程指标运营过程中经常出现以下问题。

责任不清晰。指标数据没有与实际流程相结合，没有指定指标负责人，也就没有人对指标的正确性负责。指标负责人没有持续跟踪，对报表或看板数据变化缺乏分析。

使用不到位。报表和看板使用频率低，指标负责人或使用方（以下简称为“消费方”）对于报表或看板带来的价值不清晰。指标数据没有与实际的运维流程相结合。

设计不合理。指标数据没有契合流程的关键点，比如：消费方对指标数据消费的需求分解不清晰，导致指标数据选择过多、实时性不强。

缺乏方法论。数据如何驱动运维工作，缺乏方法指引。指标的使用也缺乏沟通与培训。

效能不够高。报表和看板越来越多，但主题多了之后容易重复，重复意味着浪费，也容易出现同样的指标在不同的报表和看板上数据不一致的情况。

工具设计不佳。缺乏对众多报表的统一管理，杂乱，如仪表盘信息太细，消费方只想看结果，缺少归纳总结模块。

（2）流程指标设计与应用的一些反思

基于上面的问题，运维组织在流程指标的应用上需要关注以下几件事。

流程指标遵循 SMART 设计原则。SMART 中的 S（Specific，明确性）表示明确关联某个流程与负责人，M（Measurable，可衡量性）表示指标转化为数值或枚举值，以便可量化，A（Achievable，可达到性）表示指标是可实现的目标，R（Realistic，现实性）表示指标数据是客户反映真实流程执行情况，T（Timely，及时性）表示指标数据在线或及时统计输出。

感知、决策、执行闭环。将感知、决策、执行贯穿于指标应用中，在开始做指标分析或可视化前就要想好从数据中发现什么问题，发现问题后如何处理，如何跟进落实。

聚焦数据表达。一是保持数据消费简单，方便消费方找到数据反映的问题，而不仅仅是数据展示。二是降低数据分析门槛，方便数据收集、上报、复用、可视化，信息触达、闭环跟进等。

统一规划指标分析主题。分析当前指标消费方，工作痛点与价值期望，按某些维度归纳几个可扩展性主题，实现指标管理，比如指标服务、口径、源数据等。

指标数据应用与流程适度关联。指标数据应用与流程适度关联，让指标数据运营成为流程的一个步骤，比如配置指标运营、变更管理运营、发布运营等。

推动指标数据研发工作。数据研发团队承担数据驱动布道者的角色；同时，积极拥抱有数据驱动思维的人或团队。正确的数据研发不是做了多少看板，而应该是带来业务价值。

4. 流程指标的应用

流程指标在应用场景中的表现形式主要包括定期报告、管控看板、运营看板，以及汇报类报告。

（1）定期报告

定期报告通常会分解为不同流程的报告，比如流程经理为了洞察流程执行情况设计的相关报告，或运维团队针对 IT 运营复盘设计的分析报告，比如每日 IT 运营分析、周末测试日报、前一日生产变更比对日报、IT 服务运营月报、生产故障运营月报、生产变更管理运营月报、问题管理运营月报、发布管理月报、服务台管理月报等。

（2）管控看板

与报告不同的是，实时看板反映的是实时数据指标，可以是单独的看板，也可以将相关数据融入其他工具，比如在某个变更窗口中查看当前变更执行的进展，在故障应急中查看近期关联变更等。管控看板包括变更窗口管理看板、变更日历看板、操作时序管理看板、故障应急看板、监控告警响应管理看板、IT 服务请求升级看板等。

（3）运营看板

运营看板对数据的实时性要求没有管控看板高，但相比定期报告增强了个性化、配置化的分析能力，比如 CMDB 数据运营看板、容量管理看板、在用系统效能管理看板、绩效管理看板、可用性管理看板等。

（4）汇报类报告

汇报类报告主要针对企业内部运维条线、IT 条线、公司条线，以及企业外部监管、同业调研或交流涉及的专项工作的汇报。此类报告中经常会用到一些服务指标数据，比如运维体系运行保障工作汇报报告、IT 服务水平工作汇报报告、流程专项工作汇报报告、生产故障工作汇报报告、在用系统效能管理汇报报告等。

第四部分 Part 4

赋能型平台

人类学会使用工具，用了上千万年；工业革命将农民从土地中解放出来，用了几百年；计算机与互联网改变人们的生活，用了几十年；今天的数字技术对企业及运维组织的改变，可能只需要几年。面对快速发展的数字技术，我们需要建立平台体系支撑组织建立数字化工作空间，适应变化。构建可扩展的运维平台体系，关键目标是赋能运维组织转型，确保运维流程有效落地。虽然咨询机构、供应商、领先的行业运维组织提出了各种各样的平台体系，但总体来说可以将这些平台划分为“监、管、控、析”四块。第四部分从平台体系、平台落地原则，以及“监、管、控、析”平台能力进行分析。

Chapter 20 第20章

数字化运维平台架构

新技术都是在现有技术的基础上发展起来的，现有技术又来源于先前的技术。将技术进行功能性分组，可以大大简化设计过程，这是技术模块化的首要原因。技术的组合和递归特征，将彻底改变我们对技术本质的认识。

——布莱恩·阿瑟《技术的本质》

运维组织面对成百上千的信息系统、成千上万的服务器、几十万数量级应用进程、海量运行数据，以及极为复杂的技术架构与时刻面临风险的业务，必须借助技术平台，构建应对复杂环境的稳定体系。随着企业规模快速扩大，监管管理精细化程度越来越高，IT风险管理要求越来越高，一线运维与管理决策对工具需求日益多样化，很多“监、管、控、析”平台主要采用先竖向满足需求，再横向打通的方式，容易出现相互重叠，或平台职能不清晰，且满足需求成本高的问题。

在组织、流程、平台、场景四位一体的数字化运维体系中，平台是支撑组织、流程、场景有效落地的技术底座，在搭建过程中需要统筹规划，以一体化思路推进，实现可扩展。针对一体化思路，平台层面主要围绕“监、管、控、析”四个部分，其中“监”指监控、感知的平台能力，“管”指运维流程、服务的平台能力，“控”指对生产对象操作的平台能力，“析”指基于运维数据的“采存算管用”的平台能力。作为运维体系的底座，平台需要具备可扩展性、开放性、可共享、服务化能力。

20.1 一体化平台

平台建设一体化是一种系统性思维，是一种有机组合成整体的方法。运维管理体系可以有一体化，运维平台可以有一体化，平台层面的“监、管、控、析”部分可以有一体化，“监”部分的某个模块也可以有一体化。比如“监”部分中的监控告警一体化，这需要所有监控告警数据、告警处置流程、告警管理等互联互通。

1. 一体化思路

任何层面的一体化都需要实现“**规范、流程、工具、数据**”四个要素的有机组合。没有规范，技术平台、流程、运营缺乏标准与指导意见；平台只有融入流程才有生命力；工具是平台的表现方式；数据是平台应对复杂环境的关键要素。

规范是运维工作的指引与标准，组织的流程管理、服务管理、工具建设、数据治理需要标准化。如果没有标准化，不同团队和个人对同一个数据的理解会出现偏差，不仅沟通成本增加，甚至项目实施、交付、信息共享、数据集成以及协同工作也会出现各种问题。在实施规范层面，运维组织可以考虑从行业及政策标准、企业内运维管理标准、应用及操作层面梳理规范。其中，行业及政策标准泛指国家、行业、协会、联盟等发布的运维制度、标准、指南等。这些制度标准通常集行业的优秀企业、咨询机构、领域专家经验，从运维管理意义、目标、原则、组织、管理等方面提出通用性标准，在内容描述上通常具有参考意义。企业在制定内部制度时可以借鉴、参考、引用，避免从头开始造轮子。企业内运维管理标准通常是企业内运维组织根据外部规范，结合自身业务特点制定特定的运维管理制度，以确保运维管理各项活动有效落实。应用及操作层面的标准更细致，比如运维平台层面的 CMDB 配置管理办法、监控管理办法、IT 服务管理细则、应用日志标准等。在运维标准实施上，要以以终为始的思路，结合价值主张、标准化范围、投入分析、执行方案、技术赋能、标准运营步骤，形成标准闭环执行。

运维工作可与软硬件生命周期的工作流程、具体标准规范相结合。日常的运维工作包含大量流程，比如标准的制定与修订流程；IT 服务管理涉及的变更、发布、故障处置、配置等工作流程；协作流程，比如监控告警与生产事件关联分析等流程；运维数据管理涉及的数据采集、清洗、存储、计算、消费等流程。具体的工作流程需要结合场景进行制定。以运维数据治理场景为例，该场景主要包括业务流程、质量管理流程、安全管理流程，其中：业务流程主要围绕数据生命周期的管理；质量管理流程主要指设计数据质量评价体系，实现数据质量的量化；安全管理流程是按数据安全保护标准、安全技术规范、操作规范，设立安全风险评估机制和应急响应机制。

工欲善其事，必先利其器。选好工具、用好工具，是人类不断前进的一个条件。工具替代人的一部分功能，并持续提高人在这方面的能力，或者说，工具是对人器官的延伸。在运维领域，运维组织得益于大量企业服务厂商、行业布道者，以及企业内有思想的运维从业者，结合最佳实践，建立配套的平台体系，利用有限的资源不断应对复杂生产环境的变化。比如：结合 ITIL 最佳实践，建立 ITSM 相关的工具系统；基于 DevOps 思想，建立 CI、CD 工具系统；基于可观测思路，建立云原生架构下的监控、日志、链路工具系统。运维工具主要围绕“监、管、控、析”四个方向。

运维早已身处数字世界。长久以来，运维组织面临海量的基础设施与运行数据、复杂的网络与应用关系、严峻的内外部安全风险等挑战。与研发、产品、项目等从 0 到 1 的生产过程管理相比，运维组织面临着在 IT 生产运行环境中业务从 1 到 100 的迭代等挑战。平台工具最重要的是适应人机协同模式的变化。从平台一体化看，运维组织要将运维数据平台以中台的能力建设推进，包括统一数据采控能力、实时批量处理数据能力、全域数据管理能力、智能分析能力、配置管理能力、指标管理能力、数据治理能力等。

2. 打造一体化运维体系

“规范、流程、工具、数据”四要素一体化有助于运维平台一体化建设。本节介绍金融企业运维平台一体化架构（见图 20-1）。

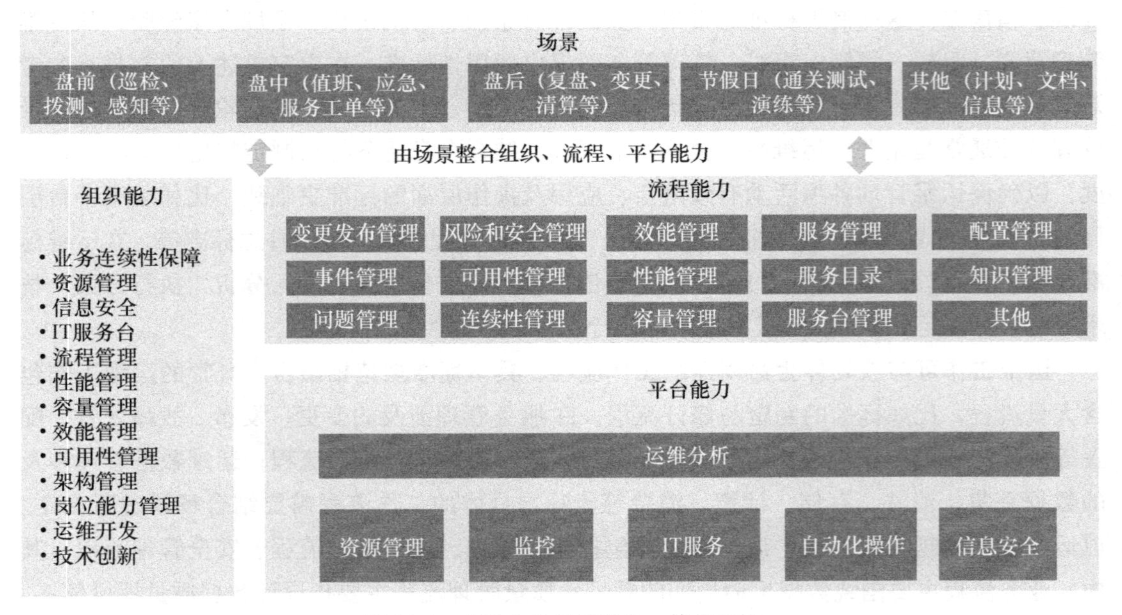

图 20-1 金融企业运维平台一体化架构

在规范层面，运维组织可以深入贯彻监管机构提出的守住信息安全底线，回归本位，共同维护金融市场稳定运行的基本要求，以行业信息技术发展规划为指导方向。在行动路线上，运维组织可以借鉴 DevOps、ITIL、ISO20000、ITSS、ITOA、SER、AIOps 等先进理念，制定与组织相适应的标准规范，落实具体的组织、流程、平台、场景一体化建设。运维组织可重点围绕文化、架构、岗位设置、个人能力构建数字化管理能力。在流程方面，运维组织可通过数字化思维进行重塑，将制度规范、协同模式、资源配置等在线化；场景可将"人、事、时间、协同、环境"要素连接起来，实现提能增效和智慧沉淀，配套技术，可确保业务及运营管理在合规的基础上高效开展；平台是支撑组织、流程和场景数字化落地的技术底座。

持续优化组织能力建设，主要以业务连续性管理、资源管理、信息安全等为基础，扩展到运营分析、IT 服务、运维开发等横向能力，建立学习型组织，推动组织个人能力的持续提升。

以敏稳双态优化流程能力，吸收 DevOps、AIOps、SRE、ITOA、ITIL 等方法论，围绕连接、数据、赋能，从被动的流程管理向主动的 IT 服务、IT 运营转变。

从时间角度，围绕盘前、盘中、盘后、节假日，打造"人、事、时间、协同、环境"为一体的线上场景，整合资源。

推动"监、管、控、析"工具向一体化平台架构演进，利用自动化手段替代手工操作，推动运维研发一体化，并利用运维数据中台，推动数据运营、运维智能化。

3. 一体化平台能力建设

运维工具建设过程中容易出现烟囱式情况（见图 20-2），缺乏标准化，各工具间缺少统一规划与整合，只能完成操作层面的一部分工作，表现出流程割裂、监控脱节等问题，无法实现一体化。

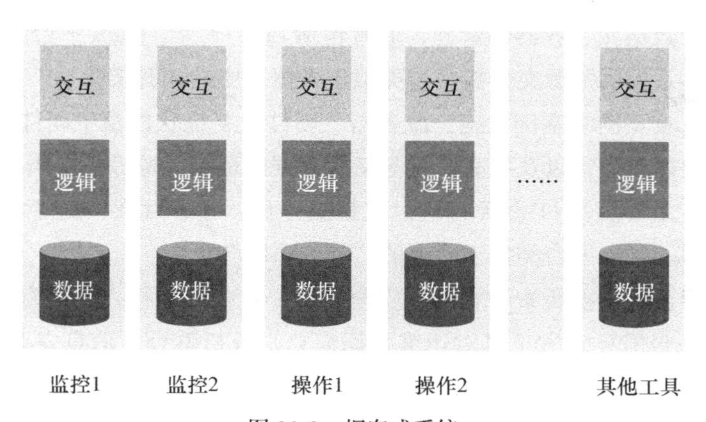

图 20-2　烟囱式系统

一体化运维平台可解决上述问题。运维平台建设理论上有两个思路：一是构建"监、管、控、析"能力集中式运维平台，二是独立建设"监、管、控、析"平台，平台之间相互整合，达到一体化效果。虽然行业中的确有一些运维平台在向集成所有能力的方向发展，但由于运维十分复杂，在资金、人才、时间、资源约束下，很难实现“监、管、控、析”各方面都领先或适应特定组织的集中式平台。事实上，绝大部分运维组织是在各个领域寻求最优的解决方案，并对各领域的运维工具能力进行整合。

在一体化运维平台解决方案中，笔者曾提出过“6平台+1场景”的构建思路（见图20-3）。“6平台”是资源管理平台、监控平台、服务平台、信息安全平台、操作平台、数据平台，“1场景”是指场景平台。

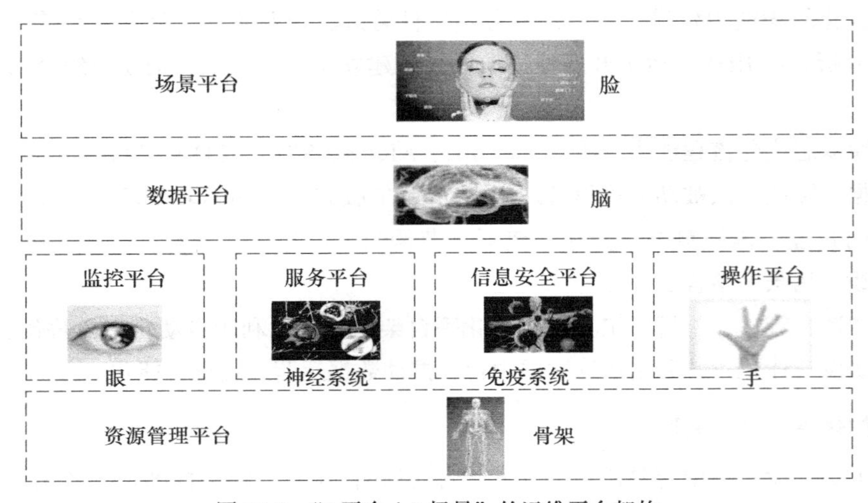

图20-3 “6平台+1场景”的运维平台架构

- **资源管理平台**：重点围绕云平台建设，需要解决基础设施、服务器、网络、虚拟化、系统软件、数据库、容器的管理，通常包括IaaS平台、PaaS平台、云管平台。云平台为平台体系提供资源交付能力，类似于人体当中的“骨架”。
- **监控平台**：重点围绕基础设施、服务器、硬件、系统软件及中间件等，应用可用性、业务及客户体验等，以及所有告警与指标数据的监控。监控平台类似于人体的“眼”。
- **服务平台**：主要负责IT服务管理，包括服务台、服务目录、变更、事件、问题、配置等的管理。服务平台类似于人体的“神经系统”。
- **信息安全平台**：主要负责公司信息安全策略，具备防特权、防泄密、防攻击等特性。信息安全平台需要多方工具对运维数据汇总、分析整合。信息安全平台类似于人体的“免疫系统”。
- **操作平台**：主要面向运维操作，涉及范围比较大，主要包括“大”工具和“小”工具，“大”工具指巡检工具、脚本工具、应用发布工具、任务调度工具等；“小”工具指运维平台体系提供的所见即所得的开发工具，支持运维人员进行开发。操作平台在平台体系中是操作生产的触手，是传统运维中的自动化，类似于人体的“手”。

- **数据平台**：提供数据“采存算管用”能力，是实现运行分析、运营、智能化的基础，主要有两层意义：一方面存储运维数据，助力运维自动化、数字化建设；另一方面通过对运维数据的分析，为平台体系提供洞察、决策能力。数据平台类似于人体的“大脑”。
- **场景平台**：提供运维工作台，基于实际运维场景，达到数据、工具、规范、流程的整合，提供移动端、桌面端、大屏等多终端管理，具备多用户、可组装、互联互通、快速迭代等能力。场景平台类似于人体的“脸”。

20.2 “监、管、控、析”平台能力

在“6平台+1场景”的平台层面，资源管理平台、监控平台、服务平台、信息安全平台、操作平台、运维数据平台方面属于不同的能力平台，在实践中可能由几十个工具系统组成，比如监控平台通常由终端拨测系统、业务层面APM与NPM系统、平台软件或操作系统层面的主机监控系统，以及硬件相关的系统组成。为了更好地规划、统筹建设，我们需要划分具体工具之间的职责，建议从“监、管、控、析”维度划分工具的关系，并对平台能力进行梳理。

1. 监

“监”指运维监控，用于度量和管理IT系统运行状况，需具备对运维数字世界运行情况在线感知、辅助决策、应急处置的能力，是业务连续性保障的基础。

从运维监控平台管理模式角度看，监控可划分为手动式监控、被动式监控、主动式监控。手动式监控的监控自动化水平最低，运作模式是手工巡检，通常采用CheckList确认表，利用自动化脚本对IT系统的具体对象的运行状况、性能、容量、可用性等进行即时检查。被动式监控的监控自动化水平较高，是对已知问题的监控发现。被动式监控通常是基于某些生产事件，推动监控数据采集、数据埋点改造，并在监控系统设置监控策略。主动式监控是一种减少人工干预监控策略配置的自动化监控，将基于配置管理、智能算法、异常检测等运作方式，实现监控策略自动依赖配置项下发任务，依赖智能算法建立运维动态基线，建立多维指标的异常检测，实现更全面的监控。

从运维监控平台能力角度看，监控重点关注在线运行感知与辅助应急处置两项能力。在线运行感知能力要求监控平台具备采集系统性能、容量、运营等运维数据资产，并针对数据在线分析、触发告警策略、运维处理流程。辅助应急处置能力要求监控平台不仅承担报告潜在风险的职责，还要帮助管理层加快监控响应处理，辅助运维人员识别故障，并帮

助推动故障的应急处理。

从运维监控体系角度看，监控是一个分层体系架构，一方面需要结合不同维度生产对象的特点，承担多个源端异常的感知；另一方面在监控体系的上层需要实现告警的汇总，在体系的下层需要落地监控数据资产的汇总，为运行分析提供实时数据。

2. 管

“管”指运维管理。当企业的IT架构达到一定规模后，运维管理会面临以下难点。

- 运维部门如何有效实现IT风险控制与加速变更交付。
- 运维部门的价值创造如何与企业业务价值创造保持一致。
- 运维部门与业务部门如何更好地融合在一起。
- 运维部门如何更好地理解业务，业务部门又如何理解运维。
- 运维部门与业务部门之间如何建立有效的沟通渠道。
- 如何平衡运维投入与运维收益。

从运维管理方法角度看，ITIL是解决上述运维管理问题的一个最佳实践，重点包括变更、发布、事件、问题等服务管理，以及常规值班管理、演练执行管理、常规巡检管理等。ITSM是ITIL最佳实践的一个落地方案，是一个以服务驱动的运维管理方法。

从运维管理数字化角度看，企业数字化转型需要IT服务管理围绕数字化运维管理体系的“组织、流程、平台、场景”四要素。从人角度看，对于运维这个复杂、自适应性系统，组织相当于人体的各个器官，每个器官具有不同的功能，不同器官先天条件决定人的天赋；流程既是遍布人体全身的血管和神经系统（管理器官的运作），又是人的行为思维模式（提升或约束人的行为）；平台是人运用的工具，工具扩展了人体器官的功能，辅助人行为的落实；场景是人行为切面，由人、工具、时间、协同、环境组成。流程在整个运维体系中承担运维价值创造的具体实现，连接运维组织人、财、物的各个节点，并沉淀组织最佳实践，指导组织日常运作行为，平台及场景服务于流程的落实。流程是一个运维体系沉淀下来的资产，体现着运维组织解决现实问题的智慧。

从运维管理平台实现角度看，企业通常会围绕ITSM系统、CMDB系统进行建设。其中，ITSM系统着重处理流程审批与实现常规工作线上化管理，重点关注与“流程、机制、人、机器”的协同模式，比如变更、事件、值班、任务等场景中的线上化协作。CMDB系统根据企业配置管理目标，推动配置管理，比如IT资源管理线上化、业务配置管理、知识图谱建设等。

3. 控

“控”指为了减少手工直接与生产对象的交互，以及减少线下工作协作的操作性工作而使用的运维工具。

从运维操作内容角度看，运维工具通常可分为变更类、检查类、执行类、应急类、风险类、协作类。其中，变更类运维工具指与变更操作相关的工具，比如软件发布、操作系统补丁、桌面策略变更、基础设施配置变更等相关的工具。检查类运维工具指面向运行状态检查的工具，比如开关机检查、开业巡检、环境检查等工具。执行类运维工具指面向任务执行的工具，比如定时调度任务、远程脚本执行、数据维护、参数配置等工具。应急类运维工具指面向应急定位与执行的工具，比如应用服务启停、操作系统启停、主备切换、灾备切换、一键切换、预案执行、故障注入等工具。协作类运维工具指与风险控制或协作相关的工具，比如堡垒机、操作指令、ChatOps 机器人等工具。

从自动化操作平台方案角度看，运维工具通常由原子操作脚本、原子脚本编排、带主题的自动化操作场景工具构成。其中，原子操作脚本指可以针对生产对象执行一个或多个命令的单元；原子脚本编排指根据固定操作行为，将多个原子操作脚本按顺序与条件关联起来，形成一个批量的执行序列；带主题的自动化操作场景工具将执行脚本或编排按工作场景固化下来，形成可执行的线上工具。

从自动化操作平台的技术实现角度看，运维工具首先应以脚本、编排为节点，结合调度任务，形成一个自动化操作底座，再以场景工具作为上层的工具应用。工具应用具有消费自动化操作底座的能力，面向特定工作场景。为了构建一个可持续改进的操作平台，企业应将底坐能力服务化，让职能型运维团队发挥专家经验，众创工具。

4. 析

“析”指运维数据分析平台，包括数据“采存算管用”的实现。

从平台功能角度看，运维数据分析平台包括运维数据平台前端的运维数据门户、数据计算及查询、数据存储、数据采集与传输、数据资源管理、任务调度管理等模块。随着运维数据消费场景越来越多，运维数据分析平台需要为上层工具场景提供异常检测算法、运维指标、运维主题数据等服务。

从运维数据采控角度看，运维数据分析平台需把不同运维数据源中的数据经收集、整理、清洗、转换后加载到一个新的数据源中。数据采控模块包括支持多种数据源的数据采集能力、主动采集与被动接收数据的能力、实时与离线数据采集能力、全量与增量数据采集能力。

从运维数据存储角度看，运维数据分析平台支持多种形式的数据存储。平台应根据不同的运维数据类型与数据消费实时性要求，选择不同的存储介质，比如从源端采集数据后放在 Kafka 消息队列，再选择时序数据库、关系型数据库等进行存储。

从运维数据计算角度看，运维数据分析平台应提供数据计算模型、可编排的计算算子、规则引擎。运维用户可以根据经验，通过拖拽交互界面，以及 SQL、正则表达式等生成数据计算规则；同时，针对智能运维需求，提供快速引用的运维异常检测与异常预测相关算法。

从运维数据管理角度看，运维数据分析平台应提供数据资产服务目录、数据质量监测能力。数据资产目录的构建是为了提供数据供需双方的数据交付服务，包括向用户提供一站式数据服务，以及让数据提供者上架服务与运营数据。

从运维数据消费角度看，运维数据分析平台应提供高黏性的运维数据消费场景能力，一方面需让平台能力贯穿于具体运维工作场景，另一方面要提供一些高黏性的功能，让用户可以快速、低成本地消费服务。

20.3 运维中台

在“6平台+1场景”架构中，资源管理平台、监控平台、服务平台、信息安全平台、操作平台、数据平台属于运维平台体系的后台，场景平台涉及的场景工具属于前台。在后台之上，运维组织需要抽象并整合面向后台开放服务与数据的中台。

中台是一场效率革命，通过制定标准和机制，把不确定的流程确定下来，减少沟通成本，提升协作效率，将技术模块服务化，达到可复用的效果。单从技术平台中台化看，上层场景式运维需要利用数字思维重塑工作流程，以可复用为目标的中台思路恰到好处。

1. 运维中台恰逢其时

狭义的运维平台体系可以有“监、管、控”工具，结合现在运维数据分析可以再增加“析”工具，在实际落地过程中通常会由各个工具中实现。比如很多企业的监控平台、自动化操作平台等，是以技术驱动的方式打造。在这种思维下，运维工具间缺乏信息互联和共享。分散构建工具的方式不能满足一线及管理层需求。实际运维工作是以场景为单位，一个场景指在一个特定期间完成一项相对完整的工作，通常涉及“监、管、控、析”多个工具的交互。场景可视化则是以场景思想将多个工具进行整合，减少用户在多个工具间来回切换。

将“监、管、控、析”工具进行整合，可以看到是针对不同场景中数据、流程、动作的整合，即多个工具中不同类型的数据、流程、动作通过一种通用方案进行分解与归纳。为了提升整合能力，运维组织需要将工具的数据、流程等进行服务化封装。此时，打造运维中台成为一个主流的平台建设思路。

运维中台是组织打造的运维 PaaS 平台。不少运维组织与运维平台厂商提供“One”平台规划，即将底层技术平台不断沉淀，共同为上层场景工具提供服务。腾讯蓝鲸运维平台（简称“蓝鲸”）是典型的开放式运维中台。蓝鲸 PaaS 层提供配置模块、作业模块、容器模块、数据模块、AIOps 模块、DevOps 模块等，以及负责技术平台服务管理的服务总线。蓝鲸 PaaS 层能够为上层运维工作场景提供敏捷的场景工具构建能力。同时，得益于蓝鲸 PaaS 层的生态建设，不同企业甚至可以共享场景工具应用。当这种平台建设方案走出企业，与该企业工作特点类似的行业监管组织或行业经营机构可以打造行业级 SaaS 建设模式。

2. 中台思想

中台是平台化的一个延伸。在 IT 领域，平台化是企业在信息化过程中，应对大规模软件开发、测试、运维成本高，效率低、重复、协作不畅等问题的解决方案，将可复用部分抽象成模块组件，再基于这些模块组件进行业务串联、增量包装，就可以适应不断变化的业务需求。而从平台到中台之间清晰地划分出“前”与“中”的边界，重点是让中台解决前台场景敏捷落地问题，核心目标是以客户为中心，快速响应个性化、定制化需求。为了实现前台场景敏捷落地的目标，中台建设通常是在企业范围内构建可复用、可共享的平台能力，并将可复用性从平台内部的技术层面建设上升到平台对前台业务的支撑上。随着企业数字化转型的推进，企业前台应用将产生井喷式创新，此时将更加迫切需要一个强大的中台来支撑。在具体实现上，中台通常按赋能前台对象的不同划分为管理中台、业务中台、数据中台、技术中台等。

管理中台主要从组织、流程、平台角度进行综合的中台化。像华为提出的“大中台支撑前台一线精兵作战”的组织协同模式，就是要让管理中台更好地支撑前台业务，包括盘活企业资源，对业务运营、风控、IT 技术、人力等的共性需求进行沉淀，达到资源可复用、可共享；同时推动协同网络的构建，建立有效连接，促进公司信息传导，确保各个环节合规。

业务中台主要从业务应用快速构建所需要的标准化业务模型、组件、服务、流程等能力需求上，将不同业务线相同问题域的解决方案进行抽象与封装。实施上，在研发过程中持续沉淀基于最佳实践的业务模型，通过配置、插件、服务等方式，为面向未来业务流程提供可复用的标准化服务组件，并在底层架构上建立服务化共享服务中心，支持前台应用快速消费与构建。

数据中台主要是对数据进行二次加工处理，形成可复用的、服务化的数据能力，以更好地服务业务。数据中台以关键业务为核心，打通多个系统的壁垒，整合多源数据，构建快速加工统计的计算能力，实现集中式、全生命周期的数据管理。

技术中台通常针对更加底层的 PaaS 平台，向下可实现与 IaaS 平台的对接，向上可构建容器、应用、数据库、中间件、移动技术组件等平台服务化能力。所以，很多时候，技术中台是以云的思路对各种应用层的技术能力进行整合和包装，提供一切皆服务、所见即所得、简单标准、易于使用的应用接口。

3. 打造运维中台

运维中台的关键特征是连接、共享、沉淀、复用、赋能。连接是基于运维管理流程机制与数字技术，围绕运维价值链，跨团队协同，实现客户、业务、研发、测试、应用运维、基础运维、安全运维、管理决策层等对数据、技术的应用，构建企业内部高效的协同网络。共享是搭建运维技术平台，将各类资源数据化、服务化、在线化，基于数字化资源与协同网络，全面共享资源。沉淀是根据一线运维、管理决策层、业务部门等对 IT 运营所需要的共享资源进行抽象和提炼，总结出共性能力。复用是将中台沉淀的资源能力组件化，以对沉淀的资源进行复用，最大化价值。赋能是中台的核心价值表现，中台的好坏取决于前台场景是否更加敏捷，中台需要以便捷的输出方式为前台场景赋能。虽然运维组织规模不大，但在平台建设方面，包括数据中台、业务中台、运维后台、管理中台等，可以借鉴中台思想进行搭建。

以场景为单元打造敏捷前台。运维场景包括时间、环境、人、事件、协同方式 5 个要素。时间指运维工作发生的时间段或时刻，环境指线下与线上，人包括真实多个角色的人与机器，事件指场景的主题内容，协同方式指人、事、环境的连接方式。运维场景包括常规保障涉及的值班管理、巡检、监控告警处置、应急事前预防、应急事中处置、应急事后复盘、变更前移、变更评审、变更发布、容量评估等。单一的技术平台无法满足这些运维场景需要。组织须结合经验，连接人、流程、平台，形成全线上化、数字化的工作片断。所有工作片断构成运维数字世界。所以，运维平台需要最终为场景服务，且应以场景为单元打造敏捷前台。

运维数据中台提供感知、决策、执行的闭环能力。运维数据中台具备统一的数据采存算管用基础能力，可落地运维指标体系。该平台具备统一的数据采控、实时与批量数据处理能力和全域数据管理能力、智能分析能力、IT 资源配置管理能力等。运维数据中台实现所有运维数据的集中管控。

基于“监、管、控、析”工具打造运维业务中台。由于运维平台依赖大量外购的“监、管、控、析”工具，在运维业务中台实施上组织可考虑聚焦在服务管控与服务总线上。服务管控指为不同的工具提供统一 SDK 标准化通信，不同工具之间的通信由服务总线管控，服务管控模块实现“监、管、控、析”服务服务注册、发现。在通过接口访问时，采用网关或服务总线进行集中通信管控。

第21章 Chapter 21

平台落地原则

“除非建立好的习惯，否则成功不会降临。”

——瑞·达利欧《原则》

结合经验，在平台建设中遵循一些指导原则，为团队提供前瞻性的指引，建立平台实施通用规范，可以确保平台建设的有序推进。运维平台可扩展包括认识、思维、组织、流程、平台等整体的能力能够敏捷响应平台需求。运维平台场景整合指基于场景，实现数据、机器人、可视化、工具能力、服务等几个层面的整合。运维平台自主可控主要体现在研发可控、运营可控、安全可控三方面。平台的小步快跑围绕适应标准化、2/8原则、并行推进的思路。

21.1 可扩展

传统意义上的平台扩展性，主要是指在对现有系统影响最小的情况下，系统功能可持续扩展，表现在系统基础设施稳定，不需要经常变更，应用之间较少依赖和耦合，对需求变更能够敏捷响应。它遵循系统架构设计层面的开闭原则（对扩展开放，对修改关闭）。架构设计者需考虑未来功能，当系统增加新功能时，不需要对现有系统的结构和代码进行修改。针对运维平台扩展的关键是敏捷响应需求。站在运维数字化角度看，运维平台可扩展不是单一系统架构的扩展，而是面向整体运维团队的认识、思维、组织、流程、平台等方面的扩展。

- 基于整体规划，组织成员达成统一认识，认同组织发展规划、平台建设目标、理念。
- 基于价值主张，从组织痛点、期望两方面入手，根据实际情况，洞察问题与趋势。
- 基于路线蓝图，兼顾短期需求与长期目标，坚定地达成路线的阶段目标。
- 基于平台信息互联，分清每个工具的作用，提高信息互联，减少工具的重复建设。
- 基于标准建设，实现工具标准化，提高平台质量。
- 配套机制建设，平台与工作流程机制相配合，加以运营手段，确保平台真正赋能运维。

21.2 场景整合

运维涉及很多类型的工作，我们很难用一个工具实现所有工作需求，且运维组织已搭建不少运维工具，它们都起着十分重要的作用。最好的建设方案是以整合的思路让各类工具实现“1＋1＞2”的价值。工具整合是结合运维场景进行整合，实现乐高式的整合。

运维数字世界由众多运维场景连接而成。场景是对组织、流程、平台能力的选择性组装。通常，运维场景由时间、环境、人、事件、协同 5 个要素组成。时间指运维工作发生的时间段或时刻，环境指线下与线上，人包括多个角色真实的人与机器人，事件指场景的主题内容，协同指人、事、环境的连接。一个完整的工作流程可能涉及业务系统、业务监控系统、自动业务调度系统、应急处置系统、运维数据分析平台、ITSM 系统等多个工具的建设。相比于传统以 IT 服务流程为导向的方式，以场景梳理运维工作更贴近运维组织实际的工作模式，能够打破信息孤岛，更有助于建立全数字化的运维工作模式。以下基于场景对平台能力的需要，从数据、机器人、可视化、工具能力、服务几个层面进行分析。

1. 数据

传统运维数据分析平台通常基于各类“监、管、控、析”工具与业务系统产出的贴源层数据进行分析。随着运维数字化建设的推进以及 IT 环境越来越复杂，基于数据驱动的工作模式将成为运维工作的重要特点，运维数字世界的物理对象将数字化，数据将成为场景的重要连接器。

一方面，数据成为场景构建的重要原材料，平台需要具备整合监控指标数据、报警数据、日志数据、网络报文数据、用户体验数据、业务运营数据、链路关系数据、运维知识数据、运维流程数据等的能力。另一方面，基于数据驱动的运维场景，场景应围绕数据“感知、决策、执行”闭环的数据驱动思维，即设计场景时要分析需要感知什么，如何更快、更准地感知，感知事件后如何利用“数据＋算法”提供辅助决策，决策事件如何融入常态化工作流程，如何跟踪决策的执行。

为了实现数据价值，运维平台一方面需要具备“采、存、算、管、用”能力的运维数据平台，数据平台向场景输出开放式的指标、主题流水数据。同时，平台需要持续建立运维数据分析的关键能力：稳定可靠、实时、海量数据计算、敏捷落地等。

2. 机器人

IT 运维过程中的参与者包括运维部门内部的业务运维、系统运维、基础运维、网络运维、流程经理、服务台等角色。运维角色要与研发人员、测试人员、产品人员、项目人员，以及业务部门人员、分支机构人员、厂商、外包合作方等，以及一切以软件形式存在的信息系统交互。机器人是连接上述对象的重要角色。运维工作场景在很长时间里仍将是以人为中心的协作，在协作中人需要与各种协作对象关联，机器人将围绕“人机协同”协作模式表现。机器人的能力主要是以某个领域或角度扩展，重塑大计算、海量数据分析、操作性、流程化、规律性、7×24、人机体验等类型的运维工作。比如 ChatOps 机器人是一种建立人与平台软件之间连接的机器人，巡检机器人是建立监控（或数据平台）与人之间连接的机器人。未来，随着线上化场景的不断落地，对应的专业机器人将越来越多。

3. 可视化

将可视化单独列出来讲，主要原因是可视化一种简化对数字世界理解的低成本、见效快的手段。可视化能够更好地表达运维专家的经验。平台帮助传递专家的思想，并能与其他用户进行思想的交流，让工具更快、更易转化为生产力。无论数据洞察、决策还是执行，我们都可以首先用可视化的方式表达出来。可视化是整合场景的一个重要手段。在实施上，可视化不仅是报表、看板类数据分析表达方式，还可对运维场景进行数据赋能，比如通过数据洞察感知运行风险，通过数据分析有效辅助决策制定。

4. 工具能力

工具可替代人的一部分工作，提高人在某一方面的能力。“监、管、控、析”运维工具已经深深地融入运维工作场景。基于 DevOps 思想，通过 CI/CD 工具链将整个软件交付过程串起来，形成端到端解决方案；基于 ITSM 理念与 ITIL 最佳实践，通过 ITSM 系统落地服务台、服务目录，以及组织需要的 IT 服务流程。

5. 服务

服务调用是工具整合的关键手段，可以分两个层面：第一个层面是工具与工具之间服务的整合；第二个层面是对运维对象的整合，CMDB 或运维数据平台是实现运维对象整合的技术方案。

21.3 自主可控

平台的自主可控主要体现在研发可控、运营可控、安全可控三方面。

研发可控关注组织能力与技术架构。组织能力可控关注运维研发团队研发的工具满足需求。运维组织可能会引入大量外部或开源的“监、管、控、析”工具，不少工具在应用中可能会出现无法需求满足等问题，且这种问题随着工具应用频繁越来越突出。此时，将有限的运维研发资源投入与企业个性化、需求最丰富的场景，尽量使用成熟的“监、管、控、析”工具，并将其作为平台体系稳定的后台，是一种组织能力可控的方案。技术架构可控关注场景工具、“监、管、控、析”工具、研发工具等的技术架构可扩展性。扩展技术架构需要做好需求分析、技术调研、测试、选型，同时还需要关注基础设施平台云化，以及引入信创技术，了解对现有技术架构的影响。

运营可控目标是让工具直接赋能运维，实现运维价值。做好工具运营，一方面要设置专项运营岗，实现工具落推广、收集意见、反馈优化闭环，另一方面是建立平台众创的协同机制。运维开发团队擅长将标准流程通过工具完成，但不可能精通每个领域的流程，且对具体领域的业务不够了解，无法提供更适合的工具。运维团队有很多业务运维专家、数据库管理员、中间件专家、网络专家等，让这些领域专家充分参与到平台众创中是运营可控的一个重要方法。

安全可控体现在风险控制上。安全问题可能在各个环节出现，如应用变更、生产操作、数据维护、业务量激增会带来风险，引入新工具也会带来风险。安全问题需要在多方面加强防范，比如：加强运维工作标准化、自动化，避免操作风险；加强对自动化操作工具的安全管控，避免因为误使用工具引发风险；持续完善平台，不断提升基础设施、网络、系统和应用等的稳定性和可靠性；加强信息安全保障体系建设，提高安全生产和网络安全防护能力；加强运维平台体系建设，提高事件响应能力。

21.4 小步快跑

1. 适度标准化

工具要具备可持续改进能力，有必要标准化先行，但标准化通常会导致工具落地效率下降。所以，在遵循运维体系标准化先行的同时，要适度标准化，不要让过多的标准化要求造成资源浪费。只有在适度标准化的基础上，工具的开发者与工具的消费者才能在统一的认知下展开有效协作，快速支撑运维。运维开发团队在选择标准化的过程中可以考虑采用从顶层体系向运维对象一层一层分解的思路。

- **工具作用标准化**：制定整体的平台体系规划，划分体系间工具的作用，比如监控平台负责监控，操作平台负责自动化操作与生产对象上的操作，CMDB负责资源配置管理与体系元数据管理等。

- **工具间整合标准化**：工具间整合标准化有很多，主要体现在配置数据层面的标准化，接口通信的标准化等。
- **场景工具标准化**：重点关注工具使用标准化、工具准入标准化、平台数据标准化等，比如统一告警标准化，涉及监控告警输入字段格式与数值要求，告警数据处理过程中涉及的丰富、收敛、抑制标准等。
- **运维工具管理对象标准化**：涉及对运维对象识别和建模标准化，比如CMDB里必要的配置，应用程序包程序的打包规范等。

2. 帕累托原则

运维自动化领域曾经的霸主IBM、HP、BMC已逐渐被其他厂商替代，排除国产化、服务能力等因素，单从产品角度看，原因是国外传统运维工具过多的功能增加了使用复杂度，但实际上经常使用的功能可能只占10%。同时，功能增加，导致设计复杂，成本增加，且不能快速响应用户需求。

以天旦公司的BPC性能管理工具为例，BPC这个工具满足从监控、问题定位、性能分析到报文流水分析等多个场景下的应用需求，但实际在使用过程中会发现这个产品只分了四级菜单，总共十几个页面，能满足重要交易系统性能管理，且使用方便，推广效果很好。

在工具研发过程中，运维开发团队需要先保证基础平台服务稳定，再追求上层场景应用的敏捷交付，以便提高用户满意度、运维效率。在设计时，以帕累托原则评估80%场景的通用需求，对于某些个性化功能调低优先级或做减法，集中精力实现通用需求、敏捷交付。在实施上，先让种子用户试用，获得反馈后优化，迭代推广，让工具真正赋能用户。

3. 并行推进

线上化、自动化、数字化、服务化并非终态，而是一个持续优化的过程，四者在平台落地不同阶段各有侧重。线上化是为了让员工工作从线下到线上，这也是标准化落地的一个过程。通常，运维平台体系建设第一阶段的重点是线上化，线上化是重塑运维工作模式的开始。自动化侧重于提升线上化具体运维工作的生产力、减少手工操作与协同。数字化侧重于运维数据的“采存算管用”，并基于运维数据重塑运维工作场景。智能运维是数字化的一个高阶表现。自动化与数字化重点是对“大计算”“流程化”“规律性”“7×24”“人机协同”等类型运维工作的持续优化。服务化是运维从被动向主动转型，对外提供平台服务能力。在项目推进过程中，自动化、数字化、服务化建设并行推进，比如：线上化是自动化的基础，为数字化提供在线的数据基础，而自动化与数字化水平提升后，又会改变线上化的表现形式。

Chapter 22 第22章

运维监控平台

设计能够监控的系统，按顺序依次回答“出问题了吗”“哪里出了问题”“是什么问题”是一种有效的自上而下的策略。

——《架构即未来》

所谓“监控”，包括“监”和“控”，是度量和管理IT系统的工具，其具备对IT系统运行情况进行感知、决策、应急处置的能力，是业务连续性保障的基础。监控工具需要具备实时采集数据能力。从平台体系角度看，监控工具的性能、容量、运营数据等为运维分析提供数据资产。随着技术发展，系统越来越复杂，传统监控工具的基于事件驱动打补丁的方式已经很难适应当前业务对稳定性的要求。监控工具发生了变化，比如原来以主机为中心的监控，在云原生技术架构下转为以集群、服务、应用、业务为中心。

由于生产运行涉及面广、监控工具多，组织会有合而为一的决策，像集中监控或统一监控就是一个常见项目。需要注意的是，市场上成熟的监控工具很多，不同层面的监控工具关注点各不一样，通常很难选择一个包罗所有能力的监控工具；组织里的监控工具经过一段时间沉淀，最大的价值已经不是工具本身，而是监控配置项的业务数据，事实上很多技术架构及功能并不优秀的监控工具很难替换的原因就在于此。所以，本章讲的集中监控不是讲一个监控工具，而是站在运维组织角度看监控体系。

22.1　从飞机监控示例看监控

如果说运维工作的特点是如履薄冰，那航空公司的运维事关生死。借鉴航空公司的运维方案有助于持续提升业务连续性保障能力。以监控为例，一方面，如果机组人员遗漏或延迟响应监控告警，可能会带来灾难，因此要求所有监控系统可靠、告警准确、告警及时响应；另一方面，影响飞行安全的因素很多，不仅包括飞机自身的设备可靠，燃油、气候、航站楼安排等每一个环节都需要监控到位，要求监控系统覆盖面广；同时，由于事关生死，监控告警响应、处理、复盘管理得严格落实。

本节内容源于一篇关于波音777-200LR飞机监控的帖子。为了实现一架飞机的监控管理，波音777-200LR飞机部署了超过3000个传感器，监控覆盖飞机内部设备、人员操作、外部环境、燃油等。鉴于监控告警的优先级不同，对监控的信息触达与处置方式进行分级，以确保监控告警得到及时处理。以下为摘录内容。

1. 告警分级

飞机监控系统对监控告警划分了6个级别，每个级别有不同定义，并有多种告警方式。通过告警分级，监控系统针对不同的告警有不同的处理策略，飞行员或飞机运维人员可以有主次地进行针对性处理与决策。

- **维护**：该级别信息主要展示给地勤，起飞后无须关注，通常显示为白色，无声音，仅在地面显示或在多功能显示器选择维护页面时显示。
- **备忘**：表示飞机的一种正常状态，但该状态需要机组知晓，类似于汽车上的大灯远光开启这样的指示信号。该级别信息通常显示为白色，无声音或首次出现时伴随单次提示音。
- **咨询**：表示飞机的一种异常状态，但该状态不会立即威胁飞行安全，条件允许时应予以关注。该级别信息通常显示为黄色，无声音或首次出现时伴随单次提示音。
- **警戒**：表示飞机出现故障或处于明显异常状态，该状态正在威胁飞行安全，应尽快予以关注。该级别信息通常显示为黄色，伴随连续谐音警告或嘟嘟声。
- **告警**：表示飞机出现严重故障或处于危险状态，该状态已经严重威胁飞行安全，必须立即采取措施，否则极可能发生致命事故。该级别信息通常显示为红色，且故障排除前无法清除显示内容，伴随不间断高分贝警告音或语音播报。
- **急迫告警**：表示飞机出现严重故障且持续恶化或处于即将发生致命事故的状态，必须立即采取措施，否则将不可避免地发生致命事故。该级别信息通常显示为红色，且故障排除前无法清除显示内容，伴随不可关闭的不间断高分贝警告音或语音播报。

2. 告警触达手段

针对告警需要建立告警处理机制，告警触达是告警处理的第一个环节。

飞机上常见的告警触达手段如下，包括在不同面板通过颜色、声音等进行触达，这些方法对于告警响应处理是辅助手段。

- **PFD 显示**：在主飞行仪表上显示。
- **ND 显示**：在导航仪表上显示。
- **EICAS 显示**：在综合信息仪表上显示。
- **其他显示**：在飞行管理计算机、备用仪表等其他面板上显示。
- **主警报红**：红色主警报灯亮起。
- **主警报黄**：黄色主警报灯亮起。
- **专用警报灯**：专用于该警报的灯亮起。
- **声音警报**：各种声音效果警报。
- **语音警报**：语音播报的警报。
- **其他警报**：操作杆震动等其他警报方式。

飞机对于告警触达手段的综合运用，确保了高优先级告警能够得到必要的响应与处置，达到监控高响应目标。这是 IT 运维监控上容易忽视的系统设计环节。

3. 监控覆盖类型

飞机告警源很多，比如设备故障、维修不当、设计失误、航管指挥不当、鸟击、机员操作失误等，飞机监控覆盖点的类型如下。

- **引起系统响应的监控**：引起系统提供高压空气、除冰、气动液压泵等的监控。
- **自动驾驶系统的监控**：现代商业飞行全程 95% 以上的时间由飞机自动驾驶系统控制，针对自动驾驶系统的监控。
- **通信系统的监控**：检测数字通信方面的问题，主要是天地数据链的监控。
- **电路有关的监控**：针对所有电力系统详细工作状态的监控。
- **引擎有关的监控**：引擎可以说是整个飞机中最重要、最昂贵的核心设备，针对引擎运行状态的监控。
- **火警有关的监控**：针对驾驶舱可见的火警警报，有些区域的烟雾和火警警报反映在乘务员面板上。
- **飞行操作系统有关的监控**：飞行操作系统包括多个扰流板、附翼、襟附翼、方向舵、安定面、升降舵以及一系列计算机，针对这些组件的监控，有较高的告警级别。

- **导航系统的监控**：导航帮助飞机实现高级自动驾驶和更高的自动化飞行管理，大幅降低机组工作量，因此针对导航系统的监控很重要。

还有其他监控覆盖，比如燃油、液压、起落架、飞行保护系统、地形、姿态、风切等，此处不一一列出。总体来说，飞机监控包括对外部环境、内部核心和关联部件、飞行操作系统等的监控。

飞机监控系统的多维度监控设计，形成了一个基本必要的监控覆盖面管理。在 IT 运维监控管理中，运维组织也要建立基本的监控覆盖面管理要求，持续推动监控平台、职能线运维监控的落实，达成“不漏报”的目标。

4. 监控告警信息

监控告警信息的准确性也很重要，这样才能提高监控告警处置效率。以下是两个咨询类告警示例，可以看到飞机告警信息除了告警描述、告警级别外，还涉及明确的告警触达方式、触发逻辑、告警处置手册信息。

示例 1

告警名称：机组氧气压力低。

告警级别：咨询。

告警方式：EICAS 显示，黄 CREW OXYGEN LOW。

触发逻辑：机组备用氧气钢瓶压力低。

补充信息：可在维护信息显示中查看详细状况，备用氧气仅供失压或驾驶舱烟雾状态下使用。

示例 2

告警名称：自动驾驶失效。

告警级别：告警，若在自动着陆系统工作时发生升级为急迫告警。

告警方式：EICAS 显示，红 AUTOPILOT DISC，笛声，主警报红。

触发逻辑：自动驾驶无法在指令状态下工作或飞行计算机正在放弃对飞行的控制权（包括人工断开自动驾驶）。

补充信息：抓住操作杆并按下自动驾驶按钮可以解除警报转入人工控制（PFD 将显示 F/D 模式）。

良好的监控告警信息能够让看见告警的人大概了解告警反映的问题、影响面以及初步处置方式，有助于发现异常后快速应急。

5. 从飞机监控看运维监控存在的问题

我们可以看到飞机监控系统真正落实了“不漏报、少误报、高响应”，并利用数字孪生这种观察者视角全面观察飞机运行状况。

运维监控管理与飞机运行管理有一些相似之处，生产环境中运维管理不到位会引发生产系统故障。生产系统要运行良好，需要保证一系列软硬件稳定运行，比如服务器、数据库、中间件、应用服务等。经过多年的信息化建设，很多运维组织针对上述软硬件配套了多种监控手段，但如同其他领域的信息化建设一样，信息孤岛、烟囱式系统问题也比较突出，具体如下。

- 缺乏持续优化监控体系的机制，存在监控告警风暴、监控误报多的现象，以及对一些个性化业务缺少监控、漏报。
- 缺乏统筹建设，监控工具重复建设问题突出，且工具与工具间缺乏互联互通，无法形成互补。
- 告警事件、性能数据集中度不高，没能有效利用这些数据辅助运维优化。

6. 集中监控平台规划切入点

由于运维涉及的领域越来越多，没有哪一个监控工具能够提供一揽子监控解决方案，往往硬件厂商擅长硬件监控，软件厂商擅长软件监控，DBA 擅长数据库监控，业务运维团队擅长业务监控，性能分析团队擅长性能体验监控等。基于该现状，企业的集中监控平台规划可以从以下几个思路切入。

- 监控基本目标是“不漏报、少误报、高响应”。
- 站在整个运维组织看集中监控，源端监控工具关注“不漏报、少误报”，集中监控平台关注“少误报、高响应”。
- 源端监控工具采用分层方式，划分监控覆盖面。
- 结合 CMDB，抽象监控项，持续提升自动化配置监控策略的能力。
- 集中监控平台整合源端监控工具产生的性能、告警数据，实现数据通用。
- 基于数据驱动，实现“不漏报、少误报、高响应”目标量化，进而持续优化。
- 利用性能、告警、日志、配置、操作流程等数据，结合算法，提升实现“不漏报、少误报、高响应”目标的能力。

基于上述集中监控平台建设切入点，这里抽象出监控能力分布（见图 22-1），以建立集中监控平台思路，确保监控覆盖面，完善监控工具，丰富监控平台能力，并通过智能化手段不断提高监控水平。

22.2 从分层看源端监控工具

从工具角度看，监控工具是一个能力集合，涉及基础设施层、服务器层、平台服务层、应用服务层、客户体验层等（见图 22-2）。监控工具是否要整合，应该从监控工具的职能入口考虑，即如果覆盖面有重复则需要整合，如果覆盖面相互关联辅助则可以不整合。运维组织在运维体系建设过程中，经过长期的沉淀，针对不同的监控工具会有大量监控指标，短期内比较难替换。建议采用一种有序整合的方式，制定好监控工具整合的原则与标准，以及工具替换的过渡方案；处理好保留哪些工具，引入什么新工具；从监控体系上分析不同类型监控覆盖面对应的能力要求，做好分层与具体监控工具的对应。

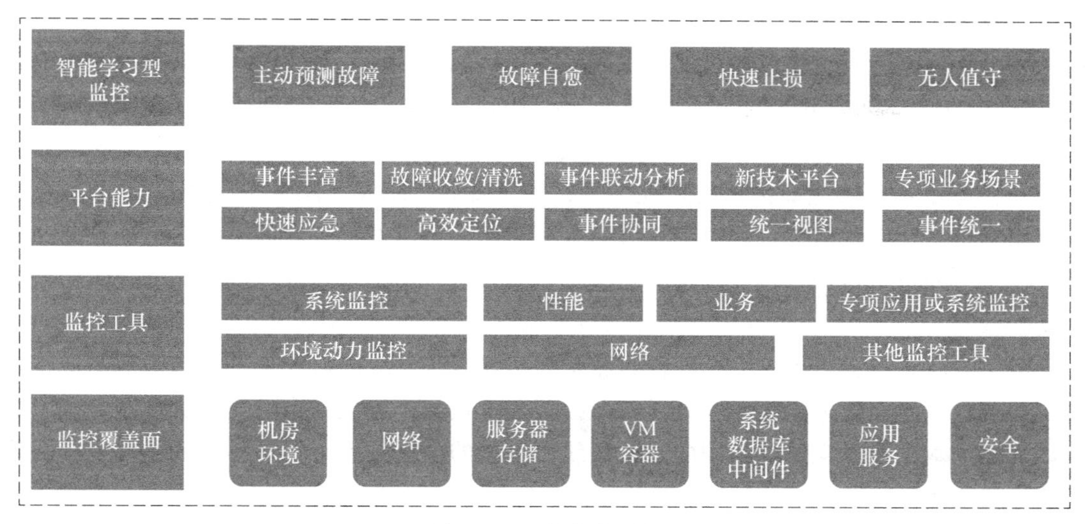

图 22-1　监控能力分布

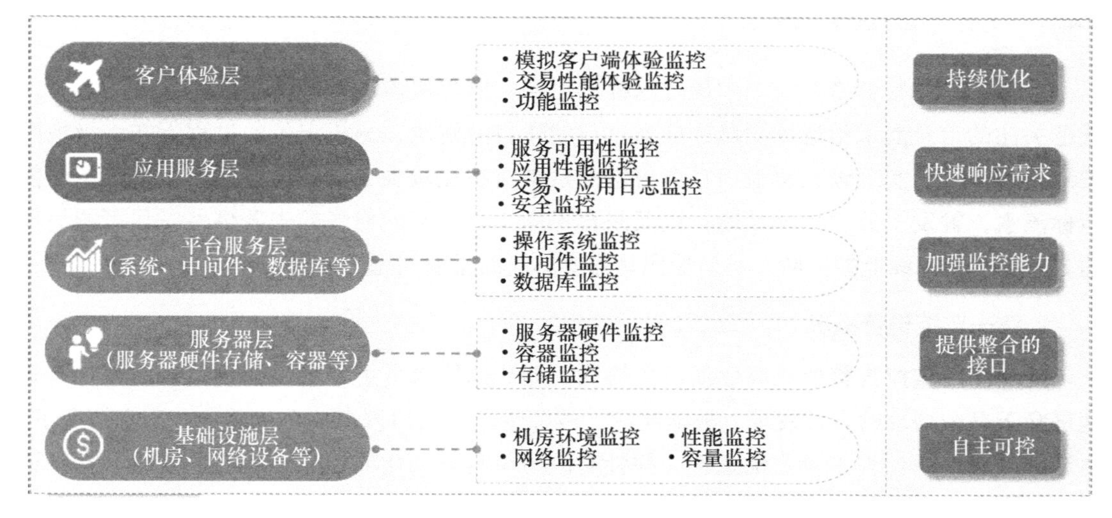

图 22-2　监控分层架构

源端监控工具的核心组件可以分为监控性能指标数据采集组件、性能指标数据存储组件、告警处理组件、可视化管理组件、配置管理组件等。

监控性能指标数据采集通常利用代理在源端采集，这种方案对于监控服务端的管理更加友好、扩展性更好。性能指标数据存储通常选择时序数据库、关系型数据库。告警处理包括告警策略与触发告警管理，前者是根据监控性能指标数据进行策略的分析匹配，通常会设置特定阈值、平均值、中位数、分位数、标准差等进行分析，后者是针对告警汇总、丰富、收敛、响应、处置等。可视化管理是对监控性能指标数据与告警数据以图形展示，涉及某个指标数据可视化，以及某个主题可视化。配置管理是对监控策略的管理，比如新增、修改、删除监控策略，原则上能自动化配置的监控项应该优先自动化。

源端监控工具来源很多，包括主流的专业监控工具，IaaS 层与 PaaS 层提供的平台监控工具，应用系统供应商提供的监控工具，基于日志、NPM、APM 的监控，以及基于运维数据分析平台等的监控。如果组织人力资源充足，可以选择复杂的源端监控工具，比如 Zabbix、Open-falcon 等；不充足但有持续的资金投入，可以考虑采用成熟厂商提供的监控工具。

建立监控责任制。运维组织的各职能条线团队对各条线的监控负责，因为他们最清楚自己需要什么监控数据。各专业条线对监控覆盖率负责，监控平台建设方负责平台体系的建设，提供基础技术支撑。不同的专业条线、不同的分析技术可以有不同的监控工具，采用这种多点开花的建设方式更有助于扩大监控覆盖面与加深监控深度。

22.3 统一监控告警

《Google SRE 解密》一书中提过这样的思路：监控应该尽可能简单地让需要的人介入或把关注的信息展示给运维团队，能通过自动化自愈解决、分析定位的过程不在一级视图展示。当前，能实现较大覆盖面自愈告警的运维组织比较少，如何让每天产生上亿条性能指标流水，触发上万次告警策略，以及来自不同工具、不同格式的告警事件以尽可能简单的方式展示给一线监控团队，是监控团队需要解决的重要问题。

1. 统一监控告警概况

基于统一监控告警形成高效的应急协同，能让运维人员更好地发挥价值。监控告警管理贯穿于事中处理的异常发现、故障响应、故障诊断、故障恢复 4 个步骤中。理想情况下，生产故障应该由监控工具主动发现，并针对故障执行自动化或半自动的应急策略。基于该目标，统一监控告警有以下几点须注意。

- 要求监控发现不仅仅是发现异常，更重要的是发现引发异常的源头，这样才能提供恢复的处置策略。

- 监控告警对故障识别准确率要高，即监控告警的误报率要低，重点涉及故障收敛。
- 基于统一监控告警建立高效的协同机制，即能够基于CMDB，整合自动化工具、ITSM、协同工具（如企业社交工具）等，让运维人员专注于故障恢复。
- 事实上，一般的故障通过“现场经验＋已知预案”即可解决，事件管理的重点应该是对未知故障的发现。
- 统一监控告警平台与运行对象或服务产生的数据进行整合，以便运维人员获得系统实时运行数据，进而辅助决策制定。

统一监控告警架构包括最底层的集成规则引擎，并在事件数据基础之上构建事件展示、事件操作、事件策略、故障定位、故障应急、统计分析等场景（见图22-3）。基于事件整合思路，统一监控告警平台不仅是对各监控工具反馈的事件进行汇总、处理、可视化，同时还需要整合企业值班、监控响应、应急等场景。

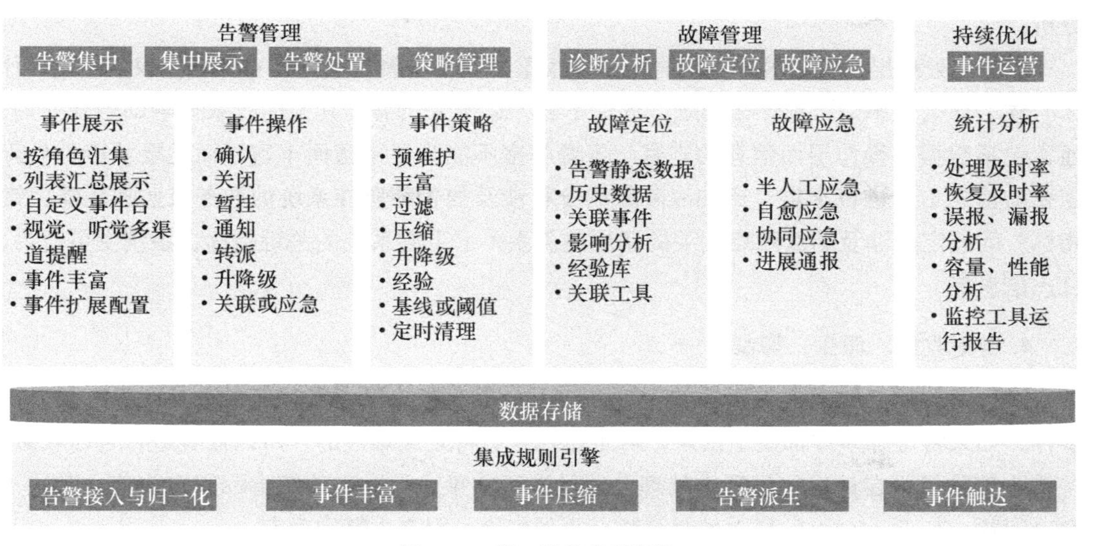

图22-3 统一监控告警架构

2. 告警汇总与数据标准化

统一告警首先要将各个源端的监控工具告警信息进行汇总，并将告警数据标准化。通常，源端监控工具会主动推送告警信息，包括告警内容、告警级别、告警分类、告警指标、告警推送渠道、主机IP、应用等信息。源端监控工具通常分布在不同专业条线、不同硬件、不同系统中，且监控文件格式、监控协议、监控工具运行环境等各有不同，需要对告警数据进行统一规范管理。统一监控告警平台需要支持告警数据接收、数据结构化、数据清洗、数据计算、数据存储等。

3. 告警丰富

在建设统一监控平台过程中，我们会花较多时间在监控数据采集、数据处理、指标覆盖面方面，也就是“监”层面的投入，对于“控”层面的投入较少。“控”层面的投入少往往会导致监控告警发出后，运维人员仍需花大量时间判断影响、定位根源等，延误故障恢复时机，直接影响应用可用性。要做好“控”，告警丰富是关键。告警丰富的广度与深度依赖于 CMDB 的建设。告警丰富可以从数据层面与告警交互层面实现。

在数据层面，告警数据标准化后，下一步是丰富告警信息，包括基于 CMDB 的对象属性与对象关系的数据，告警描述信息丰富（通过基本信息的丰富、拓扑丰富）、告警现场信息丰富（基础层、应用可用性、性能、业务运行指标信息丰富）、知识库丰富，以提高运维人员分析问题的能力。其中，对象关系数据可以从纵向和横向维度进行分析，纵向分析是指从底层的基础设施、网络、服务器、虚拟机、容器、操作系统、中间件、应用到交易的分析，横向分析是指从当前应用节点、上游服务器节点到下游服务器节点的交易关系的分析。

在告警处理层面，告警丰富对告警处置很重要。从告警发生到处置环节，仅仅给出“什么时候，什么资源，出现什么问题”远远不够，运维人员需要其他运行数据辅助告警处理，通常包括数据、操作层面信息的丰富。告警丰富不能为了丰富而丰富，而是要从事件处理需要的信息出发进行丰富，比如故障影响分析涉及的告警所在系统的业务及监控性能关键指标；问题定位涉及的故障点相关的调用链关系，上下游系统的关键指标，系统变更行为，日志信息等。

4. 告警收敛、派生、抑制

同一个故障会触发多类指标的告警，同一个指标在故障未解除前会重复产生大量告警事件，如果将全部事件都展示出来，对于监控人员将是灾难性的，所以需要进行告警收敛。告警收敛除了可在最后的告警中处理，还可进行前置，即针对传统指标固定阈值、基线不准确问题，基于 AIOps 的异常检测算法，收敛告警，提高告警准确率。

告警抑制与收敛很类似，从名词看是当出现大量告警时压制当前告警的通知，有效防止告警风暴。比如：物理机异常时，基于物理机上的虚拟机的各类监控指标都会触发告警，但这些告警并不能反映真实问题在哪，而真正需要发出的告警应该是物理机不可用。要做好告警抑制，需要建立准确的对象关系，这需要根据关系设置相关抑制策略。

告警派生是多条告警整合后，或某条告警触发某个策略后，派生出另一条新的告警。还是以上面同一物理机上多个虚拟机异常的例子，统一监控告警平台在分析后可以发出一条新的、更加精准的硬件告警信息，并通知用户进行处理，减少警报噪音，降低信息干扰，减轻运维人员处理告警的压力。

5. 告警分级及告警分析

不同的告警需要有适当的告警分级、告警升级策略。告警分级是将告警当前紧急程度进行标识显示，告警升级是当低级告警达到一定程度，比如处理时间过长，则需要升级。

告警风暴问题一个重要因素是告警分级不清晰，比如将大量通知与知会类告警设置为高级别告警。为了规范监控告警分级，解决每个监控工具不同分级方式问题，且考虑到原有监控工具改造的可行性，我们通常选择在统一监控告警平台由告警集中管理模块进行告警分级。告警层级需要视组织精细化管理与平台能力而定，级别越多需要平台的能力越高，但至少需要制定“告警（或紧急）、预警（或不紧急）、通知（或知会）”三级。它们分别代表的意义如下。

- **告警（或紧急）**：发生已影响业务或可用性的异常事件，需要运维人员马上介入处理（非营业时间的告警可以是预警）。由于告警将调度现场资源快速介入处置，运维组织需要尽量提升告警的准确性。
- **预警（或不紧急）**：发生暂时不会影响业务，需要运维人员关注并处理（预警事件长时间不处理时，会升级为告警）的事件。
- **通知（或知会）**：知会性监控告警，这类监控告警属于提醒性消息，比如每天巡检前发布的某个业务系统的登录量、业务量等。

通常，不紧急的监控告警以工单、报表、看板形式定时推送，减少对盘中值班业务的影响。运维组织可以根据企业人力资源现状从系统级别、告警策略等角度调整告警级别。有了告警分级，运维组织就要针对事件制定处理策略。

- **微信或短信消息推送**：不同级别的监控告警可以推送给不同人员。
- **电话拨打**：紧急告警或告警事件 N 分钟内未受理，监控工具调用拨打电话接口拨打给负责人，负责人未接电话或 N 分钟内仍未受理则拨打给项目经理。
- **可视化屏**：通知采用单独标签页，预警为红色字体，告警为橙色字体，紧急告警为红色字体。

需要注意的是，上述 3 级告警超过受理时间、解决时间将会升级。不同的级别告警有不同的告警处理机制，不同的业务期间或非业务时段的告警级别或升级机制可以不同。对于短期无法恢复但有计划解决的告警，可以设置为“挂起 / 维护期”，其间如未发现该指标有更快级别事件（或手工设置挂起期间的升级告警阈值，比如 80% 的空间告警，设置在 2 天内 95% 内不告警），不进行升级。

6. 告警处理与时效性管理

告警处理通常涉及以下几方面。

- 告警操作方面，包括确认、关闭、暂挂、通知、转派、生成工单、触发故障等。

- 告警分析方面，包括告警处理及时性分析、恢复及时性、误报分析、漏报分析等。
- 告警复盘方面，重点针对告警进行分析、确认，从漏报、误报、触发及时性、处理及时性等角度进行分析。
- 维护期设置方面，重点针对监控系统、上游系统、硬件、软件等进行维护，为了避免这些对象异常引发的告警风暴，可设置维护期。

告警时效性管理是为了辅助达成“高响应”目标，明确告警出现多久后被运维值班人员受理并介入处理，针对不及时处理的告警如何升级处置。告警时效性管理重点是在事中对告警响应进行实时监测，当出现告警延迟处理的状况，平台自动进行触达、升级、公示，以便告警得到处置。

22.4 统一监控指标数据

监控指标数据是运维数据中关键、高频消费数据，被广泛应用于事件应急、性能管理、容量评估、风险管理等工作场景。监控指标数据通常质量较好，存储于时序数据库或关系型数据库。监控指标数据集中管理对运维数据分析尤为重要。

1. 统一监控指标数据概述

在监控管理过程中，运维人员经常会遇到以下问题。

- 个别监控工具的指标阈值、基线缺失或不合理，导致告警漏报或误报。
- 个别监控工具无法设置更高频的告警监测。
- 从各个监控工具的告警数据中只能分析相对浅层的告警关联关系。
- 应急相关场景中的数据没有打通。
- 仅有告警数据无法有效地为后续数字化、智能化监控平台提供数据基础。

针对上述问题，运维组织需要将多源头监控工具的原始指标数据整合为一个完整的性能数据分布图，进而进行统一的监控指标数据管理。监控指标数据整合包括集成主流监控数据源（如网络、硬件、存储器、系统、应用等）产生的数据。与告警不同，监控指标数据具有海量特征，因此要实现监控指标数据采控，需要平台具有高性能、高可用存储、海量计算能力的技术架构，具有实时处理流式数据的能力。

2. 统一监控指标数据采控

有了监控指标数据后，下一步是建立指标数据采控平台。“采存算管用”统一采控能力的构建需要支持多源端监控工具集成来实现。下面从“采存算管用”五点介绍统一监控指标数据采控平台。

- **完备的指标数据采集**：支持实时采集企业大部分硬件、软件、信息系统的监控数据，能够根据源端数据技术栈提供拉或推的采集方案。同时，基于持续的工程建设，引入外部成熟的解决方案，支持对部分通用设备、主流系统日志、流行监控软件开箱即用。

- **指标数据的存储**：建立可观测的监控指标数据模型，支持对海量贴源层数据监控，以及对加工后的指标数据存储。监控指标数据通常存储在时序数据库。时序数据是指时间序列数据，是按时间顺序记录下来的数据。
- **海量、实时、灵活的数据计算**：基于流式计算能力，支持监控指标数据的实时计算，同时支持通过规则引擎进行算子编排后的数据计算。
- **指标数据的管理**：加工后的监控性能指标数据将成为运维数据资产，支持对数据资产质量、安全进行管理，并以开放式、服务化的方式提供数据服务。
- **服务化的监控指标数据消费**：基于指定的数据模型，支持对外提供 API 或带有主题的数据宽表，方便指标数据的消费。

22.5 性能管理

应用系统已经成为支撑企业业务的核心。企业通过应用系统实现交易、客户服务、风险控制、运营管理。

1. 应用性能管理

运维人员经常会遇到某一个功能触发效率与性能问题，并快速引发大量下游服务效率问题的情况，这类故障定位需要细化到服务、功能、菜单、程序级别。遇到这种情况，运维人员通常会通过完善某个功能监控项提高故障告警及时率、加快业务日志异常抛出、完善业务运维手册、增加应急培训，以及通过应急演练提升应急处置能力等。这种针对已知问题补丁式事后完善的方式，在遇到突发软件逻辑层面的问题时仍十分被动。应用性能管理（以下简称 APM）工具是对应用程序服务、功能可用、客户体验层面的性能管理解决方案，提供从软件逻辑到代码层面的异常剖析能力。APM 工具具有以下价值。

- 针对 IT 管理层，APM 工具补充了对应用层、产品层、用户体验层的感知能力，以提升业务价值。以用户感知为例，APM 工具让用户体验可量化，建立用户体验考核体系，并基于通用的关键性能指标与同业比较以此发现自身差距，持续优化以提升客户满意度。
- 针对一线运维人员，APM 工具实现了对应用系统的运维，通过运维数据可视化，以更早发现、更准确定位、更精准地做出应急决策。同时，原来应用系统内部逻辑对于运维人员是一个黑盒子，APM 工具为运维人员提供了观测应用系统内部逻辑功能。

- 针对研发、测试、产品线的 IT 人员，APM 工具能够为相关人员提供应用、逻辑、功能层面的性能管理数据，帮助协同团队了解程序在生产环境的运行情况。
- 针对业务人员，APM 工具提供用户体验、业务功能使用关联分析，辅助决策制定。

2. 性能管理工具分类

根据性能监控目标的不同，性能管理工具主要可以分为两大类：一类是客户端性能管理工具，另一类是服务端性能管理工具。

（1）客户端性能管理工具

- **主动拨测**：主动式、客户端监控，主要采用多区域覆盖监测网络、部署自动化模拟监测工具等方式实现。主动拨测基于客户使用功能的方式制定相应模拟拨测用例，采用样本监控分析方式，尤其适合海量用户、对客户体验要求高、环境复杂的互联网应用。
- **页面中插入代码**：被动式、客户端监控，主要通过在客户端浏览器页面中插入代码，采集终端用户的体验数据，是一种侵入式监控，能够实现代码级监控。它的有效落地需要得到开发团队的支持。
- **客户端插件采集**：结合移动端原生应用、Hybrid App 以及 Web App 等，通过手机浏览器自动拨测、嵌入 SDK、HTML5 页面内插件、JSBridge 等监控，也是一种侵入式监控。

（2）服务端性能管理工具

- **服务端旁路**：对旁路流量访问的网络报文进行解析，对各类 TCP 和性能数据进行分析。优点是非侵入式，对业务影响最小；缺点是难以适配多种协议，无法定位到问题代码等。
- **应用服务器端代理**：在应用代码中设置埋点实现性能监控，优点是可实现代码级监控，缺点是侵入式，对业务有轻微影响；也可以基于类似 Java 拦截器的字节码注入这种非侵入式方式，实现对服务及应用交易的监控。

不同运维组织可以根据实际情况组合上述性能管理解决方案，行业内很多运维组织采用主动拨测、服务端旁路两种非侵入方式推进性能管理。

3. 性能管理工具常见能力

性能管理工具通常围绕一个应用系统或业务主题，将运行情况是否健康通过综合分析抽象出来，不需要运维人员通过复杂的方式整合分析。

（1）异常告警

- **应用可用性**：以应用服务为节点，判断应用服务是否崩溃，实现服务级监控告警。

- **应用间访问错误**：对业务接口的致命异常报错信息进行汇总分析并进行告警。
- **网络请求响应时间**：对内部服务节点间的网络请求响应耗时分析，对出现短板的节点的性能问题进行告警。
- **动态告警基线**：根据历史数据学习告警基线，实现动态异常监测。
- **多维告警指标**：设置更符合业务特点的多维度告警指标。

（2）性能分析

- **交易链路分析**：实现应用、服务节点之间的关联分析，比如一次秒杀从开始到结束经过多个节点，缓慢可能是秒杀系统应用、数据库、中间件出问题，也可能是关联系统的资源、带宽等出问题。性能分析要建立端到端交易链路追踪，在线感知业务在各节点所消耗时间、处理结果，以便运维人员即时全面观测异常点。
- **层层钻取分析**：构建多层次性能分析能力，即从逻辑节点、主机服务、应用、程序、函数到报文等多个层级进行分析。
- **智能故障定位**：通过对交易流数据关联，智能判断触发告警的根源节点，并告警问题原因。

（3）可视化感知

- 针对不同人员提供多维度可视化信息展示，并融合在日常运维工作中，提供告警信息查看与处理、实时交易检索与整体分析报告。
- 可视化性能面板方便一线运维人员、管理决策者、研发团队、测试团队等在线查看性能情况，包括应用服务是否可用，应用交易量、成功率、时延等。

22.6 观察者视角下的监控

面对不断复杂的系统架构，产品迭代速度越来越快，数据量越来越大，未知故障将越来越多，传统监控工具根据已知问题配置监控阈值的模式将受到挑战。借鉴前面飞机监控的思想与 AIOps 异常检测实践，我们可用数字化思维重塑运维数字世界的监控体系。全局式、全在线、可预测将是下一代监控体系的建设方向。

1. 传统监控

经过多年积累，企业监控覆盖面不断扩大，很多企业已经完成全局业务可用性层面的监控，已经具备发现某个主机异常、某个交易异常、某个服务不可用、系统性能整体下降等的能力。当前，企业主要的监控挑战来自应用逻辑问题、局部功能异常、个别客户体验差。传统监控是基于历史发生的事件，结合运维人员经验，采用固定关键指标阈值的方式监控，其本质上是对历史事件经验的沉淀。经验丰富的运维人员在遇到监控告警后，会基于经验对告警信息进行解读分析。但这种方式有 3 个明显缺点。

- 很多性能指标会有规律的波动，采用一个固定基准阈值会导致一些潜在事件漏报。
- 易出现大量误报、环境变化后监控策略未及时更新、上游系统异常引发下游系统异常等情况，容易引发故障风暴。
- 以历史已知故障为导向的监控策略配置方式会导致不少新增监控策略永远不会被触发，缺乏对未知异常发现的能力。

2. 区别

观察者视角下的监控将对现有监控体系从精准度、实时流式计算、智能化等方面进行改造，实现比传统监控告警更精准，提升对未知异常发现能力，减少手工配置监控阈值操作性工作。下面举一个手机证券 App 登录异常的监控案例，分析观察者视角下的监控与传统监控的一些区别。

手机证券 App 是证券公司最重要的对客渠道之一，手机证券 App 体验的好坏直接影响大部分客户对证券公司的印象。随着企业理念向以客户为中心转变，手机证券 App 客户体验监控越来越重要。为了提高手机证券 App 客户体验，企业以往会在基础设施、平台软件、应用服务的可用性与性能业务功能可用性、客户端性能等方面加各种监控策略。经过多年持续优化，对于全局性的客户体验问题，企业基本能够通过现有监控工具及时发现。但由于影响手机证券 App 业务连续性的因素越来越多，如何在海量客户中，更早地发现局部异常，辅助定位到问题根因是当前监控的难点。下面是一个手机证券终端问题引发异常事件。

（1）故障描述

部分客户反映手机证券终端登录后闪退，原因是手机证券某个版本全部灰度发布后，出现安卓某个低版本终端在使用某个业务功能时，因程序未处理好相关异常的容错，导致终端出现闪退。

（2）故障处置

该故障的应急处理步骤如下。

- 部分客户反馈手机证券终端闪退，检查整体登录数据是否正常，若正常，判断为局部客户异常事件。
- 从服务端查询相关指标，若均正常，尝试从手机证券终端登录系统，但这无法还原客户问题。
- 通过对终端与客户行为分析，初步分析可能与多种终端环境组合相关，异常闪退特征是“使用安卓操作系统＋使用某个手机证券低版本＋使用理财查询收益功能”。而异常客户使用的低版本终端占比少于 0.1%，无法触发异常告警。

- 发现理财查询收益功能与主站灰度变更有关，应急人员对灰度变更功能处理后故障恢复。

（3）故障痛点

这个故障解除的关键问题是如何更早地发现是局部客户异常事件。当然，因为故障有一定规律性，即当局部满足多个特征（安卓操作系统+某个手机证券低版本+使用到组合行情发送）时能发现异常。按打监控告警补丁的方式，在监控系统中配置一条上面三个特征组合的监控策略，也能发现故障。但这无法应对其他组合的未知故障。而如果导致终端异常的特征项太多，比如手机证券 App 异常可能涉及的维度要素包括终端操作系统、终端操作系统版本、手机品牌、App 终端版本、App 终端功能、手机站点、终端运营商、地域的特征组合（见图 22-4），组合特征有太多可能，很难通过传统监控设置，发现故障。

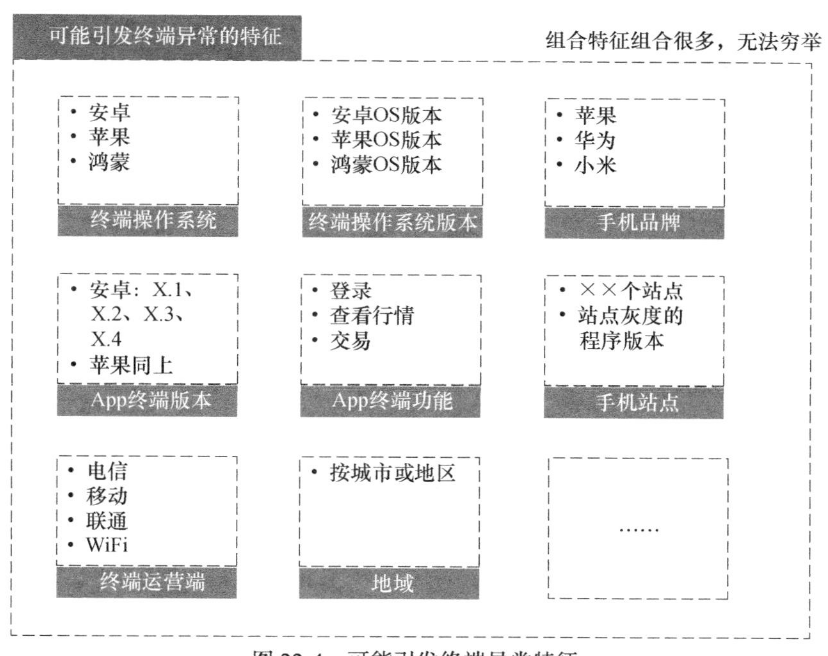

图 22-4　可能引发终端异常特征

上述引发终端异常特征多且动态变化，采用传统监控策略方案需要对多个不同特征进行组合，人工很难穷举，所以，需要引入能自动学习基线策略的异常检测方案（见图 22-5），将多维度组合的技术复杂性由观察者视角下的监控平台实现。

（4）解决方法

基于数据平台的计算能力、算法，我们可以构建一个动态多维指标分析，对众多影响因素进行组合遍历，而无须运维手工设置每个组合的监控，实现对多种终端特征组合的监控（见图 22-6）。

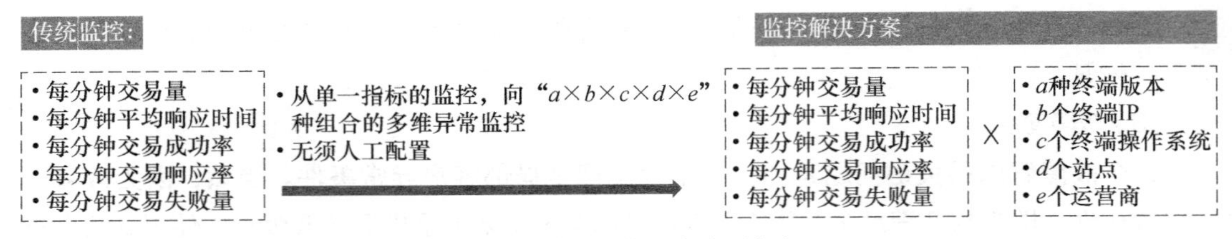

图 22-5 传统监控异常检测方案

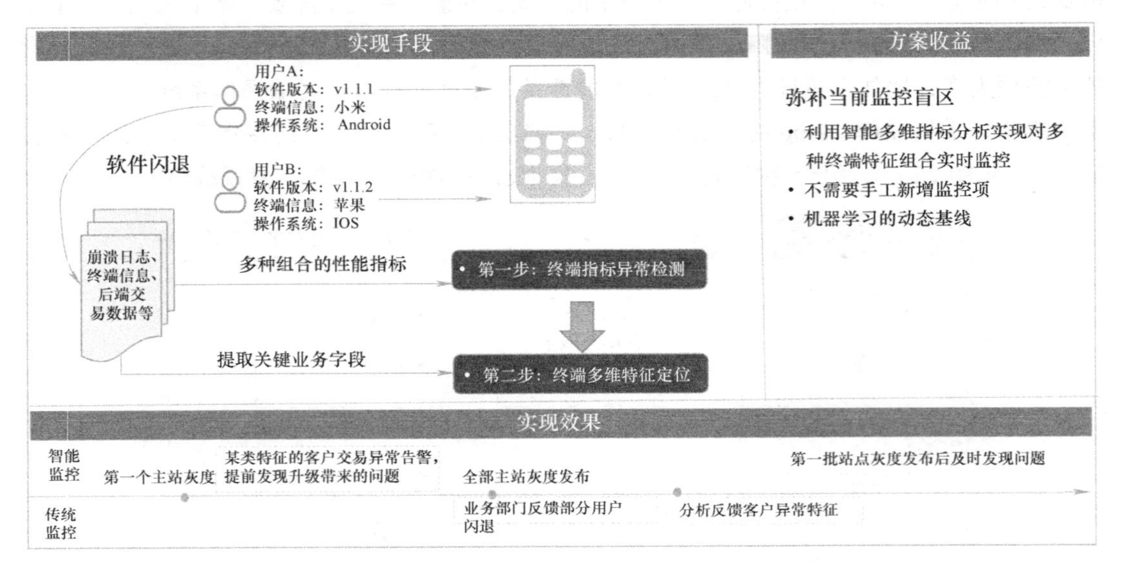

图 22-6 具体解决方法

观察者视角下的监控平台不一定要用高大上的算法模型，重点是基于数据驱动思维，利用运维数据平台在精准性、大数据量、大计算量、实时计算、算法上的综合优势，帮助运维人员解决当前无法解决、工作量大、低效率的问题。实施上，相对于构建一个通用性智能运维解决方案，在运维数据之上聚焦重要系统、重点交易的特定运维场景的观察者视角下的监控是智能监控的一个方向。

22.7 可观测

可观测概念并非源于计算机软件领域，在控制理论中，可观测是指系统可以由其外部输出推断其内部状态的程度。运维领域的可观测最近两年很火，主要原因是 IT 运行环境与技术架构越来越复杂，以及 IT 部门对生产对象掌握能力加强两个因素。

1. 可观测概述

在云原生环境下，企业大规模部署容器，应用节点呈指数级增长，故障可能发生在任意节点，无法感知与预测的因素越来越多，而传统监控工具只能针对单个环节、整体性问题，无法进行更细化的评估、分析运维。可观测理念的提出是因为，运维需要从原来只负责可用性被动保障的角色中跳出来，站在白盒角度看系统运行状况，剖析应用运行情况。

可观测能力在工具层面主要围绕日志、链路、指标 3 个要素构建。

- **日志**：软件在执行过程中产出的信息。日志数据很丰富，包含正常程序处理过程、异常报错等信息，详细解释系统的运行状况，但由于格式不统一，通常需要先进行加工处理。
- **链路**：请求处理过程中涉及的信息，包括从终端到服务端、上游关联系统服务节点，甚至细化到接口、方法、函数等多个维度的链路关系。链路关系能够帮助企业更全面地了解请求生命周期中系统各个组件的健康情况等。
- **指标**：反映某个主题的量化数据。监控策略建立在一个个系统健康情况评价指标之上，智能异常检测、系统感知、效能评估、IT 服务管理等也同样是基于指标构建的。

2. 可观测系统

相比监控，可观测是整合多种数据、解决“未知”问题的一种解决方案。监控是针对已知故障的监控，传统监控数据是可观测系统数据的一部分。传统监控需要提前了解系统数据，建立针对运行数据的监控策略，而可观测是从全局角度分析数据。良好的可观测能力构建需要在设计阶段进行非功能性设计的运维工作前移，当系统异常时能够让运维人员快速了解问题和影响，并能够深入分析、跟踪问题。

可观测系统处理监控告警的步骤如图 22-7 所示。系统异常引发监控告警；受理监控告警，查看告警丰富后概述关键系统运行指标，了解系统整体运行状态，根据专家意见做出故障识别与诊断；识别异常后，逐层下钻，进行运行分析，调取日志、数据库流水、报文等详细信息，对异常进行进一步分析排错；进一步深入接口、方法、功能、性能层面进行异常分析诊断；调取模块与模块间的交互状态，通过链路追踪，分析生产对象上下游关系，辅助判断问题根因。

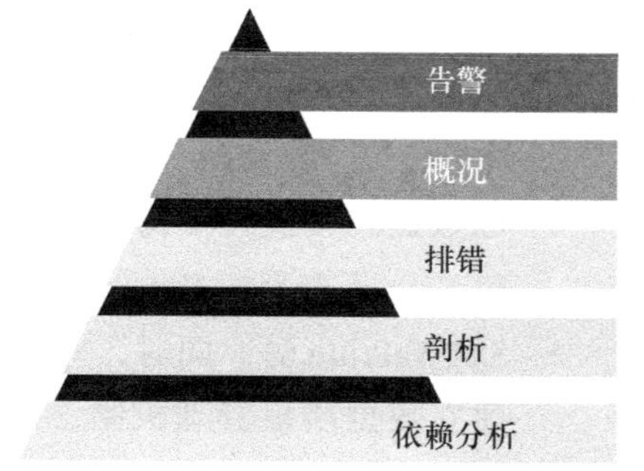

图 22-7　可观测系统处理监控告警的步骤

3. 构建可观测系统

可观测的兴起来源于云原生，在云原生或微服务架构下，系统愈发复杂，服务越来越多，发布迭代速度越来越快。当故障发生后，运维已经无暇剖析故障根因，只能实现监控告警响应、故障识别与初步诊断，再往下深入诊断需要依靠研发团队。构建可观测系统，是为了让运维在复杂架构下具备深入剖析问题的能力。可观测系统是一项投入极大，又容易失败的工程项目，在实施上需要关注几件事。

- **价值主张分析**。可观测系统不是一个简单整合数据并对其可视化的仪表板，而是要在异常发现、诊断、定位过程中发挥作用。相比以往构建的可视化工具，可观测系统不仅需要整合链路、日志、指标数据，还需要更加标准的数据内容才能达成目的。要得到满足条件的数据，需要运维、研发通力协作，在软件设计过程中考虑相关数据埋点。所以，在构建可观测系统之前务必要分别激发研发、测试、管理决策层的兴趣，挖掘各方的痛点与期望，即不仅要考虑运维工程师希望实现的快速故障定界、诊断，还要考虑如何解决研发、测试工程师的架构失控、性能管理、变更后验证、了解生产运行环境、基础设施、了解应用上线后运行状况等问题，同时考虑如何解决管理决策层量化运行状况的问题。
- **用户旅程设计**。可观测系统在实现上通常是在后端实现链路、日志、指标数据的汇集，基于指定好的数据模型存储相关实时数据，整合在系统、应用、服务主题下的应急中心。应急中心存储的数据主要包括关键指标数值、关联指标数据、链路关系下各节点异常情况、辅助识别异常的多种规则判断、根据异常判断下钻到异常检测的详情（比如从关键指标开始下钻到服务、接口、函数、日志信息）。对于研发人员，可观测系统还要定期提供线上程序服务、接口、函数运行情况，在交易量、平均耗时、成功率、错误率等数据。另外，可观测系统需要融入日常工作流程，只有成为高频使用工具才能更好地发挥价值，比如在监控告警处理、应急处置系统、例行巡检、定期运行评估等工作场景中，将可观测系统作为一个必选或可选的工具。
- **实施要点**。首先，要尽可能地收集所有组件的运行数据，包括基础设计、网络、主机、容器、Kubernetes 集群、应用服务、终端客户端等对象的日志、链路、指标数据。其次，要构建数据、指标、链路分析的技术平台，比如日志分析涉及的ELK、日志易，指标分析涉及的 Prometheus、Zabbix，链路分析涉及的 Zipkin、SkyWalking 等。同时，对于可观测数据从生产、采集、加工到消费的生命周期中，建立数据质量管理机制，明确各环节数据质量管理的责任方，并建立在线的质量监测。

另外，以实际工作场景驱动，分步构建可观测能力，小步快跑，在一线用户使用过程中不断丰富必要的可观测要素以及相应的功能。

22.8 监控运营

在监控建设过程中，很多团队将大部分时间放在工具功能的完善上，监控是一个复杂的系统性体系，涉及工具、能力、机制的组合。一方面，站在运维体系看，监控涉及监控管理流程，以及与流程相关的监控管理制度；另一方面，监控已经融入大部分运维场景，呈现出一种平台能力，供上层运维场景消费。相比引进市场上最先进的监控工具，或同业分享的优秀监控工具，运维组织更应关注监控工作机制是否得到有效落实，以及异常发现与辅助定位效果。所以，监控取得成功的关键是选择适合的监控工具，并流程机制让监控工具真正赋能组织。监控运营应围绕不漏报、少误报、高响应的基本目标，并针对监控工具不同层分析监控覆盖面。

1. 不漏报

漏报可以从两个层面看，一是监控工具不具备某方面的监控能力；二是监控工具具备监控能力，但因为使用者使用问题导致未覆盖监控。前者需要提升监控能力，比如针对生产对象故障举一反三式的提升，或由不同专业条线主动提升监控能力。为了支持通用性的监控覆盖能力，组织需要设计一些可定制化的监控策略，比如支持动态配置 SQL，支持业务运维人员配置业务交易信息。后者可通过考虑以下问题来解决。

- 结合通用策略管理、CMDB 等手段实现监控的自动化配置。
- 引入观察者视角下的智能感知。

2. 少误报

误报带来的问题也很大，大量反复的误报告警会让运维人员麻木、消极，进而忽视监控告警，错过真正的监控告警。监控告警误报问题需要借助数据运营方式解决，即结合组织人力资源，评估各团队处理告警的能力，评估一天可处理的告警峰值，再基于告警 KPI 分析告警级别、来源系统、时段等，制定具体的数据分析方案。通常，组织可以采用 2/8 原则，找告警量比较突出的团队、人、系统、报警策略、源端监控系统，结合团队告警响应能力针对性地推动优化。

在减少误报过程中，组织也可以从告警策略与告警管理方面着手进行运营，在告警策略方面可以：

- 设计监控维护期，但要考虑维护周期过长的情况。
- 在阈值基础上增加动态基线。
- 增加监控自恢复策略与自动化恢复手段，比如端口异常时进行自启动。
- 加强告警收敛、告警抑制。
- 同一个告警策略在不同对象中不一样，比如实时交易、运营管理、后台支撑、应用平台对 CPU 负载策略可能不一样。
- 监控告警策略与操作规程或优化监控告警描述关联。
- 持续删除无效告警策略并进行调整，降低告警级别。

针对性地对主要告警的策略进行优化，比如像磁盘告警、SSH 无效、CPU 毛刺等占比高的告警，设定合理的阈值进行评估。如果从实际情况看，组织里可能出现某个小组或某个人所负责业务的告警明显多于其他，这可能与个别运维人员对持续优化的告警策略是否落实有关。

3. 高响应

在事中提升监控响应效率有不少方法，具体实时分析涉及的方法如下。

- 针对响应不及时的告警进行升级。
- 从当前物联网设备的发展看，可以考虑加入智能穿戴设备来提升响应效率。
- 优化监控告警内容描述，以便从描述中即可得知监控的基本处置方法，或对每个告警关联一个告警处置方法。
- 优化监控告警级别，对不同级别告警有针对性地准确触达与升级等。
- 结合 ChatOps，对未及时处理的监控告警进行升级与群公示。

4. 针对监控工具不同层分析监控覆盖面

结合前面提到的监控工具分层，以下从客户体验层、应用服务层、平台服务层、服务器层、基础设施层分析监控覆盖面。

（1）客户体验层

该层主要针对用户功能使用方面的监控，关注应用功能使用问题、客户访问速度等。

- 应用功能使用问题监控：前端功能无法正常使用问题对客户体验的表现为“功能无法使用，交易无法正常执行”，比如是否可登录等。各应用系统运维负责人可根据实际情况，围绕“全部功能、局部功能、部分重要功能、部分用户”四种情况制定相关监控范围。此类监控通常可以采用日志、数据库流水、非功能性接口、主动拨测、APM、NPM 等实现。
- 客户访问速度监控：前端功能响应速度对客户体验的表现为“响应是否够快”，比如在系统登录、页面切换、流程流转等环节是否响应够快。各应用系统运维负责人可根据实际情况，提前确定哪几个功能为该系统关键功能，并且必须对其进行监控覆盖。此类监控通常可以采用日志、数据库流水、非功能性接口、APM、NPM、主动拨测等实现。

（2）应用服务层

该层主要是针对应用服务可用性、应用运行状态、应用性能、文件配置、变更操作、高可用、极限值、连通性等几方面进行监控。

- 服务可用性监控：主要监控服务是否运行、接口是否存在，进程是否运行、进程数量、日志关键字、日志刷新频率等。此类监控通常可以采用操作系统命令、日志、数据库流水、非功能性接口实现。

- 应用运行状态监控：主要监控应用开启、定时发起任务等状态。此类监控通常可以采用日志、数据库流水、非功能性接口、定时调度任务系统实现。
- 应用性能监控：主要监控应用交易量、成功率、失败率、响应率、耗时。如果条件允许，建议采用按交易码、区域、渠道等分类方式进行细分监控。此类监控通常可以采用 APM、NPM、日志、数据库流水、非功能性接口、中间件实现。
- 文件配置监控：主要监控关键文件版本、证书、授权到期等。此类监控通常可以采用操作系统命令、日志、数据库流水、CMDB 手动设置证书有效期实现。
- 变更操作监控：主要监控应用自动化脚本调度、应用定时任务被漏路 / 延迟 / 重复执行、服务启停、补丁升级等。此类监控通常可以采用操作系统命令、日志、数据库流水、任务调度工具 / 自动化工具、数据库管理工具等实现。
- 极限值监控：主要监控应用系统内部重要参数。应用管理员需根据系统实际情况评估影响系统运行的极限值，比如与交易系统相关的最大交易 ID、应用最大连接数、网络最大连接数、交易 / 委托并发峰值、极限金额峰值。此类监控通常可以采用操作系统命令、日志、数据库相关管理工具等实现。
- 连通性监控：主要监控重点下游系统连通性、重点下游系统请示和响应时长等。此类监控通常可以采用 APM、NPM、日志、数据库流水、非功能性接口实现。

（3）平台服务层

该层主要针对操作系统、数据库、传统中间件、开源分布式组件等的使用情况进行监控。

- 操作系统监控：主要监控 CPU 使用情况（CPU 整体使用率、CPU 各核使用率、CPU 负载）、内存使用情况（应用内存、整体内存等）、磁盘 I/O（读写速率、IOPS、平均等待时延、平均服务时延等）、网络 I/O（流量、错包数、丢包数等）、连接（各种状态的 TCP 连接数等）、进程端口存活、文件句柄数、进程数、内网探测时延等。
- 关系型数据库监控：主要监控 Oracle、MySQL、PostgreSQL、SQL Server 等。数据库相关监控由 DBA 统一负责，通常可以采用操作系统命令、数据库管理工具实现。
- 非关系型数据库监控：主要监控 MongoDB、Redis 等。
- 传统中间件：主要监控 Tomcat、WebLogic、WebSphere、JVM、Nginx、Exchange、AD 等。此类监控通常可以采用操作系统命令、日志、中间件等实现。
- 开源分布式中间件监控：主要监控 Kafka、Elasticsearch、Hadoop、HBase、Spark、Flink。此类监控通常可以采用操作系统命令、日志、中间件等实现。

（4）服务器层

该层主要针对服务器硬件、存储、容器等可用性状态进行监控。

- 服务器硬件：主要针对服务器上的内存（内存缺失、内存配置错误、内存不可用、内存校验)、网卡（网卡速率，电源电压、电源模块是否失效)、风扇（风扇转速等)、Raid 卡（Raid 卡电池状态、电池老化、电池和缓存是否在位、缓存策略)、虚拟机等进行监控。

- 存储：主要监控硬盘读写错误、读写超时、掉线、介质错误等。
- 容器：采用操作系统命令、日志进行监控。

(5) 基础设施层

该层包括运营商专线、机房（机房内的设施，比如制冷、安防等)、网络设备，主要针对状态、性能、质量、网络、容量等几个层面进行监控。

- 机房状态监控：主要监控机房供电、空调状态、网络设备的软硬件状态等。
- 性能监控：主要监控设备的性能情况，比如 CPU、内存大小、Session 数量、接口流量、内存溢出、内存使用率等。
- 网络监控：主要监控设备错包、丢包率，针对网络设备以及网络链路的探测时延、丢包率等。
- 容量监控：主要监控设备使用率、专线带宽使用率、出口流量分布等。

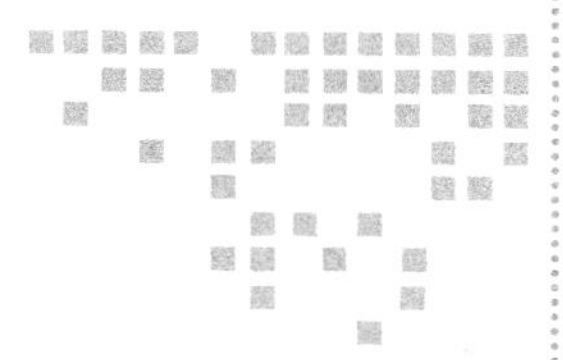

第23章 Chapter 23

IT服务管理平台

IT服务管理倡导IT技术与企业目标的整合，并满足客户对IT服务品质和服务体验的要求，包含3个核心理念：以流程为基础，以客户为中心，注重服务品质和服务成本的平衡。

——《中国IT服务管理指南》

随着信息化与数字化建设日益成熟，IT服务已经成为国家、行业、企业的核心竞争力，而IT部门随着组织规模扩大，信息系统越来越多，技术架构复杂度越来越高，IT部门管理的挑战也越来越大。IT服务管理是一套帮助企业更好地管理IT部门的方法，帮助企业对IT系统规划、研发、实施和运营进行有效管理。IT服务管理（ITSM）结合了高质量服务不可缺少的流程、人员和技术三大要素，其中流程标准关系到IT服务运行状况，人员素质关系到服务质量高低，技术关系到服务质量和效率。IT服务管理当前已经在大部分运维组织中落地生根，并成为运维组织进行内部管理与对外服务的方法。本章从平台层面对IT服务管理进行分析，首先借鉴IT运营行业领先的ServiceNow在ITSM解决方案上的思路，提出ITSM系统建设思路，并针对性地对配置管理进行分析。

23.1 ServiceNow

1. ServiceNow整体情况

首先看ServiceNow最新的市值数据，截至2022年4月22日市值是942亿美元，同期京东的市值是811亿美元，IBM的市值是1243亿美元。ServiceNow无疑是运维领域ITSM、ITOM（IT运营/运维管理）最成功的代表之一，是很多综合性运维厂商的楷模。ServiceNow公司以ITSM为基础，并扩展到员工、客户的服务管理，提供一整套运营服务管理解决方案。ServiceNow的ITSM是其最为核心的产品，产品功能结合了SaaS特点，以简化工作、提高效率、控制风险为思路，在设计上结合了人、流程、自动化工具等工作要素，结合ITIL最佳实践，引领IT服务管理可持续发展。

ServiceNow从诞生开始即专注于SaaS领域，并形成了自己的生态圈，迭代速度快，将企业人财物、进销存信息整合在一起，提供有价值的数据服务。其产品功能有几个突出的优点。

- 真正以IT服务为中心的理念进行流程设计，围绕IT服务管理目标，提供更高效地解决问题的能力，而不仅仅是传统ITSM以流程审批为目标的设计。
- 结合CMDB对运维工作的多个场景进行整合，包括对人员、资源、流程、数据等的整合，使用简单，协作高效，可视化效果好。
- 统一整合到云端，可以利用实时数据分析提高效率，促进产品迭代。

2. 分析ServiceNow的意义

关注ServiceNow的人当中，有些人是因为ServiceNow市值高，想了解一家以ITSM为核心的企业服务公司如何反超传统Big4，如何形成生态图，如何保持产品功能与解决方案的持续有序扩展；也有些人是以对SaaS应用看多或看空的心态去研究，研究SaaS项目的落地方案；也有些人是从ITSM的产品功能设计角度研究，分析与传统ITSM系统的区别，分析传统ITSM系统应该如何建设才能具备高扩展性。以下重点以第三种视角分析ServiceNow，主要感受有几点。

- 以IT服务的SLO为导向，整合数据、资源，构建IT服务场景，并非从IT流程审批、留痕角度。
- 以人为本，整体的功能整合很自然，交互设计体验好，可配置性很强。
- 将数字化思维融入产品功能设计，以数据驱动运维能力提升。
- 行业经验丰富，覆盖大、中、小型企业的ITSM成功实施经验，是ITSM理念的领导者。
- 售前专业素养高，从沟通前的背景调查到沟通中的方案提供，都能让用户感受到自己是VIP，为用户制定专属的解决方案。

3. 从IT服务管理能力看ServiceNow

ITIL4定义了34项管理实践，下面主要从ServiceNow的服务目录、事件管理、问题管理、变更管理、服务台5个服务能力进行分析。

（1）服务目录

ServiceNow产品提供统一服务门户，能够让用户从桌面、移动多个终端发起服务请求，使用户能够保持参与度的同时知情。统一服务门户对外提供类似百度搜索引擎的简约IT服务界面，支持模糊检索，同时提供一个明确的服务列表，方便用户选择需要的服务，或借助服务台获得IT服务。为了提能增效，ServiceNow产品借助AI提供自助服务，在用户服务输入时匹配知识库知识，帮助用户更加精准地找到服务，并支持提交服务后在线观测服务进展及反馈，解放运维人员，让运维人员专注于复杂请求。借鉴ServiceNow平台设计思路，在ITSM服务目录建设过程中有如下关注。

1）一站式的IT服务交付门户。

- 建立服务供需双方在线的服务交付门户，支持服务供应方自助上架服务，服务需求方在线获取服务。
- 支持用户通过多种方式，比如清楚服务命名时的服务列表、不清楚具体服务命名时的模糊检索、只知道问题时的服务请求等，提供服务。
- 针对不同用户角色提供可定制化的工作台模板，提供流程信息的整合组件，定制个人工作台。

2）服务流程自动化、可追溯。

- 通过SLA在线管理，基于SLO与SLI量化，并根据量化指标度量服务质量。
- 服务交付过程在线化，监测与运营管理服务交付质量。
- 服务消费方、服务交付方、服务交付管理方等多角色在线关注信息。
- 提升流程自动化程度，提供自动通知、提醒、历史及当前流程可追溯功能，让用户了解最新流程状态。
- 加入ChatOps，提升服务咨询、问题沟通等环节的信息触达水平。
- 支持便利的流程审批，提高线上请求流程审批效率。
- 支持服务流程节点触发自动化工具，提升服务自动化程度。

3）具备可扩展、可配置的服务目录。

- 支持低代码的通用服务表单与流程配置，服务线上发布。
- 支持服务流程的组合编排，将多个服务组合成一个新服务。
- 服务围绕主题页面组织，支持自定义，实现更轻松的自助服务，并根据位置、角色和工作类型，为员工提供及时、相关、个性化的内容。

（2）事件管理

IT系统出现紧急故障时，需要第一时候止损，恢复业务连续性。事件管理重点是恢复业务，通常采用重启、回滚环境、启用备份、容灾系统等手段，需要建立通畅的应急协同机制，考虑事前、事后、事中处理（包括事件登记、影响分析、问题定位、故障恢复、服务台信息传递、故障经验汇总、事后统计等），并推动多团队密切配合。与很多 ITSM 系统事件管理以事后复盘留痕为主不同，ServiceNow 产品重点围绕事件管理的事中与事后应急场景建设。借鉴 ServiceNow 产品设计思路，ITSM 系统事件管理有如下关注。

1）赋能事中协同应急。

事件管理围绕系统故障恢复，以综合考虑整体影响、问题定位、故障恢复、故障协同、经验库等，实现应急场景的一站式处理，具体如下。

- 提供一站式协同应急场景，技术上支持流程、数据等的整合，支持应急人员调度、集结，事件升级等，以便及时获取应急工具，减少重大事件的平均解决时间。
- 引入 AIOps 技术，提升故障影响分析、故障定位、应急处置、故障恢复能力。
- 提供面向事件应急手册，为服务台提供事件解决工作流的信息看板，支持自动化。
- 提供多团队协同任务板，以便团队协作轻松快捷。

2）高效管理事件流程。

- 支持事件创建（接收、自建）、处理、关闭、分派等流程管理。
- 引入知识管理、AIOps 技术，减少手工录入工作量，自动化整合相关协同环节信息。
- 整合多样化的渠道反馈能力，以便用户通过自助服务门户、聊天机器人、电子邮件、电话或移动设备反馈事件。
- 支持事件人员分派，结合 on call 值班、组织结构等，支持事件全流程闭环处理。

3）事后复盘运营。

- 在线化的应急管理为复盘提供过程信息、灵活配置复盘关注事项。
- 提供多样化的看板与报表，支持自定义查询、导出数据。
- 提供事件分析涉及的事件类型、处理时效、根因分析、监控工具应用等信息。

4）开放事件服务。

事件管理是整个运维最关键的底线，是 SRE 重点关注的内容。平台的建设需要与事件管理涉及的监控告警、值班、自动化调度等机制对接，达到工具间互联互通，并向外提供开放式服务。

（3）问题管理

问题管理与事件管理的区别在于，事件管理的目的在于恢复服务，而问题管理的目的在于找出 IT 事件的根本原因，制定并跟进解决方案，防止类似故障的再次发生。在传统的 ITSM 系统中，问题管理是为了事后对根因问题的跟踪管理，通常是在事件单关闭前创建待跟进的问题。在这种思路下，问题管理重点是为了找出故障根本原因，减少重复性问题导致的生产事件或故障。问题管理最大的挑战是跟踪根因问题的最终解决，并在流程设计上将问题关联变更流程、知识库。ServiceNow 认为除了事前提前发现问题、根因分析后防止问题出现以外，事中处置过程中问题定位、已知问题的应急方案、提前消除或减少重复故障也属于问题管理。借鉴 ServiceNow 产品设计思路，问题管理系统建设有如下关注。

1）便捷的问题工单管理。

- 提供基本的问题工单管理，包括创建、处理、关闭、分派、关联监控性能与事件数据。
- 用户可以订阅关注的问题的解决情况，共享更新以提高透明度、加强协作。
- 使用多角色的可视化看板或报表为问题管理经理或其他用户提供问题数据运营支持。

2）形成从问题创建到关闭的闭环。

- 在事件单或风险评估流程中触发问题，这是问题闭环的基础。
- 将问题单作为一个 IT 需求，与变更系统、变更评审、开发需求管理系统对接，实现问题关闭的闭环。

3）问题洞察与问题处理。

- 对问题跟踪完成情况分析统计，建立问题提醒、升级消息推送机制。
- 将容量、性能、体验等指标运行分析与问题管理关联，作为问题管理的一部分，以便隐患在成为问题之前识别并解决。
- 整合监控性能数据、事件数据、知识库，辅助问题根因分析，加快在知识库中查询已知问题。

（4）变更管理

ITIL 的变更管理目标是更安全、更快交付。更安全指需要规范变更方法和步骤，消除或降低变更风险，减少变更对业务运营的影响，保障公司各项业务及服务的顺利进行。ITIL 的变更管理与 DevOps 整体目标一致，实施上通过自动化手段降低变更管理成本、提高发布效率，采用持续交付工具提高应用变更部署效率，增加 CAB 评审会议工具提高 CAB 变更评审效率等。ServiceNow 的变更理念是"利用 AI、大数据应用技术，建立变更模型，通过自动化加快变更速度，从而更快地实现价值"，这与 ITIL 更安全、更快交付的目标一致。借鉴 ServiceNow 产品设计思路，变更管理系统建设有如下关注点。

1）控制变更风险。

- 针对变更计划性不足、紧急变更多、版本问题频发等问题，提供变更窗口与日历管理，并落实日历可视化管理。
- 提供一站式变更管理，观测计划中软件变更、数据维护、基础设施维护、非常规操作、变更计划等事项。
- 实现变更管理水平指标化，比如变更成功率、紧急变更占比、自动化发布覆盖率等。
- 建立变更评审流程，并在事前进行变更风险评估，了解更改和发布计划的影响，提升风险防范水平，加强变更影响分析。

2）提高变更速度。

- 提供便捷的变更审批流程，包括变更发起、评审、审批、发布、监控、闭环评价、关闭等。

- 支持灵活的变更分类管理，不同分类（简易变更、一般应用变更、重要应用变更、基础设施变更等）录入不同要素，与开发或测试系统对接，减少重复录入。
- 支持变更全线上化管理。
- 提供 CAB 评审工作台，提高变更咨询效率、风险评估效率、变更效率等，在登记前跟踪评审结果，以获得中高风险变更的意见与指导，并支持 CAB 会议安排，提高对变更的计划管理与风险评估水平。
- 变更流程与问题管理、操作维护、风险评估、故障管理等流程互联互通。
- 支持变更流程线上化后的信息触达，实现上游系统通知下游系统验证，变更后首日验证。

（5）服务台

服务台是交付服务的关键环节，具有 3 个特点：一是作为运维部门和业务部门的单一连接点，跟踪用户从 IT 请求提出到解决为止；二是提供支持服务，包括记录所有 IT 请求、设定优先级、安排 IT 部门处理请求日程、向用户提供服务关注、反馈记录跟踪等功能；三是标准化 IT 服务，沉淀知识库。服务台可以显著降低 IT 管理成本，将企业的 IT 系统应用及管理流程化、规范化。ServiceNow 认为服务台需要具备低门槛、“傻瓜”式、快速响应、反馈透明等服务交付特点。借鉴 ServiceNow 产品设计思路，服务台建设过程中有如下关注。

- 支持服务发起（接收、自建）、处理、分派、关闭、满意度汇总，支持必要的工单升级机制，关联驱动一、二、三线运维管理机制。
- 与服务目录关联，形成良好的人机交互、专业的服务台处理能力、透明的反馈跟进机制。
- 提升服务自动化与智能化水平，支持与客服系统集成，实现互动式语音应答、智能客服等。
- 提供数字化看板，以分析统计工单处理及时率、满意度，并支持通过邮件通知用户。
- 与服务请求、事件管理、问题管理等流程整合，持续打造在线运维知识管理，并提供开放式接口，为事件管理、监控提供知识服务。
- 支持服务值班管理。

23.2 ITSM 系统建设

ServiceNow 给 ITSM 系统的设计提供了建设性指导，但受限于组织对 ITSM 的认识水平、平台基础能力、系统落地能力不同，需要有针对性地推动系统建设。

1. 选择适合的建设思路

ITSM系统主要有流程审批与IT服务统一管理两种建设思路。

流程审批建设思路：主要应用用户是IT角色，集成事件管理、问题管理、变更管理、资产管理、IT项目管理、知识库、值班等常见流程，实现运维工作流程标准化、线上化，起到加快IT交付与控制IT风险的作用。该思路下建设的系统在运维平台体系中提供工具使用流程管理服务，提供低代码表单与工作流引擎服务。该思路被国内很多企业采用，尤其是运维标准化程度不高，并希望推进建立规范化运维的企业。

IT服务统一管理建设思路：主要应用用户是需要IT服务的公司内与公司外的角色，不局限于IT部门。该思路下建设的系统以服务目录提供在线IT服务，以服务台作为人工服务的统一入口，结合数字化技术、运维流程规范机制实现IT服务的高效交付。

相对来说，以IT服务统一管理建设思路构建系统的更具扩展性，是在支持运维流程及规范持续优化的基础上，提高IT服务效率与质量。在实施过程中，可以考虑短期内优先构建不规范、线下流程，下一步将运维场景与IT服务相结合，通过CMDB整合自动化工具，提高服务质量与效率，最终实现IT服务统一管理。

2. 落地难点

ITSM系统落地涉及组织、流程、平台、场景的综合建设，通常会有一些难点，具体如下。

- **运维理念落地困难**。ITSM系统的落地不像监控、自动化操作、数据平台工具能快速给一线运维用户解决痛点，更多是基于运维组织的管理驱动，建立标准化、规范化的工作流程。如果对ITSM理念传导不足、缺少事件管理经理角色，单纯的系统建设容易被一线运维人员认为是束缚运维工作效率提升的工具，引发用户抵触，导致落地失败。
- **对服务需求的响应效率低**。不少ITSM系统对流程、表单的低代码配置能力较弱，对外部厂商依赖高，容易出现堆积需求情况。
- **系统性能扩展性不足**。随着ITSM系统服务流程持续优化，页面逻辑越来越复杂，表单字段数量、关联外部系统数据交互越来越多，如果系统设计不合理，当一次性加载表单信息过多时会出现响应效率低的问题。
- **仍以审批流程管理为重点**。ITIL V3就在ITIL V2的基础上提出了服务化重点，但很多ITSM系统仍以审批流程为主，比如故障管理如果用服务角度看是围绕持续提升服务可用性的场景建设，但如果以审批流程管理角度看则主要是事后故障登记、复盘与统计分析，两种思路带来的效果完全不同。
- **与其他平台整合不够**。ITSM系统作为“监、管、控、析”工具平台中“管”的角色，需要为其他工具平台提供服务目录（作为服务入口）、服务台（作为辅助的人工服务支持）、流程引擎、低代码表单配置等，但受限于可扩展性，仍是孤立存在的。

3. 建设重点

（1）回归 IT 服务目标

在 ITSM 系统的场景建设过程中，企业需要考虑的不仅仅是流程标准化管控，还要回归到运维本质，比如故障管理流程场景建设过程中可以整合故障处置工具（涉及异常发现、故障定位、应急恢复处理等工具的整合），以提高故障处理效率、系统可用性；工单管理流程应结合服务台、知识库等，提升用户自助解决问题的能力，提高工单处理效率。为 IT 服务流程制定量化的服务质量度量指标，有助于引导 IT 服务往正确的方向推进。要落地服务度量指标，不仅需要实现 IT 服务管理流程线上化，还要将线上化流程与实际工作场景相结合，确保流程执行与实际工作吻合。

（2）流程标准化

ITSM 系统通常基于 ITIL 最佳实践，结合实际的运维组织架构管理、流程规范进行设计。在建设中，除了实现运维服务台、事件管理、问题管理、变更与发布管理、配置管理、知识管理等通用服务功能外，运维组织还会根据实际工作需要建立供应商管理、机房管理、需求管理、项目管理等运维扩展功能。

ITSM 系统的建设过程是运维组织工作流程标准化的过程。运维组织应充分利用好这个契机，基于运维规范、日常操作流程、监管要求，结合 ITIL 最佳实施，形成可固化、在线化的 IT 服务流程。如果采用外购 ITSM 系统方式，运维组织还可以通过厂商实施经验分享，借鉴领先同业在服务流程管理上的落地方法，完善 IT 服务流程。

另外，为了提高系统落地效率，运维组织在系统建设过程中需要注重推广流程规范理念，比如通过培训、沙盘演练、参与 ITIL 认证等方式。

（3）服务统一入口

ITSM 系统应定位为企业内部 IT 服务提供支持的窗口，结合服务目录统一规范管理，具备处理种类多、数量大、使用高频的请求的能力，提供包括问题咨询、用户变更请求、服务管理、配置管理、可用性管理等多种 IT 服务。IT 服务管理通过服务在线方式，避免因找不到特定技术人员而耽误时间，对提升 IT 服务质量，降低运营成本十分有益。除了在线的服务目录，运维组织还需要建立服务台，实现人工或智能客服即时服务的协作模式。另外，为了提高服务效率、质量，提供更透明的反馈机制，还需要构建知识库管理、服务质量运营等能力。

（4）场景工具整合

ITSM系统在平台体系中承担流程与服务交付落地作用，一方面，需要基于运维关键服务流程，联动监控平台、操作平台、信息安全平台、资源管理平台、运维数据平台、用户管理系统、邮件短信系统、OA系统等，达到完成服务流程工作目标；另一方面，要为其他平台或运维工作场景提供低代码表单、流程引擎的基础服务，统一IT服务门户，并为IT运维服务管理提供量化数据。

（5）提升架构的可控性、可扩展性、可维护性

为了让服务管理平台更加高效地整合管理规范、流程，提供更高效的IT服务，ITSM系统须提升可控性、可扩展性、可维护性。架构的可控性主要从易用性、流程及视图可自主编排等方面提升，提供灵活的流程和表单设计工具，实现可配置、可渲染、代码可控、运维流程快速响应；架构的可扩展性是针对功能、流程、角色、与其他工具整合等方面提升；架构的可维护性是从安全性方面提升，提供必要的日志、监控数据，支持服务流程的动态调整。

4. AIOps赋能ITSM系统

AITSM是AIOps赋能ITSM系统的一个方法，是Gartner提出面向IT服务管理的一个新概念。Gartner将其定义为在ITSM工具和实践中综合应用人工智能、大数据技术，以提高基础设施及运维人员的整体效率、减少错误。Gartner认为随着IT服务需求的增加，运维组织将越来越多地寻找新的机会来利用人工智能和大数据实现自动化和更主动的管理，将人和大型机器产生的结构化与非结构化数据输入工具，优化ITSM实践和数据处理。这对于具有优化流程和数据处理实践的更大和更高级的运维组织来说尤为重要。

针对AITSM的实际应用场景，笔者和云智慧副总裁陆兴海沟通过，他提出了AITSM的解决方案，具体如下。

（1）智能的虚拟服务助理

智能的虚拟服务助理（Virtual Service Assistant，VSA）是一种会话式的代理业务应用程序，提供专家知识信息、常见问题答案和执行事务，辅助IT服务台在IT服务管理场景中提供IT服务支持和协助。

面向IT服务管理的实践，基于即时通信前端的智能服务助理是一个比较好的切入点，通常具备以下能力：为终端用户提供关于QA问答、工单辅助、监控辅助、巡检辅助、服务请求以及任务脚本的智能与自助服务，促进用户和IT服务人员的扁平化协作，提升沟通效率，降低人力成本。

（2）智能决策大脑

在很多IT服务管理实践中，一个决定往往是多种因素综合考虑的折中结果，单纯依靠

个人经验，其产生速度和准确性很难保证。智能决策大脑的核心是将人的知识（经验、技术等）转化为数字化知识，把依赖专家转变为以数据为核心，依托算法与机器学习。

智能决策大脑作为新一代ITSM的“神经中枢”，服务于IT服务管理组织中需要决策的各级人员，具备实时、闭环、自动进化、可自动识别问题、全局优化等特征，充分展现了数据汇聚和知识融合的价值，提高了用户在工作过程中的决策效率和质量。

（3）知识工程

知识管理是ITIL中非常经典的一个实践。在ITIL4和ITSM工具中，知识管理的边界延伸到了知识工程。AITSM的所有实践必须利用知识工程的技术手段进行构建或优化。基于AI的知识工程实现方法可提高效率、降低成本、消除错误以及提高知识管理的整体价值。

（4）面向预测和分析的监控与事件管理

监控和事件管理的目标是对事件的产生、通知与处置进行更加规范的管理，而难点是对于复杂度高的系统，事件繁多、数据量大会引发告警风暴，如果管理手段松散，则会存在巨大风险。AI赋能事件管理将会很好地解决这些痛点，依托大数据技术和机器学习算法，对来自各种监控系统的告警消息与数据指标进行统一接入与处理，然后进行告警事件的智能过滤、通知、响应、处置、定级、跟踪以及多维分析，从而实现事件的智能告警收敛、异常检测、根因分析、智能预测和全生命周期统一管控。

5. AITSM应用技术

结合上述对AITSM应用场景的介绍，我们可以看到，AITSM场景需要人工智能、机器学习和大数据等技术的支撑，可以实现问题的推荐和自动化处置、历史变更和故障数据的智能分析、结合CMDB对相似变更进行故障预测等目标。所以，AITSM除了应用传统线上化涉及的低代码表单、流程引擎、自动化等技术外，还涉及以下技术。

- **自然语言处理技术**：IT系统中存在大量文本数据，利用自然语言处理技术，通过预训练模型、知识库，构建IT词向量模型，对工单数据进行抽取，并使用文本纠错技术进行更正。
- **知识图谱**：运维知识图谱不但要展示实体和实体间的关系构成，还要将事件和各种配置服务关系有效整合，通过知识融合将不同数据源整合到一起，帮助运维人员实现知识沉淀、快速排查和预测故障。
- **流式大数据处理技术**：大部分运维数据是流式数据，针对流式数据，运维组织需要构建相应的专业运维数据平台，提供统一的、简单易用的数据采集、ETL、机器学习流程、建模分析等功能，以及安全、可扩展、高可用以及环境监控运维等能力。

23.3　CMDB

配置管理数据库（Configuration Management Database，CMDB）比较被认可的定义为：存储与管理企业 IT 架构中生产对象的各种配置信息。CMDB 通过识别、控制、维护，检查企业的 IT 资源，可以在线控制与管理不断变化的 IT 基础架构与 IT 服务，为事件管理、问题管理、变更管理、发布管理等提供准确的配置信息。CMDB 与所有服务支持、服务交付流程紧密相连，配置数据让分散独立的流程互联互通。

1. CMDB 发展

从运维平台架构看，CMDB 承担了描述运维对象的职能，是 IT 资源（设备、组件、系统）及其关系的数学抽象，是 IT 资源的地图，是 IT 运维及 IT 运营的数字化基石，是运维工作展开的底层支撑。分析 CMDB，首先要从行业 CMDB 发展看（见图 23-1），大体可以梳理为 4 个阶段。

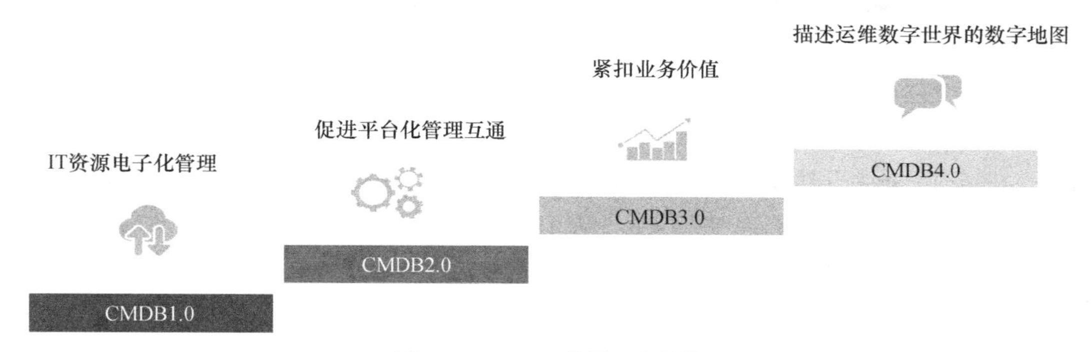

图 23-1　CMDB 发展 4 个阶段

CMDB1.0 实现 IT 资源电子化管理。2001 年，CMDB 出现在 ITIL V2.0 中，并定义为配置管理数据库，是与 IT 系统所有组件相关的信息库，包含 IT 基础架构配置项详细信息。CMDB 的发展与运维的发展息息相关，随着运维组织从手工操作式运维向平台运维、IT 运营方向演进，CMDB 也随之演进。2001 年到 2008 年，以配置信息电子化为特征的 CMDB1.0 出现。随着以 BMC、IBM、CA、HP 为代表的 Big4 传统软件巨头在自家 ITSM 相关产品中推出第一代 CMDB 管理的产品和解决方案，CMDB 逐渐在国内得到应用。然而，由于企业对 CMDB 理解不深及技术局限，CMDB 沦为侧重于配置（资产）管理和数据查询的工具，注重配置信息电子化，往往表现为设备台账、清单、报表代替原来电子表格管理。在这个阶段，CMDB 已经实现对运维涉及的各种对象的管理，包括生产环境中涉及的基础设施、平台软件、应用系统，以及 IT 运营涉及的角色、人员、所属组织等。

CMDB2.0 促进技术平台化管理互通。2008 年前后，以银行、运营商为代表的企业开始侧重于让 CMDB 与其他流程协同，应用于故障、变更影响分析等场景，由于场景驱动推动 CMDB 配置数据范围扩展，出现了以数据管理闭环为特征的 CMDB2.0。场景与实际运维工作息息相关，需要保证配置数据的准确性与及时性，这驱动了配置自动化发现技术的发展与配置流程管理的建设。所以，在这个阶段，CMDB 重点围绕标准化、数据建模、配置自发现、配置流程整合、配置数据运营等方面进行建设。在这个阶段，CMDB 理念开始深入人心，运维领域不同条线都有意识地进行配置管理，出现了应用系统层面的配置管理、网络层面的配置管理、硬件服务器层面的配置管理等，在企业内的多个配置管理实现了互联互通。

CMDB3.0 紧扣业务价值。2017 年前后，随着企业数字化转型，领先企业的运维组织开始从技术保障向技术运营转变，更多地考虑业务价值，此时 CMDB 也发生了变化。同时，伴随着互联网、金融等行业的技术架构快速演变，运维组织价值的广度与深度都发生了变化：在广度上，在单一的业务连续性保障基础上增加了加快 IT 交付、提升客户体验、提高 IT 服务质量价值；在深度上，以业务连续性保障为例，原来主要围绕服务可用性，现在需要深入逻辑正确性、数据准确性。从运维对象数据看，运维组织在纵向关系上需要围绕 IT 资源扩展到应用、业务、客户体验层面，比如将应用的进程、服务、集群、功能号、组件、程序、版本、端口、应用配置、参数、证书、用户、节假日、关键指标等作为配置对象；在横向关系上，通过云原生、APM、可观测系统提供动态链路关系，并深入到程序、接口、函数、日志等粒度。此时，以业务为中心的 CMDB3.0 出现。CMDB3.0 以各种业务运维场景为驱动，基于梳理和分析运维对象及关系，从物理层、逻辑层、应用层、业务层构建模型，既能支撑企业 IT 管理从面向资源转移转变为面向业务，又能实现企业对 CMDB 的期望：

- 更全面地管理运维对象，实现“资源视角＋应用视角”的数据源管理，具备模型扩展、流程引擎、在线采集、智能校验、关系构建等能力。
- 以场景为驱动，基于对象属性与关系的结合，赋能业务影响分析、故障根源定位、容量管理、业务连续性管理及可用性管理。
- 作为企业数字化运营管理中业务与 IT 运营的纽带。

CMDB4.0 是描述运维数字世界的数字地图。以业务为中心的 CMDB3.0 之后的发展方向是什么呢？笔者认为应该是在现有运维对象与对象关系管理的基础上，增强运维知识的管理能力，也就是说下一代 CMDB 应该类似于运维数字世界中的数字地图。这和我们生活体验类似，以周末出去吃饭为例。十几年前，人们通常靠自己经验或口口相传的方式来获得信息，人们主要生活在一个已知世界。今天，国家快速发展，人们生活水平得到提升，同时社会为我们提供越来越丰富的选择，人们需要在未知世界中找到最佳选择，包括：适合口味的餐馆，餐馆在哪个位置，如何到达目的地。很明显你会用到数字地图。本质上，数字地图是应对社会信息丰富多样化的工具，通过数字技术提供更加准确的信息，支持在线检索、传输等。数字地图成为描述人们数字世界生活的关键手段。运维也要数字地图，以解决运维数字世界中的复杂问题。运维数字地图协助运维数字世界中运维协同流程线上化，交付方式服务化、操作自动化，以及机器、系统、客户体验运行状况与运营效能指标化。如何将运维对象、关系、人的知识关联在一起是 CMDB4.0 的关键。

2. CMDB 关键能力

以下梳理 CMDB 的 4 个关键能力（见图 23-2）：配置建模、数据接入、数据运营、数据消费。

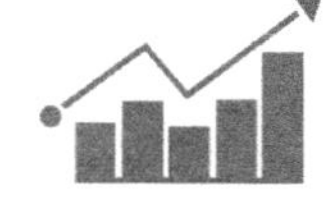

图 23-2　CMDB 关键能力

（1）配置建模

配置建模主要指识别 CI 项，包括 CI 项的分类、CI 命名规划、CI 项属性、CI 项之间的关系，以及基于 CI 关系构建的全局性关系等。在配置建模能力上，运维组织须考虑从全局、配置关系、配置对象角度综合评估。

1）从全局角度看，配置管理在行业中强调得多，但是真正用得很好的并不多，大致有以下技术层面的原因。

- 配置数据缺乏持续的优化所需要的流程和工具支撑。
- 数据没有消费场景，配置数据生成后成为无法流动的“死”数据。
- 配置库中包括的数据过多，技术架构与配置数据复杂，数据未形成闭环管理。

第 1、2 点需要 CMDB 工具平台运营与配置数据治理同时开展来解决，第 3 点是配置库过重导致的，不同运维职能团队或多或少已经在条线的工具系统中存放了相应的配置信息，比如 IDC 运维的环控系统、网络运维的网管系统、服务器与存储的云管系统等的配置信息。将条线工具系统的配置信息与最核心的配置库关联（如图 23-3 所示）将形成一个联邦式配置管理模型。联邦式配置管理模型以某个领域的 CMDB 为中心，关联其他领域运维平台的配置数据。联邦式配置管理模型在运维组织落地阻力较小，一方面，运维组织中职能团队通常会有相关专业领域的运维平台，通常平台会自带具备 CMDB 配置管理的模块或商业套件；另一方面，配置管理最重要的是配置数据管理，确立配置数据负责人，每个职能团队负责对应配置数据质量是行业比较认可的方法。很多配置项目失败的原因是将 CMDB 的 CI 项范围定义得过大，导致阻力过大。

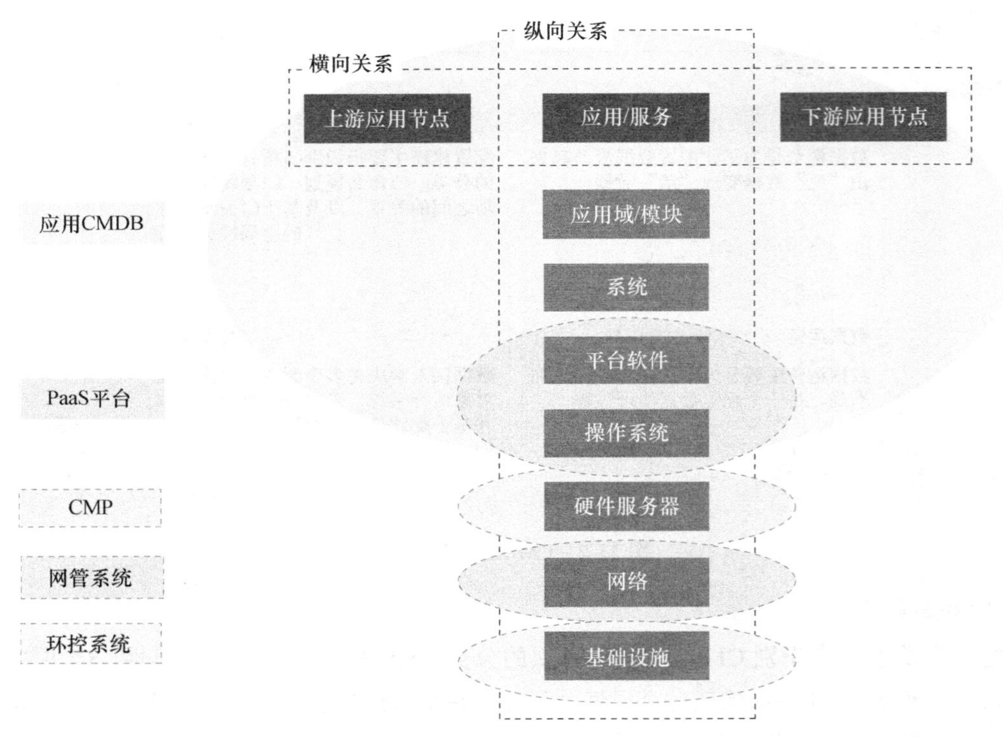

图 23-3 联邦式配置管理模型

在联邦式配置管理模型中，应用软件、基础设施、应用平台通常是 CMDB 中心的选择之一。选择组织的 CMDB 中心的方法有很多，比如以哪个领域的运维平台建设更完备作为选择标准，如果 IaaS 平台做得好，可以考虑用以主机为中心进行扩展，如果应用运维平台做得更好，可以考虑以应用系统为中心进行扩展。

2）从配置关系角度看，配置建模可以分为纵向部署关系与横向链路关系两种方式。

纵向部署关系是传统 CMDB 经常使用的方式，通常表现为归属、包含的关系，在运维平台化过程中得到广泛应用，比如源端监控系统要实现监控策略自动化，会将纵向部署关系节点作用监控对象；自动化操作工具、云管平台、应急预案工具等使用纵向部署关系节点对主机管控；统一监控告警工具会使用纵向部署关系数据进行告警收敛、抑制、丰富管理。纵向部署关系方式重点关注运维对象的分层，包括基础设施层、平台软件层、应用层、业务服务层。其中，基础设施层主要针对IDC机房、机柜、网络、服务器、存储等，平台软件层主要针对PaaS层的应用平台、容器、数据库、中间件、操作系统等，应用层主要针对系统、应用、服务、集群等，业务服务层主要针对功能、订单等。这些运维对象之间有一个纵向归属或包含的关系，比如：业务服务涉及的功能、订单归属于应用系统，应用系统由多个主机集群组成，应用部署在集群的操作系统或容器中，虚拟机节点在某个物理主机上，物理主机安装在服务器中并使用了部分存储，服务器安装在某个IDC的某个机柜。

横向链路关系方式是面向以业务为中心配置管理的补充。以分布式链路追踪技术为例，分布式链路追踪技术是云原生架构下横向关系数字化的重要手段，对当前复杂架构有极大的好处。随着企业应用系统越来越多，业务逻辑越来越复杂，系统与系统之间的依赖关系变成一个很关键的描述对象的数据。以银行的网上支付为例，一个支付业务涉及10个以上应用系统，交易流转过程中涉及的应用系统节点异常将直接影响交易的正确完成。链路的复杂性在当前云原生微服务架构下更加突出，一次后端请求可能经过多个服务才最终实现响应，如果在调用链的某一环节出现问题，排查起来很复杂。不同类型的对象会有不同的依赖关系，比如系统级别、应用级别、服务级别、接口级别、函数级别等。在技术上，借鉴可观测理念，横向链路关系信息可以以分布式链路、应用日志等数据分析获取为主。

3）从配置对象角度看，配置模型映射生产环境业务运行所需要的硬件与软件的配置数据。以分层角度看生产环境，可以分为基础设施层、平台软件层、应用层、业务层。

基础设施层的配置对象面向数据中心，重点关注数据中心中数据处理设备、数据传输和网络通信设备、服务器、存储设备等多种IT设备，以及为IT设备服务的电力、空调、传输管路等。运维组织需要对机房设施管理、网络运维管理、存储资源管理、服务器运行管理、虚拟化管理等涉及的配置信息进行有效管理。

平台软件层的配置对象面向商业套件，重点关注各种操作系统、数据库、中间件、备份软件、应用容器云平台等。通常成熟的商业套件都有相应的配置数据，比如：操作系统管理重点关注操作系统版本、用户、权限、文件、磁盘等配置数据，数据库管理重点关注数据库进程、表空间、日志、数据库锁等配置数据。

应用层的配置对象面向应用系统，以及应用系统有效运营需要的具体配置数据，比如应用端口监听、进程状态、容器服务、集群状态、应用软件版本、软件发布时间、调度任务时间、任务状态等配置管理。

业务层的配置对象重点面向终端、性能管理。数字化转型大背景下，企业的运维需要向业务层扩展，需要运维工程师具备数据思维，能够让系统运行、业务运作、客户体验、流程管理等数字化，并利用掌握的运营数据驱动研发、测试、业务的持续优化。从配置对象看，运维需要从用户旅程切入，对终端设备、终端软件版本等配置信息进行管理。

（2）数据接入

CMDB 虽然是管理生产对象配置的信息系统，但自身不生产数据，需要采集或接收各源端数据。CMDB 的数据接入能力需要对配置数据统一采控。

数据接入常用方法有两种：一种是基于 CMDB 代理或无代理网络协议主动对源端主机数据进行采控，另一种是由服务端对企业相关平台软件数据进行集中同步。

前者对源端数据的采集通常采用代理或某些网络协议，通过执行脚本或命令实现标准化数据的采控。采集数据后，CMDB 将根据配置模型对源端数据进行清洗、转换等，并存储入库。

后者结合前面提到的联邦式配置管理模型，从平台软件层获取配置数据。比如针对硬件层面的配置，由云管平台实现数据中心、资源池、集群、宿主机、虚拟机、虚拟存储、虚拟磁盘、虚拟交换机、虚拟网卡、物理设备、设备部件、系统软件等的配置，CMDB 根据配置数据时效性批量采集云管平台数据。

（3）数据运营

配置数据运营也可以理解为配置数据治理，目标是让配置数据更加准确。相关解决思路在第 24 章的 CMDB 数据治理中有详细介绍，这里从系统功能角度看数据运营。

- 管理配置数据目录，建立配置项及属性关系。
- 支持对配置项及数据质量的在线监测，并触发数据质量的跟进闭环机制。
- 支持对各类资源对象数量及变化趋势、资源动态、资源变更次数和变更频率统计。
- 支持部分配置管理对象的个性化监测，比如资源维保到期、证书到期、系统维护状态等个性化管理闭环。
- 支持资源、服务、运行状态监测，从平台整体稳定性层面保证配置数据管理。

（4）数据消费

曾鸣在《智能商业》一书中曾提出一个"活数据"概念。他认为"活数据"应该具备"数据是活的"与"数据是被活用的"两个特征，前者指数据是在线的，可以随时被使用；后者指数据在不断被消化、处理，产生增值服务，同时又产生更多数据，形成数据回流。配置数据基于数据接入层面的自发现与在线流程管理实现了基本的配置数据在线，下一步要通过配置数据消费让配置活用。

随着平台化建设的不断推进，CMDB 在很多场景得到应用。以故障管理场景为例，故障管理极为复杂，需要整合大量工具能力与流程机制，在故障发现、响应、定位、处置、恢复、复盘各个环节获得 CMDB 支持。除了故障场景，CMDB 还被广泛应用于以下场景。

- 值班管理场景中，排班、交接班等功能消费信息系统所属团队、角色等的配置，值班例行任务功能消费团队汇报链、操作任务涉及的系统、主机等的配置。
- 巡检管理场景中，自动化巡检任务功能消费基础设备、服务器、平台软件、主机以及应用系统相关配置，手工巡检任务功能消费系统、团队、角色等的配置。
- 监控管理场景中，源端监控策略的自动化配置，统一告警的数据采集、丰富、收敛、抑制，消息推送等均需要消费CMDB系统、主机、角色等配置信息。
- 常规工单处理与服务台中，消费信息系统、应用、角色等的基本配置，故障管理涉及大量工作场景，主要围绕事前、事中、事后。

另外，CMDB广泛应用于变更管理的运维前移、CAB评审、变更审批、软件发布、灰度发布、资源扩容、参数维护、数据维护、服务目录、服务台管理、可用性管理、环境管理、成本管理、知识管理、信息发布，以及各种数据运营，此处不一一列举。

除了场景层，运维组织还需要关注CMDB技术层面的配置消费能力建设，包括面向机器与面向人两种。前者关注API，后者关注可配置化、敏捷落地的配置数据消费功能。

面向机器的API。从数据管理角色看，CMDB既是运维体系的元数据，也承担IT资源对象与资源之间关系的主数据角色。

面向人的配置数据消费功能。CMDB支持用户快速检索相关配置数据，支持对资源的附件信息进行检索，提供个性化功能，比如保存最近、最常用搜索关键字。

3. 运维数字地图

运维数字地图描述运维数字世界与运维元数据描述运维对象的作用一致。运维元数据是运维数字地图的数据层面的表达。运维元数据即描述运维对象、运维指标、架构模型的数据。其中，运维对象是运维数字世界的实体对象。描述运维对象的数据即描述运维组织、基础设施、计算资源、平台软件、软件系统、应用服务的数据。运维指标描述运维数字世界实体对象状况，是运维数据分析的关键原材料。架构模型描述运维对象的关系，主要包括纵向部署关系、横向链路关系、知识关系。

23.4 CMDB数据治理

CMDB数据治理是CMDB项目实施中难度最大、成本最高的环节。本节单独介绍CMDB数据治理方法。CMDB数据治理不仅需要解决配置管理工程性问题，还需要基于运维组织的特点，适应性地配置运营，指定配置经理与配置项责任人，梳理配置目录，制定配置项管理工作机制，落地流程、自动化等配套的配置管理方案，定期进行配置数据质量监测或分析、触发配置协同的跟进任务等工作。面对如此多的配置数据治理，结合在

CMDB 数据运营的工作经验，抽象建章立制、价值导向、问题驱动、闭环跟进是 CMDB 数据治理方法（见图 23-4）。

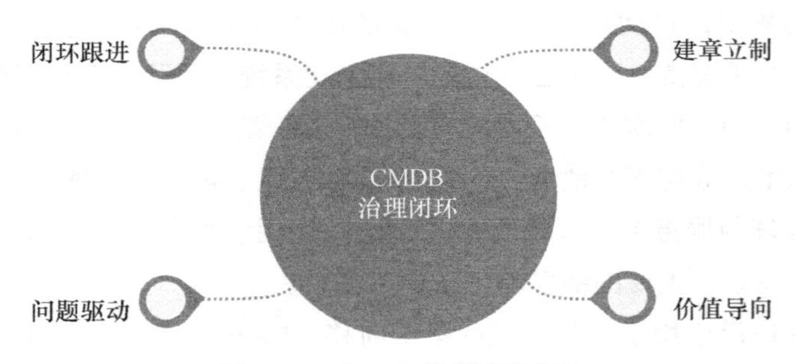

图 23-4 CMDB 数据治理方法

1. 建章立制

标准化是人类由自然人进入社会共同生活的必然产物，它随着生产的发展、科技的进步和生活质量的提高而发生、发展，受生产力发展的制约，同时又为生产力的进一步发展创造条件。本质上，标准化是对重复的事物、概念、活动达成统一。公司业务标准化是围绕公司的生产运营、产品服务、客户服务等工作，对公司生产经营活动范围内的重复事物、概念、活动，制定和实施相关制度或标准。运维组织的流程管理、服务管理、工具建设、数据治理也需要标准化，因为如果没有标准化，不同的团队和个人对同一个数据的理解会出现偏差，不仅增加沟通成本，而且项目实施、交付、信息共享、数据集成、协同工作往往会出现各种问题。CMDB 数据治理也需要建立相应的管理规范与标准，以下概述 CMDB 数据标准建议包括的内容。

（1）定义

CMDB 将应用于硬件与软件整个生命周期。要在企业范围内统一对 CMDB 的认识，需要统一定义，比如定义：

- 什么是配置管理，与软件包或测试的配置管理的区别。
- 什么是 IT 资源，资源范围是什么。
- 什么是配置项，主要配置项比如系统、应用、主机等的说明。
- 系统命名规范是什么，比如全称、简称、英文、别名、分类等。
- 配置角色有哪些，职责是什么。
- 配置治理的基本运营机制有哪些。

（2）角色与职责

配置数据治理是一个多角色协同工作。在标准上建议至少定义配置经理、配置项管理员、管理决策层，其中配置经理主要负责配置管理的统筹建设工作，包括推动平台建设、规范制定、数据运营等；配置项管理员是指配置项负责人，负责配置项的设计和实例数据的落地工作，可以根据配置项数据内容增设配置项实例负责人，将配置数据的准确性、完整性、实时性等质量要求具体落实到人；管理决策层负责对配置数据治理提供决策支持，由于配置数据治理是涉及面广、长时间、多方协同的工作，为确保配置数据治理有序推进，发现的问题能够得到解决，需要得到组织决策层持续的支持。

（3）常态化配置过程管理

配置管理需要建立常态化的配置数据治理工作机制，形式上包括治理规划、配置项目录、配置治理例会、配置质量监测、配置问题跟进等过程管理。其中治理规划重点关注治理意义、目标、资源配置、组织管理，需要定期调整；配置项目录是将配置数据作为资产，明确配置项负责人、数据血缘、数据质量标准；配置治理例会根据组织需要，定期进行配置治理过程、风险分析，协调组织资源；配置质量监测是对配置数据质量进行在线监控；配置问题跟进是为了建立在线问题闭环管理。

配置过程管理在细节上可以考虑围绕CMDB配置从规范、建模、数据接入与采集、自发现、消费、运营等过程进行分析，在设计规程时要尽可能地避免配置项处于不可控的状态。要让配置项可控建议遵循以下原则：能自动化采集的，自动化采集；不能自动化采集的，要建立配置项准入在线流程。

2. 价值导向

在CMDB四个发展阶段中，资源投入不同，组织核心价值创造不同，涉及的配置数据治理方案也有所不同。围绕数字化运维下的价值创造，CMDB的价值创造可以围绕IT资产管理、互联互通、业务价值开展。

（1）IT资产管理

随着企业信息系统规模越来越大，采用人治的方式进行IT资产管理已经力不从心，一方面，IT部门决策层需要从全局层面观察整个IT资产状况，以应对IT风险、成本、效率的精细化管理，比如应对年度预算管理、容量管理等；另一方面，IT信息系统的软件与硬件生命周期管理需要关联大量生产对象，以应对IT产品研发、测试、运行过程的需要。

就IT资产管理角度看，能纳入资产管理范围的包括机器、软件、业务、人、关系五类。机器资产管理围绕硬件，比如IDC机房、网络设施、服务器设备、存储设施、虚拟化主机等相关的各类配置项与属性；软件资产管理针对商业化的标准软件，比如操作系统、平台软件、中间件、数据库等；业务资产管理针对应用系统，比如系统、应用、服务、版本、功能号、证书等；人资产管理针对协作角色，比如业务人员、产品人员、项目管理人员、研发人员、测试人员、运维人员、供应商等；关系资产管理针对纵向部署关系与横向链路关系。

基于IT资产管理的价值创造，CMDB需要重点实现全量IT资产管理线上化。在实施CMDB数据治理时，需要推动IT资产的“人财物”整合或关联在一个库中，梳理CMDB管理的IT资产，确保CMDB中的IT资产的完整性与正确性，保证应用到IT环境的软件与硬件均是经过授权与测试的，明确每类资产对应的负责人，实时监测资产配置数据质量等。线上化是保证IT资产质量与提供稳定IT服务的前提条件。

（2）互联互通

互联互通是为了应对信息孤岛问题。信息孤岛是指不同的IT系统相互之间在功能上不关联互助、信息不共享互换、信息与业务流程和应用相互脱节。运维组织信息孤岛的产生与组织内信息系统迭代有关，通常新系统建设时缺乏对存量系统的考虑，可能是规划问题，也可能是执行问题。信息孤岛将产生很多问题，比如系统间各自为政、资源未共享、重复建设、沟通成本增加；数据不一致，影响决策判断，无法进行自动化；多方无法形成有效的关联，影响控制系统的执行等。

互联互通能解决运维场景问题。比如场景消费中，准确的配置信息将极大地提高流程的运作效率，CMDB需要为运维流程提供准确的IT设备、IT服务配置信息，包括当前设备或服务发生过的事件、问题、变更、发布，对服务台进行的事件管理、问题管理、变更管理、发布管理等。

基于解决信息孤岛问题的价值创造，CMDB数据治理应重点关注配置数据唯一性、一致性、正确性，建立配置标准、配置共享机制，明确配置之间的关系，以及实现配置数据监测、线上化配置管理等。

（3）业务价值

业务价值驱动CMDB配置对象由原来以主机为中心的配置管理转变为由应用为中心的配置管理。以主机为中心的配置管理更贴近企业的价值创造。下面从IT运行风险控制、提升客户体验、加快变更交付、提高IT服务质量4个价值创造看CMDB的数据运营。

IT运行风险控制。监控是IT运行风险控制的“眼”，随着应用复杂度越来越高，监控管理漏配置的挑战越来越大，实现监控免配置成为当前监控工作的重点。要实现应用层面的监控免配置，需要CMDB增加应用层的配置项，监控系统基于应用配置自动化设置策略，改善监控管理漏配置的状况。

提升客户体验。终端客户体验管理是运维侧提升客户体验的切入点，可考虑采用拨测、终端性能监控、终端日志监控等技术手段。但在进行终端体验分析时，由于影响终端体验的因素很多，在分析时需要将多维数据指标进行关联分析。要将不同维度的数据关联起来，需要CMDB将相关维度关系建立起来。

加快变更交付。CD流水线全自动化涉及多个环境、多个主机、多个软件的配置管理等，以及大量工具互联，CMDB在应用层面的配置是CD流水线全自动化的关键。

提高IT服务质量。将硬件、软件、系统、应用、服务、终端之间的部署关系、调用关系整合在一起，可使IT人员看到其互相之间的依赖关系，并确定该IT组件给客户带来的潜在影响等，以提升变更管理服务质量。

3. 问题驱动

CMDB项目是一个持续完善的项目，需要IT部门对现有的工作方式进行改变，持续关注数据准确性，促进数据消费，并在消费过程中持续改善数据质量。问题驱动的方法是充分利用CMDB存在的问题，以问题为切入点驱动治理工作。CMDB存在的问题如下。

（1）角色定位不清

所有的CMDB的配置项都应该有配置负责人，负责配置数据的准确性。但实际上配置项或配置项属性角色定位不清是CMDB配置管理的一个突出问题，所以配置经理应该基于配置项的属性建立在线的配置项负责人关系目录，并定期结合各配置项的数据质量发布相关目录。

（2）数据异常自动化监测

随着配置数据越来越多，人工进行配置数据质量管理不可行，需要自动化数据监测。要实现数据监测自动化，需要针对性地增加数据异常监测点，尤其是事件驱动，建立在线监测点目录，并针对性地发布异常监测报告。

（3）流程不完整

关于流程的完善，建议围绕软硬件生命周期评估是否优化工作流程。流程的完善不能只做加法，还要从复杂流程时间消耗以及提效上考虑。流程完善可以从“关门”和“放权”两个角度实现。“关门”的意思是CMDB的下游业务方发现配置数据不准确时，不允许私自修正，必须回到CMDB修正。“放权”主要体现在用户更新自己部门涉及的配置项可即时生效，无须流程审批。配置数据治理的理想处置问题方式是“就地修正”。用户在任何管理系统中发现配置数据不准确，应能在当前页面直接修正。系统会自动将修正后的信息更新回CMDB或更上游的数据生产系统。

（4）源平台数据不准确

源平台数据是否准确，一方面需要对源平台数据或采集后的配置数据进行实时监测；另一方面是选择一个合适的配置颗粒度，合理的配置项层次和粒度与组织资源、技术能力、流程机制、技术平台有关。

（5）整改执行力

执行力不足，缺少管理层承诺是CMDB不成功的原因之一。运维组织需要建立数据闭环机制，尽量将机制嵌入日常工作流程；同时，要针对配置数据质量问题，建立配置数据质量考核机制。

（6）配置数据使用方法

配置数据只有应用在 IT 资源管理、互联互通、业务运营等场景下，才真正发挥价值，但配置数据不够开放、数据消费不方便、没有创建相应的工作指导文档等是配置数据运营的常见问题。

4. 闭环跟进

CMDB 数据治理是为了发现配置问题、制定方案、解决问题，让配置数据质量越来越好。闭环跟进是问题解决的最后一步，也是容易掉链子的环节。从实施角度看配置数据闭环跟进，可围绕“感知、决策、执行”，基于配置目录制定配置数据质量测试指标，建立质量监测指标告警与响应机制，针对指标告警制定质量管理优化决策，并跟踪决策落实情况。

以下从数据质量指标、数据质量监控、任务跟进三点梳理闭环跟进工作。

（1）数据质量指标

数据质量监测重点是针对 CMDB 数据治理的“事中、事后”两个环节。良好的数据质量监测应该在事中由机器主动发现问题，并对主要的问题进行监控，基于更全面的事后分析提出数据质量涉及的组织、流程、平台方面的问题。数据质量监测内容包括岗位职责、能力，流程与实际实施过程，配置数据。配置数据质量监测指标设置时，可以从数据完整性、准确性、唯一性、及时性、可用性几个方向考虑。

- 完整性：针对配置数据不存在或缺失的数据记录占比设置指标，比如哪些配置项应该有明确的值，对存在“空”“未知”属性的配置数据进行分析，当不完整指标出现时发出告警。
- 准确性：针对实际配置数据是否达到配置管理需要的准确性要求设置指标，比如针对实际的配置数据是否在预先定义的数据范围内，当字段超长、数值格式不对时进行告警提示。
- 唯一性：针对配置数据唯一性约束设置指标，由于配置数据的原始数据从源端获取，CMDB 需要确保数据的客观唯一性，避免出现配置数据与源端不一致的情况。
- 及时性：针对实际配置数据采集、接口响应、数据输出时效性设置指标，判断是否在预先定义的业务应用需要时间范围内提供数据，当无法及时提供数据时进行告警提示。
- 可用性：针对配置数据可获取、可满足业务需求设置指标，建立数据反馈机制，当有异常反馈时触发异常处置机制。

（2）数据质量监控

确定配置数据质量指标后，下一步是量化与运用指标，对指标进行在线监测与综合分析，以实时感知配置数据质量状况。数据质量监控有以下策略。

- **数值监测**：这是最基本，也是最好用的配置数据质量监控手段，即对某个指标设置固定阈值，利用监控轮循或定时检查单个运维数据质量指标的异常和突变等情况，技术上可以采用基于数据库SQL语句、日志关键字等方法。
- **关联监测**：进行多维指标监测，将多个质量监测指标进行组合式的监控。这种策略主要针对单个指标无法发现问题，需要多个指标组合才能发现数据异常的情况。
- **完整性监测**：主要针对数据接入环节的数据量、文件是否存在等，需要根据具体数据类型制定不同的监测策略。
- **及时性监测**：通过接口、时序数据等监测源端配置数据采集或CMDB服务及时性、有效性。

实施上，如果CMDB产品自身并没有相应数据治理能力，运维组织可以考虑采用小步快跑的方式，复用企业已有的监控与数据运营能力。运维组织的监控体系在技术能力上基本能满足配置数据质量监测要求，在制定相关数据质量监测机制时，根据数据生命周期，在监控体系中设置指标；同时，对配置数据质量进行更全面的分析，在分析方法上要对重要维度的数据质量进行分析，以便有针对性地进行配置数据质量改进，提供多种主题的统计分析报告，支持不同角色自定义符合自身需求的质量数据。

（3）任务跟进

运维组织有大量琐事，随着数据质量监测能力的提升，可预知将发现大量配置数据问题，而跟踪质量决策执行情况并非易事。

能自动化执行的尽量自动化。Google的SRE鲜明地提出用自动化消灭琐事的思路。琐事的特征是重复、可预测、常规工作流等。配置数据质量监控是一个常态化工作，需要围绕数据感知、决策、执行建立一个自动化闭环，将能自动化执行的配置数据质量优化工作自动化。

配置数据质量问题解决任务化。自动化执行能解决部分已知配置数据质量问题，但仍有大量问题需要人工多方协同解决。将配置数据质量问题解决任务化，将有助于建立线上化的数据质量管理模式，有助于团队协作，打破团队和职位的壁垒，以任务为单位，以目标为导向，注重任务的分解、协作、监督、反馈以及绩效统计，提高任务执行效率；任务线上化后，可以清晰地看到数据质量问题解决任务当前的状态，有助于对执行任务进行全周期管理。

加强人机协同任务的执行跟踪。为了推动流程有效运作，设置配置经理岗，负责数据质量整体监督、优化等工作，但靠人监督的方式既低效又容易遗漏。引入人机协同方式，可通过机器人督促任务执行，比如利用企业内即时通信工具进行任务跟踪管理，即时触达任务节点的协同人员。

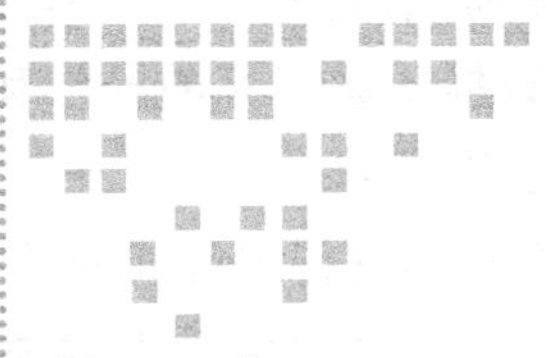

Chapter 24 第24章

运维操作平台

如果系统正常运转中需要人工干预，应该将此视为一种Bug。

“正常”的定义会随系统的进步而不断改变。

——《SRE Google运维解密》

对于海量数据分析、流程化、规律性工作，原则上应该实现自动化。运维操作平台在整个运维平台体系中重点关注与生产对象之间的操作自动化，以及操作层面的流程与风险管控。运维操作涉及面比较多，但有一些共性能力，比如代理、脚本、编排、任务、服务网关等，在实施层面可以考虑围绕“大工具+小工具”的思路推进，即将资源重点投入通用性的“大工具”，并赋能给“小工具”的平台能力建设，比如本章提到的持续交付工具、RPA、作业调度工具属于“大工具”，脚本仓库、低代码属于为了提升“小工具”建设的平台能力建设。

24.1 操作平台能力

操作平台重点面向生产对象，主要实现运维操作层面的线上化、自动化，由一系列自动化工具组成。

1. 操作平台建设思路

操作平台最基本的能力通常包括与生产对象直接交互的脚本管控、多个脚本按一定场景编排的流程、基于时间调度脚本或流程的任务，以及将脚本或流程融入特定场景的各类工具。

操作平台涉及的工具很多。为了更好地梳理工具，下面对工具进行分类。

- 变更类工具：应用发布、灰度发布、数据维护、参数维护、系统软件补丁安装、桌面软件安装、桌面或服务器策略下发等工具。
- 检测类工具：开业巡检、开关机检查、安全基线检测、应急手册查询、日志查询、数据查询等工具。
- 执行类工具：定时调度任务、RPA、临时远程脚本执行、远程命令执行、备份管理、中间件或数据库等工具。
- 应急类工具：应用服务启停、操作系统启停、主备切换、灾备切换、一键切换、故障自愈等工具。
- 风险控制类工具：堡垒机、操作留痕、操作指令等工具。

鉴于对生产对象进行操作的相关工具很多，为了可持续改进操作平台，搭建一个具备所有生产操作线上化与自动化的平台并非好的选择。更可行的方案是针对特定操作制定特定解决方案，围绕“大工具＋小工具”并行建设的思路，比如：

- 重点打造通用型的自动化“大工具”，比如持续交付、RPA、任务调度、应急演练的工具。
- 降低运维人员打造特定场景下自动化工具的门槛，让运维人员根据个性化需求自主构建“小工具”。

平台支持面向统一代理管控，脚本仓库、低代码工具构建等，并支持基于工具工厂整合工具。在条件允许的情况下，平台提供在门户框架内开发的低代码工具，以便运维人员低成本构建由页面、流程、数据模型组成的小工具。平台提供服务总线，支持已有工具通用接口的注册，以及标准接口的上传。另外，平台提供一个应用工厂供运维人员上传工具，以统一管理这些“小工具”。

2. 操作平台分层

虽然操作平台涉及的工具很多，但无论“大工具”还是“小工具”，都是为了更好地实现与生产对象交互。下面从操作对象、操作类工具、操作管控、操作场景 4 层进行介绍。

操作对象层关注服务端与生产对象具体操作的执行，通常采用代理、网络协议、SDK 等方式建立服务端与生产对象之间的通信连接，重点关注效率、安全、低耗能等。代理通常在生产对象节点上部署，网络协议则无须在服务端安装程序，但需要提供建立可信连接涉及的身份认证等相关信息。建立了服务端与生产对象之间的连接后，生产对象就能接收后台服务命令，并进行相关交互操作。通过对代理服务的性能调优和容量管理，运维组织可以提升代理的任务执行效率，提高任务并发量等。基于代理的方案的实施及管理成本更低，更受人们青睐。由于代理直接与生产对象交互，并侵入生产对象，所以在代理的建设中运维组织除了应关注高并发任务执行、大文件传输等运维场景的性能与容量要求外，还需要关注代理应具备自动扩容能力，以快速实现基础资源与应用资源的扩容，满足代理端自动化作业要求。

操作类工具层重点关注带有特定主题的操作工具，比如变更类、检测类、执行类、应急类、风险控制类工具。具体工具的实现与主题相关，不同工具在交互层面的实现可能区别比较大，所以一些厂商提出了低代码解决方案，方便用户快速进行工具上层交互层面的设计，引用下层的脚本、流程、任务。在操作工具的实现上，采用上面提到的“大工具+小工具”方式，“大工具”通常以投入资源自建或引入成熟工具的方式建设，“小工具”以运维团队众创方式建设。

操作管控层重点关注操作能力的整合，前面提到的低代码解决方案需要基于操作管控层，要求工具间访问必须以服务接口方式提供数据和各种功能服务，不允许不同工具共享内存，不允许直接读取同一个数据库。服务管控包括服务注册、服务发现。服务总线可实现服务之间的通信控制。另外，由于自动化操作在带来效率优势的同时，还带来了操作风险，因此操作管控层要具备全面控制风险的能力，避免在不可信、不合规、不规范场景下对自动化工具的调用。

操作场景层重点关注在场景平台更好地整合操作工具。运维场景平台须具备监控、流程管理、数据分析、自动化操作等能力，操作平台需要对场景平台开放工具、服务、任务、流程、脚本层面的调用与管控能力。

3. 操作平台重点模块

腾讯蓝鲸在几年前横空出世，给很多运维从业者提供了一个一体化、自动化操作平台的建设思路。目前，蓝鲸已经演变为行业完整的平台一体化解决方案之一。很多厂商运维平台技术架构都有蓝鲸的影子。其中让笔者印象最深刻的是，蓝鲸在行业运维自动化工具解决方案烟囱林立时，率先提出**“以脚本为原子，对原子进行有机组装应对各类运维场景”**的指导思路。蓝鲸基于这个思路扩展到脚本、编排、任务、网关、工具，以及自动化以外的平台能力模块。借鉴蓝鲸最初的核心思路，以下总结操作平台的重点模块能力。

（1）低门槛的脚本应用能力

脚本开发能力可以作为一线运维人员的基本能力。操作平台需要降低编程、调试、审核、执行的门槛，提供所见即所得的脚本开发能力。

- 提供脚本开发环境，包括可运行脚本的环境，支持脚本部署、上架、分享等。
- 提供脚本管控，包括脚本修改、脚本操作权限、脚本代码管理等。
- 提供集中式的服务端与生成对象管控，比如采用代理、网络协议等方式进行可用性、稳定性、扩展性管控。

- 提供可复用的脚本服务，比如脚本组件化。

（2）脚本库管理

提供脚本库管理，有如下脚本分类。

- 文件处理类：文件清理、文件备份、Excel 操作等的原子脚本。
- 系统软件、网络设备操作类：中间件等软件调用的原子脚本。
- 远程执行类：远程执行、定时任务等的原子脚本。

（3）脚本编排

脚本的实现偏向底层，为了尽可能自动化，需要进一步降低开发与使用门槛，并进行组合。

- 通过可视化拉拽方式组合多个脚本。
- 支持在脚本之间增加一些管控节点，比如脚本审批、复核。
- 支持脚本完成后对外部接口的调用。
- 支持构建标准化的脚本组件，包括文件上传、报表、脚本执行等标准组件模型。

（4）任务调度

实际操作自动化中除了针对特定的一次性操作需求外，还会针对大量例行脚本或流程。

- 提供支持灵活调度的策略配置。
- 提供企业相关的节假日策略配置。
- 提供调度异常相关的报警。
- 提供任务执行的清单列表。

（5）所见即所得的低代码开发能力

对于工具，脚本是面向生产对象的原子模块，低代码为工具提供更加友好的操作体验、安全管控的前端，更利于自动化操作的执行。

- 提供运维工具上层表单配置，包括提供前端组件、模板，支持生成统一风格的代码。
- 提供线上运维工具涉及的工作流配置，实现前端工具流程的配置。
- 提供可视化的仪表盘，支持快速生成报告。
- 提供后端开放服务能力，包括标准化脚本服务化，服务化脚本的接口注册，提供脚本白、黑名单等管控能力。
- 提供模板式的常见开发向导和应用。

24.2 持续交付

软件交付是 IT 的关键价值创造，持续交付是提升软件交付速度的一个工程实践，不同运维组织在持续交付中承担的作用有所不同，运维组织可以根据实际情况推进相应的平台建设。

1. 从 IT 价值看持续交付

（1）DevOps、SRE、持续交付

数字化转型下的运维价值与运维角色发生变化，持续交付价值重点对应“加快交付速度”的价值创造，DevOps、SRE 是实现交付价值的主流方法。

DevOps 是一组过程、方法与系统的统称，虽然从名称来看包括 Dev（开发）、Ops（运维），实际包括开发、质量、运维 3 个团队的沟通、协作与整合。DevOps 是一套实践框架，包含精益、敏捷理念，是实现持续集成、持续交付的工具。SRE 从名称上看：S（Site），最初代表 Google 的运维服务，随着团队的扩大，服务范围扩展到其他应用系统；R（Reliability），Google 认为是运维组织要不断优化系统架构、运维流程，让系统更加可靠，扩展性更好，能更有效地利用资源；E（Engineer），工程师需要具备工程能力，Google 指需要具备软件研发能力的工程师，能够和业务研发团队共同工作，研发系统以外的组件。SRE 与 DevOps 的关系如下。

一是两者关注点不一样，DevOps 属于一种文化与方法，定义的扩展空间比较大，关注软件交付的生命周期，强调软件交付流水线的自动化、交付速度。SRE 明确强调了可靠性保障，聚焦资源到尽可能增加 MTTF（不出故障的时间）和缩短 MTTR（出故障后的恢复时间）上，围绕这两个关键指标加强系统运行风险排查，并加强风险发生后的应急能力。

二是 SRE 是 DevOps 的一种实践。从运维角度看，两者区别于传统运维角色的业务连续性保障，需要提升研发能力；从研发角度看，SRE 还强调了对应用运行可靠性的掌控；从实践角度看，SRE 通常在运维团队中践行，所以在金融行业，SRE 对于业务的理解可能需要更多。

再看看 DevOps 与持续交付的关系。两者最终目的都是更快地向用户交付高质量的软件；区别是，持续交付更专注于具体实现，是 DevOps 在组织、流程、工具上的实现。

（2）持续交付价值

快速交付。在企业数字化转型下，业务最重要的能力是快速适应复杂与不确定的环境，企业内的 IT 组织最重要的能力就是快速交付数字化产品。数字化产品以软件形式呈现，持续交付就是为了更快地向用户交付高质量的软件。

提升效能。全线上的代码管理，丰富的研发工具，自动化的构建、测试、发布，在线、透明的协同，以及持续交付带来的组织、流程的改进，都将为员工赋能，大大提升研发、测试、运维效能，从而实现更多的需求。

精细化管理。交付过程线上化，重复性、操作性的低价值工作自动化，以及过程数字化，都有助于精细化管理。比如：减少手工操作，降低操作风险；全线上化、自动化，有助于减少浪费，走向精益；数字化执行过程，有助于量化代码管理、质量管理、负荷管理、风险管理、应急管理等，为持续提升运营水平提供数据基础。

2. 敏态应用的发布方式

持续交付提倡全自动化，即围绕软件程序部署、编排发布各环节实现自动化。针对互联网敏态应用，我们主要有蓝绿部署、金丝雀发布、滚动发布等。

蓝绿部署是采用两个分开的集群对软件版本进行升级的一种方式，具体采用一个蓝色集群和一个绿色集群，在没有新版本上线的情况下，两个集群上运行的版本一致，且同时对外提供服务，但有新版本上线时其中一个集群不提供服务。蓝绿部署的优点：升级和回退速度非常快。缺点：全量升级的时候，如果新版本有问题，对用户影响大，且由于升级过程中服务器资源减少一半，有可能产生服务器过载问题，因此这种发布方式不适用于冗余资源不足的组织。

金丝雀发布指在黑与白之间能够平滑过渡的一种方式。金丝雀发布是在软件发布过程中让一部分用户继续使用老版本，一部分用户使用新版本，不断地扩大新版本的访问流量，最终实现老版本到新版本的过渡。金丝雀发布的优势在于可以用少量用户来验证新版本功能，这样即使有问题，影响的也是很小的一部分用户。如果对新版本功能或性能缺乏信心，就可以采用这种方式。这种方式也有缺点，金丝雀发布本质上仍然是一次性全量发布，发布过程中用户体验并不平滑，对于一些隐藏深处的 Bug，少量用户可能并不能验证出来，需要逐步扩大流量。

滚动发布是在金丝雀发布基础上进行改进的一种方式。相比于金丝雀发布，滚动发布是在整个软件发布过程中按批次进行发布。每个批次接入后都可作为验证，这样流量逐步放大直至结束。这种方式的优点是对用户的影响小，体验平滑；缺点是发布和回退时间慢，发布工具复杂，负载均衡设备需要具有平滑的拉入、拉出能力，一般企业并没有资源投入研发这种复杂的发布工具。同时，由于发布过程中新老版本同时运行，需要注意兼容性问题。

3. 发布流水线

发布流水线是将软件发布环节串联起来，让不同角色可以透明地看到整个软件交付过程。持续交付的一个基本发布流水线通常包括提交、测试、生产部署（或回滚）（见图 24-1）。

（1）制品库、版本管理与持续交付

制品库通常针对程序构建的二进制包。进入提交环节之后，制品不可修改，出现问题后需要以精益思想，即时中断并解决后重新提交。

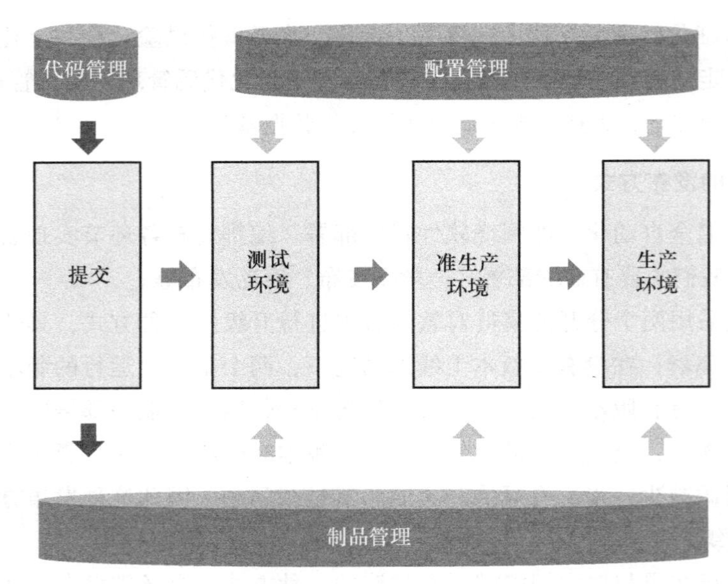

图 24-1 发布流水线

版本管理在配置环节出现，此时主要针对代码的版本管理，比如 Git、SVN 等。持续交付环节的版本管理主要针对制品的版本管理、配置文件的版本管理等。

（2）流水线环节

提交环节。研发人员认为软件满足交付条件后，将程序从代码库中编译、打包、构建为二进制包，并将二进制包存入制品库。这个过程生成的二进制包将流转在后面整个交付流水线上。流水线上不同的测试角色、运维角色到制品库获取这个二进制包。二进制包只在提交环节生成一次，即部署在不同环境的二进制包应该与通过前面流水线步骤的二进制包完全一致，所以通常会在流水线上进行二进制包的一致性检查，如果某个环节验证失败就要停下来确认是否回到提交环节重新生成二进制包。因为二进制包只生成一次，而不同环境的部分配置不同，所以有必要将环境配置进行单独管理，比如为每个环境保存与环境相关的配置文件，并对配置文件进行控制。

测试环节。持续交付过程中的测试通常包括服务端测试（包括接口、性能、安全测试）、客户端测试（包括 UI 验收、兼容性、性能、安全测试）、冒烟测试（部署测试）、功能验收测试、易用性测试等。持续交付中，测试强调自动化。

部署环节。部署环节通常可以分解为几个步骤：获取二进制包、包文件校验、环境预处理（如停止服务、环境验证）、程序备份、数据备份、数据变更、程序更新、配置修改、启动服务、技术检查等。发布流水线的主要思路是每次变更都要在流水线多个环境部署，假设团队实现了定期程序构建并生成二进制包，测试环境自动进行冒烟、功能、容量等测试，且每个环境的部署方式一样，那么生产部署就能达到理想的持续部署。在实施上，发布流水线在日常变更发布工作中很常见，就算企业中没有持续交付系统，很多团队在局部也沉淀了不少自动化脚本，可以考虑把这些自动化脚本串起来作为发布流水线构建的切入点。

4. 全配置管理

《持续交付：发布可靠软件的系统方法》一书对配置管理做了如下定义：一个过程，通过该过程，所有与项目相关的产物，以及它们之间的关系都被唯一定义、修改、存储和检索。从这个定义看，配置管理不仅是对配置文件的管理，还是一种全配置管理思路。配置管理包括以下内容。

- **程序代码、制品管理**。强调有效的程序主干、分支管理，版本管理，以及依赖库文件、组件的管理。
- **环境配置管理**。强调特定硬件、软件、基础设施、运行环境等涉及的配置文件管理。
- **应用配置管理**。此处的应用配置管理重点关注文档打包时涉及的配置信息、部署软件时涉及的配置信息等。

配置管理是持续发布的一个基础、必要能力。没有配置管理，应用程序源代码、构建脚本、测试、文档、数据库脚本、二进制软件制品、代码库、软件配置文件、环境配置文件都失去了版本控制、依赖控制。一些企业会建立配置中心，以统筹管理配置。

5. 工具链路

持续交付有一套相对成熟的工具链（见图 24-2），在实际落地时，需要结合企业已有工具情况实施。事实上，企业中不少部门或多或少已经沉淀了部署相关的自动化脚本或工具，在工具建设初期可以考虑利用好存量工具，以部署流水线为切入点，实现流水线编排、流水线各环节的自动化执行、打通关联工具链路，构建端到端软件持续交付系统。结合前面的梳理，持续交付工具主要包括两条流水线：一条是面向工程的流水线，另一条是面向流程的流水线。

面向工程的流水线对应部署流水线，通常涉及流水线编排、脚本执行、配置修改、文件分发等。除了软件程序部署以外，以全配置管理角度看部署，还包括环境部署、数据变更、配置变更等，所以持续交付系统在设计上要融入整个 IT 架构，比如要与 IaaS 平台的 CMP 打通进行基础设施环境配置，与 PaaS 平台打通进行容器、数据库配置等，与测试环境打通进行自动化测试，与生产环境打通进行监控、问题定位等。

面向管理流程的流水线对应与文件及版本相关的代码版本管理、制品库管理、配置管理，需要打通与工单流程相关的需求管理系统、研发管理系统、测试管理系统、ITSM 系统。有些 CI、CD 的解决方案推荐将一切自动化，但在实践过程中难度比较大。一方面，结合康威定律，工程的有效落地要达到一定平衡，才能更好地持续优化；另一方面，流程机制通常是组织长期经验智慧的沉淀，应该将面向工程的流水线与面向流程的流水线融合。同时，持续提升的持续交付能力，还需有数字化运营手段，度量软件交付全流程效能，可视化具体发布的版本等。

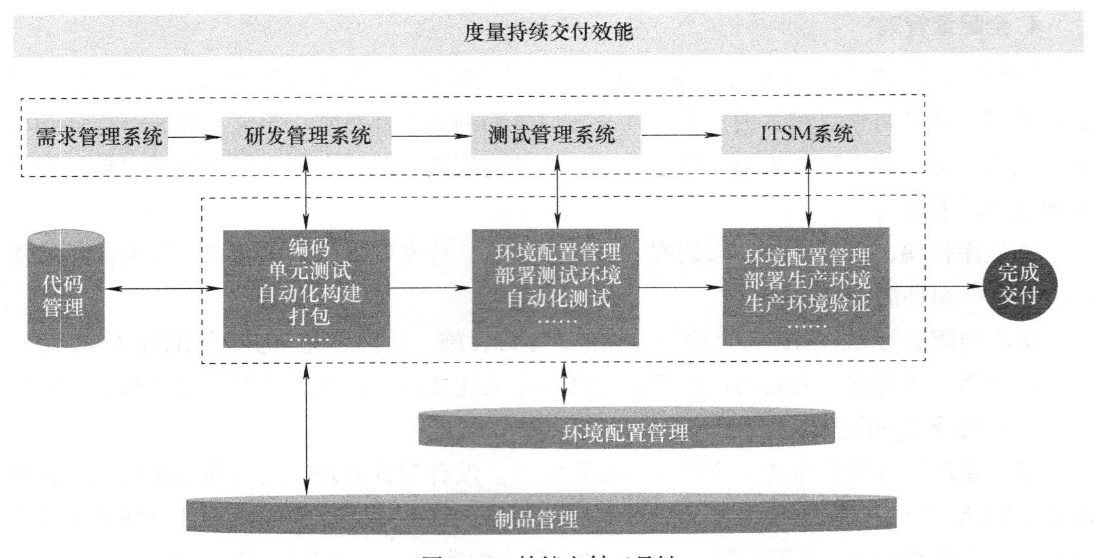

图 24-2 持续交付工具链

24.3 RPA

RPA（Robotic Process Automation，机器人流程自动化）是通过流程自动化软件工具，模拟人在计算机上的操作，将重复、标准化的操作自动化。目前，主流的 RPA 解决方案是通过模拟人工手动操作键盘、鼠标，自动处理业务规则清晰、输入与输出固定、批量化的高频业务，比如像清算、读取邮件、处理文件、操作存量系统等工作。从技术角度看，虽然当前 RPA 并不复杂，但是 Gartner 将 RPA 的定位提升为超级自动化技术的关键部分，成为众多组织实现数字化转型的重要工具。这两年，国内 RPA 市场热度很高，RPA 已经作为企业数字化转型的一份标配宣传稿，不少提供自动化操作解决方案的厂商将经营方向转为 RPA。那么，为什么 RPA 能够获得咨询公司、厂商青睐？

1. RPA 主要技术模块

以下以笔者使用过的金智维公司 RPA 自动化解决方案为基础，梳理一下 RPA 主要技术模块。

- Control 应用程序模块（机器人编辑设计端）：实现用户与机器人交互的操作程序，支持进行场景脚本的开发、流程配置、流程管理、流程触发、机器人运行管理、系统配置等。该模块只有连接到 Server 端时才能进行流程定义、机器人控制等。

- Robot 应用程序模块（机器人代理端）：安装在执行操作的目标机器上，在目标机器上执行指令完成自动化操作，包括物理机或虚拟机安装代理端，分时段执行不同的任务。
- Server 应用程序模块（RPA 控制器）：用于协调、联通和管理机器人等，同时对所有的系统资源（包括流程、脚本、用户权限等）进行集中存储管理。Server 端分别控制 Control 和 Robot 同时接入的总数量。

从用户视角看，上面三大技术模块的产品形态又可以分为应用对象层、技术引擎层、机器人中心层、可视化层 4 层。其中，应用对象层针对与机器接触的对象行为，比如数据层面的采集、传输、统计、监测，操作层面的脚本与组件执行，或接口等的调用。技术引擎层针对相关设计或控制服务，比如流程设计、脚本解析、任务调度、图像识别、报表管理、远程登录等。机器人中心层针对带有主题的机器人，比如财务机器人、清算机器人、开关机机器人等。可视化层针对与人交互的操作、管控、监测、配置的应用端。

2. RPA 优势

Gartner 对 RPA 的定义是：主要通过录屏、脚本和模拟等方式，将基于规则、重复、枯燥的数字化业务自动化。RPA 具有部署便捷、非侵入式、易使用、维护方便等特性，可有效提升运营类工作效率，节省大量工作时间。RPA 这项技术在出现很长一段时间后，为什么在近几年突然火爆？有如下原因。

- **RPA 商业模式清晰、见效快**。RPA 的商业模式与企业数字化转型大背景契合，利用低代码的流程编排，无须对现有应用系统进行改造就能为原来自动化水平低下的团队提供自动化能力，且见效快。
- **存量系统迭代成本加大**。数字化转型需要推动端到端流程再造，系统交互需要在多个存量系统之间进行切换，但由于存量系统越来越多，且很多老旧系统开放性不够，开放迭代成本极高，变更易引发故障，极需维持存量系统运行。RPA 的技术特点契合这些需求。
- **人力成本越来越高**。国内人口红利已达到瓶颈，尤其是知识型企业人力成本越来越高，提能增效是企业运营管理的一个重要目标。RPA 可以解决重复性工作的效率问题。
- **重复性操作风险大且含金量低**。随着企业运营业务的集中，运营类工作越来越复杂，重复性工作越来越多，而重复性操作容易引发人员操作失误、人工响应不及时等问题，企业需要为员工赋能，让员工做更多创造性的工作。

总体来说，RPA 能够在存量系统层面实现多个系统的连接，而无须对系统本身进行改造，大大降低了流程开发成本。同时，结合 BPM 流程管理、AI 等技术，RPA 可以将原来重复与操作性工作自动化，让原来枯燥的工作可靠性更高、操作风险降低，让员工可以做更有价值的工作。

3. RPA 在运维领域的应用

RPA 在运维领域的应用场景如下。

- 常规例行巡检：自动化完成跨地域、定时指定编排检测操作，比如证券公司涉及的基础平台健康巡检、应用系统可用性检查等。
- 每日例行清算：针对批量数据处理，比如夜间清算等。
- 已知场景的容灾切换：主备、同城、异地等高可用场景切换、应急演练。
- 其他常规性操作：系统定时启停、数据备份、定时作业调度、软件分发、桌面终端管理等。

4. RPA 在运维领域的挑战与机遇

当前，RPA 主要应用于运维、财务、结算、人力、客服、采购等中后台运营管理类工作场景。原因是企业往往将资源投到与赚钱相关的前台部门，中后台运营管理部往往面临工作量大、质量要求高，而人员规模相对稳定的难题，这些部门有自发提能增效的动力。对于运维领域而言，RPA 解决方案有两面性：一方面如果没有大的突破，对运维赋能会是一个收缩趋势；另一方面 RPA 解决方案是从运维向运营转型的触手。对于前者挑战方面的判断思路是：

- 在中后台运营部门或组织中，运维工具成熟度高，且发展较快。运维通常以完整场景驱动的工具链解决方案实现，而 RPA 只解决某个环节的问题。
- 随着运维工具平台一体化的推进，平台架构服务化，让 RPA 无须存量系统改造的优势越来越不明显，且软件系统架构的发展让 RPA 擅长的 Windows 操作系统下的重复工作自动化市场快速缩小。
- 随着市场的快速扩大，操作系统厂商、科技大厂（尤其是主打 2B 的云厂商）将切入 RPA 领域。在模拟键盘与鼠标方面，操作系统厂商有绝对的技术优势，而科技大厂有更完整的解决方案。

在 2B 市场中，虽然运维解决方案很多，而对于企业财务、人力等自动化水平相对低的团队，RPA 的易使用、快收效优势明显。企业中后台管理运营领域更大，与业务更近，运维自动化的相关厂商更愿意往这个领域发展。这个思路同样适用于运维团队转型，所以对于 RPA 机会方面的观点，可以从以下两点分析。

- 运维可以将 RPA 作为一个对外输出的技术方案。运维可能是企业中对自动化理解最深的团队，在 RPA 名称没有出现前，运维团队就广泛使用相关技术。同样，在企业数字世界中，运维的“监、管、控、析”工具可能会是其他运营团队借鉴的解决方案。数字化转型是一个价值传递的过程，运维的价值创造也要随着企业价值的变化而变化，在“提高保障业务连续性水平”的基础上增加“提高业务交付速度、辅助提升客户体验、提升 IT 服务质量”价值。利用 RPA 实现中后台运营部门的自动化水平提升，是运维提升 IT 服务质量的一个触手。

- RPA 作为运维平台体系中的机器人角色。在运维团队中增加机器人角色，而不限于让 RPA 完成生产环节的自动化操作。这种机器人将比真实的人更加专业，并融入运维场景。

5. 从技术扩展角度看 RPA

如 Gartner 的观点，单纯模拟键盘、鼠标操作，以及结合 NLP、OCR 主流 AI 技术已经不能让 RPA 具有明显的技术优势与扩展性，需要用超级自动化视角武装 RPA。超级自动化包括自动化工具、认知技术、机器学习、人工智能、流程管理、低代码等综合运用的解决方案。

- 在自动化层面，RPA 需要从模拟键盘、鼠标操作，扩展到更广义的自动化上，只有这样，才能更好地从当前主要用于后台，转为走向前台。
- RPA 要积极拥抱流程管理，而流程管理不仅限于运营流程管理，还要向业务流程管理扩展，尤其是流程优化方面。将 RPA 作为一个机器人插件或应用融入领先的 CRM、ERP、ITSM 等生态中会是一个选择，尤其是在 SaaS 平台越来越主流的时代。
- “洞察、决策、执行”是数字化转型的一个闭环方案。在这个闭环中，RPA 是“执行”层面的解决方案。如果 RPA 能够更好地拥抱数据与 AI 技术，那么 RPA 将成为一个数字员工，而不仅仅是流程机器人。

24.4 低代码

随着数字化转型进程的推进，加快 IT 需求交付速度、提升研发效能是数字化时代企业对 IT 部门的关键诉求。低代码是研发效能提升的一个热门选择。

1. 低代码开始崛起

与 RPA 类似，低代码突然火起来，也与数字经济、企业数字化转型大背景，以及咨询公司的推动有关。2021 年，Gartner 在低代码的魔力象限报告序言中指出：“到 2025 年，企业所开发的新应用中有 70% 将使用低代码或无代码技术，而 2020 年的这一比例还不到 25%。”此外，Gartner 在一份报告中表示：低代码应用平台在技术采用曲线上已从早期采用者进入早期多数人阶段，而且低代码是适合主流业务用例的强大的最佳交付工具，有时能够使一些企业机构完全摆脱对高级控制框架和平台的需求。

Gartner 发布的《低代码开发平台技术评估指南》对低代码的定义是：所有可以帮助缺乏编程基础的开发者快速完成软件开发的技术和工具，即不需要或只需少量代码就可以快速生成应用程序，并可以快速配置和部署的开发方式。低代码开发是对代码进行模块化封装，软件开发人员或业务人员可以通过在可视化界面拉拽的方式直接生成应用程序，减少软件开发过程中代码层面的重复工作，降低应用程序开发门槛。

在 Gartner 的报告中，低代码开发平台有以下几个主流分支。

- 低代码开发平台：狭义的低代码开发平台，可用来开发包含前端和后端的应用。
- 无代码开发平台：低代码开发平台的一种，不提供或者仅支持非常有限的编程扩展，一般仅用来开发内部管理或市场营销类表单。
- 多重体验开发平台：快速开发跨平台 App 的工具，突出前端开发能力，一般用来开发多平台 / 多终端应用。
- 智能业务流程管理套件：整合了 AI 等技术的 BPM 系统，突出后端流程定义和数据整合能力，一般用于管理大型企业跨系统业务流程。

当前，IT 组织最突出的挑战是加快业务需求交付速度，即降低研发成本、人力成本，提升研发效率，缩短产品交付周期，降低试错成本等。低代码解决方案中的流程可视化、开发组件化、后端接口统一管控、支持一次开发多端部署等能够有效解决上述问题。

2. 低代码解决方案

广义上的低代码开发平台可以分为低代码平台或者无代码（零代码）开发平台。两者的区别在于完成应用程序开发所需代码量的差异，在后端主要体现在对代码的模块化封装程度不同。这种差异直接决定了低代码和无代码开发平台面向的用户群体和应用场景不同。

低代码开发平台对用户的编程能力有一定要求，主要面向企业内部开发人员，开发人员可以通过二次开发实现丰富的功能，灵活性较高，适用于较为复杂的企业应用场景，定位为企业级应用开发平台。无代码开发平台对用户无编程能力要求，主要面向业务人员，易用性更高，但由于不可自行通过书写代码开发，对于开发人员来说并不友好，使用场景较为单一，能够实现的功能受限于已经封装的模块组件，定位为轻量级应用开发工具。从产品角度看，低代码开发平台看重开放性，无代码开发平台看重易用性。从技术路径上分析，低代码解决方案通常有表单驱动和模型驱动两种途径。

- **表单驱动**：数据与存储结构合一，整体围绕表单数据展开，核心是基于工作流在软件系统中运转，展开业务分析设计，数据层次关系简单。与传统的 BPM 软件类似，该方案应用场景相对局限，比较适合轻量级应用的打造，如 OA 审批、资料归档、客户管理，以及运维领域的值班管理、文档管理等工作场景。表单驱动方案是从用户视角出发，适合面向众创式的工具研发。

- **模型驱动**：数据与储存结构分离，将业务流程进行抽象呈现，在实操层面对业务进行建模，通过逻辑判断语句构建业务模型，灵活性较高，能够服务于企业复杂场景的开发需求和整体系统开发，适合大中型企业根据核心业务进行个性化定制。模型驱动方案是从提升研发效能视角出发，主要面向 IT 开发人员。

现阶段，国内大部分厂商采取表单驱动方案，可以覆盖大量中小型企业市场需求，但难以覆盖企业内部复杂场景需求。模型驱动方案更适合企业未来发展，能将不同系统的数据更好地打通。

3. 低代码开发平台如何赋能运维

降低运维研发成本和门槛。Google 的 SRE 理念要有效落地需要运维组织有具有研发能力的人员，但在传统金融企业中该类人才并不多。要让运维人员发挥价值，需要为他们提供一种低门槛的运维研发工具，低代码开发平台就是一个比较好的方法，能够方便快速地实现运维查询、收集、统计、分析等，将运维人员从重复、低效的工作中解放出来，降低人力成本。

持续沉淀服务化的平台能力。基于低代码思路，可以推动运维组织加强平台能力的封装，落地监、管、控平台能力服务化，这有利于平台可共享、可复用。

加速运维场景的构建。运维场景的关键是整合监、管、控平台能力，低代码开发平台支持以无代码的方式整合已有的平台能力，将运维组织多个平台能力打通。同时，低代码开发平台可满足运维人员即时修改需求，且无须通过专业研发团队，同时应用程序的开发和后续更新迭代更为便利。

24.5 作业调度

定时作业调度是一项高优先级工作，比如金融行业核心系统夜间批次清算、账务系统清算、盘前盘后定期启停任务、第三方关联系统每日例行任务等。

1. 选择作业调度系统

（1）作业调度概况

为了解决定时作业调度可靠性问题，在没有作业调度系统前，运维人员各显神通，采用基于软件系统程序的定时作业管理等解决方案。但由于企业里多个定时作业执行状态可能会相互影响，分散式的定时作业管理容易引发风险、效率、管理等问题，比如遗漏某些重要的业务调度步骤引发账务风险，手工任务周期设置有误导致任务漏做或重复做，调度批次异常无法及时发现风险，人工重复执行不可重复操作作业，重复建设调度管理工具导致增加成本等。此时，引入集中式的作业调度自动化系统就成为解决上述问题的一个有效方法，具有以下价值。

- **提升效率**。解放生产力，减少各方重复进行定时调度的实施成本，且全自动化的定时调度可减少手工操作，提高效率。
- **降低风险**。集中式的调度操作管理可减少出错，尽块实现作业异常时的故障定位与恢复，同时支持统一调度监控管理。
- **赋能业务**。企业级、标准化的调度管理，能够实现更加高可用、一致性、容错性的作业调度管理。
- **加强运营**。从企业角度建立统一的调度视图，为作业调度运营提供基础，推动整体作业运行时间的优化。

（2）作业调度系统技术选型的关注点

系统定时任务考虑不周、脚本缺陷、任务异常发现能力不足等缺陷容易引发生产事故，作业调度系统是将规律性的任务固化，由机器执行，重点是解决运维生产力、安全控制等问题。在技术选型时，企业需要关注自动化、可靠性、可观察这三项能力（见图 24-3）。

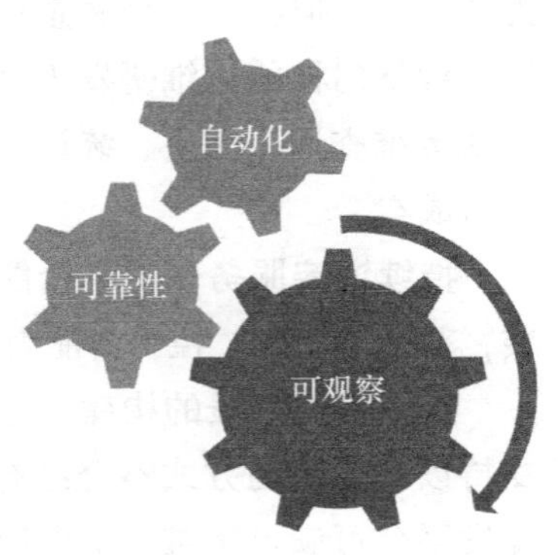

图 24-3 作业调度系统三大能力

自动化能力。作业调度是典型的自动化操作，系统的核心功能是由任务管理器按规则执行一个或多个相互依赖的任务。在自动化能力维度的技术选型中，企业需要关注具体某个任务的自动化执行效率、是否支持不同类型的任务脚本、任务脚本的扩展性、多任务的流程编排能力等。

可靠性能力。可靠性不仅包括系统架构的高可用，还要关注性能与异常应对能力，包括系统对长事务任务的支持情况，任务异常后的解决机制，调度作业运行异常的发现能力，以及故障定位、异常任务应急等辅助功能。

可观察能力。可观察能力需要关注实时监控管理，能够基于任务基线，感知任务运行状态；在任务异常时，可以方便地查看调度日志、任务依赖关系、历史任务时间基线、上下游任务的统计分析能力等。

（3）作业调度系统关键功能

支持多种目标端的任务执行。结合金融行业的任务作业、企业运维团队脚本技术栈等特点，作业调度系统需要支持多种作业调度脚本执行环境，以满足各种复杂作业要求，比如支持执行环境涉及的 Shell、Bat、Python 等多种脚本语言，支持 Web 或 C/S 客户程序可视化操作，提供文件读写传输功能、常见数据库等。

支持统一采控的远程任务执行。为了减少对业务系统的影响，通常将任务作业的执行与应用程序分离，通过目标服务器执行脚本方式实现调度任务的执行，采用的技术方案是基于统一的采控代理。

支持低代码任务流程编排。在理想情况下，作业调度系统应支持低代码任务流程编排，支持将脚本任务以串行、并行、循环的方式进行编排，即提供图形界面进行作业流程定义，根据业务需求对流程进行规划、设计并形成模拟流程，用拉拽的方式实现基本的流程绘制。另外，结合行业特点，建议系统支持时间优先、状态优先、可按逻辑条件要求执行等。

快速应对作业异常处置。为了快速应对作业异常，作业调度系统需要具备良好的可观察性与可维护性。可操作性主要关注任务状态的实时监控、任务执行日志、任务间的相关影响关系、日志审计与留痕等，可维护性主要关注作业流程启停、任务重跑、任务终止、任务延期、任务忽略等。

数字化作业运营管理。支持作业任务的数字化运营管理，包括作业活动预测分析、平均耗时报警、时点报警预测、作业异常或报警影响关联拓扑图、作业异常或报警影响关联拓扑图等。

2. 作业调度系统举例

以下是笔者在工作中用到的两个作业调度系统：一个是理想科技 Entegor 作业调度系统商业版本，另一个是 XXL-JOB 的开源版本。相对来说，商业版本的厂商支持度更高，落地一些开箱即用的行业解决方案，如果想快速见效，商业版本是一种好的选择；开源版本优点是免费、迭代快、扩展性好，如果是简单使用或有足够人力投入，开源版本会是一种好的选择。

（1）理想科技 Entegor 作业调度系统

理想科技 Entegor 作业调度系统被多家大中型商业银行应用，包括中国工商银行、招商银行、浦发银行、中信银行、光大银行、广发银行等。Entegor 作业调度系统以作业流程驱动管理为核心，通过可配置化、可视化、可编排的作业调度方式实现作业调度集中统一操作、监控与管理目标。

从功能上，Entegor 作业调度系统主要由作业调度、数据存储、作业调度服务集群、客户端应用、作业代理、集成服务等部分组成。其中，作业调度服务器作为系统的核心部分，支持集群功能，满足作业调度流程驱动，提供负载及容错能力。数据存储部分承担所有作业调度相关信息的存储功能，支持正常作业调度，提供数据报表，在作业调度服务器出现严重故障时，支持应急恢复。被管控的应用（或客户端）、数据库通常安装和部署作业代理模块，通过作业调度接口执行具体的作业任务，并监控作业情况，及时将作业信息及日志反馈给作业调度服务器，最终由应用端操作、监控、管理。作业集中调度产品具备系统集成能力，提供必要的接口或集成接口，支持与统一告警工具连接，实现统一报警、输出、展示。

在技术架构上，Entegor 作业调度系统与操作平台一样，主要有主服务端和远程代理功能。其中，主服务端具备数据存储、作业流程设计、资源管理、系统集成、作业流程驱动引擎、统一异常处理、统一监控与操作、提供报表审计涉及的数据等能力；远程代理具备与服务端通信、作业执行、边缘代理监控等能力。

（2）XXL-JOB 工具

XXL-JOB 是目前比较火的任务调度工具，出自大众点评许雪里的开源项目。官网上介绍这是一个轻量级分布式任务调度框架，特点是开发迅速、学习简单、轻量级、易扩展。XXL-JOB 主要由调度模块与执行模块组成，核心的思想是将调度行为抽象并集成到调度中心公共平台，但自身并不承担业务逻辑的执行，负责发起调度请求，将任务分解为 JobHandler，交由执行器统一管理，执行器负责接收调度请求并执行对应 JobHandler 中的业务逻辑。

XXL-JOB 的调度中心和执行器两部分相互解耦，提高了系统整体稳定性和扩展性。官方发布的 XXL-JOBv2.1.0 架构见图 24-4。

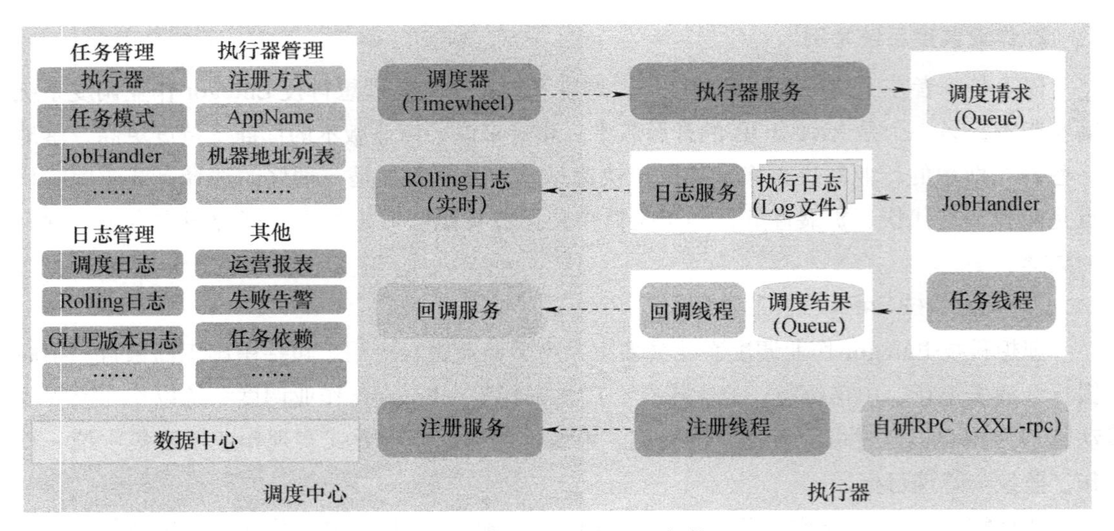

图 24-4 XXL-JOBv2.1.0 架构

在该架构中，用户首先需要维护注册的 AppName，每个 AppName 对应一个执行器的集群。执行器下绑定任务，以及每个任务执行日志、运营报表、失败告警、依赖等。每次执行任务的时候，首先会根据任务找到对应的执行器，执行器在 AppName 中找到已注册的机器列表，根据路由策略选中机器，触发执行器执行任务。执行器针对每个任务构建一个线程，线程中有调度队列，调度请求进入队列之后被处理。

第25章 Chapter 25

运维数据平台

数据就像一个神奇的钻石矿，当它的首要价值被发掘后仍能不断给予。它的真实价值就像漂浮在海洋中的冰山，第一眼只能看到冰山一角，而绝大部分都隐藏在表面之下。

——《大数据时代》

今天，领先的数字原生企业不断用数字化手段颠覆传统行业，传统行业内的领先企业也在积极拥抱数字化，国家也适时将数据列为生产要素参与分配，推动了以数据为关键要素的数字经济时代发展。作为企业内运营后台，运维属于数据密集型工作，团队的价值创造在运维数字化工作中体现。运维数据可从生产对象及IT服务管理两个角度看，前者是与运维相关的基础设施、平台软件、应用系统、业务等涉及的数据，后者是运维管理过程中涉及的IT服务管理数据。

围绕“数据、算法、场景、知识”4个关键要素，AIOps为运维专家提供“实时感知、辅助决策”能力，并给运维组织带来一种人机协同的运维模式，这种模式让人与机器人发挥特长，形成一种协同融合的运维解决方案。而随着运维数据运用场景越来越多，运维组织需要以场景为驱动，有侧重、有节奏地推动运维数据治理。

25.1 运维数据资产

从企业大数据战略角度看，运维领域产生的数据可以促进企业发展，比如一些行业领先的企业利用NPM产生的实时数据进行低时延风控场景建设，利用终端性能管理数据进行客户体验改善等。在利用好运维数据之前，理解有什么数据、数据表现方式，以及数据存储平台，将有利于更好地构建运维数据分析能力。

1. 运维数据全景

运维数据不仅包括面向多层技术栈的各类参数与文件，还包括各种用户体验数据以及与企业相关的核心业务质量 KPI 等。为了全面认识运维数据，我们从“数据类型、数据形式、数据载体”3 个角度对数据进行描述，并绘制了当前运维数据全景图（见图 25-1）。

数据类型

类别	对象	数据	
业务及体验	功能使用 交易数据 业务流程 客户体验 运营管理	交易订单量 交易委托量 交易金额 交易成功率 功能调用数 任务调用数	交易耗时 页面加载错误率 App页面响应时间 App崩溃率 客户投诉率
应用系统	客户端 应用服务 应用配置 应用制品 应用参数	终端版本 用户IP 系统进程状态 JVM内存利用率 接口调用数 CDN质量	端口监听 环境配置 业务参数 制品包 发布脚本
平台软件	应用平台 容器 数据库 中间件 操作系统	调用链路 响应时间 负载 SQL语句执行实践 缓冲区命中率 连接池数量	CPU 内存 磁盘空间 换页空间
基础设施	环控 网络 存储 服务器 IoT 虚拟化	网络丢包率 网络链路延时 专线带宽 出口流量 存储空间 服务器设备状态	服务器网卡速率 电源电压 风扇转速 Raid卡状态 虚拟机数量
IT服务管理	变更 发布 实践 问题 服务台	一线支持解决率 事件平均解决时间 座席接线量 配置CI项 不准确配置数 变更失败数	紧急变更数 发布引发事件数 事件总数 关闭问题平均时长 服务不可用时长

数据形式	数据载体
监控指标数据	关系型数据库
告警数据	时序数据库
日志数据	内存数据库
网络报文数据	文件存储
用户体验数据	图数据库
业务运营数据	ES
链路关系数据	消息中间件
运维知识数据	……
配置管理数据	
运维流程数据	

图 25-1 运维数据全景

数据类型描述运维数据能反映的信息。运维数据是构建运维数字世界的原材料，数据类型包括生产环境对象及 IT 服务管理。只有理解运维数据类型，运维组织才能全面观察运维或运营对象，感知运维管理执行情况。

运维数据基于特定的形式被采集、存储、管理。通过对运维数据类型中的众多数据进行分析，这里梳理了 10 种数据形式，包括监控指标数据、告警数据、日志数据、网络报文数据、用户体验数据、业务运营数据、链路关系数据、运维知识数据、配置管理数据、运维流程数据。只有理解运维数据形式，运维组织才能更好地通过构建流程、平台，实现运维数据的采集、存储、管理。

为运维数据选择不同的载体。对于不同的运维数据形式，数据量、数据格式、数据访问频率、消费分析场景各不同，需要有不同的数据载体。本书梳理了几种数据载体，包括关系型数据库、时序数据库、内存数据库、文件存储、图数据库、ES、消息中间件。只有理解运维数据载体，运维组织才能结合现状选择合适的技术方案，更好地利用数据存储与计算引擎，支持数据加工、计算、处理、消费等应用场景。

2. 运维数据类型聚焦数据应用

要想践行以终为始的运维数据资产化之路，首先要认识到构建运维数字世界需要何种类型的数据。数字时代，运维组织的价值已经在保障业务连续性的基础上，增加了提升IT交付速度、提高IT服务质量、辅助提升客户体验，实现了在高速运转中更换轮子。要实现这个目标，运维组织需要利用数字化手段，更好地感知应用运行状况，利用数据辅助决策，跟踪决策执行。这里先对当前运维组织不同岗位工作进行梳理，划分为生产环境与IT服务管理两部分，再具体分解出不同的运维数据类型。

（1）生产环境

生产环境承载了企业业务运行所需要的硬件与软件。从分层角度看生产环境，可以分为基础设施层、平台软件层、应用系统层、业务及体验层。围绕生产环境数据分析将有助于更好地洞察应用运行状况，更好地进行应急保障、性能管理、容量管理、用户体验分析等。

1）基础设施层。基础设施层主要指数据中心层面，数据中心部署了数据处理、数据传输和网络通信等多种IT设备，以及为IT设备服务的电力、空调、传输管路等相关系统及设备，通过合理的IT架构，实现信息的处理、传输、存储、交换、管理等。为了实现数据中心的高可用，通常大型企业还会建立两地三中心架构，在基础设施层主要进行机房环境设施管理、网络运维管理、存储资源管理、服务器运行管理、虚拟机管理等。其中机房环境设施管理主要包含对机柜、空调、消防、安防、弱电、UPS等的管理；网络运维管理主要包括对数据中心所有交换机、路由器等设备的管理，以及对由这些设备组成的网络进行监控并进行网络风险评估，定期对网络进行优化配置，提高网络运行效率，保证整个网络环境安全；存储资源管理与服务器运行管理通常由一个团队负责，主要包含对整个数据中心的小型机、服务器、存储设备等的管理。

随着云原生架构的演进，行业采用软件定义方式重新构建基础设施层的能力，避免建设基础设施层硬件，同时为上层平台及应用软件提供按需、弹性以及所见即所得的基础设施服务，重塑了基础设施层的生产环境。

2）平台软件层。传统运维组织的平台软件包括各种操作系统、数据库、中间件、备份软件等，运维人员的职责主要是保障这些基础软件正常工作，优化配置，当软件出现问题时，协助应用人员解决故障。其中，操作系统管理重点包括系统升级、软件补丁升级、系统配置管理、域用户管理、病毒防范管理以及故障分析等工作，可以获得操作系统版本、用户权限、文件、磁盘使用空间等配置数据，以及反映操作系统性能的CPU、内存、换页空间的数据；数据库管理重点包括数据库规划、资源使用监控、数据同步、故障应急等工作，可以获得数据库运行情况、进程状态、表空间容量、日志容量、数据库锁、SQL 执行耗时、同步时延等数据；中间件管理重点围绕 Web 中间件、负载均衡软件、消息中间件等，获得不同的数据，比如 Web 中间件的连接数与并发量，负载均衡软件的请求数与请求状态等。

随着云原生架构的演进，应用系统架构向微服务、容器化演进，衍生出公有云、私有云、混合云环境，以及各种跨云、跨平台操作。在以私有云为主的企业内，以容器化建设为主的云原生架构的数据涉及容器集群资源负载、集群基础组件健康情况、节点性能监控等数据，以微服务建设为主的云原生架构涉及数据的 TPS、QPS、超时次数等指标数据。

3）应用系统层。应用系统层主要针对应用系统的运维管理，涵盖工作内容比较复杂，比如应用系统业务连续性保障涉及的监控、故障应急、优化以及配置等，软件发布涉及的评审、变更审核等。应用系统层需要以下角色参与运维。

- 系统架构师：清楚应用系统部署架构，懂应用逻辑架构，关注上下游系统高可用、容灾性等。
- 业务架构师：清楚核心业务功能逻辑，当核心功能不可用，或者关键交易异常时，能够及时发现并快速应急解决，或利用混沌工程加强业务风险点管控。
- 可用性工程师：善于利用工具，落实可用性改进、容量规划、延时优化、性能优化、业务架构优化、应急演练、应急预案编写等工作。
- 运维操作员：负责各类监控发现、舆情感知、故障应急、根因分析、系统巡检、咨询反馈、变更交付、IT 服务等工作。

应用系统层涉及的数据涵盖应用端口监听、进程状态、应用软件版本、软件发布时间、调度任务时间、任务状态、配置文件、参数、证书有效期时间、连接关系等。

4）业务及体验层。在数字化转型大背景下，企业运维需要向业务及体验层扩展。这就需要运维工程师具备数据思维，能够让系统运行、业务运作、客户体验、流程管理等数字化，并利用掌握的运营数据驱动研发、测试、业务运营持续优化。业务及体验层的数据相比前面几层数据覆盖面更广，比如以用户旅程为切入点，获得用户行为的位置、终端设备、操作响应、节点耗时、App 运行状况、注册用户数、交易客户数、交易次数、登录数等。下面对业务及体验层数据进行分类。

- 获客类数据：从意向开户到成功开户环节的数据，比如注册数、开户数、平均申请时长、开户转化率等。
- 活跃类数据：反映核心用户规模的数据，比如登记客户数、新客户活跃数、交易次数、App 启动次数等。
- 留存类数据：反映客户质量与客户忠诚度，比如有效户数、高净值户数等。

- 收入类数据：反映交易与产品收益情况，比如交易金额、佣金收入、理财收入等。

（2）IT 服务管理

IT 服务管理是运维组织为了有效落实业务连续性保障、IT 服务、软件交付等，所建立起来的运维管理体系及其实践过程。通常，运维管理体系由组织、流程、平台构成，其中组织主要针对组织架构、岗位、人、能力等，流程主要指运维组织沉淀下来的做事方法与规程，平台则主要是围绕“监、管、控、析”建立起来的平台。通常，企业 IT 服务管理涉及很多指标数据，参考 ITIL 最佳实践可以进行如下分类。

- 运营类数据：主要围绕事件管理、服务台、配置管理、变更管理、发布管理、运营管理等的数据。
- 战术类数据：主要围绕服务水平管理、问题管理、容量管理、可用性管理、安全管理等的数据。
- 战略类数据：主要围绕持续改进、风险管理、知识管理、能力培训等的数据。

有效利用 IT 服务管理数据，可以让运维组织更好地观察运维管理体系运营状况，以达到持续优化组织、流程、平台的目的。

3. 运维数据形式聚焦平台化建设

数据形式是运维数据的存在形式，不同的运维数据类型分布在不同环境中。要将数据采集、存储、管理起来，需要认识主要的运维数据形式。

这里主要介绍监控指标数据、告警数据、日志数据、业务运营数据、配置管理数据、运维知识数据、运维流程数据形式。

（1）监控指标数据

生产系统要良好运行，需要首先确保软硬件设施的稳定运行。监控系统的作用是对生产环境健康度进行监测，它是业务连续性保障的基础。一个基本的监控工具通常需要具备监控性能指标数据采集、性能指标数据存储、告警策略计算、告警事件应急等能力。其中，监控性能指标数据是监控工具的基础。在运维监控领域，大量监控指标数据是以时序类型产生及应用的。

（2）告警数据

Google 提出过：监控工具应该尽可能简单地把需要人介入或关注的信息展示给运维团队，能通过自愈解决的事件信息则不在一级视图展示。当前，能实现运维自愈的企业还比较少，所以如何让每天产生的上亿条流水触发的上万次告警，来自不同工具、不同格式的告警以尽可能简单的方式展示给一线监控团队，并通过监控告警处理时效性驱动监控告警处理效率提升是监控平台需要解决的重要问题。告警数据的整合与管理就是为了解决上述问题，具体如下。

- 告警汇总：汇总不同层次、不同专业条线、不同类型事件是监控集中管理的基础。
- 告警收敛：同一个故障会触发多类指标的告警，同一个指标在故障未解除前也会重复产生大量报警，如果将全部报警都展示出来，对于监控处理人员将是灾难性的，所以需要进行报警收敛。
- 告警分级：针对不同的报警需要进行分级。告警分级是将告警紧急程度进行标识。
- 告警分析：通过建立告警的关联关系进行分析。关联关系包括纵向和横向关系。
- 告警时效性管理：在故障处置过程中，通常一些度量指标进行时效性管理。

（3）日志数据

日志是运维人员了解硬件及软件内部逻辑的一面窗口，记录了从业务、中间件到系统等的全链路信息，可以有效监控 IT 系统各个层面，从而有效调查系统故障、监控系统运行状况。利用日志，运维人员可以了解用户行为、服务请求调用链路、功能调用成功与否等信息。日志分析是排障、性能分析的重要手段，能够帮助运维人员快速定位问题，尽早发现问题，尽早处理问题，保障系统稳定运行。同时，深入挖掘日志信息已经成为一个研究方向。

传统运维依靠人工从日志中排查故障原因，主要通过 grep、sed 等指令利用关键词（error、fail、exception 等）进行搜索，或通过传统方式手动设置正则表达式来解析日志。这不仅对代码质量要求高，而且要求运维人员对系统和业务逻辑相当熟悉。随着系统日趋复杂化，日志呈现出数量庞大、无固定模式、不易读懂等特点。仅凭运维人员手动查看日志记录，需要登录每一台服务器，一次次重定向文件，操作烦琐，排障时间长，且未必能定位系统故障根源。所以，构建一体化日志分析平台和利用人工智能技术对日志进行分析是解决上述问题的方法。利用日志分析平台统一采集、处理、检索、可视化分析等功能，可实现基于日志的运维监控与分析、安全审计与合规，以及各种业务分析等。日志分析平台能够自动发现日志模式，将大量的日志原文转化为少量的日志模式，大大缩短了人工筛选时间，帮助运维人员更快地定位故障。

（4）业务运营数据

业务运营数据是指能够反映业务运营状况的数据，通常可以从网络报文、业务日志、业务系统数据库中获得。随着企业数字化转型的推进，运维人员需要从保障业务连续性向 IT 运营转型，需要加强对业务系统架构、逻辑的理解，基于对业务运营数据的理解向外输出。

从技术实现角度，由于业务运营数据存在与业务系统相关、依赖研发支持、且不同系统格式不统一等特征，企业通常会建立运维数据中台，实现不同源端数据的实时、在线、离线采集，并为运维人员提供低代码、可编排的数据开发功能，方便运维人员快速处理数据、制作数据看板。

（5）配置管理数据

配置管理数据包括 3 类核心内容，分别是配置项、配置项关系以及配置项（配置项关系）的变更记录。IT 服务管理所涉及的所有元素在 CMDB 中被称为配置项，如软件、硬件、变更请求、服务、基础设施、应用系统、协议等。配置项关系包含配置项全生命周期的信息以及配置项之间的关联信息，而配置项（配置项关系）的变更记录承载了在生命周期范围内被管理对象的变更情况，是事后审计与故障诊断的重要依据。作为 IT 管理的核心，CMDB 自诞生起就备受用户关注，CMDB 也从最初 IT 资源线上化、平台化互联互通，发展到现在的业务配置。现在，随着企业数字化转型与 AIOps 的发展，CMDB 将是运维数字世界的元数据库，承担运维数字地图的角色。

CMDB 中主要包括配置项与配置项关系数据。配置项数据主要包括基础设施、网络、服务器、存储、主机、操作系统、应用系统、应用相关的属性数据。配置项关系数据主要包括纵向与横向关系，纵向关系主要指基础设施、网络、服务器、主机、操作系统、应用系统等的依赖关系，横向关系主要指应用系统、应用在业务动作过程中涉及的上下游调用链路关系。

（6）运维知识数据

从运维角度看知识，运维知识可定义为“人或机器对运维协同对象之间联系的描述”，这种“描述”也是一种运维数据，包含在什么场景下，有什么数据，数据之间是什么关系，如何使用等内容。知识具备沉淀、传播、扩展等特点。日志数据不能称为知识，因为日志是一个孤立的对象；将日志根据特定规则加工成指标，也不能称为知识，因为指标只是对某个对象的量化表现；将某个指标运用在某个故障处置过程中，提升故障定位效率，指标与故障处置场景产生了联系，这种联系的描述可以沉淀下来促进下一次故障处置效率的提升。

运维知识包含运维领域大量相关对象定义、技巧以及排故 / 解决经验。运维知识图谱是把运维对象不同种类的信息连接在一起而得到的一个关系网络，是对运维数据进行表达的关键技术。通过运维知识图谱，运维组织可从海量数据中挖掘各类运维主体，对其进行画像构建和结构化描述，动态记录运维主体之间的关联关系。基于运维知识图谱、自然语义算法等，IT 人员可以实现故障链传播分析、根因定位、变更影响分析、故障预测等多种 AIOps 场景。知识图谱提供了从关系的角度分析问题的能力。与专家系统的区别是，专家系统一般来说是基于规则，专家系统的知识更多是人工构建的，知识图谱可以作为专家系统的一部分存在，提供半自动构建知识库的方法。构建运维知识图谱的流程主要包括知识获取、知识融合、知识验证、知识计算、知识应用等。

（7）运维流程数据

流程管理大师哈默和钱皮认为流程是指成组的、相互联系的，并为客户创造价值的活动。《牛津字典》对流程的解释是：一个或一系列、连续有规律的行动，这些行动以确定的方式发生或执行，导致产出特定的实现。从这两个定义看，在运维工作中，有目标能抽取出协同关系、有执行顺序的行为可以看作流程。运维涉及流程，这些流程在ITIL、ITSS、ISO20000都有一些可参考的最佳实践，容易"抽取出协同关系，有执行顺序"。通常结合这些最佳实践，在组织内制定相应的流程制度或规范，对最佳实践进行精简、适配，再结合系统自动化、线上化，能较快地落地流程。运维组织有必要重新思考日常工作，以流程化的思维将这些工作进行标准化分解，采用先僵化、后优化、再固化的思路推动流程线上化、自动化，并借助工具沉淀数据运营分析经验，以持续优化流程。

4. 运维数据载体聚焦数据处理技术

这里梳理了7种数据载体，包括关系型数据库、时序数据库、内存数据库、消息中间件、ES、分布式文件系统、图数据库。

（1）关系型数据库

关系型数据库在传统数据管理中应用最为广泛，且实现技术最为成熟，适合存储经常修改、有复杂查询关系的数据。关系型数据库具备一些优点，比如：具备较严格的事务处理要求，能够保持比较高的数据一致性；具备更规范化、普遍性的设计标准，数据冗余较低，数据更新开销较小；存储等技术完善，能够处理复杂的数据查询事务；成熟度高，稳定性高，缺陷少；配套工具成熟。

在运维领域，运维组织通常会使用到Oracle、PostgreSQL、MySQL等关系型数据库，主要应用包括两方面：一是对应用系统中的数据，比如对业务运营涉及的运营流水、状态、时间等的采集；二是对运维涉及的数据，比如告警数据、IT服务、指标等的采集。

（2）时序数据库

时序数据库全称为时间序列数据库。时序数据库主要用于处理带时间标签的数据。带时间标签的数据也被称为时间序列数据，比如物联网数据、运维监控数据等。Influxdb、Prometheus是在运维工作中经常使用到的数据库，其中，Influxdb开源的非集群版主要用来写入和查询数据，集群版需要购买，可提供类SQL的查询引擎，在监控性能指标领域被广泛运用；Prometheus提供了一整套监控体系，包括数据的采集、存储、报警等，几乎成为当前云原生架构配套的解决方案。时序数据通常不会有更新操作，随着时间推移，根据维度取值，支持持续高并发写入，写入量平稳，且一般是查最近产生的数据，很少会去查询过期的数据。由于运维数据以及数据应用场景主要以实时分析为主，时序数据库很适合相关场景，在运维数据分析方面被广泛应用。

（3）内存数据库

内存数据库是一种将全部内容存放在内存中，而非传统数据库那样存放在外部存储器中的数据库。内存数据库中所有的数据访问控制都在内存中进行，这是与磁盘数据库相对而言的。磁盘数据库虽然也有一定的缓存机制，但都不能避免从外设到内存的交换，这种交换对性能的损耗是致命的，而数据放在内存中，读写效率高，满足数据实时性要求。

（4）消息中间件

消息中间件是基于队列与消息传递技术，在网络环境中为应用系统提供同步（或异步）、可靠的消息传输的支撑性软件系统。消息中间件利用高效、可靠的消息传递机制进行平台无关的数据交流，并基于数据通信进行分布式系统集成。通过消息传递和消息排队模型，运维组织可以在分布式环境下扩展进程间的通信。在运维领域，最常用的消息中间件是Kafka。Kafka是一种高吞吐、分布式发布订阅消息系统，每秒可以处理几十万条消息，集群支持热扩展及数千个客户端同时读写，且与其他消息中间件不同，将消息持久化到本地磁盘，支持用备份来防止数据丢失。在运维数据平台，可以在数据采集与数据存储之间增加一个Kafka集群；在日志收集中，可以用Kafka收集各种服务的日志，并以统一接口的方式对外开放服务。

（5）ES

ES是一个基于Lucene的开源搜索服务，是一个开源分布式搜索引擎，提供搜集、分析、存储数据三大功能。它的特点有分布式、零配置、自动发现、索引自动分片、索引副本机制、RESTful风格接口、多数据源、自动搜索负载等。ES被广泛使用并不仅仅是因为建立了全文搜索引擎Apache Lucene，还包括分布式实时文件存储、实时分析的分布式搜索引擎、支持扩展到上百台服务器、处理PB级的结构化或非结构化数据等优势。在运维领域，ES主要被用于日志数据存储。用户可以利用ES的RESTful风格接口来检索数据，创建仪表板，或以特殊的方式查询和过滤数据。

（6）分布式文件系统

分布式文件系统是文件系统管理的物理存储资源不一定直接和本地节点连接，而是通过计算机网络与节点相连，或是将若干不同的逻辑磁盘分区或卷标组合在一起形成完整的、有层次的文件系统。分布式文件系统为分布在网络上任意位置的资源提供逻辑上为树形的文件系统，从而方便用户访问分布在网络上的共享文件。在应用过程中，企业通常会用到HDFS或一些商业的分布式文档数据库等，以便离线数据的存储。

（7）图数据库

图数据库是一种非关系型数据库，它应用图形理论存储实体之间的关系信息，最常见的例子就是社会网络中人与人之间的关系。关系型数据库对于关系型数据的查询效果并不好，查询速度慢，超出预期，而图数据库的独特设计恰恰弥补了这个缺陷。所以，图数据库适合存储有复杂关系的数据，例如数据血缘、知识图谱、对象拓扑关系等，通常用于存储和处理CMDB、知识图谱类型的数据。

25.2 行业数据分析解决方案

如果用人的身体类比运维平台，“监、管、控”平台分别类比为人体的眼、神经系统、手，“析”平台可类比为人体的大脑，定位为对所有生产运行数据汇总、感知、决策、执行、反馈的平台。随着运维数据应用场景的不断挖掘，数据技术的不断成熟，运维数据分析已经从原来APM、日志、监控系统的分析，上升到ITOA、DataOps、AIOps整体运维分析的解决方案。

1. 运维数据分析

下面从理念、场景、解决思路三个角度分析运维数据分析的发展概况。

理念先行。领先的理念有助于运维数据分析平台高效、正确的建设。大部分运维数据分析新理念来源于咨询公司或领先的企业服务供应商，最早是APM、NPM供应商对性能数据分析，接下来是面向日志数据分析与基于监控数据的容量及性能分析，之后是IT运营分析的ITOA，以及目前的DataOps、AIOps。另外，局部的运维分析方法也在发生变化，比如AIOps理念从基于算法的运维，到智能运维、无人值守运维等。

应用场景驱动。场景驱动是一种以终为始的思路。常见的运维应用场景包括异常检测、故障定位、故障验证、故障预测、性能分析、容量评估、成本分析、运行感知、IT服务管理、效能度量、客户端体验等。

针对性的解决思路。不同组织结合人员规模、资源投入、基础平台能力，对运维数据平台建设采用不同的解决思路。下面梳理出3种常见的解决思路。

- **基于特定场景的数据分析应用**。以运维痛点或技术创新需求为切入点，针对特定场景采集特定数据，强调上层应用场景。在选择场景时，平衡成本与收益，理清项目收益是因为解决了痛点还是技术创新，根据项目具体目标选择具体的数据、数据处理技术、分析算法。
- **在“监、管、控”平台之上建立汇集层**。通过“监、管、控”平台建设，运维组织已经沉淀大量数据，比如集中监控平台负责存储监控性能指标与统一告警数据，日志系统负责存储日志数据，CMDB负责存储配置数据，ITSM系统负责存储IT服务管理数据等。这种方式是让“监、管、控”平台采集、存储、处理生产对象数据，运维数据平台按需获取相关数据进行二次加工。运维数据平台重点目标是根据数据分析场景实现数据“采存算管用”，重点输出面向运维数据中台的指标、主题流水明细数据。
- **统一的运维大数据平台**。这种思路是基于完整的数据处理技术架构，建立统一的运维大数据平台。相比第二种方案，统一的运维大数据平台将实现各类海量贴源端数据的集中管理。

上述思路并没有好坏，我们需要根据组织的具体条件进行选择。虽然同业中运维数据平台鲜有特别成功的案例，但有几个方向是大家认可的，比如：

- 实时、多源的数据汇集。
- 基于规则引擎、低代码数据开发。
- 异构、海量、实时的数据治理。
- 灵活可配置的算法模型。
- 全域运维指标体系。
- 数据驱动的应用场景。
- 以关键交付链融合数据、工具、流程。
- 开放的数据服务目录。
- 灵活的数据可视化。

2. 日志数据分析

（1）Splunk

Splunk 针对日志数据分析提出的关键思想是：将数据应用于每个问题、决策和行动，用平台消除数据和行动之间的障碍。Splunk 重点应用场景如下。

- **安全分析**：得益于硬件设备与商业软件日志标准化程度越来越高等，Splunk 在企业风险管理、安全分析、合规性等方面的分析效果明显，具有开箱即用的特点。分析场景主要包括安全监控、威胁检测、内部威胁、事件调查和取证、SOC 自动化、事件响应、合规管理、欺诈检测等。
- **运维及运营**：Splunk 在运维中主要用于实时监控、应急管理、理解业务。比如在故障发现中，Splunk 具有基础设施监控、服务可用性监控、业务监控能力；在故障应急环节，将日志上下文与监控性能指标、监控告警、链路关系、变更管理等进行整合，提升故障定位能力；在 IT 服务交付中，将日志与应用软件生命周期整合，提升软件交付效率与质量。
- **DevOps**：Splunk 强调对云原生平台与应用的支持，包括上云迁移、云基础设施监控、微服务环境监控、Kubernetes 平台监控等。

（2）日志易

日志易提出的关键思路是“智能日志中心，处理一切机器数据，为企业提供业务开展驱动力”。从日志易的应用场景看，它主要从以下 5 点发力。

- 统一日志管理：围绕采、存、算、用（搜索、分析、可视化）进行管理。
- 运维监控分析：基于灵活的 SPL 方法，配置监控分析策略，实现基于日志的实时监控。

- 业务链路追踪：利用应用日志数据建模，发现横向的链路关系，构建业务链路追踪。
- 安全事件分析：威胁检测、分析与响应。
- 业务分析：分析业务运营中存在的问题、用户行为异常、终端客户体验等。

在日志易强调的5个发力点上，业务分析是一个亮点，尤其在当前数字化转型价背景下，围绕客户体验优化是运维数据分析的一个方向。日志易对业务分析主要从数据源角度出发。日志是非结构化数据的一个主要来源，是对现有结构化数据的有力补充，与传统的业务分析数据互补。日志易提出4个方面业务分析。

- **全局业务分析**。基于日志进行一站式采集、存储、加工、处理。
- **业务链路分析**。从日志数据中获得上下游链路关系。随着可观测与运维前移工作推进，日志的标准化水平将得到改善，上下游链路关系分析将是一个业务亮点。
- **数字营销分析**。与业务场景消费有关，从日志侧发起营销分析与传统基于结构化数据的分析，在实时性、效率、对应用侵入性等方面更有优势，在实施上引入懂业务的人。
- **用户体验分析**。与数字化转型中以客户为中心的思路吻合。日志数据分析与拨测、性能管理将形成用户体验分析的整体解决方案。

（3）ELK

ELK是三个开源软件的缩写，分别表示Elasticsearch、Logstash，Kibana。当下，ELK已成为日志分析、搜索等的主流选择方案。可以预测，ELK的易用性、性能调优能力将快速提升，商用版本的平台管理、用户权限等功能将得到及时补齐。对于用户来说，随着国内基于ELK的服务商或产品公司的加入，原来的人力成本、时间成本问题有望得到较好的解决。

在应用场景中，ELK更强调分布式搜索和分析、非结构化数据集中存储、数据分析及数据可视化能力，以及这些能力与企业其他技术平台的整合。

3. 性能数据分析

（1）天旦BPC

BPC的功能并不复杂，本质上说是NPM的一种解决方案，即将网络层的通信报文旁路一份，匹配发送与接收的报文，对报文的关键字段进行解码，抽取出“交易量、失败率、响应率、耗时”4个关键指标。基于这个指标模型，向上构建交易链路拓扑关系，向下细化到具体单笔交易请求信息，构建端到端业务性能监控与链路性能管理。

从主要应用场景看，BPC在事前性能分析、事中监控、故障诊断、事后复盘根因定位4方面有明显优势，尤其在当前重要交易系统架构越来越复杂的背景下。BPC针对应急管理的扩展空间比较大：一是在容器化、微服务架构以及业务上下游关系越来越复杂的背景下，结合云原生架构的PaaS平台，推出一些数据类组件；二是与硬件厂商或主流系统软件（数据库、中间件等）或主流云厂商相结合，形成开箱即用的方案；三是性能管理与企业数字化转型的“以客户为中心，重塑用户体验”的价值创造匹配，是赋能运维转型的一个切入点；四是抓住信创国产化的浪潮。

从数据类型看，BPC 使用的是网络旁路报文数据，这类数据针对的是应用层网络通信报文数据，有几个优势：一是补充数据源，原来对于旁路报文数据主要是落在日志，不持久化，BPC 将网络报文实时旁路备份弥补了这个缺陷；二是数据质量较高，巧妙的关联发送与接收报文形成了交易闭环；三是无侵入，对于运维侧推动性能管理优势明显；四是实时且稳定，网络硬件层面的稳定性明显好于软件层面，性能上 BPC 号称是毫码级。

从对旁路报文数据的二次消费看，BPC 对旁路数据采用积极的数据供应输出态度，与客户的业务应用进行针对性结合，发挥实时、稳定等优势，实现一些信用卡反欺诈、营销等应用。

（2）dynatrace

dynatrace 是 APM 领域的标杆，长期占据 Gartner 的 APM 魔力象限的领导者位置。

与 NPM 相比，主流的 APM 是侵入式的。侵入式也可以认为“一切皆有可能”，即只要埋点足够，对用户行为、业务功能、交易、体验可以有更深度、更广泛的洞察。从数据分类看，dynatrace 的性能数据可以应用于应急管理、客户体验分析、性能容量评估、业务协同等。

在应急管理方面，侵入式方案可以深入到代码级，为运维赋予定位到代码层面问题的能力。也因为 APM 是侵入式，可能比较难像天旦 BPC 那样能开箱即用。对此，dynatrace 做了一些改进，比如对主流的开发框架、中间件以及 JVM 等在运行时通过拦截器做代码注入，简化应用入侵给研发带来的成本；对 PaaS 平台、数据库，以及行业内大厂商（比如银行里的核心、柜面、ESB、呼叫中心、网银、贷款等软件提供商）、云厂商等的标准集成，更好地向下深入到网络、基础设施，向上深入到代码级问题。

在客户体验分析方面，dynatrace 通过对应用性能数据建模，结合拨测手段，建立渠道、区域、设备、应用程序等层面的性能体验指标，结合客户行为数据评估系统功能设计是否合理等。dynatrace 官网有一个数字化体验管理产品，提到一个观点：监控、分析并优化您与客户之间的第一次数字化互动。该产品提供模拟监控、用户行为监控、会话回放、终端渠道监控等功能。

在性能容量评估方面，dynatrace 通过对应用性能数据的掌控，建立以数据为驱动的跨团队协作模式，为开发、测试及运维团队提供真实信息，消除数据孤岛，增进团队配合，持续提升系统性能。

在业务运营协同方面，dynatrace 提供业务人员能看得懂的性能数据，为不同业务运营提供不同的指标数据，驱动业务运营水平提升，发现潜在运营风险。

4. 监控数据分析

(1) Zabbix

对于 Zabbix，业内有一些主流观点。

集中式监控解决方案提供全域的监控指标数据管理。具备对硬件层的网络设备、存储资源、服务器计算资源、操作系统、中间件、数据库、容器，以及应用服务可用性、应用功能等的监控数据采集的能力，为容量分析、性能分析、应急管理、应用运行画像构建等提供数据基础。

在传统集中监控基础上，融合云原生系统监控。Kubernetes 已经成为事实上的云原生 PaaS 平台标准，Prometheus 是 Kubernetes 应用监控的首选，Zabbix 基于主机的设计理念与 Kubernetes 的设计理念并不匹配。不过，最新版 Zabbix 已经将运维数据采集通道向云原生架构演进。Zabbix 对容器主机、云资源性能、服务状态、容器状态、集群事件、接口访问调度、日志，以及容器内业务等的监控值得期待。

丰富的 API，打造丰富的协同模式。丰富的 API 将监控管理工具与其他协同工具打通，为实现高效的协同提供可能，比如与 Jira、企业微信、ITSM、自动化工具等打通，让运维人员专注运行本身，将管理与流程性、标准化工作交由线上化工具实现。

基于监控数据的应用是 AIOps 的主战场。Zabbix 收集的数据以及广泛的用户基础，为主流的 AIOps 解决方案提供了稳定的数据。

(2) 赞同科技的 Cama 监控

赞同科技的 Cama 监控系统是一个商业版监控工具。赞同公司采用“产品＋服务团队”模式，快速响应客户需求。

赞同科技的 Cama 监控围绕“数据运维、智行合一”八个字，其中智代表智能化，行代表自动化，合代表数据化，一代表服务化，监控数据重点是在“合（数据化）”。得益于对“监、管、控”全家桶式解决方案的落地，以及专门打造运维数据平台、日志系统、可视化工具，该系统可提供相对全面的运维数据分析能力。

统一的监控性能指标数据。Cama 监控重点实现了 OS 层及 OS 层以上的功能、业务监控统一，整个数据中心的监控告警统一，围绕监控告警进行监控告警准确性的持续运营，以及基于生产事件对监控覆盖面的运营，为基于监控数据分析提供基础。

基于业务系统的业务运营指标数据。Cama 系统可以更好地与业务系统连接，实现从柜台终端到后台业务系统、网关等整个银行运营条线的打通。有了运营线的打通，进一步丰富其他业务线的管理是有想象空间的。

(3) 从 OMNIbus 看监控告警管理

OMNIbus 作为 Tivoli 产品线监控事件管理的解决方案，具备高效内存事件库、复杂事件处理、事件关联，以及告警事件视图定义等强大功能，广泛应用于我国金融行业。

OMNIbus作为事件处理中心的后台服务模块，支持按用户要求定制事件结构，包括事件采集、重复事件压缩、告警丰富关联分析或自动处理。

IBM网站对OMNIbus的相关介绍不多，下面摘几个国内厂商对统一事件的解决方案。

首先是优锘的MOM。MOM是一个整合优锘可视化、CMDB、架构管理等产品，以及集成其他厂商监管控工具，实现事件集中管理的解决方案。优锘MOM解决方案的几个特点如下。一是基于告警丰富的数据整合，除了监控告警与性能指标数据的整合外，还包括CMDB、ITSM、自动化工具等的数据的整合。二是支持告警收敛。三是基于架构管理拓扑数据与可视化能力，为故障诊断赋能。四是将监控性能数据指标化，这是运维数据平台未来建设的重点，事实上数据中台的关键就是指标体系的建设。从可视化角度看，结合优锘的DMV（架构可视化）、PMV（性能指标可视化）等解决方案，优锘在很多年前就提供了可观测的示范案例。

其次是优维的可观测监控解决方案。与优锘MOM类似，优维也将监控定位为数据运营解决方案，结合在链路追踪、监控系统配套的解决方案，鲜明地提出了可观测监控解决方案。从与优维某高层的交流情况看，他的观点是：监控平台是一个数据驱动运营平台，不能做成一个孤立的系统，而应该充分利用监控数据与其他运行数据，形成可观测能力。首先，解决数据打通、能力碎片、信息割裂的痛点问题，实现企业所有监控源端工具的性能指标、事件、日志数据整合；其次，监控数据指标是对生产对象运行状态的描述，基于状态描述是一个点，将众多的点整合在一起形成面即是生产对象画像，以及事件分析、拓扑分析、故障根因分析、容量等运行场景的扩展。

监控告警管理是AIOps的主战场。除了利用大数据与算法提升告警数据汇集、数据标准化、事件丰富、告警信息抑制等基本功能外，主流的AIOps解决方案还在监控告警风暴与准确性、及时性、诊断难方面发力。比如针对未知故障或人工设定阈值异常的发现；针对事件故障根源分析等；同时，基于监控告警的事件驱动，设计智能化排障相关功能。

监控告警数据助力事前与事后管理，比如对监控告警数据指标化，针对不同指标反映的问题，评估性能、容量、风险等；对监控告警数据分析，提供事后复盘过程回放功能，以获知客观、真实的处理过程与实际业务影响的关联，挖掘原来系统之间未知的关联关系，以及提升故障处理过程中各团队的协同效率等。

5. 配置数据分析

（1）优维CMDB

单从金融行业看，优维CMDB在市场占比与认可度都比较高。优维将CMDB定位为存储运维数据的元数据。元数据通常是在数据治理领域出现，数据治理中的元数据指描述数据的数据，CMDB存储的元数据是描述生产环境基础、应用、拓扑/架构关系对象的属性数据。如果从 CMDB 中的 CI 项、关联关系等在生产环境中具有唯一、关键、可复用的特点看，CMDB 中的数据也可以作为主数据来运用。从数据治理角度看 CMDB，我们可引出运维数据资产化问题，即以 CMDB 为基础，推进运维数据量化、治理、建模、消费。

CMDB 管理生产环境资源的全生命周期。在数字化转型当下，传统企业的 IT 服务效率低一直是 IT 团队面临的关键问题，像 DevOps、敏捷设计等思想主要解决的是跨团队协同效率问题。站在软件全生命周期角度看，CMDB 是运维与研发、测试、产品等团队形成端到端流程连接的枢纽。利用 CMDB 具备的数据采集、自动发现、流程整合、数据加工存储、数据运营、数据消费的能力，可以使 IT 资源管理可观察与开放，让运维平台与项目管理、研发管理、测试管理、持续交付等系统对接。

围绕应用、业务是优维 CMDB 与以往 CMDB 解决方案的最大区别。围绕应用、业务，恰好说明运维工程项目要回归到安全可靠、快速交付的 IT 价值。要实现应用层级的配置数据准确，优维在 CMDB 的自发现能力、应用交付流程、基于应用配置数据的消费保鲜、应用配置等方面做了提升。随着云原生、容器化、微服务、分布式等技术架构的演进，对 CMDB 从传统的主机向应用服务扩展等提出了新的挑战。优维近两年投入不少资源到云原生可观测能力建设方面，落地了链路关系自发现的解决方案。

（2）优锘 CMDB

优锘 CMDB 产品经理孔峰在 2015 年左右写过一篇关于华为 CMDB 的文章，引导了很多像笔者这样 CMDB 小白认识 CMDB。因为一些有趣的机遇，有幸试用孔峰设计的 CMDB 产品，以下列举一些感受。

优锘 CMDB 像是一款水到渠成的产品。优锘作为主打可视化的公司，随着可视化技术的演进，很自然地会扩展到最下层的数据层。CMDB 是运维领域数据层的中枢。看起来优锘 CMDB 是从消费侧演进的，从回归 CMDB 价值创造角度看，这是极具吸引力的，毕竟 CMDB 的价值需要从配置消费中产生。

CMDB 产品主要功能包括数据采集、自动发现、流程整合、数据加工存储、数据运营、数据消费，优锘 CMDB 的亮点是数据运营与数据消费。数据运营是配置数据治理最难、投入最大的环节，数据消费是 CMDB 价值创造的关键，这两点恰好聚焦到 CMDB 项目难点。

CMDB 数据包括资源配置数据与关系数据。优锘 DMV 实现了架构管理可视化，起到了将 IT 资源点连成线的作用，线即是关系，对应 CMDB 关系数据。与优维的分布式关系自发现解决方案不同，DMV 专注关系的灵活、简便配置，以及关系信息的消费使用。

另外，在优锘的产品线上，数据集成与数据处理引擎两个产品可以作为运维数据平台的利器。如果运维数据平台可以作为企业数据中台的一个重要组成部分，如何低成本、快速实现数据集成，落地运维指标体系将是关键。要让运维数据平台能够发挥提升客户体验、运营效率的作用，快速感知客户、业务、运营等，并推动决策执行是关键。

6. 流程数据分析

运维“监、管、控、析”工具中，相对监控、自动化操作等主要面向物（硬件与软件）与事（规程或流程），ITSM 主要面向人与协同。对于人与协同，我们通常会关注提升协同效率、控制 IT 风险、提升服务质量与交付效率。下面基于 ServiceNow 的“ All In One”思路分析流程数据。

利用服务流程数据整合平台。“ All In One”是一站式、互联互通思路，即用流程整合工作所需的数据与工具，将人、事、物关联在一起。以事件管理与变更管理为例，在事件管理中，不仅包括用户所看到的事件工单登记，还包括服务台、一线值班人员解决事件所需的监控告警、知识库、性能看板等；在变更管理中，除了变更审批流程，还包括 CAB 评审会议、变更影响分析等。不管如何整合，最终要抓住软件交付、服务交付、资源交付、项目交付等交付价值链，利用数据将“监、管、控、析”工具关联在一起，形成场景。

构建服务流程指标度量运维协同效率、服务质量。大多数运维组织基于 ITSM 建立主要的工作流程与对外提供标准化的 IT 服务，基于服务流程数据建立的指标能够反映组织协同效率与服务质量，比如：SLA 和 SLO 涉及的 SLI 指标反映 IT 服务质量，发布管理指标反映 IT 交付速度，可用性与业务连续性指标反映 IT 风险保障能力等。基于服务流程指标数据，管理决策层与流程经理可持续提升组织管理水平、协同效率、IT 服务质量，让员工透明地看到自己工作状况。

同时，运维组织基于流程驱动各项合规和风险管控要求落实，实现流程线上化管理，这对于金融行业尤其重要。

7. 业务运营数据分析

此处业务运营数据分析指业务运行过程中沉淀下来的数据分析，比如数据库、内存、报文、日志中留下的交易、客户体验等信息的分析。业务运营数据的直接价值很高，但标准化难度大。性能管理的 APM、NPM 可以作为一种通用型解决方案，而日志、数据库层面的数据信息则需要运维组织的 SRE 或 BRE 进行深度挖掘。

25.3 AIOps 运维模式

AIOps 不能单纯地被认为是技术手段或技术平台，而是数智时代人机协同的运维模式。

1. AIOps 前身之 ITOA

（1）ITOA 概述

ITOA（IT Operation Analytics，IT 运营 / 运维分析）由 APM 厂商提出，从技术发展时间看可以认为是 AIOps 的前身。ITOA 发展经过以下几个过程（见图 25-2）。

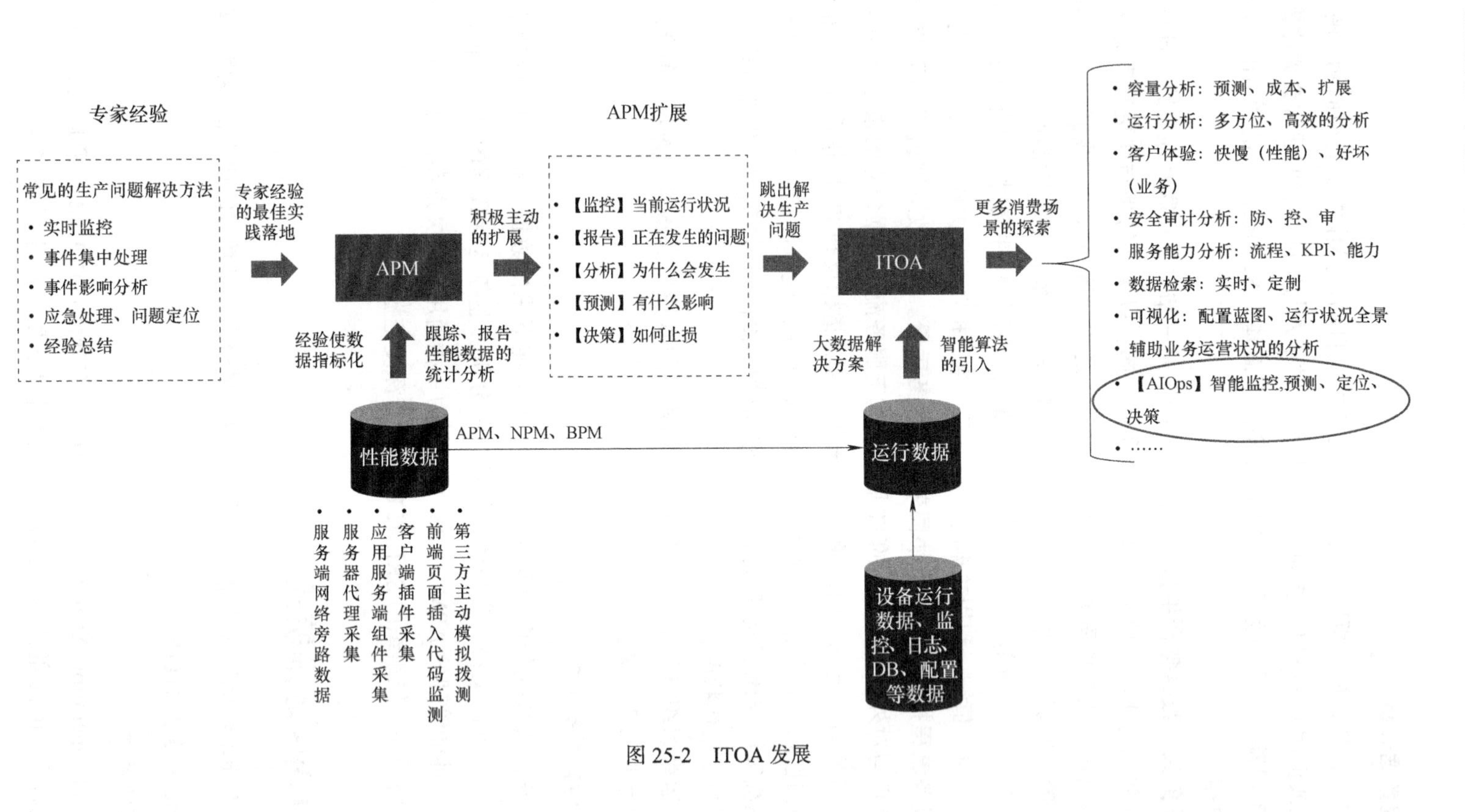
专家经验
常见的生产问题解决方法
• 实时监控
• 事件集中处理
• 事件影响分析
• 应急处理、问题定位
• 经验总结
专家经验的最佳实践落地
APM
经验使数据指标化
跟踪、报告性能数据的统计分析
积极主动的扩展
APM扩展
• 【监控】当前运行状况
• 【报告】正在发生的问题
• 【分析】为什么会发生
• 【预测】有什么影响
• 【决策】如何止损
跳出解决生产问题
ITOA
大数据解决方案
智能算法的引入
更多消费场景的探索
• 容量分析：预测、成本、扩展
• 运行分析：多方位、高效的分析
• 客户体验：快慢（性能）、好坏（业务）
• 安全审计分析：防、控、审
• 服务能力分析：流程、KPI、能力
• 数据检索：实时、定制
• 可视化：配置蓝图、运行状况全景
• 辅助业务运营状况的分析
• 【AIOps】智能监控,预测、定位、决策
• ……
性能数据
APM、NPM、BPM
运行数据
• 服务端网络旁路数据
• 服务器代理采集
• 应用服务端组件采集
• 客户端插件采集
• 前端页面插入代码监测
• 第三方主动模拟拨测
设备运行数据、监控、日志、DB、配置等数据

图 25-2 ITOA 发展

1）以专家经验运维。以应急为例，以专家经验解决运维问题，主要基于实时监控、事件集中管理等工具。识别故障后，运维专家介入判断事件影响，并进行故障定位、故障恢复，在故障处理之后，通过管理手段强化事件复盘，减少重复故障发生，降低事件处理过程中的管理与沟通成本。

2）引入APM提高问题解决效率。随着业务系统技术栈越来越复杂，问题复杂度越来越高，专家经验已不能满足需求。这时针对应用管理的APM工具出现。APM是通过第三方主动模拟拨测、前端应用埋点、服务端代理、网络旁路等采集的性能数据，并对性能数据进行建模分析。APM将应用运维人员应急处理的经验通过性能数据指标化，进而从指标下钻到代码级问题定位，是一个落地数据运营的最佳实践。

3）形成ITOA解决思路。随着大数据技术在业务领域遍地开花、企业服务上云等，一些专注企业服务的IT企业（尤其是APM厂商）开始考虑运维大数据解决方案。在此背景下，Gartner提出了ITOA建设理念。ITOA是利用大数据统计分析技术对海量的运行数据进行运营分析。ITOA支持在软硬件规模、复杂度越来越大，以及变更频繁的环境中自动高效收集、整理、识别、存储，并为IT运营或业务人员提供简易的数据消费场景。

（2）ITOA技术方案

ITOA能够赋能信息系统运行过程中的问题识别、分析、处理等环节，在信息系统性能与容量等分析方面有不少成熟的案例，比如APM、NPM促使运维组织全面性地把控IT运行状况，在某些环节更深入地定位诊断。随着大数据、人工智能等技术不断落地，运维组织发现利用大数据技术对运维产生的数据进行分析，能够解决运维过程中遇到的信息系统复杂度高、规模越来越大、变更要求频繁、信息孤岛等痛点。ITOA技术方案通常具备几个基本能力。

- 支持汇集贴源端的各类运行数据采集方案，比如：监控性能指标数据采集涉及的时序数据库、监控告警采集涉及的关系型数据库、日志数据采集涉及的ES或文件数据库、配置数据采集涉及的图数据库、关键业务指标数据采集涉及的各类关系型与对象数据库等。
- 针对运行数据实时计算所需要的计算平台，能根据不同场景、数据类型选择不同的技术栈。
- 支持成熟的运维数据处理算法，比如异常检测涉及的动态基线比对算法。
- 基于前端、服务端低代码开发能力，比如标准化的服务与接口，运行数据消费工具。

区别于业务大数据建设，ITOA主要趋向于技术与运营层面，其中技术层面重点关注整合运维数据，建立全局运维数据仓库，构建运维分析能力；运营层面主要关注客户体验与业务功能可用性、性能、反馈等的分析。

2. AIOps

（1）AIOps 的发展

2016 年，Gartner 在 ITOA 基础上提出了 AIOps，最早的 AI 并非人工智能，而是特指基于算法的运维（Algorithmic IT Operation）。Gartner 提出平台利用大数据、机器学习和其他高级分析技术，通过主动、个性化和动态的洞察力直接或间接地持续提升 IT 监控、自动化和服务台能力。随着 AI 技术的发展，Gartner 随后又将 AIOps 定义为智能运维，而在国内大家所提到的 AIOps 应该是 ITOA 与 AIOps 的集合。Gartner 在 AIOps 报告中展示了一张经典的 AIOps 能力概括图（见图 25-3），可以摘出 AIOps 的几个关键词。

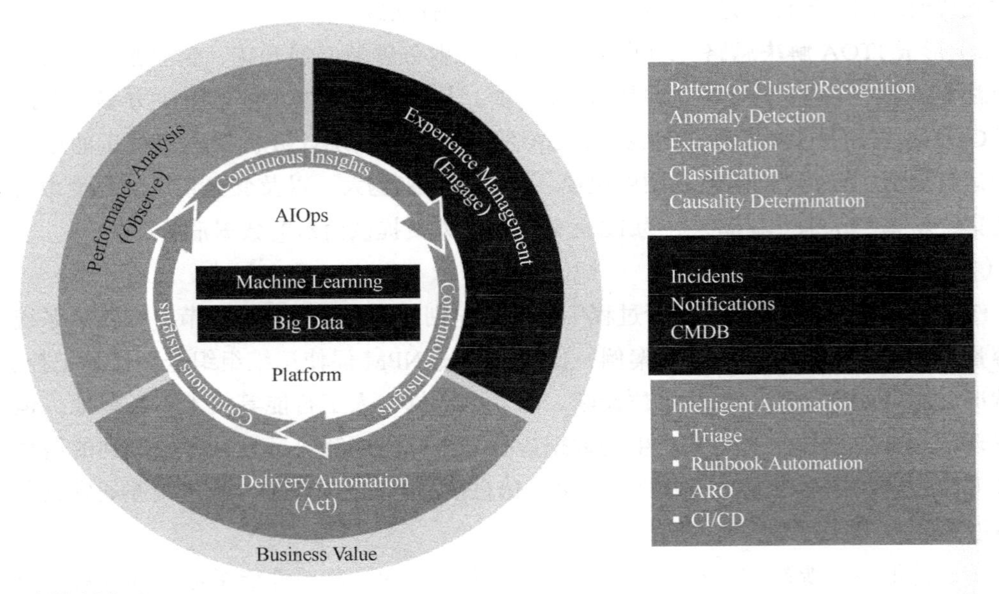

图片来源：Gartner

图 25-3 Gartner 对 AIOps 能力的概括

- **业务价值驱动**。技术应用围绕企业价值，比如本书强调的 4 个核心价值创造：提高保障业务连续性水平、辅助提升客户体验、提高业务交付速度、提升 IT 服务质量，才会有生命力。
- **三大关键模块**。AIOps 平台需要结合 AI 算法、海量数据、技术平台三要素。对于算法来说，当前主要算法有异常检测、拓扑分析、概率分析（关联、聚类、分类等）等。
- **融入现有的“监、管、控”平台体系**。AIOps 不是单纯的技术或平台，而是一种全新的运维工作模式。对于 AIOps 运维模式的落地，围绕已有场景赋能是一个快速见效的切入点。

（2）行业主要应用场景

对于 AIOps 平台能力的分析，Gartner 在一篇分析报告中提到一些观点（见图 25-4）。可以看出，Gartner 认为 AIOps 平台能力是围绕监控、ITSM、自动化三者的赋能展开。从这个角度看，AIOps 平台不应该是一个纯智能化的运维平台，而应该是建立在一个开放式的、集“算法、数据、通用技术平台”于一体的技术平台，即重点是为其他场景提供智能运维能力。

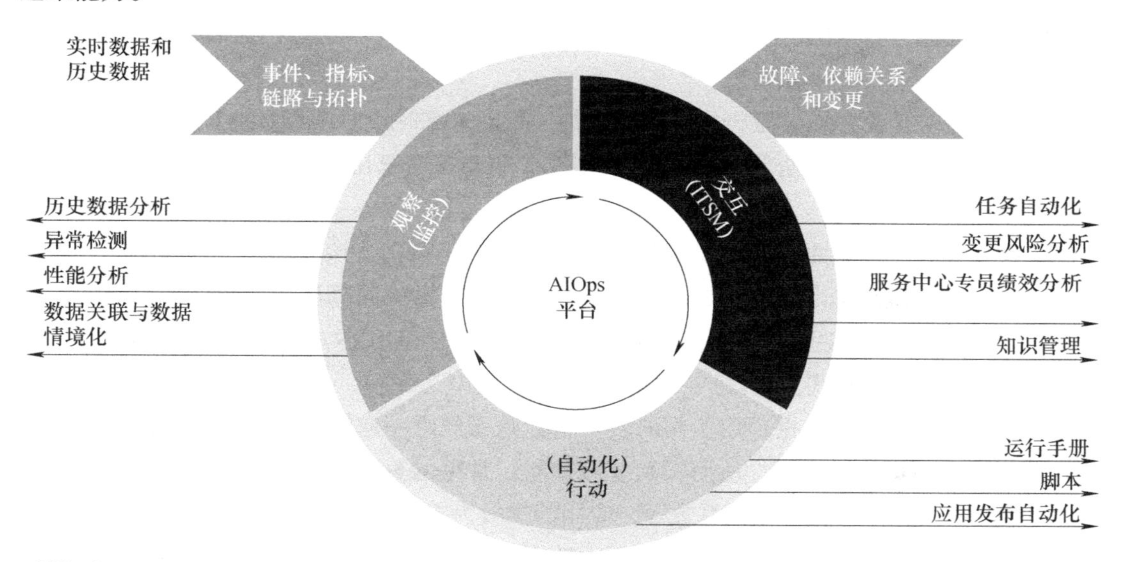

图 25-4　AIOps 平台能力

AIOps 基于对海量数据分析与自动化执行等能力，实现洞察感知、辅助决策。在应用场景上，必示科技对 AIOps 主要场景做了归纳，主要包括安全稳定、成本管理、风险评估、用户体验四大方向，如表 25-1 所示。

表 25-1　必示科技归纳的 AIOps 应用场景墙

<table>
<tr><th colspan="6">AIOps 应用场景墙</th></tr>
<tr><th>管理目标</th><th colspan="2">安全稳定</th><th>成本管理</th><th>风险评估</th><th>用户体验</th></tr>
<tr><td rowspan="2">应用场景示例</td><td>异常检测</td><td>故障诊断</td><td>容量预测</td><td>系统评估</td><td>智能问答</td></tr>
<tr><td>故障预测</td><td>故障自愈</td><td>成本评估</td><td>风险识别</td><td>知识图谱</td></tr>
</table>

在当前主流厂商的解决方案中，AIOps 主要围绕异常检测、故障发现、故障诊断环节进行能力建设，以提升 IT 监控与应急处置能力。按事前、事中、事后来分析，AIOps 细分能力如下。

事前：重点围绕优化展开能力建设，包括容量预测、性能分析、SQL 优化、环境比对等。

事中：重点围绕故障发现、诊断、处置展开能力建设，包括单指标异常检测、多指标异常检测、日志异常检测、变量分布异常检测、多实体异常定位、调用链异常定位、多维指标定位、智能告警关联、智能流量控制与调度、止损策略推荐等。

事后：重点围绕事件知识管理展开能力建设。

（3）运维算法

高效运维社区与 AIOps 标准工作组发布的《企业级 AIOps 实施建议白皮书》整理了当前运维常见的算法，具体分类如下。

- **指标趋势预测**：通过分析指标历史数据，判断未来一段时间指标趋势，常见有 Holt-Winters、时序数据分解、ARIMA 等算法。该类算法可用于异常检测、容量预测、容量规划等场景。
- **指标聚类**：根据曲线相似度把多个 KPI 聚成多个类别。该类算法可以应用于大规模指标异常检测：在同一指标类别里采用同样的异常检测算法及参数，大幅降低训练和检测开销。常见的算法有 DBSCAN、K-medoids、CLARANS 等，应用的挑战是数据量大、曲线模式复杂。
- **多指标联动关联挖掘**：用于判断多个指标是否经常一起波动或增长。该类算法可用于构建故障传播关系，从而实现故障诊断。常见的算法有皮尔逊相关系数、斯皮尔曼相关系数、肯德尔相关系数等，应用的挑战为 KPI 种类繁多、关联关系复杂。
- **指标与事件关联挖掘**：自动挖掘文本数据中的事件与指标之间的关联关系。该类算法可用于分析故障传播关系，从而实现故障诊断。常见的算法有皮尔逊相关系数、J-measure、双样本 T 检验等，应用的挑战为事件和 KPI 种类繁多，KPI 测量时间粒度过粗会导致判断相关、先后、单调关系困难。
- **事件与事件关联挖掘**：分析异常事件之间的关联关系，把历史上经常一起发生的事件关联在一起。该类算法可用于分析故障传播关系，从而实现故障诊断。常见的算法有 FP-Growth、Apriori、随机森林等。
- **故障传播关系挖掘**：融合文本数据与指标数据，基于上述多指标联动关联挖掘、指标与事件关联挖掘、事件与事件关联挖掘等，由链路关系推导出模块调用关系图，辅以服务器与网络拓扑，构建组件之间的故障传播关系。该类算法主要应用于故障诊断、定位。

3. 金融行业的 AIOps

（1）人机协同的 AIOps 运维工作模式

金融企业运行安全稳定，需要运维数据赋予数据洞察、辅助决策、跟踪执行的能力，提升复杂环境下的运维管理能力，即：

- 实时获得发生了什么；
- 关联分析为什么会发生；
- 智能预测将会发生什么；
- 决策判断采取什么措施；
- 如何自动快速执行；
- 实时感知工作执行效果。

AIOps 就是为了解决上述问题而生的。相比传统的运维工作模式，AIOps 重点不是创造一种全新的运维工作模式，而是对现有“专家经验＋最佳实践流程＋工具平台”运维模式的补充，为企业提供洞察感知、运营决策、机器执行能力，支持向人机协同模式转变。

为什么是人机协同模式，而不是智能化模式？因为从当前 AIOps 的应用情况看，虽然人工智能技术领先，但当面对复杂、多变、信息不完全的场景，特别是面对复杂应急场景时，仍不能替代专家，更多应用在某些特定弱人工智能领域。人机协同聚焦在通过机器辅助人的决策制定与执行，是在原来运维组织内部参与者，以及运维以外的研发、测试、厂商等协同网络上，增加机器人角色。人机协同运维模式最关键的角色仍是人，利用人的创造力，结合机器所提供的数据和算法，辅助人进行运维工作开展。总体来说，人机协同需要人与机器人发挥特长，形成一个融合的解决方案。后续 AIOps 的重点推进方向可以围绕以下三点开展。

- “数据＋算法”为运维专家“实时感知、决策”赋能。
- 增加运维机器人岗位，重塑运维工作。
- 建立数字平台化管理模式，闭环落实决策。

（2）数据、算法、场景、知识组成 AIOps 关键 4 要素

如 Gartner 对 AIOps 定义中提到的，AIOps 应用需要利用大数据、机器学习和其他高级分析技术，是一种相对门槛较高的工作模式。为了更好地落地 AIOps，运维组织需要深刻理解 AIOps 的内涵、重点实现思路（见图 25-5）：以数据为基础、以算法为支撑、以场景为导向、以知识为扩展。

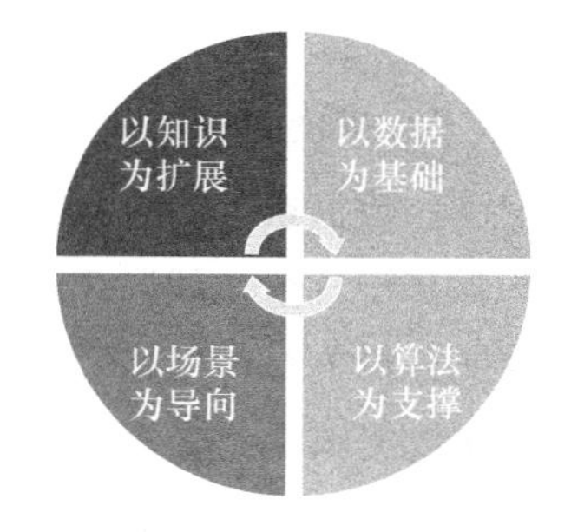

图 25-5 AIOps 关键 4 要素

数据为先，AIOps 需要具备快速生产高质量数据的能力。“快速”可以以中台建设实现，构建统一的数据采控、实时与批量数据处理能力等；“高质量”则可以将分散数据统一、在线后形成活数据，并进行数据治理。

引入特定场景下运维算法，构建算法模型。机器学习尤其是深度学习的大规模应用，推动了人工智能的快速发展。随着国内 To B 市场的火爆，AIOps 解决方案引入算法模型有 3 点优势：一是工作稳定性高，人工智能可不知疲倦地工作，在分析规律性问题时不受环境

影响；二是降低操作风险，利用人工智能取代传统人工经验操作，可更好地避免操作风险和道德风险；三是有效提高决策效率，人工智能可以快速对数据进行筛选和分析，帮助人们高效率地决策。作为金融企业，一方面，由于人才、薪酬结构等方面的不足，在算法模型的建设上应该更多地与外部供应商合作；另一方面，对算法的追求不一定是技术的先进性，事实上规律性的专家经验落地也是一种算法的实现，而且很多时候更加可靠。

场景驱动，以痛点、价值期望为切入点，用人工智能技术赋能运维场景，落地智能运维。从名称来看，AIOps应该包括“AI+Ops”，是用人工智能赋能运维模式。有了上面提到的数据与算法，下一步是AIOps运维模式的落地：一种是利用算法赋能已有的运维场景，另一种是利用算法实现原来无法实现的运维。前者是一个快速见效的模式，后者是应对变化的模式。

运维知识描述了运维领域大量相关对象的定义、技巧，以及排故经验。运维知识图谱是把运维对象不同种类的信息连接在一起而得到的一个关系网络，是对运维数据进行表达的关键技术。通过构建运维知识图谱，运维组织可从海量数据中挖掘各类运维主体，对其特性进行画像和结构化描述，动态记录运维主体之间的关联关系。

（3）AIOps的一些其他观点

建立场景地图，体系化、有节奏地落地AIOps。以网上银行系统为例，PC端的网上银行解决从柜台到临柜的便利性问题，手机银行解决从鼠标键盘操作到手指划屏、随时操作的操控问题，语音识别等技术又为手机银行解决从触屏到沉浸式体验问题。在这个过程中，很多业务的本质仍未改变，所以面对AIOps，运维组织需要建立场景地图，基于场景地图分好优先级，看如何将AI的优势赋能给运维场景。

“活数据”是运维智能化的基础。“活数据”有两个含义：数据是“活”的，即数据全在线；数据被“活用”，即在数据不断应用中产生新数据，形成数据回流。以往运维组织主要基于批量离线数据进行分析，得到分析报告辅助决策，但很多运维工作场景需要实时数据分析支撑，所以需要利用运维数据平台实现数据实时采控，落地数据资产，再场景化实现数据消费，并根据数据应用执行反馈不断优化工作流程，产出更为准确的数据。所以，获得“活数据”有3个关键要素：一是构建协同网络的运维工作场景，协同网络需要打通线上工作流程，连接人、组织、软件、硬件；二是运维组织要建立运维数据平台将生产运行的相关数据汇聚在一起，并抽象成数据服务，以便利的方式为运维场景提供价值；三是不断消费数据，在数据消费中发现问题，修正数据，挖掘数据增值服务，产出新的数据。

第一印象很重要。AIOps是一种全新的运维工作模式，利用算法代替经验，需要改变用户对算法不准确的印象。算法的引入不是为了创新，而是为了切实解决问题。如果平台的感知信息与辅助决策信息不准确，将让用户对新工作模式产生怀疑，这将给后续运营推广带来巨大困难。改变运维对AIOps的第一印象需要从数据、算法、场景3方面展开。首先，选择高质量的运行数据，确保数据噪点在合理的范围内，对质量没有达标的数据先放弃应用，避免产生大量无效异常检测或预测信息。其次，在算法的选择上要结合数据与场景，且不一定要使用智能化、可解释性弱的算法，已知专家经验规则在很多场景中是推荐使用的算法。另外，在场景上应以实际问题驱动，以用户痛点为导向，充分发挥 AIOps 解决方案在自动化、算力、对历史数据学习等方面的优势。

4. AIOps 的实施路线

前面提到 AIOps 是一种人机协同运维模式，是对现有“专家经验＋最佳实践流程＋工具平台”运维模式的补充，提供洞察感知、运营决策、机器执行能力。作为一种新的运维模式，AIOps 未来将进行长期、系统性的演进，运维组织需要制定 AIOps 能力进阶路线。以下借鉴 SAE（国际自动机工程师学会）对无人驾驶级别的分类思路，提出 AIOps 的能力级别，分为 L1 到 L4 四级（见图 25-6）。不同级之间的区别重点是在一项标准运维工作执行中人与机器的占比不同。

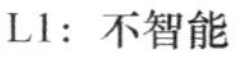

图 25-6　AIOps 能力级别

（1）L1：不智能

在无人驾驶级别 L1 中，汽车虽然有一些自动控制功能，比如稳定性控制系统、自动紧急制动系统等，但车辆完全由人来控制。相应地，AIOps 的 L1 级别是以专家经验为主，大部分标准化运维工作由人线下或采用线上工具完成。

（2）L2：辅助决策

在无人驾驶级别 L2 中，汽车在有传统汽车控制功能的基础上，增加了部分辅助驾驶功能，在一些场景中汽车可以自己运行，但驾驶员需要一直对汽车驾驶情况进行监测，并时刻准备紧急接管汽车控制。相应地，AIOps 的 L2 级别围绕前面提到的标准在运维工作，聚焦运行安全稳定底线相关的感知、观测能力建设，人需要基于专家经验持续地抽象适合落地的场景。在此阶段，建议运维组织引入 AIOps，以监控、故障、运行评估等环节为切入点进行能力提升，具体如下。

- **异常发现**：业务指标异常检测、日志异常检测、互联网终端异常检测、业务异常感知。
- **故障定位**：业务多指标分析、故障树分析、交易链路分析。
- **风险预测**：计算资源容量预测、数据库容量预测、系统性能预测。
- **系统评估**：应用系统运行画像、终端系统体验分析、交易系统运行分析。

（3）L3：自动决策

在无人驾驶级别 L3 中，汽车可以在有限制条件下自动驾驶，能够自动检测环境，并决策切换到驾驶员驾驶模式，无须驾驶员一直对系统进行监视。相应地，AIOps 的 L3 级别重点是在部分运维场景由机器代替人决策并执行。在此阶段，机器具备对部分标准化运维工作做决策并执行，具体如下。

- **智能运维应用中心**：重点是让智能化能力成为一种开箱即用的能力。应用中心基于场景，提供智能系统 PaaS 层的算法、数据等，具备自动感知、决策的能力。
- **智能机器人中心**：有了感知、决策，下一步是执行，所以需要建立智能机器人中心，增加机器人角色，以承担特定要求的运维工作。
- **运维知识图谱**：运维专家沉淀运维经验，建立运维知识图谱，提供从关系角度分析问题的能力。知识图谱可以作为专家系统的一部分存在，提供半自动构建知识库的方法。

（4）L4：高度智能

在无人驾驶级别 L4 中，汽车实现高度自动化和完全自动化。在此阶段，自动驾驶系统将完全自动控制车辆，全程检测交通环境，只需用户提供目的地或者输入导航信息。在此阶段，并非完全无人运维，重点是人的工作内容发生变化：承担培育机器人职责，大部分标准化运维工作由机器人主导完成，人只有在必要时进行干预，形成真正的人机协同运维模式。

25.4 夯实数据底座

运维数据平台本质是一个统一的、标准化的数据协作平台，实现对跨域数据进行连接与综合分析，实现数据分析价值，比如提升数据场景应用的构建效率、加快数据价值交付、提高数据透明度、提升数据和数据服务可复用性、提高数据质量等。

1. 运维数据分析痛点

随着运维数字化建设的推进，“洞察、决策、执行”闭环运维数据分析成为日常工作重要组成部分。运维数据价值越来越大的同时，运维团队对数据的掌控面临巨大挑战。以运维数据量为例，在应用程序环境和 IT 架构复杂度增加、应用规模日益增大的背景下，运行数据呈非线性增长趋势。在一个有 3000 个操作系统规模的中小型企业中，每个操作系统有 100 监控指标，针对每个指标每半分钟采集一次数据，则一天将产生 8.64 亿条基本数据。如果用传统的数据统计方法，单从算力看就很难满足动态基线、多维指标实时分析等要求，更不用说非结构化数据分析。除了数据量带来的挑战，运维组织还面临以下挑战。

- 数据分析人才缺失。受限于组织架构，运维组织很难吸引到具备高素质的数据分析人才，需要通过建立低门槛数据分析平台弥补人才上的不足。
- 数据分析协同经验不足。
- 实时数据分析能力不足，无法有效应用于应急、感知等高频运维场景。
- 数据孤岛现象严重，引发重复建设、关联性不足等问题。
- 源端数据架构复杂、数据结构多样，数据生成难度大。
- 数据质量参差不齐、数据安全缺乏管控，且缺乏数据治理的组织、流程、技术支持。
- 数据生成与数据服务消费成本高，导致很难广泛推行运维数据分析。

2. 运维数据平台价值

以下从平台体系、数字化思维、平台能力、管理协作 4 个方面介绍运维数据平台价值。

从平台体系看，运维数据平台定位为数据中台。运维数据平台重点具备统一数据“采存算管用”的基础能力，实现所有运维数据的集中管控，对各源端运维数据进行二次加工、处理，落地运维主题流水、指标体系相关数据资产，形成可复用的、服务化的数据能力，以更好地服务于运维场景。运维数据平台的关键词是“打通、整合、计算、管理、服务”，即以关键业务为核心，打通多个系统的数据壁垒，整合多源端数据，构建快速加工、统计的能力，实现集中式、数据全生命周期管理，封装可对外提供的服务。

从数字化思维看，运维数据平台提供感知、决策、执行的闭环能力。运维感知能力指能够实时、在线察觉生产运行环境、生产对象、业务的状况，以及客户体验的变化，知晓哪些变化对业务连续性与客户体验造成影响；决策能力指运用算法对实时感知信息进行分析，为应急、变更等 IT 服务管理提供数据决策支持；执行能力指确保管理、协同的传导机制顺畅，推动决策落地。

从平台能力看，运维数据平台提供一体化的“采存算管用”全流程数据采控能力。运维数据平台需具备统一、多样化的数据采控能力，兼顾实时感知与离线海量数据存储、数据建模、数据清洗、计算加工、调度任务、规则引擎等能力，以及面向数据治理的数据管理能力，围绕主题流水、指标中心、算法中心、数据可视化提供全在线的数据服务管理。运维数据平台需具备中台所涉及可复用、共享特性，支持数据敏捷应用。

从管理协作看，运维数据平台重点是推进运维数据分析“民主化”。传统大数据分析需要运维组织具备数据分析能力，但随着数字化思维的不断深入，任何一个岗位都需要数据的支撑，数据分析已经向“民主化”转变。运维数据平台需要让数据和分析能力被所有与运维相关的人掌握，即运维数据平台要解决的首要问题是降低使用门槛，让不同岗位人员能够低成本消费数据，让数据工作者能够更容易地使用越来越复杂和多元化的数据技术和工具体系，达到数据赋能运维的效果。

3. 运维数据平台关键能力

（1）采：统一与多样化的数据采控能力

在构建数据采控能力时，企业需要关注多个点。

针对主要运维数据形式与数据存储载体采用针对性的采控方案。在数据统一采控上，企业需要制定数据采控规范，降低数据接入成本，重点针对 10 种数据形式与 8 种数据载体建立针对性的解决方案，以便更好地发挥不同数据存储与计算引擎的特长，支持数据加工、计算、处理、消费等应用场景。

针对数据处理方式采用实时与批处理解决方案。在线计算主要采用流式处理的实时计算。主流的流处理技术包括 Spark Streaming、Kafka Streaming、Flink、Storm 等。选择哪种技术，需要针对运维数字化场景、组织对技术的把控能力进行选择。比如针对应急相关的监控、感知、决策需要采用实时处理技术，实现高效查询、快速响应；针对阶段性的性能、容量、客户体验等运行数据分析，可以采用数据覆盖面广、时间跨度长、支撑业务范围广、计算准确度高的批处理技术。

数据采集方式可分为无代理采集以及有代理采集两种。无代理采集为服务端采集，支持 SNMP、数据库 JDBC、TCP/UDP 监听、Syslog、Web Service、消息队列等主流方式。有代理采集用于本地文件采集、容器编排环境采集，以及脚本采集等。

完善采控功能，对外提供自助接入服务，让用户可自助接入数据。运维数据分析包括数据分析与数据研发两种角色，其中数据分析角色指理解业务、数据、分析方法，数据研发角色指对受理并交付运维数据开发需求的角色。数据采控需要将这两种角色融入数据生产过程的不同节点。以基于业务系统运营流水数据采控为例，业务运维角色熟悉系统数据库结构，知晓哪些数据为敏感数据，擅长编写相关数据库数据查询脚本；而运维研发角色擅长基于特定数据进行研发。

（2）存：兼顾实时感知与离线海量运维场景数据的存储

在运维数据平台建设中，对于长期存储、离线挖掘、批量与实时计算引擎，企业可以考虑复用成熟的基础设施，而将重心落在构建与运维相关的数据存储能力。同业很多数据存储方案中主要选择 Kafka、Elasticsearch、InfluxDB、ClickHouse、MySQL。

1）Kafka。Kafka 基于队列与消息传递技术，在网络环境中同步（或异步）可靠的消息。

2）Elasticsearch。得益于 Elasticsearch 的技术能力与周边优秀的生态，Elasticsearch 被广泛应用在运维日志分析场景。主流的 ELK 方案中，Logstash 支持以 Syslog、消息传递、JMX 等多种方式接收并输出数据；Kibana 提供基于 Web 的图形界面，可视化搜索、分析存储在 Elasticsearch 中的日志数据。用户可以利用 Elasticsearch 的 RESTful 风格接口来检索数据，创建仪表板视图。Kibana 可以为 Logstash 和 Elasticsearch 提供友好的日志分析 Web 界面，支持汇总、分析和搜索重要数据日志。

3）InfluxDB。带时间标签的数据称为时序数据，运维涉及很多时序数据，并存储在时序数据库中。InfluxDB 是在运维应用中经常使用到的数据存储解决方案，提供类 SQL 的查询引擎，在监控性能指标领域被广泛运用。

4）ClickHouse。ClickHouse（以下简称为 CK）近年来被广泛应用，压缩性能更高，适用于并行查询，很好地支持运维 OLAP 分析场景。

5）MySQL。关系型数据库主要用于存储系统配置、管理功能等应用场景。在众多关系型数据库中，MySQL 的性能、稳定性都不算出众，但是在运维领域应用最广泛的关系型数据库，主要原因是 MySQL 是免费的、具备良好的开源生态，能够匹配节约成本、良好稳定性与扩展性的运维组织需求。

（3）算：计算能力、数据建模、低代码编排、调度系统、规则引擎

实时业务支持、实现毫秒级结果反馈、高性能处理是运维数据平台的基本能力。在实施上，很多组织采用 Flink。Flink 是一个分布式处理引擎，用于对无界和有界数据流进行有状态计算。Flink 被应用于常见的集群环境，是分布式、高性能、随时可用以及准确性高的开源流处理框架。

平台支持配置化的数据建模。数据建模指的是对现实世界各类数据的抽象组织，确定数据库需管辖的范围、数据的组织形式等直至转化并落地到现实的数据库。从数据采集到落地成为数据资产关键的是数据建模。

低代码编排降低运维数据开发门槛。针对采集数据进行入库前的预处理，数据从非结构化到结构化的解析、清洗、格式转换以及聚合计算过程涉及大量处理工作，具体如下。

- **预聚合计算**：对数值型字段或指标数据进行聚合统计计算。
- **数据字段提取**：通过正则解析、KV 解析、分隔符解析等方式提取字段。
- **规范化数据格式**：对字段值类型重定义和格式转换。
- **数据字段内容替换**：基于规则替换数据字段内容，比如无效数据、缺失数据的替换

处理。

- **时间规范化**：对各类运维数据中的时间字段进行格式统一转换。

为了降低运维数据开发门槛，运维数据平台需要提供低代码编排能力，提供数据开发过程中需要的算子，用户可以配置多个源端数据，并基于关联数据、算子编排数据处理流水线。

灵活、高可用的调度能力。运维数据平台中有各种各样的程序和任务，比如数据采集、数据同步、数据分析等任务，这些任务需要任务调度模块，由运维数据平台集中管控，实现所有任务的分配与运行。另外，平台层面的高可用，以及任务异常时的主动告警也是任务调度模块的基本能力。

灵活、可配置的规则引擎。规则引擎将逻辑和数据解耦，数据放入领域模型，逻辑放入规则。使用规则引擎能够让数据开发聚焦具体逻辑的实现。规则引擎工具让规则的执行更加灵活、可控，记录规则执行路径，让问题的解决方式可追溯，解决复杂问题。同时，规则引擎会将规则集中到知识库，使数据分析逻辑得到集中管理。

（4）管：以数据治理作为重点的数据管理

虽然运维平台化阶段也推进了配置、监控告警等局部的数据治理，但由于治理工作比较分散，资源配置不够高效。运维数据治理一方面要借鉴传统大数据治理经验，反思运维数据平台建设应该关注的问题，避免踩不必要的坑，让运维数据更好用，用得更好；另一方面一定要以落地为目标，结合运维组织日常工作场景，充分利用已有的组织、流程、工具资源，以终为始地落地执行。

从平台功能看，运维数据平台的数据治理应围绕数据采集、数据存储、数据资产管理、运维指标管理、主数据管理、元数据管理、数据质量管理、数据安全管理等方面。从实施上，考虑到有限的运维数据治理资源投入，可将运维数据治理的技术平台与企业已有的运维平台体系进行融合，形成以运维数据中台为代表的运维数据资产管理、数据采集、数据存储，以运维指标体系为代表的主数据管理，以 CMDB 与知识库为代表的元数据管理，以监控为代表的数据质量、数据安全管理，以运维门户为代表的数据运营管理。

（5）用：面向数据服务管理

运维数据平台提供运维数据资产服务管理能力。运维数据资产服务管理不局限于传统数据服务目录、报表可视化分析，重点是实现数据“民主化”，支持用户自助、实时、定制化、差异化分析。数据服务可以围绕半成品的主题模型中心、成品的指标中心、算法中心、数据服务目录、通用数据分析工具等展开。

主题模型中心主要针对半成品的主题模型数据，存放贴源层数据经过模型处理后具备主题特征的流水数据，在实施中可以分为基础设施、平台软件、应用系统、业务及体验涉及对象、IT 服务管理 5 类主题。主题模型数据通常采用宽表方式落地，用户可以针对数据进行二次分析，加工成指标。

指标中心主要针对可以衡量某应用运行状况的数值。运维指标通常包括指标名称、指标值、指标维度、时间。指标被广泛使用，比如基础设施的资源容量指标、应用的性能指标、持续交付的效率指标、流程管理的服务指标等。指标需要根据运维组织的核心价值主张进行抽象，支持量化、实时、被监控，并被透明、公开地传达到组织具体的人，让流程可以持续得到优化。

算法中心主要针对与 AIOps 相关的运维算法的输出。算法指训练、学习模型的方法。算法服务对输入数据计算后输出结果。在实现上，用户可重点将算法输出结合智能监控中心、运行感知中心的场景工具，在场景工具中基于指标、模型流水数据，配置监控与感知策略，实现智能化运维管理。

数据服务目录主要作用是在将主题模型中心、指标中心、算法中心以一种便捷、按需、在线、安全的方式交付给用户，达到效率与安全的平衡。数据服务目录提供数据供需双方数据交付服务，包括向用户提供一站式数据服务，让数据消费用户在线查到组织拥有哪些数据资源、知道如何获得数据、获取数据涉及的在线审批流程等；让数据提供者上架数据服务，提供数据服务分析运营等能力。

高黏性的通用数据分析工具需要结合运维组织的痛点与期望选择性地构建，比如在运维数据平台中建设低代码的数据可视化分析工具、监控中心两个模块。其中，可视化主要包括实时看板、周期性的数据报表、大屏。

4. 平台案例介绍

结合上文对平台能力的介绍，本节以笔者对必示科技运维数据平台 DataSeer 的应用实践作为案例进行介绍。

引入 DataSeer 是希望打造运维数据中台，目的包括：一是建立可复用、可共享的运维数据指标体系与运维主题宽表，提升运维数据分析类工具的快速构建能力；二是通过低代码数据开发模块与数据组件提升运维数据研发效能；三是实现运维数据治理涉及的数据质量监测。为此，必示科技推动 DataSeer 的持续打造，目前实现了数据建模、数据资源管理、数据集成、数据加工、数据质量、数据血缘、数据服务、数据资产、数据门户、指标中心、监控中心、日志中心模块（见图 25-7）。该平台能够提供一站式数据开发能力，快速集成各运维系统数据，打破运维数据孤岛，实现运维数据统一治理、快速消费。

从实践看，DataSeer 定位为打造运维场景端对端的数据基座，再结合 AIOps 算法与知识图谱形成数字化运维的决策大脑，推动运维数据平台相关场景的研发。下面介绍几个有借鉴意义的模块与数据分析场景。

图 25-7 必示科技智能运维平台

低代码数据处理中心。数据处理中心是一个低代码算子编排平台，允许运维人员通过图形化界面，将不同功能的算子组合起来，实现数据处理任务的编排和流程控制，从而加速数据处理应用程序的开发和部署，降低运维门槛。

数据管控中心管控数据模型。遵循数据仓库的建设范式将数据分层，大的层面分为贴源层和标准层。贴源层无损保存业务原始数据，标准层保存标准化规范数据，在设计上兼顾实时感知与离线海量运维场景。

以指标体系与主题数据作为数据的关键交付。构建指标体系并将指标与指标体系关联，赋予指标可读的业务说明，形成指标数据资产。构建主题数据业务域，将具体的主题数据与业务域关联，形成主题数据资产。主题数据是一份宽表。用户可基于主题数据进行二次分析以生成指标。另外，用户也可以根据原生指标可视化地选择函数处理指标数据，快速查看函数计算结果，对有业务价值的函数持久化，生成基于原生指标的衍生指标。

高可靠与可扩展性的计算调度中心。计算调度中心管理传统型、大数据型及算法型数据挖掘任务，具备灵活、高可用、可扩展的调度能力，能够与企业现有的大数据平台打通，并支持 Java、Python、Flink、Spark、Shell 等多种任务类型。

建立一站式运维数据门户。运维数据门户作为数据服务的入口，支持数据消费用户按需获取数据服务。用户可以根据关键词找到数据服务、预览数据示例、观察数据指标趋势、数据服务 API，以及根据函数计算结果申请生成新的衍生指标。同时，运维数据门户还为运维供应方提供数据服务运营管理相关的数据统计功能。

建设运行分析感知场景。基于 DataSeer 的平台数据服务能力，我们推动了智能风险感知、运行分析、巡检分析、应急中心等离线与在线的数据分析场景建设。在设计上，场景建设模块包含指标、策略、报告 / 看板、评估意见，其中指标模块建设应用了指标中心提供的在线数据服务，承担源端数据分析源材料，以及可视化的指标数据分析组件；策略模块应用了监控中心的多维度异常检测服务，辅助上层数据分析场景决策；报告与看板模块是带有主题的数据分析场景的输出载体，用户可以基于报告定期查看某一时间切面的系统运行状况，也可以基于看板查看系统实时的运行状况；评估意见模块推动数据分析场景与人的闭环连接，即每份运行分析报告需要围绕已确认评估意见、已阅读、已确认风险等状态记录评估意见。

25.5　运维数据治理

在运维数字化工作空间，通过配置管理建立人、机器、软件系统关联关系，通过线上化流程实现参与者协同连接，再基于组织、流程、平台能力组装成运维场景。今天，如果运维失去了对运维数据的控制，业务连续性保障将失控，更谈不上提升 IT 服务质量、加快 IT 服务交付速度、提升客户体验的价值创造。

1. 数据治理背景

从 1997 年大数据概念被 NASA 研究中心第一次提出，到 2001 年 Gartner 提出大数据模型，2004 年 Google 推出大数据技术论文，以及大数据、人工智能、云计算等技术的广泛应用，再到今天数字经济时代，企业已逐渐了解数据所蕴含的价值，对数据重视程度越来越高，投入大量资源进行大数据研发与应用。但必须承认，国内很多金融企业在大数据技术应用前并不是很重视数据治理，出现像投入大量资源建设大数据平台，但用的时候又发现报表不准、数据质量不高等现象，导致项目没有达到预期效果。上述问题迫使企业反思，它们发现在数据采集、存储、计算、使用过程中，少了数据管理步骤，即数据治理缺失。今天，数据治理已经被企业广泛认可为必要的基础性工作。下面整理一些数据治理所要解决的痛点。

信息孤岛，有数不能用。数据孤岛之所以存在，可能是因为掌握数据的人主观上不愿意共享，客观上担心数据共享存在敏感性问题，或数据与数据关联性不够。

数据质量不高，有数不好用。没有统一的数据标准导致数据难以集成和统一。没有质量控制导致海量数据因质量过低而难以被利用，没有能有效管理整个大数据平台的流程。

数据不可知，有数不会用。用户不知道数据平台中有哪些数据，也不知道这些数据和业务的关系，不知道平台中有没有能解决自己所面临业务问题的关键数据。

数据服务不够，有数不可取。用户即使知道自己业务所需要的是哪些数据，也不能便捷、自助地获取数据，或者获取数据需要很长的时间，导致业务分析需求难以被快速满足。而在数字经济时代，业务追求的是针对某个问题的快速分析。

在运维领域，运维数据分布在大量的机器、软件、“监、管、控、析”工具中，数据治理除了面临上面提到的信息孤岛、质量不高、数据不可知、数据服务不够痛点外，还面临以下突出痛点。

资源投入不够。从组织定位看，运维部门属于企业后台部门，所做的事甚至很难让IT条线的产品、项目、开发人员明白因系统架构越来越复杂、迭代频率越来越高、外部环境严峻等需要持续投入，更不要说让IT条线以外的部门人员理解。所以，运维数据体系建设要强调投入产出比，在有限的资源投入下，收获更多数据价值。

数据标准化比例低。运维数据主要包括监控、日志、性能、配置、流程、应用运行等，存在格式众多、非结构化、实时性要求高、海量、采集方式复杂等特点。在金融企业，这些源端数据来自众多厂商，格式非标准化，要在资源投入不足的背景下，采用大数据运作模式比较困难。

缺乏成熟的方法。虽然行业也提出了ITOA、DataOps、AIOps等运维数据分析思路，但是缺少一些成熟、全面的数据建模、分析、应用方法。当前主流的运维数据分析方法主要围绕监控、应急领域。

缺乏人才。因为资源投入不足，很难吸引到足够多的人才投入到运维数据分析领域。

所以，运维数据治理重点是借鉴当前传统大数据治理经验，提高投入产出比，少走弯路，少踩坑。

2. 运维数据治理定位

以终为始，先分析运维数据应用场景。运维价值创造与运维数据相关的举措大概如下。

- 以“连接网络+数据驱动”重塑“监、管、控、析”运维平台化能力，全面提升业务连续性保障能力（增强业务连续性保障）。
- 以主动分析运行数据，挖掘系统架构及应用系统的潜在运行风险，反向推动应用架构的健壮性提升（增强业务连续性保障）。
- 利用运行数据运营分析，快速交付线上系统、产品、运营活动的实时分析看板，辅助业务决策（提升软件交付效率）。
- 建立系统退出机制，数据驱动IT资源释放（提升软件交付效率）。
- 增加客户行为数据的收集与分析，为产品设计决策提供辅助（辅助提升客户体验）。

- 加强业务系统的性能管理，推动系统响应效率提升，提升客户体验（辅助提升客户体验）。
- 监控模拟客户行为，提前发现并解决问题（辅助提升客户体验）。
- 建立评价 IT 服务质量的管理模型，以数据驱动 IT 运营效能提升（提高 IT 服务质量）。
- 建立统一的 IT 服务目录，开放面向性能、运营、客户体验等方向的数据分析能力（提高 IT 服务质量）。

要达成上述数据应用场景，需要用好运维数据，下面摘取**监控、日志、性能、配置、流程、应用运行** 6 类数据，梳理场景与数据的关系（见表 25-2）。

表 25-2　运维数据与场景应用关系

	监控	日志	性能	配置	流程	应用运行
业务连续性	是	是	是	是	是	是
业务交付速度				是	是	是
IT 服务质量				是	是	
客户体验	是	是	是	是		是

- **监控数据**：包括监控告警数据、监控性能 /KPI 指标数据两类，特点是实时、海量、时序等，可用于业务连续性保障增强、客户体验辅助提升。
- **日志数据**：包括机器运行日志、系统日志、应用日志，特点是海量、实时、非结构化、格式不统一等，可用于业务连续性保障增强、客户体验辅助提升。
- **性能数据**：包括 APM、NPM、BPM 或应用主动上报的性能数据，特点是海量、实时、贴近业务与用户体验、格式不统一等，可用于业务连续性保障增强、客户体验辅助提升。
- **配置数据**：包括 CMDB 的 CI 项、CI 关系、架构数据，特点是配置数据的模型较成熟，可用于所有领域。
- **流程数据**：包括 ITSM 以及其他运维场景工具（监、管、控、析、安全、CMP 等）记录的数据，特点是实时性不够等，可用于业务连续性保障增强、IT 服务质量提升、客户体验辅助提升。
- **应用运行数据**：包括记录在业务系统数据库中的系统运行数据，特点是与系统相关、贴近业务与用户体验、依赖研发支持、格式不统一，可用于业务连续性保障增强、IT 软件交付效率提升、客户体验辅助提升。

构建运维数据体系主要包括“技术平台＋应用场景”两个部分，其中技术平台指支撑运维海量数据的“采存算管用”技术架构，算法也属于技术平台的一部分；应用场景指数据的“用”，包括面向人使用的可视化、低代码、服务化开发工具，以及面向系统使用的数据服务 API、感知或决策类的自动化工具。鉴于运维数据有来源多、标准化、实时、海量、非结构化、格式不统一等特点，仅从“技术平台＋应用场景”两个角度看运维数据平台，很容易将运维数据相关项目变成数据孤岛，无法发挥数据价值。运维组织需要在“技术平台＋应用场景”的基础上，加上数据治理（见图 25-8），三者相辅相成，缺少技术平台则失去基础，缺少应用场景则失去价值，缺少数据治理则不具备扩展性。

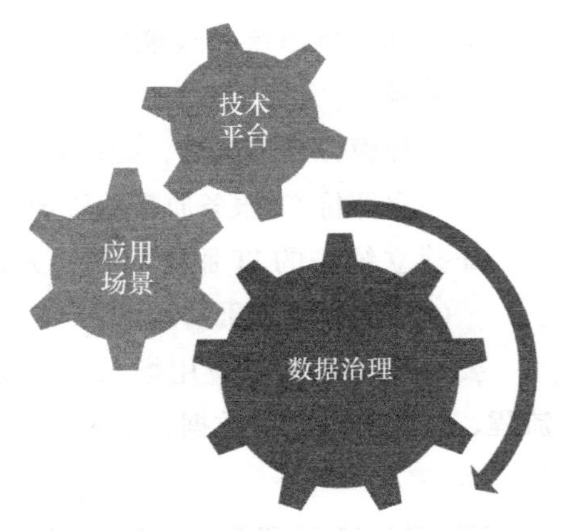

图 25-8 运维数据体系三轮驱动

基于“技术平台、应用场景、数据治理”构成的运维数据体系架构见图 25-9，右下是针对技术平台提供的“采存算管用”的技术解决方案，右上是针对数据应用场景的技术解决方案，左边是针对数据治理的技术解决方案。

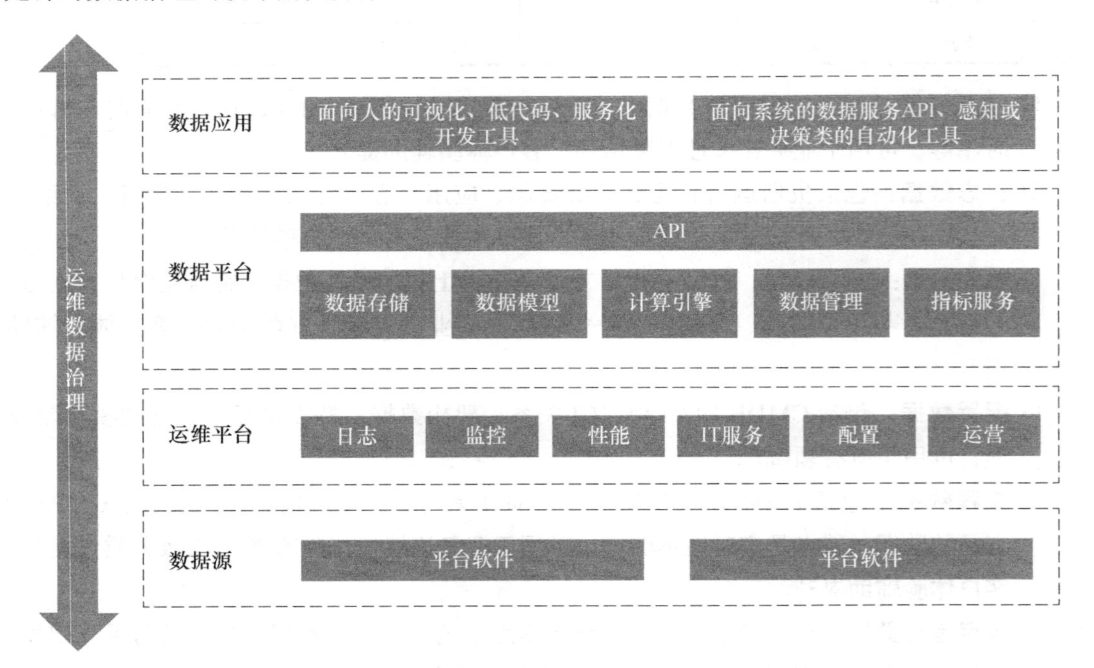

图 25-9 运维数据体系架构

运维数据治理是运维数据体系三大关键之一。运维组织要借鉴传统大数据治理经验，结合运维特点打造运维数据治理方法，以获得高质量、完整、互联的数据，构建持续优化型数据生命周期管理方法，让运维数据更好用，用得更好。

3. 运维数据治理的主要内容

大数据领域的数据治理主要内容包括元数据管理、主数据管理、数据标准管理、数据质量管理、数据模型管理、数据安全管理、数据生命周期管理（见图 25-10）。下面结合运维特点，谈一下运维数据治理。

图 25-10　运维数据治理主要内容

（1）元数据管理

传统意义上的元数据管理是对数据全生命周期的描述信息的管理，帮助用户理解数据关系和相关属性。从元数据管理工具角度看，工具通过将分散、存储结构差异大的 IT 资源的对象数据、运维指标数据进行描述、定位、检索、评估、分析，提供数据血缘分析、影响分析、全链路分析、关联度分析、属性值差异分析等能力，从而大大降低运维数据治理的人工成本。而对于业务、系统、网络、安全等领域职能的运维管理员而言，元数据管理通过对业务指标、业务术语、业务规则、业务含义等信息进行管控，协助运维人员了解指标含义、行业术语和规则、业务指标数据口径和影响范围等。

在运维数据应用中，通常针对不同数据采用不同的技术方案，比如日志存放在 Elasticsearch 中，监控 KPI 指标数据与工具选型有关，这种源端数据分散的现状导致运维数据口径不清晰，出现数据问题很难追溯。元数据管理有助于运维组织管理动态、分散在各处的数据，形成数据服务目录。

另外，从整个运维体系看，我们也可以将 CMDB 理解为描述运维数字世界的广义元数据。数据组成了运维数字世界，要认识运维数字世界点、线、面、体的结构，方便检索、观察应用运行状况，并能追溯、监测数据，需要一个运维数字地图描述运维数字世界。运维数字地图即运维数字世界的元数据。参考现实中数字地图的地理要素、数学要素、辅助要素，运维数字地图三要素可以理解为运维对象、指标描述、架构模型。CMDB 承担运维数字化地图的角色。

（2）主数据管理

主数据在信通院发布的《主数据管理实践白皮书 1.0》中的定义是："满足跨部门业务协同需要的、反映核心业务实体状态属性的组织机构的基础信息。相对交易数据而言，主数据属性相对稳定，准确度要求更高，唯一识别。"主数据管理是指一整套用于生成和维护主数据的规范、技术和方案，以保证主数据的完整性、一致性和准确性。与交易数据不同，主数据的内容具有稳定、可共享、权威几个特征。下面列举适合作为运维主数据的数据。

- **与机器相关的**：与环控、机房、网络、服务器、存储等相关的数据。
- **与软件相关的**：与系统软件、数据库、中间件、应用系统、DNS 等相关的数据。
- **与关系相关的**：与部署架构、逻辑架构、调用链路、上下游关系等相关的数据。
- **与人相关的**：与运维内（运维操作、SRE、运维开发、流程经理等）、IT 部门内部（开发、产品、测试等人员）、IT 部门外部的业务人员、客服、客户等相关的数据。
- **与流程相关的**：与 ITIL 相关的变更、事件、问题、配置等，以及团队内协同规程等相关的数据。
- **与规则相关的**：与监控策略、性能管理、容量管理等相关的数据。

从上面的运维主数据看，相关数据存储于 CMDB、ITSM、监控系统、持续交付系统等。

另外，随着数字化运维的不断推进，运维组织对数据的应用越来越多，数据感知、决策、执行闭环将融入运维场景，对运维数据中台所表现的可复用、可共享的需求越来越强烈。指标是运维数据中台的核心输出，大量数据应用场景都是建立在指标之上的。在运维主数据管理中，指标中心可以作为运维主数据管理的一个方向。以业务连续性保障管理中的互联网交易量指标为例，大家会从多个角度，比如系统、站点、终端类型、终端版本、功能号、机构等去统计分析交易量。这些指标在互联网相关的其他运营中也会用到，具有稳定、可共享、权威等特征，适合作为运维主数据。从运维主数据管理平台建设看，一方面可以将主数据分布式地放在多个不同的工具系统，并建立统一的网关；另一方面可以采用统一的运维指标体系，持续沉淀运维主数据。

（3）数据标准管理

数据标准管理可起到统一的数据标准制定和发布作用，实现运维数据标准化管理，保障数据的完整性、一致性、规范性，以支撑数据的采集、存储、计算、管理、使用的一致性。运维数据标准是运维智能化的基础。数据标准可实现跨团队对数据的统一理解，促进数据共享，增强跨团队协作，降低沟通成本。数据标准通常包括组织架构、标准制度、管控流程、技术体系四个方向，应用统一的数据定义、数据分类、编码规范，以及数据字典等。运维数据标准可从以下几方面考虑。

- **组织架构**：确定运维元数据、主数据、交易数据涉及的管理决策、数据业主、运营、质量、消费等团队或岗位角色，以及所涉及的责权利。
- **标准制度**：围绕源端数据制定分类、格式、编码等规范，制定日志、告警、性能指标等数据标准，标准应该与技术规范区分。
- **管控流程**：对运维数据管理的变更、申请、共享、运营等流程进行规范化、线上化。
- **技术体系**：综合考虑平台架构、接口规范、应用场景等，围绕运维数据的“采存算管用”建立运维数据平台。

在落实运维数据标准时，组织可以围绕“价值主张、标准化范围、投入分析、执行方案、技术赋能、持续优化”实现运维数据标准化闭环，具体需要关注以下内容。

- 做好数据标准化的价值主张分析：明确数据治理痛点、期望实现的价值、解决痛点和获取价值要实现哪些标准化工作、目标是什么。
- 明确数据标准化范围：明确哪些数据需要标准化、数据来源、当前数据与目标的差距、执行人。
- 明确数据标准化落地的投入：数据标准化落地需要什么投入、有哪些干系人、对其他人或系统会产生什么影响、改造成本如何。
- 制定数据标准化的执行方案：包括确定人员分工、资源管理、标准制度、应用发布、运营推广、系统改造方案。
- 技术赋能数据标准化落地：确定需要提供什么工具帮助数据标准落地，比如标准分类管理、标准增删改查、标准导入 / 导出、标准评审、标准发布、标准版本管理、标准落地映射、标准落地评估、标准监控等工具。
- 落实数据驱动持续优化：标准发布后要将落实情况进行必要的数据埋点，基于数据驱动检验标准落实情况，跟踪、评估数据落地效果，促进持续优化。

（4）数据质量管理

数据质量管理是指针对数据从计划、获取、存储、共享、维护、应用到消亡整个生命周期中每个阶段可能引发的质量问题，进行识别、度量、监控、预警等，并通过改善和提高组织管理水平提高数据质量。

为了形成有效运维数据资产，组织要明确数据质量管理目标、管控生产对象和指标、定义数据质量检验规则、执行数据质量检核、输出数据质量报告。影响数据质量的因素很多，要推进运维数据质量持续提升，需要建立分析运维数据质量的指标体系。在大数据领域，数据质量分析围绕完整性、一致性、准确性、唯一性、关联性、及时性。其中，完整性主要针对所需数据是否同时存在，一致性主要针对同样的数据在不同系统中是否一致，准确性主要针对数据是否反映客观事实，唯一性主要针对数据是否重复与冗余，关联性主要针对数据源之间的数据是否关联，及时性主要针对数据是否可以在线获得。

从总体看，数据质量管理需要围绕组织、流程、平台三个维度全面推进，其中组织建设重点是建立数据质量管理的责任体系，以确保数据质量管理得到持续推进，有效落实相关工作对应的管理职能与岗位评估机制，明确整个运维组织，甚至研发、测试等兄弟团队在运维数据质量目标制定、规范制定、评估流程、问题处理、评估考核、数据消费、运营支持等方面的职责。流程建设重点是建立事前、事中、事后三个环节的管理机制，事前重点关注运维数据的规范标准，事中重点关注运维数据生产过程的管理，事后重点关注运维数据质量问题复盘，以便持续提升运维水平。平台建设重点是赋能运维数据质量管理，提供标准定义、质量监控、绩效评估、质量分析、质量报告、重大问题及时告警、流程整改发起等运维数据质量的管理能力。

（5）数据模型管理

数据建模是基于对业务数据的理解和数据分析的需要，将各类数据进行整合和关联，使得数据最终以可视化的方式呈现，让使用者能够快速、高效地获取数据中有价值的信息，从而做出准确有效的决策。在运维数据模型管理方面，一是可以借鉴传统业务大数据模型设计方法，毕竟大数据模型已经在很多实时反欺诈、非实时海量数据分析等方面成熟运用多年；二是结合运维数据消费场景实时、准确等特征，利用流式计算区分源端原始数据、旁路后的加工数据、根据规则生成的指标数据等，设计运维实时数据模型。

从实施层面，数据模型集成在运维数据平台，支持 SQL 语句生成、比较合并、版本管理、多人协作建模等，同时支持用户按主题区分业务逻辑，制定录入数据和业务规则，让职能型运维岗与运维数据开发人员更容易沟通，降低数据分析门槛，促进运维数据分析“民主化”。

（6）数据安全管理

数据安全管理包括数据安全策略和流程的制定。数据安全管理需要遵循国家、行业的安全政策法规，比如网络安全法、等级保护、个人隐私安全等。数据安全管理要求对数据内容敏感程度、影响等进行分级分类。

运维数据安全管理越来越迫切，一方面，运维数据量多且敏感，包括海量日志、业务运营流水、网络报文、客户体验数据、性能指标、配置管理数据等，有效保证这类数据安全至关重要；另一方面，由于运维工作直接与生产系统接触，对于常规生产操作合规、合理管理尤其重要，企业要对内部数据安全风险进行全面管理。

在实施层面，运维数据安全管理需要围绕在生产环境与 IT 运营服务管理涉及的运维数据，贯穿数据整个生命周期。数据生命周期包括数据采集、传输、存储、处理、交换（共享、应用）等。组织需围绕数据安全管理组织、流程、平台建设，打造数据全生命周期安全体系。

在组织层面，一是明确运维组织的数据安全管理的决策团队、团队人员职责分工，以及数据管理协同关联团队的职责分工；二是制定并落实数据安全治理规划，落实团队任务、考核、技能培训、权限设置、数据安全监督等。

在流程层面，一是建章立制，从规范上落地数据管理办法、管理制度、管理流程、标准规范等，确保安全管理行为合法、合理；二是构建全流程数据安全管理能力，将数据安全管理要求融入日常工作流程，并以数据驱动安全管理水平的提升。

在技术层面，建设相关技术平台，重点是围绕全局性的数据访问控制、脱敏、加密、审计的平台能力，运维数据平台涉及的数据采集、加工、处理等环节的数据安全管理能力，以及上层数据安全运营分析工具进行建设。

（7）数据生命周期管理

与软件生命周期管理类似，数据生命周期管理（Data Life cycle Management，DLM）用于管理信息系统的数据在整个生命周期的流动，包括数据从产生、采集、存储、整合、分析、消费、归档到销毁等过程的管理。数据生命周期管理伴随着运维保障，以数据存储为例，为了保障系统稳定性与提升系统性能，需要对单库的关系型数据进行分库设计，以及对大表进行分表设计；为了平衡效率与成本，对日志数据进行在线、近线、离线存储。

数据价值决定数据全生命周期的管理方式。数据价值可能会随着时间的推移而递减，影响采集粒度、时效性、存储方式、分析应用、场景消费等。元数据、主数据、数据标准、数据质量、数据模型、数据安全需要围绕数据生命周期进行管理。在运维数据生命周期各个阶段采取不同的管理方法和控制手段，能从数据中挖掘出更多价值。

4. 以场景驱动运维数据治理

数据治理是一个复杂的工程性工作，涉及大量资源投入，如果要全面铺开做运维数据治理，资源很难保障。所以，运维数据治理要直击实际问题，以应用场景为驱动，选择必要的治理内容，有侧重、有步骤地推行。下面谈谈运维指标体系建设过程中的数据治理。

运维指标体系建设主要是基于运维研发效能、运维数据自助服务、运维平台扩展性等痛点提出的解决方案。希望通过建立运维指标体系，能够不断沉淀可复用、可共享、可组装的数据指标，并基于指标建立自助式、低代码的数据应用工具，最终达到提升运维数据研发需求交付速度、提升端到端研发效能的目的。而在指标体系构建过程中，很容易出现同一个指标重复建模的问题，这不仅导致工作量成倍增加，沟通成本过高，还带来一致性问题，需要引入元数据、主数据、数据标准。

元数据定义运维指标。针对特定业务的实时运行看板是运维组织比较常见的运维数据研发需求，这类看板通常涉及多个系统的数据开发，理论上前期开发的数据指标可以为后面的需求提供基础，但数据指标的处理逻辑在代码中体现，指标定义不清导致实际的复用率很低。运维指标的元数据描述了指标是什么，如何生成，统计口径是什么，数据相关方是谁等基本信息，可以说元数据定义了运维指标，比如概述、统计、口径、管理等信息。

- **概述信息**：比如定义指标分类（软件性能、业务运营、交易等）、指标编号（唯一识别编号）、指标属性信息（中文名称、英文名称、指标描述等）等。
- **统计信息**：比如指标维度（机房、机架、主机、系统、渠道、功能号、相关干系人或部门等）、统计周期（采集、计算、消费使用周期）、数据格式（数据类型、长度要求等）等。
- **口径信息**：比如指标类型（基础指标、组合指标）、数据来源（统一日志系统、集中监控系统、统一监控告警工具等）、数据产生方式（手工填报、系统加工等）、数据加工口径等。
- **管理信息**：比如数据业主、数据供应方、维护时间与人员等。

主数据管理指标维度。维度信息在指标体系中尤其重要，具有稳定、可共享、权威、连接性等特征。在运维领域，CMDB中配置数据是运维“监、管、控、析”平台实现互联互通的核心，在众多运维场景中被共享使用。传统CMDB已经实现了操作系统、主机、计算资源、存储资源、网络、机房等的配置数据管理，应用CMDB从主机管理向主机上的应用系统、模块、软件、上下游关系、终端、应用配置、环境配置等扩展管理。CMDB具备演进为主数据库的条件。

数据标准规范指标数据。运维指标数据的生产流程通常包括：采集原始数据，根据模型规则引擎加工数据，写入指标流水，指标消费应用。其中，根据模型规则引擎加工数据是一个工作量大、琐碎的步骤，要减少加工返工，保证数据加工过程稳定，并生成正确的指标流水数据，需要确保采集的原始数据类型、长度、周期等可靠。另外，运维监控源端很多，数据标准化不足，如果是多个监控工具共同运作，需要规范各个监控工具的性能指标、告警数据。所以，利用数据治理中的数据标准管理，有助于规范数据平台建设时对数据的理解，规范指标源数据，减少数据出错，增强数据定义与使用的一致性，降低沟通成本。

另外，基于场景驱动，组织还要对运维指标体系中数据质量管理、数据模型管理、数据安全管理、数据生命周期管理制定针对性的解决方案。

5. 运维数据治理3阶段

数据治理是一个长期过程，在运维数据体系建设过程中要进行持续的运维数据治理。前面曾提出围绕建章立制、价值导向、问题驱动、闭环跟进“四步走”CMDB数据治理方法，这里结合这四个步骤以及运维数据治理的元数据管理、主数据管理、数据标准管理、数据质量管理、数据模型管理、数据安全管理、数据生命周期管理 7 部分内容，可以将运维数据治理归纳为**摸家底、建标准、促消费** 3 个阶段。

第一阶段：摸家底，落地数据资产。在企业数字化转型大背景下，围绕价值创造四个方向，构思要实现的运维数字化场景。再基于场景，梳理运维数据分析涉及的监控、日志、性能、配置、流程、应用运行等数据存储在哪里，涉及哪些工具平台、数据结构，以及提升数据实时性、数据完整性、数据正确性、数据标准化水平等方案。然后借助运维数据平台构建统一的数据“采存算管用”基本能力，实时整合、加工运维源端数据，形成运维元数据资产管理能力，支持快速交付多维度数据。

第二阶段：建标准，提供一站式的管控能力。结合第一阶段的成果，构建数据管控涉及的组织、流程、机制、标准、安全体系，建立一站式的运维数据平台，从运维数据应用场景角度梳理企业数据质量问题，配置数据运营职能岗、制定数据标准及建立配套的流程。基于运维数据标准，结合运维数据项目推动运维数据治理模块的建设，基于一体化的运维数据平台构建数据治理模块，同时有效利用现有工具，比如以运维指标体系驱动数据资产管理模块 / 系统的落地，以 CMDB 为基础落地主数据库。

第三阶段：促消费，以数据消费反向提升数据治理能力。首先，提供自助式服务，以用户为中心，提升运维数据运营效能，为用户提供直接获取数据的能力、数据服务化能力，使用户能够自助获取和使用数据。其次，提供人机协同应用能力，将数据沉淀为知识，形成运维知识图谱，结合 ITOA、DataOps、AIOps 等理念，将机器优势与运维专家经验相结合，形成数据洞察、决策、执行闭环。最后，利用丰富的数据消费场景，反向发现数据质量问题，以持续提升数据治理水平。

25.6　运维数据可视化

1. 可视化对运维的价值

可视化简化对运维数字世界的认识。各种交互优秀的 App 让用户更好地探索生活。在复杂的 IT 运维管理世界，生产对象、技术架构、协同网络错综复杂，再加上引入众多工具、数据、流程，用户需要用相关解决方案来降低探索 IT 运维世界的门槛。可视化通常被用来作为该问题的解决方案，比如面向 IT 服务管理的主题流程报表、面向彰显 IT 创新能力的大屏可视化等。

可视化是专家经验数字化落地形式。工具的引入本质上是为了替代专家经验式的手工操作。专家经验是以人为中心，要让工具更好地落地需要让工具带有人的情感交流思想，否则工具的引入会有很多阻力甚至失败。可视化是表达人思想的手段。运维开发人员需要了解用户，了解用户与用户、用户与机器在交互过程中的思想，通过工具可视化传递专家的思想，并与其他用户进行思想的交流，可让工具更快、更容易地转化为生产力。

可视化是运维工具有效运营的必要条件。运维开发团队需要负责工具的全生命周期管理，尤其是工具开发后的运营，需要对工具的实际生产力负责。通常，用户会安于现状，如果要改变用户习惯，要提供超预期效果的解决方案。良好的可视化工具是有效运营的切入点。

2. 从用户侧出发设计可视化工具

作为运维数据可视化工具的设计人员，目标是让用户能够更快、更简单地理解数据，能够在可视化中找到有趣的信息。在具体设计上，开发人员很容易犯“为了可视化而可视化”的毛病，比如没有明确要用数据表达什么，没有让可视化图表体现思想，数据的背景交代不清，标题不准确，没有注释，不重视颜色的选择等。这些问题根源是没有从用户角度出发，建议关注以下几点。

理解用户价值主张。好的运维开发人员需要为工具的设计负责，需要理解数据、了解用户，并形成用户价值主张。数据是可视化传递专家经验的素材。开发人员可从用户角度出发，归纳出创建原型的可行设计方法，包括从概念模型、线框图、任务流到交互模型等。原型设计过程实际上是对专家经验的深层次归纳，是专家经验与设计人员在思想上的碰撞与磨合过程。

关注用户的交互情感。关注情感与思想的反馈、视图、配色标准、交互动画方式。以配色标准为例，明确什么场景应该用橙色、什么场景应该用红色，用不同的颜色引导用户工作习惯的培养，比如看到红色就知道是必须要处理，看到橙色就反映是警告，这类情感与思想的反馈原则需要在整个工具设计中贯彻。

回归可视化最初的价值。要更好地进行数据可视化，需要本着数据可视化是为了让用户更便捷地了解复杂运维数字世界的目标，让可视化更好地融入日常运维工作流程。

建立感知、决策、执行闭环。数据应用场景需要将“感知、决策、执行”闭环思维带给运维人员，可视化工具也一样，要用可视化让用户感知效果，用可视化辅助用户决策，并督促、辅助用户跟踪决策任务的执行。

3. 如何用好运维可视化组件

好的可视化重点是用对组件。用对组件，“相貌平平”的图表就足够让数据直达人心。数据可视化强调用**有效**的图表。从根本上讲，内容才是使图表具有吸引力的法宝。如果图表制作得当，信息就会以最清晰、有效的方式映入读者眼帘。此时，没有多余的颜色与过多的修饰来扰乱信息呈现。颜色、图表不是为了修饰，而是为了传达信息，如果有必要，应该大胆地简化可视化形式。

传达的信息要客观、准确。这里不仅指数据要客观，同时选择的表达方式所传达的信息也要准确，比如因为条形图给读者传达的是数值，如果不是从零开始会让读者误解；*Y* 轴的应用如果比例选得不好，会让变化程度过于陡或平缓。所以，制作图表过程中，要对数据的准确性、表达观点的准确性进行评估，以免让读者误解。

简单，简单，简单。有时候少即是多，图表如果能将信息表达清楚，就不要进行过多的修饰。简单还表现在字体、颜色、关联维度的使用方面，色彩多样不利于突出问题，非多维变量慎用关联等。总之，要知道可视化信息不是越多、越丰富越好。

选择正确的图表来表达。不同的图表有不同的作用，选择何种图表与表达什么信息给读者有关。切不可为了好看来选择图表。比如柱状图适用于二维数据，重点为了比较；折线图适用于二维数据，重点为了反映变化趋势；饼图适用于不需要精细化的占比分析；漏斗图适用于各环节业务数据比较；地图适用于呈现有空间位置的数据分布；雷达图适用于 4 个维度以上数据的分布排序。

关注表达细节。可视化图表还要关注细节，比如数据单位的选择，图表标题、提示等信息。细节运用不到位呈现的效果可能完成不一样。

用多视角对数据进行分析。虽然总数、比例等数值经常被用于可视化，但这些数值通常只能告诉用户被研究对象当前的状态，未能显示分布、关联关系等信息，而用多视角看可以发现一些全新认识，比如用散点图，可以发现独立的离群值，通常少量的离群值可能需要修正或特别注意。

善于在图表中运用多元变量。以运维故障分析为例，如果从故障数量变化曲线看，用户可以看到故障变化趋势，而如果在曲线可视化图表中加入变更数量曲线，则可以获得更多信息，比如变更很少但故障数多，则应关注对应研发团队的应用版本质量。

增加必要的背景信息。提供数据背景信息，让用户很容易地理解图表。好的背景信息可给视化带来思想，可配上精心设计的标签、标题、文字。

突出视觉层次。用醒目的着色突出显示数据，淡化其他视觉元素，从而突出视觉层次，帮助读者快速关注到重点数据。主次钻取也是一个好办法，比如制作一张应用系统状态墙作为全景，细节从全景图进行钻取。

用数据来讲故事。Tableau 有一个关于故事的设计挺有趣：采用故事导览按钮，把多个看板串起来讲故事，用故事的方式提出背景、介绍问题、然后可视化回答问题，让用户准确地切入焦点。在一个看板中可以考虑加入文字将图表串起来，不过常用的可视化工具中并没有提供这种解决方案，值得期待。

最后，从内容、视觉效果、制作三要素对可视化做总结。

- 内容足够丰富，内容来自客观数据，内容是图表最重要的要素。
- 通过视觉效果向读者解释内容，重点强调要表达的精华内容，让读者能快速抓住要点。视觉效果是辅助手段，可降低对数据的认知成本。

- 制作能让读者看得懂、看得清的报告和看板，既需要制作者对数据敬畏，又需要制作者足够用心，用好图表。
- 不是为可视化而可视化，要让可视化正确、高效地传递信息。

4. ECC 大屏

只要有数据，一切皆能可视化。动手实现数据可视化是转向数据驱动运维工作的第一步。下面以 ECC 大屏可视化为例介绍可视化实施相关工作步骤。

从数据赋能 ECC 角度看，ECC 需要将企业的业务与运营指标进行统一，提供应急处置涉及的指标、应急场景梳理、场景可视化、应急过程感知等应急管理协作平台。如何利用好 ECC 大屏是一个值得关注的工程问题，下面介绍工程实施思路。

一是明确数据可视化目标。此阶段重点是确定目标主题，不要为了可视化而可视化，弄清楚要通过数据可视化表达什么主题、目标用户是谁。ECC 大屏可视化目标通常有两类：一类是用于参观，适用于低频、高价值场景，目标用户是管理决策层或外部重要客户；另一类是用于实战，适用于高频、高价值场景，目标用户是一线值班、二线专家，以及应急集结过程中的外部研发、测试专家。很多厂商或咨询公司没有区分用户，导致参观模式下表达的主题不聚焦，实战模式下信息不能辅助应急指挥。

二是针对用户特点确定主题。确定用户对象后，下一步是分析用户关注或熟悉什么信息。分析信息后确定大屏需要表达的主题，每一种主题需要呈现什么信息，比如针对参观模式，虽然使用频率低，但可彰显组织 IT 技术实力，呈现业务与 IT 服务的关联关系，帮助管理人员进行全局性洞察。所以，要关注可视化效果，设计多种参观主题，比如针对人行结算需要有支付主题、针对银联需要有信息主题、针对“双十一”活动需要有电子支付主题、针对年终结算需要有各结算步骤执行情况主题等。有效表达主题对于 IT 组织资源获取很有帮助。

三是梳理数据家底。确定 ECC 大屏的主题后，下一步是分析达成主题可视化需要什么数据。数据通常由指标组成，在设计指标时需要明确指标的意义。指标从数据角度看是一种度量手段，有意义的度量能够让人洞察到问题。确定指标后，就要推动数据的产生，梳理数据家底，构建数据“采存算管”能力，明确哪些数据需要实时采集，哪些数据可以离线采集，加工口径是什么，数据指标负责人是谁，指标质量监测手段是什么，哪些指标涉及安全风险等。

四是设计可视化。对于不同主题的 ECC 大屏有不同的可视化解决方案，需要思考如何可视化数据来反映目标用户关注点。设计时需要关注如何布局数据指标、引入什么仪表盘、是否涉及数据交互。对于参观模式，关注可视化效果，需要基于关键指标，结合 3D、2.5D

视觉，以及一些即时变化效果。同时，参观模式的每个主题最好对应一个可视化故事。对于实战模式，关注值班涉及的应急、感知、可观测的数据可视化，以及交互与异常提示方式等。

五是选择可视化风格与形式。风格上应抓大放小，先确定主体风格，再根据需求完善细节。参观模式下，尽量体现科技感，彰显 IT 科技实力；实战模式下，关注日常关键工作内容，能够鲜明地提示异常信息。在实施上，基于原型图与用户进行沟通交流，不断尝试，寻找信息最优表现形式，选用合适的形状、颜色、布局。以参观模式为例，背景底色、背景动效、关键组件的动画、关键数字的实时变化等细节都是尤其重要的，比如像核心系统交易次数、终端访问等数值比较大的关键指标，在设计上要实现每秒钟有翻页，平衡真实采集频率与可视化效果。

六是建立可视化感知、决策、执行闭环。比如在实战模式下，设计关键业务系统健康感知、关键 IT 资源基础设施健康感知、安全态势感知、终端用户体验感知、生产事件管控主题等。在生产事件管理主题中，配套针对异常信息的处置机制，比如连接统一告警平台，实现告警响应与处置闭环。

七是做好 ECC 大屏的运维保障。这点对于参观模式尤其重要，原本目的是彰显 IT 科技实力，切不可在向重要用户展示时出现大屏整体不可用、部分硬件异常、部分终端不可用、指标不可用、部分指标数据异常、数据更新不及时等问题。

第五部分 Part 5

场景革命

在视频领域，通常按每秒25张或30张图片组合成一个视频画面，对一段时间内的视频画面进行剪辑形成一个场景，多个场景组合成一部电影。电影某个场景的失误可能会影响整部电影口碑，一个好的场景也可能让电影成为经典。运维数字世界也是由众多运维场景连接而成的。要打造运维数字世界，需要将组织、流程、平台能力整合好，形成一系列恰到好处的运维场景。数字化运维需要用“连接、数据、赋能”思维，重新将运维沉淀下来的智慧场景化。每个场景由时间、环境、人、事件、连接5个要素组成，其中时间指运维工作发生的时间段或时刻，环境指线下与线上协同环境，人包括人与机器人，事件指场景的主题内容，连接指人、事、环境的连接。

Chapter 26 第26章

场景驱动

场景是最真实的以人为中心的体验细节。

场景是一种连接方式。

场景是价值交换方式和新生活方式的表现形式。

场景构成五要素：时间、地点、人、事件、连接方式。

——《场景革命》

在“组织、流程、平台、场景”四位一体的运维体系中，场景数字化是对组织、流程、平台能力的整合，需要随着组织实际的工作机制调整而调整。在场景建设整体推进中，组织可以围绕线上化、自动化、数字化、服务化四点进行评价。为了有节奏地推进场景建设，组织还需要梳理工作场景，绘制场景地图，从制定场景地图规划、建立场景流程机制、描述场景地图形式、细化场景设计四个部分切入。

26.1 场景建设方法论

运维场景建设的重要思想是基于组织经验，将组织的人、流程、平台在线连接，形成全线上化、数字化工作片断。片断便是运维数字世界的一个个场景。

1. 场景概述

（1）场景定义

运维组织中什么资产最宝贵？网络设备、硬件设备、平台、软件、应用系统……不同的人有不同的理解，笔者认为最宝贵的是运维组织基于组织特点、能力禀赋而沉淀下来的运维工作模式，毕竟硬件可以过保更换，软件与系统会上线、下线。遗憾的是，很多运维组织的工作模式仍主要由文档上的流程、成员个体头脑中的经验组成，这种方式存在大量不确定因素。事实上，有不少生产故障也是由于某个或多个未按规定落实的工作节点引发的。

吴声的《场景革命》对场景做了一些介绍：场景本来是一个影视用语，指在特定时间、空间内发生的行动，或者因人物关系构成的具体画面，是通过人物行动来表现剧情的一个个特定过程。从电影角度讲，正是不同的场景组成了一个完整的故事。场景在互联网产品设计中比较流行。互联网场景特点如下。

- 以人为中心，依赖于人，没有人的意识和动作就没有场景。
- 一种连接方式，用各种工具连接场景中的人、事、物。
- 场景构成要素包括时间、地点、人物、事件、连接方式。

借鉴上述场景定义与特点，我们可以认为运维数字世界由众多运维场景连接而成，运维场景由时间、环境、人、事件、连接 5 要素组成（见图 26-1）。

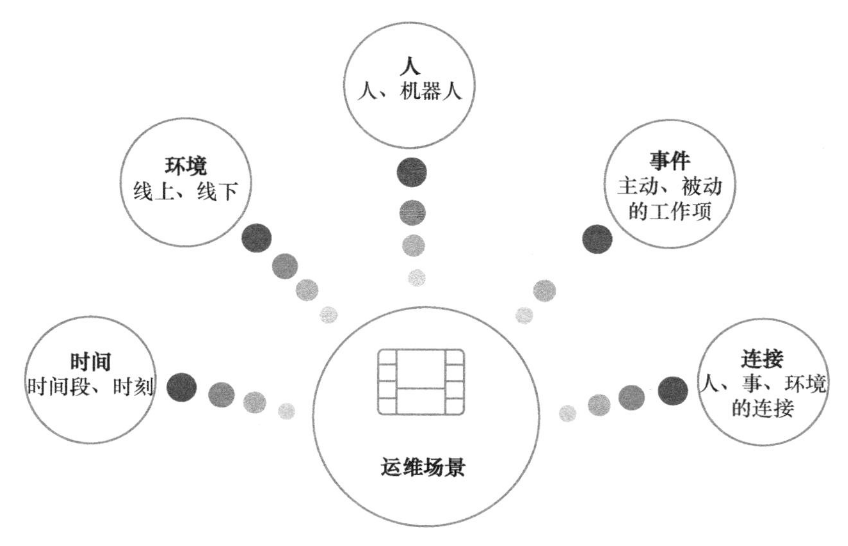

图 26-1　运维场景 5 要素

金融行业夜间清算批处理场景示例如下。

- **时间**：当日业务终止后清算开始到清算结束的时段，通常是夜间值班的时段，清算时间与清算工作节点上下游依赖关系的执行时间有关。
- **环境**：物理空间下业务办公场地，运维值班 ECC、线上清算 IM 协作群、与清算相关的信息系统，需要配套的值班管理办法、清算管理机制与日常工作规程。

- **人**：包括夜间一线运维值班人员、二线运维远程值班人员、研发支持人员、供应商支持人员、业务清算人员以及自动化机器人。
- **事件**：清算过程感知、正常或异常的清算过程、异常的清算事件、清算总结等。
- **连接**：人、事、环境的在线连接。

从上面的清算批处理场景5要素分析看，一个完整的清算批处理涉及业务系统、业务监控系统、自动业务调度系统、社交IM、应急处置系统、运维数据平台、ITSM等多个工具的建设。在实际工作过程中，清算值班人员根据经验在多个工具之间进行操作。由于夜间清算是金融企业运维人员的重要工作，而经验丰富的运维人员并非每天都会值班，所以组织可用清算专家经验，整合企业多个系统及数据，实现多团队协作的清算场景数字化，具体如下。

- 清算任务管理，支持配置不同系统的清算管理任务，设置相关清算岗位、值班任务等，实现清算工作线上化。
- 清算任务步骤执行情况管理，支持采集清算步骤执行情况数据，提供全局性的步骤执行情况看板、各步骤执行状态、步骤执行时间（同比、环比时间）、清算日志详情、各清算任务涉及操作工具信息配置等，落地清算过程数据。
- 清算任务告警设置，支持对清算状态、耗时、漏做、多做等策略的告警感知，并将告警信息推送到清算看板。
- 清算任务日报总结。支持对整个清算过程进行汇总，发布清算日报，管理决策者、研发人员、业务人员可以订阅清算过程报表服务。
- 支持将清算管理与事件管理、问题管理、数据维护、变更管理等流程互联，实现清算管理全流程管理。
- 利用ChatOps将清算管理步骤与状态通过机器人发布到专项的清算管理协同群，实现清算任务与一线值班人员、二线值班人员、开发人员、业务人员的协同连接。

总体来说，场景整合平台的服务与数据，将不同的人通过社交工具连接在一起，更贴近运维组织实际的工作模式，能够打破信息孤岛，更有助于建立全数字化的运维工作模式。

（2）场景与组织、流程、平台的关系

在“组织、流程、平台、场景”四位一体的运维体系中，组织数字化转型重点围绕组织文化、组织架构、个人能力持续优化展开；流程数字化通过“连接、数据、赋能”重塑工作流程，将制度规范、管理领导力、协同模式、资源配置等通过数字化技术在线化；平台数字化是支撑组织、流程和场景数字化落地的技术底座；场景数字化是基于场景驱动整合组织的岗位、流程的规程、平台的服务与数据，将线上工作连接起来，实现提能增效和智慧沉淀。

场景以角色对象为中心，强调多角色高效协同。运维工作涉及多方协同，场景的有效运作将让各种角色对象进行线上化或自动化协作。角色对象主要包括组织内与组织外的角色。

- 运维组织内涉及运行保障、业务可用性和连续性管理、资源管理、信息安全管理等职能型角色，以及运行分析、业务运营、IT服务管理、系统退出、运维开发等横向优化型角色。
- 运维组织外涉及研发人员、测试人员、业务人员、客服、供应商、监管人员等。另外，随着平台化管理与人机协同模式的不断推进，组织角色对象还将加入机器人。

场景是对线下流程的数字化映射，强调流程在运维数字世界的落地。相比其他工作，运维工作需要面对海量机器与数据、突发故障等。很多运维组织积极吸收DevOps、AIOps、SRE、ITOA、ITIL、ISO20000、ISO9001等方法论，围绕敏稳双态思路优化工作流程。场景是运维组织结合沉淀的经验，将标准化流程与实际工作相融合，落地为数字化的协同模式。在实施上，结合"连接、数据、赋能"，将被动的流程管理向主动的IT服务、IT运营模式转变，标准化协同流程，实现能线上化的工作线上化，能自动化的工作自动化。

场景是平台能力的集成器，强调场景构建的敏捷与用户体验。当前，运维平台建设的主流思路是基于"监、管、控、析"工具向一体化平台架构演进，利用自动化工具替代运维手工操作来推动运维研发一体化（DevOps），利用运维数据中台及数字化运营场景建设来推动运维数据运营（ITOA），利用运维数据挖掘、机器学习，优化运维场景，探索运维智能化（AIOps）。由于平台工具的功能相对独立，而运维场景又需要多个工具支撑，所以在很多工作中运维人员需要在多个工具间切换，而场景可实现对多个平台能力的集成。

2."点线面体"的数字化运维模型

点关注运维对象。运维对象包括人、软件、硬件，以及不断抽象归纳的指标、模型等。运维数据分布在工具平台上，在实际应用中通常会将数据进行整合加工，其中与IT资源、应用、软件相关的配置数据由CMDB整合。

线关注点与点之间的连接，指围绕运维价值的交付链。从软件全生命周期管理看，运维有几条关键价值交付链：软件交付价值链、IT服务交付价值链、系统退出价值链。每条价值链由多个运维场景组成，场景则由多个点连接而成，每个细化的场景可以认为是一条连接的线。

面关注运维体系，指围绕"组织、流程、平台"的数字化运维体系。将众多运维场景整合在一起就形成一个数字化运维体系，涉及组织层面的职能、岗位、人才、绩效管理等，流程层面的标准、规章、规程等，平台层面的基础平台、应用平台、工具平台等。

体关注生态，指运维走出企业，与行业、供应链厂商、第三方机构等建立生态。可以看到，开放将是未来的一个趋势，一方面行业政策及监管正在推动行业集约式的基础设施、行业开放平台建设，另一方面供应商也在推动开放型的平台生态搭建。行业领先企业中的部分运维组织可能会融入开放的平台生态。

3. 场景成熟度评价

由于生产运行数字世界复杂度持续提升，大部分运维场景在持续优化，笔者认为运维场景成熟度可以围绕线上化、自动化、数字化、服务化（简称“四化”）进行评价。运维组织可以持续对场景的“四化”进行评价（见图 26-2）。

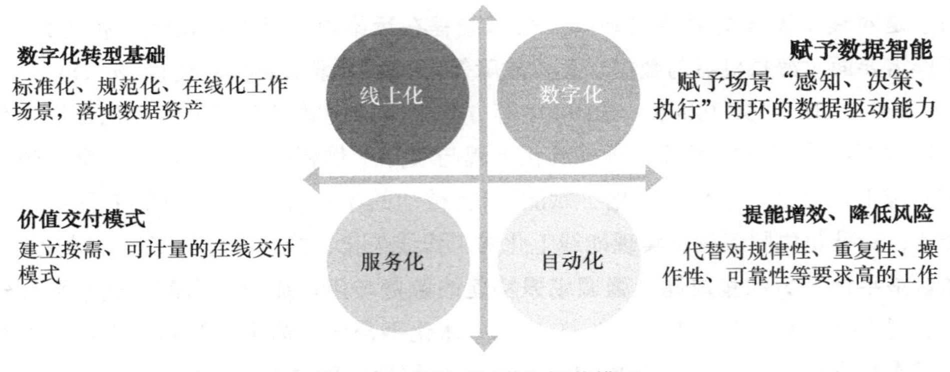

图 26-2 场景“四化”评价模型

线上化是进入运维数字世界的基础。场景与传统经验驱动运维工作相比，最大的区别是场景要求工作中的“人、事件”与“平台”是全在线连接的，只有工作线上化，才能落地生产运行过程中的数据资产，让组织、流程进入运维数字世界。线上化要求将运维工作场景标准化、规范化，比如线上化应急处置、监控管理、值班管理、预案管理、演练管理等。虽然线上化能够带来一些便利，但因为线上化工作需要改变运维人员的工作习惯，对于当前组织是一个比较大的冲击，可能会引发组织一线员工的排斥，需要获得组织决策层的支持。

自动化为运维提能增效、降低风险。自动化通常针对规律性、重复性、操作性、可靠性等要求高的工作，通过机器或人机协同的方式代替纯人工操作。线上化运维场景需要对场景中人工交互操作标准化，并针对每个标准化操作由机器自动实现，如涉及多个标准化操作则对操作进行编排。在具体自动化实现上，一方面要善用已有的“监、管、控、析”工具，另一方面要利用好企业内的协同工具，比如 RPA 等。在技术上，可以考虑构建事件驱动模式，支持过程操作的编排。

数字化赋予场景“感知、决策、执行”闭环的数据驱动能力。在全数字化场景下，运维工作场景应该是由一套规则明确、条理清晰的流程节点串联而成的，每个流程节点会自动驱动后面的节点。也就是说，当前节点基于数据感知输出的决策不仅仅是辅助建议，而应该驱动决策和执行行为，这个过程无须人工干预。在实际推进中，组织可以将全数字化场景中每个节点的操作细分为“感知、决策、执行”，其中感知关注数据洞察，或通过数据可视化发现问题，比如辅助故障定位涉及的重要系统上下游链路全景、交易系统业务订单全景、系统运行状态感知、业务性能感知等。决策关注基于数据驱动的决策支持，当前主要是利用已知规则或 AIOps 智能算法，辅助决策制定或实现决策制定自动化。感知输出问题，决策产生任务，下一步是要让任务得到有效执行。

服务化是运维向一切皆服务的价值交付模式转型。“被动”一词很好地体现了传统运维工作状态，很多运维团队以事件驱动的被动操作为主，这种工作方式会导致运维人员工作无法连续、服务交付碎片化、IT 资源缺乏统筹协调，不利于组织能力的持续提升。服务化要求运维组织构建“一切皆服务”的价值交付模式，包括在组织层面精细化分工，引导客户服务意识，标准化 IT 服务，构建在线的服务交付能力。在基础能力上，运维组织可以将底层“监、管、控、析”工具能力 API 化，上层通过可视化看板、数据指标、工具应用、IT 服务台等服务形式，利用服务目录为用户交付运维服务。

26.2　构建场景地图

从数字化运维体系看，线上化需要坚决地落实，后续才能在场景线上化的基础上进一步扩展自动化、数字化、服务化能力。而落实线上化的关键是线上化场景的覆盖面合理，并达到一定的规模。此时，构建场景地图的工作应运而生，即在推进数字化运维工作场景建设中，运维组织需要有一张描述整个运维组织协同工作的场景地图，再基于场景地图选择优先级高的场景，并有节奏地推进场景“线上化、数字化、自动化、服务化”建设，方能成功构建数字化运维体系。关于场景地图，下面从制定场景地图规划、建立场景流程机制、描述场景地图、细化场景设计四部分介绍场景地图。

1. 制定场景地图规划

策划场景地图是场景建设的第一步。场景建设容易进入碎片化模式，如不提前做好场景地图策划，后期容易出现场景与场景边界不清，场景之间你中有我、我中有你情况，最终造成功能重叠浪费。在该方面，下面梳理了“价值主张、现状梳理、规划蓝图、实施路线”四点。

（1）价值主张

价值主张关注痛点与运维组织期望，以及解决痛点与实现期望要采用的解决方案。价值主张是为了确保运维场景建设是价值创造驱动，真正地服务于运维组织。价值主张重点是分析出运维组织面临的痛点与期望，以找到针对性的、相契合的运维场景建设方案。运维场景中的价值主张实际也是对组织正在进行的工作进行检视，判断这些工作是否与运维价值创造相匹配。

在运维场景的价值主线分析上，以痛点为切入点。所谓痛点，就是运维组织当前未被满足，又十分渴望的事项，或让组织里的各个角色产生负面情绪（不满、恐惧、挫折、愤怒等）的事项。比如每天要处理大量重复的监控告警，一线管理员每天麻木地做着大量无用功；终端业务系统架构复杂，客户体验问题难发现，故障定位难度越来越大；变更发布操作复杂，容易出现操作失误，且变更后无法实时感知系统升级后的运行健康度；现有 ITSM 等线上化管理工具的录入工单信息太多，效率低等。痛点驱动，就是在运维场景建设规划路线上，优先选择上述痛点为试点场景，一方面可以争取更多的支持，另一方面便于串起全局性的运维场景规划。

兼顾运维组织对趋势的洞察能力。运维场景建设不仅仅是痛点所驱动的，还包括行业、企业多重因素影响。学习型运维组织会用发展的眼光从当前具体的运维模式、内部工作流程中抽离出来，展望未来行业、监管政策、企业业务、技术架构、人才等变化。结合当前企业数字化转型的大背景，运维组织如何构建全新的运维工作模式，帮助并支撑企业数字化转型是重点考虑的事项。

在分析痛点后，下一步是针对性地分析痛点的应对措施。运维场景的应对措施可以是组织架构优化、岗位能力提升、规范的制定、工作流程的优化、技术平台的建设等。应对措施不一定和痛点一一对应，比如一个措施可能解决多个痛点，或一个痛点要多个方案解决。所以，组织在分析应对措施时要综合考虑相关解决方案，而且实现场景与场景的互通将提升应对能力。

（2）现状梳理

场景源自运维实际工作机制，是以实际工作机制为基础，对运维能力的抽象、关联、组合。现状梳理是基于价值主张分析的结果，梳理了解组织、流程、技术方面现状。

组织方面主要包括组织架构与人员。前者关注运维组织岗位设置是否合理、清晰、明确，是否兼顾职能型团队与横向团队；后者关注运维人员的能力与组织发展的目标、运维价值创造是否匹配。流程方面主要包括制度规范、标准、规程，通常制度方面可借鉴监管要求或同业实践进行查漏补缺，有效支撑场景的落地。技术方面主要围绕“监、管、控、析”平台化能力进行梳理，包括平台功能与平台对外开放服务的能力。对现状梳理后，组织可针对性地对组织、流程、技术进行优化，有侧重地分配好每个阶段的资源。

在现状梳理时，组织可以思考以下问题。

- 组织各团队的职责和岗位。
- 运维工作内容的描述。
- 工作流程与对外提供的 IT 服务。

- 已经使用的系统、工具。
- 涉及哪些数据。
- 人与事连接关系是什么。
- 痛点与期望匹配情况。

（3）规划蓝图

规划蓝图重点是明确运维场景建设的目标或愿景。规划蓝图时，要明确场景覆盖面，场景在“线上化、数字化、自动化、服务化”方面的目标，统一思路。一方面，明确目标与愿景有助于在组织内部统一认识，减少后续协同的信息差；另一方面，规划蓝图有助于运维各参与方更好地分解目标，并制定实施方案。

在制定运维场景地图规划时，组织需要明确可以做什么（确定机遇与风险），能够做什么（现状分析与战略策略选择），想实现什么（运维组织愿景），要如何做。基于变化中前行的思路，组织要了解不同规模的运维组织对业务部门承诺的 SLA 与 SLO、运维工作模式、IT 资源投入、人才结构等不一样，根据自身禀赋制定相应的规划。

（4）实施路线

实施路线是指导运维场景地图落地的路线。实施路线从时间维度可分为多个阶段，在每个阶段需明确战略重点。通常，组织可以考虑用“两实一虚”的思路进行阶段划分，即分为短期、中期、长期 3 个阶段，短期一般是 0 ～ 6 个月，中期是 6 ～ 18 个月，长期是 18 个月以上。其中短期、中期路线目标以“实”为主，长期路线目标以“虚”为主。“实”指要清楚地制定需要达成的战略目标，落实责任人、资源分配，初步分解涉及的项目。“虚”指围绕趋势性目标，因为时间越长，不确定因素越大，需要在不断迭代过程中完善战略路线图。

借鉴运维成熟度模型梳理路线设计。成熟度模型可用于描述事物发展阶段、阶段特征和发展方向。一般来说，成熟度模型包括外部结构与内部结构，外部结构指能力的阶段分解，内部结构则重点从内容方面进行分解。除了借鉴成熟度模型以外，组织还要结合实际情况落地适合自身的可执行方法，比如围绕“四化”制定场景实施路线。

2. 建立场景流程机制

流程机制是场景落地的保证，是场景协同的关键。为了确保全数字化运维场景落地，所有场景都需要配套明确的流程机制，主要包括制度标准、操作规程、组织建设三方面。

（1）制度标准

制度标准通常包括行业内与企业内的制度标准。

行业内制度标准是国家、协会、联盟等发布的行业通用政策、标准等。比如金融行业监管部门发布的信息管理规范，以及行业标准化机构发布的 IT 运维服务规范。行业内制度标准通常集全行业优秀企业、咨询机构、领域专家的经验，在运维管理的意义、目标、原则、组织等方面提出了通用性指引，在内容描述上通常具备参考价值，避免企业从头开始造轮子。

企业内制度标准指借鉴行业内制度标准制定的企业内运维制度标准。一般来说，运维组织会根据外部政策，结合自身特点制定特定的运维管理制度标准，以确保内部各项活动有效落实。企业内制度标准在内容上通常包括适用范围、目标与意义、角色与职能、管理要求与流程、监督与考核等。一个成熟的金融企业运维组织通常需要大量的制度标准，比如：

- 《信息技术管理办法总则》
- 《故障管理办法》
- 《问题管理办法》
- 《生产变更管理办法》
- 《配置管理办法》
- 《数据中心 / 机房管理办法》
- 《日志管理办法》
- 《监控管理办法》
- 《ECC 管理办法》
- 《业务参数管理维护管理办法》
- 《数据提取管理办法》
- 《密钥管理办法》
- 《办公终端管理办法》
- 《软件版本管理办法》
- 《数据备份管理办法》
- 《桌面终端管理办法》

制度标准具有指导性、纲要性，是判断所有工作机制是否合法、合理的基础。在实际实施过程中，上述管理办法也会做一些合并或分解，比如在《信息技术管理办法总则》中引入故障、问题、变更等要求。

（2）操作规程

运维场景中包含大量的操作流程，这些操作流程需要根据实际落地情况进行调整。由于制度标准的变更往往需要一个复杂的审批流程，所以通常运维组织会基于制度标准的基本要求，制定具体落地的操作规程。操作规程更加贴近实际的运维场景，通常包括在某个工作场景下、有哪些角色参与、这些角色应对哪些工作、需要完成哪些工作，所以场景建设应结合操作规程。组织可以制定以下操作规程。

- 与 ECC 管理相关的：值班岗位交接方式、每日盘前早会、值班经理机制、每日盘前关键时段运行状态巡检机制、监控处理操作机制、告警收敛与事件复盘机制等。
- 与周末测试相关的：每周周末测试环境评审机制、周末测试过程有效性管理机制、大规模协作任务时序管理机制等。
- 与变更评审相关的：CAB 评审协同机制、重大变更投产审核机制、项目上线审核机制、批次任务质量管控机制、临时紧急升级包风险管控机制等。
- 与应急定位与处置相关的：事件状态转换管控机制、问题管理及风险收敛 48 小时持续督办机制、特别保障与应急集结机制、应急经验总结沉淀及定期回顾机制、风险揭示与质量公告机制、线上化信息发布及闭环机制、每周高风险变更任务识别与通报机制等。
- 与事前保障相关的：重要信息系统上下游调用和数据依赖管理机制、最小单元可用性保障管理机制、最小功能依赖可用性保障机制、最小核心业务回归覆盖度保障机制等。

每一项操作规程都是运维组织适应环境变化沉淀的智慧结晶，场景是对该智慧结晶的数字化落地手段。

（3）组织建设

运维场景建设是一项复杂的体系化工作，需要充分调动组织相关资源进行整体协同。有效的组织架构是运维场景地图落地成功的保证。组织要基于现有架构，优化调整职责分工，以支撑场景的落地。

运维场景建设不仅是将现有工作场景线上化，更重要的是要支持运维组织更轻松地应对企业需求。在组织建设上，要基于线上化场景的落地数据，实现场景维度的度量管理，促进组织能力的持续提升。比如，提升团队工作效率、防范操作风险能力，需要纵向职能团队建立透明、感知运行风险管理机制，持续加强工具的应用；提升场景数字化水平，需要运维研发团队构建更完善的数字化运维平台底座，落地“采存算管用”能力；管理规范的有效落地，需要配备流程度量方法，推动流程持续优化。场景地图落地是一个长期过程，需要得到决策层坚定的支持，尤其是当短期价值无法快速实现时，最考验决策层的规划定力。以一个 ECC 值班管理场景为例，配套的组织建设如下。

- ECC 值班经理。
- 各职能组织一线值班岗位。
- 各职能组织二线支持岗位。
- 职能组织团队负责人辅助决策岗位。
- 服务台。
- 值班部门领导的决策层岗位。

- ❑ 针对夜班涉及的清算批次处理岗位。
- ❑ 针对故障涉及的跨团队协同应急岗位。

上述每个岗位的职能需要根据具体场景的工作机制进行设置，同时要注意在组织设计上，要充分传承运维组织现有的组织架构，减少虚拟的岗位，以提升组织架构的稳定性。

3. 描述场景地图

场景是运维数字世界的组装材料，要能够各司其职、形成互联。所以，运维组织要基于可扩展性、体系化的运维场景地图，指导运维场景的有序建设。有了运维场景地图，组织可以清晰地评价地图中哪些场景需要优先建设，哪些场景需要增强，当前阶段要重点实现场景的什么能力等。

在构建运维场景地图时，笔者想过多种描述形式，比如按 IT 服务管理的服务分类、重要的 IT 交付价值链、工作时间段等。从场景与场景之间功能重叠、场景覆盖率等问题看，组织最后选择以“价值驱动＋时间段”方式设计运维场景地图，即围绕运维价值创造，从日常运维工作的完整时间段去分解涉及的工作场景。以“提高业务连续性保障水平”价值为例（见图 26-3），结合相关运维工作特点，将工作场景按时间段划分为“盘前、盘中、盘后、夜间、非工作日”5 段，再梳理每个时间段涉及的通用性工作，接着围绕通用性工作涉及的“时间、环境、人、事件、连接”5 要素，设计具体的工作场景，最终基于运维数据平台落地工作场景。在这些场景中，有些场景专属某个时间段，有些场景横跨多个时间段。

运维场景地图
（提高业务连续性）

盘前	盘中	盘后	夜间	非工作日
巡检自动化	值班	盘后分析及优化	监控闭环管理	周末测试
巡检任务	监控处理	复盘会	调度任务管理	CAB时序
早会	工单处理	……	……	……
……	……			

演练&混沌工程
工单&流程
变更&CD
IMS
服务台
运行数据感知应用
知识管理、文档完善、预案管理
任务管理
API网关（待完善）
监控平台 IT流程平台 自动化操作平台 运维数据平台 ChatOps 任务 消息

图 26-3 “提高业务连续性保障水平”价值驱动的运维场景地图

不同的运维组织可以结合自身的场景地图策划方向，选择不同的场景划分方式，在具体的实现上，建议围绕“高频、通用、高价值”3个特点，有先后地分步覆盖场景。

- 高频指经常出现的场景，比如每天盘前做巡检、每天盘中值班管理等。高频场景更容易产生价值，也有利于持续优化。
- 通用场景主要针对更多的团队或人，而不是针对某个人的工作场景。
- 不一定高频与通用场景才能产生高价值，有些特定时间的低频场景也很重要，比如面向管理决策层的工作场景。

4. 细化场景设计

有了场景地图，下一步需要结合场景地图细分场景涉及的工作项，细分工作项时要借鉴前面提到的“时间、环境、人、事件、连接”5要素。下面仍以上面提到的值班管理场景为例，介绍场景设计。

时间是场景的发生要素。前面提到场景地图是按时间段划分的，比如工作日值班盘前准备、盘中开业、盘中保障、盘后复盘、夜班清算、夜班监控管理等，每个值班时间段关注的事件、人、环境、连接可能不一样，盘前准备关注运行感知、开业准备与操作等，盘中开业关注状态感知与监控，盘中保障关注监控发现与响应、故障识别、故障定位等。时间除了计划性时段外，还包括突发性时刻，比如一线值班岗或服务台人员值班中受理突发性问题咨询等。

环境重点指工作协同发生的工作方式。环境按大的方向分可以分为线上、线下两类。线上主要是指运维平台、企业办公、工作流引擎、IM等数字化工作空间涉及的工具，线下指物理协同办公的场所，以及办公场所涉及的办公设备，比如ECC值班场景中可能会用到大屏可视化设备、应急沟通看板、应急讨论涉及的投影仪、外部报送涉及的传真机、电话会议涉及的IP电话等。理解环境有助于分析有哪些工具、设备资源可供使用，哪些看起来不错的解决方案又不适合引入。另外，还有一个隐性环境（即工作机制），即组织制定的制度标准与操作规程，以及机制下涉及的角色、职责、权利、义务、输出等，比如ECC管理办法，或更细分的值班管理办法等。

人重点指工作场景中涉及的协同角色。随着系统架构越来越复杂，企业内分工精细化程度越来越高，绝大部分工作是由多个角色协同完成的，所以这里的人按角色划分，比如运维组织中的不同职能团队，职能团队中的一线、二线运维岗位、管理决策层，运维组织外部涉及的研发人员、测试人员、产品经理、项目经理、业务部门、客服、供应商、外部监管、同业、客户，以及各类自动化机器人。机器人主要是基于平台化管理能力，实现运维，比如告警时效性管理机器人、应急处置时效性管理机器人等协助值班经理落实监督工作；巡检自动化机器人协助一线运维值班人员处理操作性工作；监控异常告警机器人协助一线运维值班人员，将告警精准、快速触达值班人员；异常处置机器人协助应急申报人员快速将异常传达给协同处置关联团队。

事件是场景的主线。一个工作场景由一件或多件事组成，可能是常规事件，也可能是突发事件。在事件梳理上，组织可以考虑采用用户旅程思路，梳理不同协同角色在场景中可能做的事，如何做事，会使用到哪些工具、数据，比如，在值班管理中涉及排班管理，具体包括值班人员签到、换班、临时外出、巡检任务、值班任务登记、待跟进事项登记、值班事件协同（故障协同、应急集结等）、值班数据运营等。

连接是串起场景的线。场景中的事件与传统运维工具最重要的区别是一个场景下的工作尽量在一个工具上完成。但场景设计上，由于场景涉及的多个角色的人、具体的事、环境、工具不是孤立存在的，而是以一种全在线协同方式串联的。这里的全在线协同就是“连接”。此时，组织需要思考在场景设计中引入何种技术手段能够实现连接，比如 ChatOps 是一种以 IM 连接人与事件的技术手段，数据的“洞察、决策、执行”闭环是一种连接多个人、事件、环境、工具的技术手段，事件驱动决策是一种将决策与自动化执行连接起来的技术手段，推送监控告警是一种将值班与监控告警处置、故障应急协同等机制连接起来的技术手段，制定任务或问题流程是一种将决策与执行连接起来的技术手段，服务台是一种将非标准化沟通连接起来的技术手段，AR 远程协同是一种基于硬件连接现场值班人员与远程专家的技术手段。

26.3 构建敏捷的运维场景平台

在“监、管、控、析”工具技术选型上，运维组织通常会选择商业或开源解决方案，但企业外部解决方案会涉及商务、流程、合规等各种制约，所以在具体实施中运维组织会倾向于让“监、管、控、析”工具稳定、可靠地迭代。但在平台之上的运维场景，运维组织需要基于实际工作机制进行调整，相较于围绕构建稳定的平台，需要更便捷的消费平台，整合好场景要素，达到敏捷交付场景的需求。为了构建敏捷的运维场景平台，下面从“一站式、数据驱动、协同网络、一切皆服务、研发效能管理”5 点进行分析。

1. 一站式

运维场景平台是以场景为导向，为用户提供统一的信息洞察、决策、执行的工作平台，是应用系统、组织、流程、平台之间的桥梁。一站式强调整合资源的能力，形成数字化工作空间，支持组织内部决策活动及组织成员协作。

门户式整合方案。场景平台无须覆盖所有工具功能，应以整合能力为主。平台在交互层面的整合可以借鉴传统门户整合方式：信息整合、应用中心、通用服务整合。信息整合是将多个信息系统数据进行整合，应用中心是以应用跳转、可视化拖拽等方式进行整合，通用服务整合是对场景平台基础设施服务化能力的落地。应用跳转主要针对存量工具的内嵌或重定向，实现统一身份认证、统一工作台、统一角色等公共服务支持。

简化对工作资源的获取。简化方法有不少，比如支持多维用户视图，提供单一且一致的Web用户访问界面、企业级统一用户认证，支持工作场景涉及的PC与移动端设备通用性的统一搜索、消息推送等功能，采用IT服务目录等。

解决信息过载问题。为了应对越来越复杂的运维，组织在引入管理精细化、数字化等技术手段的同时，也带来了信息过载问题。数字化运维一体化一方面要解决信息在正确的时间推给正确用户的问题，另一方面要让用户能够定制化订阅信息。前者关注平台希望用户看到的信息，后者关注多用户对于工作台、应用、指标等的订阅信息，避免由于信息快速膨胀带来信息过载问题。

多维角色管理控制安全。多维角色管理是指选择性地根据用户身份提供相适配的信息，屏蔽掉用户没有访问权限的数据源。平台支持设置哪些用户能见到哪些信息，不同用户所能看到的数据不同。多维角色管理依赖内容定制、信息安全、单点登录、搜索引擎及非结构化数据管理等技术支持。

2. 数据驱动

IT运行环境中技术架构、业务逻辑、外部环境等的复杂性与不确定性提升，传统以经验为导向的工作或决策方式将越来越不可靠，组织需要建立数据驱动模式，即基于“数据＋算法”的量化思维模式，用客观数据辅助验证、预测、推荐。所以，运维场景平台需要基于统一、标准化、整合性的数据聚合中心，利用数据赋能运维工作场景，构建实时在线的数据洞察能力、正确有效的数据决策能力、闭环落地的数据执行能力。

实时在线的数据洞察能力。数据洞察能力指实时感知运行环境变化，知晓哪些环境变化对运行状况造成影响，察觉IT运营管理过程中的员工工作情况。运维场景平台的设计上，要充分利用提升洞察力的两类数据：一类是生产环境中产生的系统运行数据与反映系统运营状况的数据，另一类是IT服务运营管理过程中产生的工作流程、程序、文档、协同等数据。由于相关数据结构标准化程度低，数据量大，且分散在多个工具系统等，运维场景平台须具备实时采集、存储、计算、管理、消费运维数据的能力。同时，为了洞察复杂运行环境，运维场景平台还需要利用算法，实现对整个运行环境的健康状况感知，并将这类感知能力整合在场景协作流程中。

正确有效的数据决策能力。数据决策能力指运用算法对实时感知数据进行运营分析，辅助或代替传统专家经验，为一线运维应急、容量、性能评估与管理等工作场景下的决策提供辅助，比如在应急管理场景下，当IT服务出现故障时，需要一线值班、值班经理或机器人做出恢复服务、缩短故障恢复时间的决策。同时，整合大数据平台在海量数据计算上的自动化能力与算力、AIOps 算法，运维场景平台能够在海量数据中发现以往靠经验无法发现或很难发现的规律。数据决策能力达到了将运维经验沉淀为在线知识，利用领先的算力、算法弥补专家在某些维度的缺陷，是运维场景平台向人机协同模式演进的一个标志。

闭环落地的数据执行能力。有了决策，下一步是让决策有效落实，在实施上实现线上留痕、可跟踪、自动化。执行能力包括机器操作的执行能力与线上协同的执行能力。构建机器操作执行能力时，应尽量将标准化、规律性的决策操作自动化，比如根据某个运行感知数据发现的告警，触发应对告警的自动化或半自动化处置决策，再针对处置决策跟进执行落地情况。构建线上协同执行能力时，应利用时间管理工具，加强员工时间管理，提高 IT 服务运营管理能力。时间管理工具除了任务管理、会议、行程等传统工具外，还包括像基于 ChatOps 机器人自动化协作的工具。在运维场景平台设计时，要在需要落地跟进的工作环节引入在线、自动化执行要素。

3. 协同网络

在数字运维体系下，运维组织要用数据思维将当前运维工作模式重新构建一遍。重新构建并不仅仅是将流程线下搬到线上，或用数据量化组织能力，或建一些“监、管、控、析”工具，更重要的要关注传统运维下各节点的连接，形成合力，化零为整。所以在运维场景平台建设中，运维组织需要将参与角色连接在一起，形成一张数字化协同网络。协同网络将促进跨组织协同、跨岗位协同、人机协同、工具间互联互通，能够有效提升运维精细化程度、协同效率。

跨组织协同。运维场景中有大量场景需要运维与研发、测试、业务部门、客服中心、外部供应商、第三方机构、监管部门等进行协同。跨组织协同通常很有难度，所以在设计运维场景平台时要充分实现在线、可度量、一切皆服务等，让跨组织人员获得他们想要的信息，并利用良好的交互体验降低跨组织人员协同的门槛。比如在应急过程中，利用 ChatOps 基于 CMDB 将维护的异常系统及下游系统的关联部门成员拉入一个应急协同群，对重要时间点、重点环节指定的成员进行精准信息或操作指令触达，让跨组织人员在平台化环境下加入协同，加强应急步骤的规范性、有效性，提升应急效率。

跨岗位协同。运维场景基于特定的工作机制建设，工作机制需要描述有哪些岗位参与协同，岗位职责是什么，如何处理事件。岗位设计需要减少对特定专家的依赖。比如在应急演练场景下，操作岗位负责异常发现、故障识别、申报故障、启动预案申请、执行应急预案、关键指标观察、故障恢复检查、通报异常恢复情况、恢复环境、复盘应急演练过程，值班经理岗位负责接收故障报告、判断故障影响级别、协调资源协同处置，应急演练决策或指挥岗位审核是否启动应急预案、总结演练成果，IT 服务台岗位负责协助值班经理、值班人员对外沟通等，异常机器人负责将异常处置进度信息推送到异常协同群，监控机器人负责将超时未处理的监控告警推送给相关人员、升级到群公示等。

人机协同。场景中的人机协同可以从自动化、流程优化、平台管理三个角度进行设计。自动化是将线下工作场景线上化后，对线上操作性强、规律性强、大计算量的运维工作由机器自动完成。人机协同模式下的流程优化有两层含义：一层是利用数字化技术对现有运维工作流程进行优化，重点关注对原有工作节点进行技术赋能；另一层是利用数字化思维重塑运维工作流程，实现“数据洞察、决策、执行”闭环。平台管理指建立以数据分析决策中心，由平台做出管理决策，人或机器执行决策任务，并在线反馈。

工具间互联互通。传统运维平台由多个工具组成，但工具间缺乏互联互通，完成一项工作需要在多个工具间切换，甚至有些节点工作只能在线下完成。运维场景平台是为了解决工具孤岛问题而出现的。与工具不同，运维场景平台在设计上需要利用在线的运维数据构建更加安全、透明的运维协同环境，综合运用线上、社交、移动、自动化、流程化的“监、管、控、析”等工具能力。

4. 一切皆服务

随着交付方式逐步向线上化、数字化、自动化方向转变，ITSM 基于服务交付变得水到渠成。一切皆服务是数字化运维体系的一个重点建设方向。

IT 服务管理。IT 服务管理是为了解决运维组织模型、技术架构复杂问题而出现的以用户为中心，以流程为导向，以服务为表现的解决方案。IT 服务管理为运维提供了基本的骨架，借鉴 ITIL 最佳实践、ITSS、ISO20000 等运维方法论，结合运维组织管理流程规范，将运维服务台、事件管理、问题管理、变更发布管理、配置管理、知识管理等标准流程功能化，将运维组织特有的值班管理、巡检管理、供应商管理、机房管理、需求管理、项目管理等运维工作场景化。场景化在以往 IT 服务管理偏线上流程审批、留痕为重点的模式之上，融入更多的数据、工具服务、ChatOps 能力，让 IT 服务管理真正融入日常工作。

IT 服务目录。服务目录提供了 IT 服务在线集合，是方便 IT 服务供需双方协作的模式。IT 服务目录让服务提供方可以方便地上架服务、交付服务、管理服务，让服务需求方可以便捷地获得服务、反馈服务。IT 服务目录在平台层面应为服务质量的度量与优化，提供数据、规则、流程相关支持。在实施上，IT 服务交付与云思想类似，即将 IT 组织能力标准化、线上化，以便用户按需查找服务，并进行申请。

支持知识众创。运维场景平台要支持运维人员众创式的知识沉淀与分享，支持用户发布信息（创造知识）、获取信息（知识的存储和检索）及交流信息（传递知识），并在协作基础上将信息用于决策支持（使用知识），形成运维知识管理。

5. 研发效能管理

由于运维工具面向组织内部多种角色，随着生产故障、IT 服务风险等事件的出现，运维组织需要不断对流程机制进行调整、适配，需要消除平台稳定与流程机制多变的矛盾。运维场景平台要具备敏捷迭代能力，笔者推荐以自研方式，重点在技术架构、研发协作、工具赋能 3 方面提升研发效能。

选择合适的技术架构。不同运维组织可以根据团队人员能力选择合适的技术架构，比如为了推动全民研发或弥补成员研发能力不足，考虑采用无代码工具解决方案；低代码工具在某些场景无法完全适配，在团队成员研发能力较强的背景下，考虑采用"自研＋低代码"组合的解决方案。如果团队成员需求个性化程度高，笔者推荐选用后者，在自研发架构的前端采用 Ant Design Pro，后端采用" Java＋Go"组合方案，并基于容器部署。部分前端工具或可视化工具研发可采用无代码解决方案。

建立敏捷的研发协作模式。笔者推荐采用小团队敏捷研发模式：一是每个场景设计由少量人员负责，通常由一个人负责场景设计，一个人负责前端，一到两个人负责后端（最多不超过两个后端），这种方式可以减少沟通成本；二是建立 Owner 机制，针对每个场景在研发人员中选择一人为 Owner，以便增强协作成员的责任心、成就感，利于后续持续优化、迭代；三是打造学习型团队文化，制定组织研发规范，培养成员学习能力；四是关注基础设施能力建设，要在敏捷交付与扩展性方面做平衡，通常在研发时做一些预判，预测后续需求，自主地做一些后端服务封装以及通用的前端组件。

工具赋能研发效能。在研发方面有两条流水线：一条是面向审批管理流的流水线，包括需求、项目、开发、提测、评审、变更几个节点，在这条流水线中重点是以组织管理要求为基础，建立相应的线上任务管理；另一条是面向工程的流水线，重点是提升研发效能，由于场景工具是小工具，可基于容器化平台与 CI、CD 工具，建立一条 DevOps 工程流水线。另外，除了工具研发，组织还需要制定工具发布后的运营反馈机制，可围绕工具功能培训、工具使用频率数据、线上反馈开展，广泛收集问题反馈，并进行解决方案沟通。

第 27 章 Chapter 27

场景地图全景

“场景”本来是一个影视用语，指在特定时间、空间内发生的行动，或者因人物关系构成的具体画面，是通过人物行动来表现剧情的一个个特定过程。从电影角度看，正是不同的场景组成了一个完整的故事。不同场景意义大不一样。

——《场景革命》

场景地图是由一系列在线工作场景组成的，通过线上化、数字化、自动化、服务化能力持续赋能工作场景。本章综合笔者在银行及证券公司的工作经验，梳理相对通用的金融行业运维工作场景。这些场景包括常规例行和非例行两类。常规例行场景主要针对固定时段的例行工作，非例行场景则针对可能发生在不同时段的工作。

27.1 常规例行工作场景

常规例行工作是运维组织底线保障的工作，需要制定清晰、明确的处理机制，并线上化管控，以确保工作落实到位。在金融行业，值班管理、巡检管理、监控管理、故障管理、工单处理是相对普遍的 5 项例行工作。

1. 值班管理

无论传统运维组织，还是 Google，都在强调建立值班管理工作机制。健全值班管理工作体系，明确值班职责，规范值班管理，提升值班水平，都可令运维底线保障工作更高效、更可靠。行业值班管理通常采用 ECC（总控中心）管理，实行值班经理负责制，由值班经理负责现场管理，值班人员须听从值班经理的工作安排。通常，值班管理工作场景工具设计如下。

值班管理重点关注值班计划。不同条线团队可以根据值班主题制定值班表，每个值班表由多个值班任务组成，值班任务支持多种通知策略，比如前一日提醒、签到前提醒、任务督办等。由于值班通常会有循环，值班管理场景工具还需要支持值班表批量导入等。

值班事项重点关注值班任务按规范有效完成，包括值班人员签到、值班工作交接、巡检时序任务按时完成、值班经理换班、值班人员换班、值班人员临时外出、值班跟进工作任务安排、值班过程信息登记、待跟进任务等。

值班经理管理关注值班指挥与协调，包括值班表管理、生产应急指挥、应急事件实时看板、变更日历、前一日发布验证情况、开盘整体情况汇报、盘前 ECC 工作环境就绪管理、盘后复盘总结等。

盘前生产运行分析早会关注每日复盘质量，包括早会前关注流程与服务管理数据指标、早会时看板辅助分析、早会后跟进问题处理等。

盘后复盘管理关注各团队持续的每日运营分析，包括监控告警分析、当日生产事件分析、历史事件故障定位与恢复跟进、重要系统关键指标状况、IT 服务运行风险揭示、举一反三可共享的事项或经验等。

操作员工作管理关注一线操作员工作执行情况，包括夜班工作任务执行情况、监控告警处置及时性、跟进任务闭环情况、远程协作通知闭环确认、夜班或非工作日远程协作情况。

ECC 大屏可视化管理关注大屏可视化，包括多种不同主题的可视化管理（通常支持参观、实战两种模式）、应急协同涉及的快速投屏等。

值班管理数据运营关注值班管理各项事项的度量情况，包括建立全流程值班线上数据运营，涉及值班记、值班总结、盘后分析、盘后汇总等。

2. 巡检管理

巡检管理关注巡检内容覆盖面与深度，需要运维专家不断深入，在巡检覆盖点固化巡检规则与任务。巡检可以分为定时巡检与基于事件驱动的临时巡检，实现上通常需要数据采集与任务执行。通常，巡检管理场景平台设计如下。

巡检任务管理关注任务规则。巡检任务管理包括任务项定义、任务与自动化工具关联、任务与数据感知指标关联、任务调度与消息管理、多任务编排，以及任务完成过程留痕等。在实现巡检任务上，组织可以考虑与值班管理任务合并。

变更操作主题的验证关注“动则生变”运维逻辑。变更通常会影响生产运行稳定性，虽然监控已经实现了实时运行监测，但在金融行业仍有大量变更点涉及非 7×24 的交易功能，所以需要建立变更操作主题的巡检任务，包括上一个工作日生产变更、数据维护、参数维护，非常规操作事项在盘前、盘中、盘后影响分析。

重要交易系统涉及的专项巡检任务关注专家经验的持续沉淀，包括重要交易系统每日关键业务主动监测、重要交易系统每日盘前关键业务全链路验证、重要交易系统每日盘中应用日志异常发现、重要交易系统每日盘后关键业务数据逻辑完整性校验、终端系统每日盘前/盘中/盘后客户端拨测管理、重要交易系统关键指标巡检等。

关键时点的巡检任务关注特殊时点的主动性验证，包括证券公司周末测试后巡检管理场景涉及的环境恢复验证、银行夜间核心系统批次处理、节假日结束第一个工作日前的一日巡检等。

以重要交易系统为主题的运行感知分析包括关键时间点的系统运行状态、业务系统性能状态、业务日志状态、组件状态、依赖状态、基础资源状态、上一日变更信息状态、系统缺陷列表信息、依赖连通性指标信息等。

3. 监控管理

监控是运维数字世界的眼，监控管理主要涉及监控覆盖面广度的持续增强，深度上从预警到辅助定位的持续提升，具体的工作场景上重点围绕监控源端系统与监控告警两大方向展开。下面介绍监控管理场景。

监控告警管理关注企业所有监控工具告警信息的统一。告警统一涉及一个相对标准的数据处理步骤，包括多源端告警汇总、告警数据转换为标准化数据、根据告警数据丰富数据字段、再次落地丰富后的标准化数据、对符合规则的多个告警进行收敛、对符合规则的多个告警进行抑制、对原始的一条或多条监控告警处理并派生一条新的告警、建立告警维护期等。

监控告警处理关注监控告警的及时响应，包括告警受理、事件关联、告警处置、告警挂起、挂起恢复、挂起自动恢复、告警升级等。除了告警操作管理，组织还要进行监控告警处理时效性管理，包括告警从发出到处理的监测、超时公示、盘后公示、定期分析等。

监控感知关注对未知异常的洞察能力。传统监控策略重点关注已知异常策略下对异常状况的预警，感知驱动的告警主要包括基线比对、异常感知、异常预测等基于海量数据的分析预警。

统一监控告警工具从异常发现扩展为异常定位。传统监控工具职能是发现生产对象运行异常，并触达具体的角色。随着生产对象越来越多，逻辑关系越来越复杂，监控能力要向异常定位能力发展，比如基于告警建立的告警数据丰富、信息关联、排障树，以及对异常定位后的半自动化处置、全自动化处置的能力建设。

持续扩大源端监控覆盖面。这是一项重要的工作内容，是各职能线角色需要持续推进的工作，通用场景上可以通过复盘、事件驱动覆盖面扩大，同时各职能线要建立相应的覆盖面扩大工作机制与场景，比如环控监控（IDC 机房现场管理）、网络监控（网络监控、专线、带宽等）、硬件基础服务器监控（IaaS 平台管理）、PaaS 平台监控（PaaS 平台管理）、终端客户体验监控告警协同管理等。

持续提高源端监控工具的告警准确率。与扩大监控覆盖面类似，告警准确性也是监控管理重点关注的事项，包括盘后复盘监控告警、告警与实际问题关联、按主题统计分析告警分布等。

4. 故障管理

故障管理涉及大量工作场景，下面围绕事前、事中、事后进行梳理。

（1）事前

为了让故障处理更加有序，运维组织执行大量主动、预防性、应对性事前工作。由于涉及主题范围较大，运维组织可以考虑设置事前工作优先级。相关场景如下。

系统架构评估管理：建立重要系统架构容灾、部署、应用、性能等维度的评估机制，实现从评估计划、流程、会议、结论、改进到跟踪闭环管理的场景工具建设。

系统运行评估管理：建立应用系统的容量评估管理、性能评估管理、运行风险评估管理，以及数据库平台、中间件平台、应用平台、IaaS 平台等基础平台的专项运行评估机制。

监控能力优化评估管理：包括监控覆盖面优化分析、监控准确性优化分析等（注：与监控管理场景合并）。

重要系统定期深度巡检：建立重要系统例行巡检机制，包括与供应商、服务商的服务管理，以及应用层、平台层、硬件层的深度巡检。

系统运行观察性工具管理：围绕信息系统运行感知涉及的关键业务指标、日志、告警、性能、体验、链路等维度的观察性工具建设。

应急演练管理：包括应急演练涉及的计划、案例、异常注入、流程、过程监测、环境恢复、报告等的管理。

应急预案管理：包括策略发布与组装、场景编排、通用场景、策略与自动化操作关联等的管理。

运维工作手册管理：除了对手册创建、编辑、分享等的管理，还包括根据系统级别定义手册内容覆盖面、手册更新及时性、手册规范性等的管理。

应急作战室管理：包括线下和线上管理，线下管理通常围绕 ECC 应急协同环境下的设备、人员管理，线上管理则是对信息、人、故障、操作等的在线互联，ChatOps 是线上协同的一个比较好的载体。

（2）事中

事中重点围绕以下场景展开，强调更快地恢复故障。

异常发现：异常发现主要来源于监控发现、运行分析发现、研发与测试过程发现、客户反馈、业务反馈等。场景上围绕统一监控告警工具、运行分析评估例行任务、客户体验反馈故障快速识别、IT 服务及一线运维对业务反馈渠道等进行建设。

故障申报：异常发现后，通过已知规则或运维专家识别异常是否属于故障，并通过故障申报将故障信息通知给相关人员。由于故障识别后属于争分夺秒阶段，场景上围绕如何自动化地将信息通知给相关人员进行建设，可以考虑基于 CMDB 系统及下游依赖系统对运维、研发、测试人员、当日值班经理、一 / 二线运维等协同人员进行通知，并基于 ChatOps 建立特定故障处置的群聊。

影响分析：影响分析是判断故障级别、协调资源的基础，需要结合专家意见、客户反馈、功能指标、性能指标等进行分析。场景上围绕故障协同群、ECC 现场管理、各系统全景运行感知指标、变更后功能验证等进行建设。

异常升级与集结：针对每个故障根据影响初判级别，当影响扩大后需要进行故障升级，当故障达到一定级别后需要紧急集结进行处理。值班经理或其他管理决策角色可以调整异常级别，级别将直接影响信息触达的人员范围与信息触达的频率、渠道方式。集结前需要建立多个主题的专家库，以便当需要集合专家会诊时，能够快速召集专家。

异常动作处置：针对故障进行尝试性的处置。场景上围绕异常反馈与操作（含应急预案）的申请、针对应急操作的审批、审批后执行异常应急操作、反馈异常处置结果进行建设。如果异常对业务暂无影响，且需要一段时间才能完成恢复，支持将异常挂起。

故障定位：故障定位通常处于异常处置之前，包括尝试性或准确性的定位。场景上围绕监控异常告警提示的准确性与完整性、故障定位涉及的相关数据工具、日志分析工具、专家研判协作等进行建设。

故障恢复：故障恢复是对当前故障影响处置后，恢复业务或服务可用性。场景上围绕故障恢复后的影响指标看板、服务台协作、客服协作、客户解释、信息传递等进行建设。

故障复盘：故障复盘是对故障处置过程进行多维度分析，包括常规的故障复盘与特定故障点分析。场景上围绕复盘项的 CheckList、复盘问题的任务分派、风险揭示、任务跟踪等进行建设。

应急指挥：应急指挥围绕 ECC 管理方面的值班经理、值班领导的应急指挥工作。场景上围绕值班机器人、应急处置过程实时感知看板、变更（应用变更、基础设施变更、数据维护）看板、非常规操作看板，以及针对数据感知发起的故障升级、专家集结、任务分派等进行建设。

重要系统实时体检管理：将重心聚焦在关键的业务系统上，实时体检管理指实时判断系统运行健康状态。场景上围绕业务系统的健康指标管理、基于指标的实时看板与监测感知策略、可在线或定期触发的指标体检快照切面等进行建设。

终端系统在线感知管理：重点是面向终端的功能、性能、体验的拨测与数据分析。场景上围绕终端主动拨测策略、任务、拨测结果，以及针对客户终端使用情况的分析，比如终端客户体验反馈、终端性能指标监控等进行建设。

客户管理：主要指在事件过程中将事件进度、影响、话术以有序的方式传递出去。场景上围绕客户反馈、业务反馈、服务台反馈、外部监管汇报、情况通报等进行建设。

应急诊断工具管理：主要面向应急诊断涉及工具，比如日志分析、链路分析、监控分析、感知分析、变更分析、特定系统等专用工具的快速获取。场景上围绕如何让这些工具便捷地增加、调整、获取等进行建设。

应急恢复工具管理：主要面向应急恢复涉及的工具，比如服务重启、CD 回切、主备切换、容灾切换等通用工具，以及应用级应急工具（隔离、限流、降级、熔断、重新发布等工具）。场景上与应急诊断工具管理场景复用。

智能排障树：主要是将专家排障经验沉淀下来，并将每个排障步骤用“指标、对象、关系数据”和“运维智能算法”组合的方式构成智能排障树。场景上利用海量运维数据、数据算力、领先的运维算法等进行建设，当出现异常时能够不遗漏地执行多维度检测，帮助专家定位问题。

（3）事后

事后重点围绕故障复盘、故障例会、风险揭示、数据运营，强调故障事后分析问题，并跟踪问题的解决。相关场景如下。

故障复盘：场景上围绕事件过程复盘根因分析、故障模拟与复现、定责、改进措施分析，以及举一反三的清查、事件改进工作跟进等进行建设。

故障例会：场景上围绕日、月、季度，专项故障管理例会，分析故障管理机制，重大故障暴露风险事件涉及的机制、组织能力、技术架构、运维工具，以及挖掘值得推广、鼓励的行为进行建设。

风险揭示：对 IT 服务运行风险进行分析，并触达具体的角色。

数据运营：场景上围绕故障事前、事中、事后数据实时看板与阶段性分析进行建设。

5. 工单处理

工单是一种常见的工作交付方式。下面介绍工单处理场景。

IT 服务工单处理各类非标准化的服务请求。场景上围绕 IT 服务请求工单流程、服务台工单分派、针对服务工单的数据运营、业务咨询知识管理、智能问答、服务台工单管理、服务台知识库管理、基于服务台的人工协同工作等进行建设。

专项服务工单处理数据提取、参数维护、用户维护等特定主题的标准服务请求。场景上围绕生产数据提取服务请求、数据提取需求流程、数据提取工具（SQL 查询工具、在线日志查询工具等）、数据脱敏、数据安全交换等进行建设。

27.2　非例行工作场景

非例行工作场景是相对于例行工作场景而言的，指其他一些非固定时间段的工作，包括变更管理、服务管理、配置管理、可用性和连续性管理、数据运营管理、安全和风险管理、环境管理、资源管理等。这类工作通常需要运维组织主动推动。

1. 变更管理

（1）运维前移

运维交付可运维性管理：场景上围绕应用日志、应用监控、关键参数、关键配置、业务调度等可运维的数据与架构标准进行建设。

（2）CAB 评审

CAB 评审过程管理：场景上围绕 CAB 评审申请、评审会议发布、会议签到、议题名称、评审过程登记、评审问题登记、评审表决、评审问题跟进等进行建设。

CAB 评审委员会管理：场景上围绕 CAB 规范制度、评审 CheckList、评审报告等进行建设。

（3）变更及发布

变更流程：场景上围绕 ITIL 最佳实践，包括流程申请、流程执行、文档交付、流程节点催办、流程完成信息触达等进行建设。

持续交付：场景上围绕流水线、制品管理、版本管理、配置管理、配置中心、数据库变更、效能度量，以及 CD 与审批流程打通等进行建设。

平台及基础硬件变更：场景上围绕数据库变更、系统软件升级、硬件变更等进行建设。

资源缩扩容：场景上围绕 IaaS 平台的资源扩容、应用层面的资源扩容、数据库层面的资源扩容、资源层面的数据运营等进行建设。

操作指令管理：场景上围绕提供主要操作涉及的线上化工具，为无法线上化操作提供简易的操作管理等进行建设。

变更窗口管理：场景上围绕变更窗口分类，比如正常窗口、故障窗口、封网窗口，以及每类窗口的变更管理策略等进行建设。

应用变更达标管理：场景上围绕应用变更后的技术，业务验证，下一个工作日盘前、盘中、盘后验证等进行建设。

（4）参数、配置数据维护

参数、配置数据维护流程管理：场景上围绕 ITIL 最佳实践，包括流程申请、流程执行、流程节点催办、流程完成信息触达等进行建设。

各系统参数、配置数据维护工具管理：场景上围绕配置文件类工具管理、数据库类工具管理、脚本类工具管理等进行建设。

2. 服务管理

IT 服务台管理：用户提交 IT 服务请求工单，由服务台提供服务。场景上围绕 IT 服务请求涉及的服务申请、受理、反馈、分派、跟踪、知识管理，以及服务台涉及的知识管理、坐席管理、服务台人员排班等进行建设。

服务目录门户：服务目录构建了运维服务提供方与服务用户之间的服务交付关系。场景上围绕服务上架、服务处理跟踪、服务处理自动化、服务数据运营等进行建设。

SLA 管理：SLA 指运维组织作为服务提供方，与用户就服务的品质、水准等达成的协议或契约。场景上围绕建立 SLA、周期性的服务沟通、可量化的 SLI 管理、SLI 监测等进行建设。

3. 配置管理

IT 配置管理：场景上围绕具体配置建模、数据接入、数据消费流程等进行建设。

配置管理流程：场景上围绕 ITIL 最佳实践，包括配置上线与下线、配置修改等流程的申请、流程的执行、流程节点催办、流程完成信息触达等进行建设。

配置数据运营：场景上围绕定位到配置项职责的配置目录、配置数据质量监测、配置数据异常跟踪等进行建设。

4. 可用性和连续性管理

演练管理：场景上围绕演练方案、异常场景注入、过程运行状况观测、演练环境恢复、演练报告、演练问题跟踪等进行建设。

架构高可用性评估：场景上围绕容灾、应用架构、备份、备件等评估项、例行评估任务、问题跟进任务等进行建设。

5. 数据运营管理

运行关键指标数据运营场景建设包括分析故障应急处置效率、监控告警处置效率，以及生产变更发布清单、数据维护执行清单、非常规操作执行清单等。

应急管理主题的数据运营场景建设包括 IMS 应急处置效率周报、生产事件分析报告、上一工作日生产事件综合查询看板、生产对象已知缺陷看板、应急指挥看板、具体生产故障应急过程看板等。

监控处置时效性管理主题的数据运营场景建设包括监控告警处理时效性分析、日志监控分析、监控告警分布分析等。

变更和发布管理主题的数据运营场景建设包括生产变更（日、月报）、CD 效能及质量分析、生产制品交付过程管理等。

配置管理主题的数据运营场景建设包括 CMDB 数据治理看板、配置目录、CMDB 综合看板、交易系统访问关系看板等。

周末测试管理主题的数据运营场景建设包括 CAB 时序执行情况分析看板、周末测试管理看板、周末测试执行报告、周末测试系统状态看板等。

文档及预案管理主题的数据运营场景建设包括应急预案管理看板、应急预案更新分析报告、文档有效性管理等。

IT 服务管理主题的数据运营场景建设包括服务台服务分析、重要系统业务连续性保障水平提升等。

值班管理主题的数据运营场景建设包括值班管理规范性分析、巡检任务执行、复盘主题数据运营、盘后分析日报等。

工具运营主题的数据运营场景建设包括监控误报与准确性分析、日志工具使用分析、监控覆盖面分析、服务管理数据质量分析等。

围绕互联网终端发布管理主题的数据运营场景建设包括手机终端发布灰度管理、手机终端客户体验管理等。

生产环境运行管理主题的数据运营场景建设包括生产主机时钟管理、重启周期管理、数据库版本管理、操作系统版本管理、操作留痕管理等。

重要系统性能、容量、质量管理主题的数据运营场景建设包括重要交易系统性能管理日报、核心系统性能管理看板等。

平台软件性能、容量、质量管理主题的数据运营场景建设包括数据库性能管理看板、数据库数字化感知、大数据平台运营月报、大数据平台数据质量月报等。

成本主题的数据运营场景建设包括评估人力、硬件、带宽、软件等成本，运维预算管理、运维项目管理等。

重要业务状态主题的数据运营场景建设包括重要系统运行状态感知、重要系统上下游看板、交易终端交易分布、客户订单感知、业务品种分析、清算过程管理、应用状态墙等。

系统效能管理主题的数据运营场景建设包括应用系统收益和支出分析、系统下线管理等。

IT 风险评估主题数据运营场景建设包括系统运行风险评估季报、IT 风险评估季报等。

重要业务运行数据运营场景建设包括某业务系统的运行月报或季报。

数据“采存算管”场景建设包括基于运维数据平台的数据生产过程管理，支持业务（应用运维、数据库运维等职能团队)、数据开发团队协作。

运维指标中心管理场景建设包括围绕指标与主题流水的管理。

运维可视化中心管理场景建设包括定制化、低代码可视化中心管理。

运维数据感知定制化编排中心管理场景建设包括基于指标中心构建可编排的数据感知检测能力等。

运维数据门户场景建设包括建设面向数据消费与数据管理的门户。

6. 安全和风险管理

安全和风险管理场景建设重点包括操作审计、风险管控、出口边界安全管理、安全域隔离管理、网络流量安全管理、网络和通信安全管理、设备和计算机安全管理、身份证与权限控制、应用和数据安全管理、数据库审计、漏洞管理、攻击管控、态势管理、安全策略管理等。

7. 环境管理

环境管理场景建设重点包括对生产交易段、生产非交易段、准生产环境、办公环境等的管理。

8. 资源管理

资源管理场景建设重点包括对 IaaS 层的服务器、存储、网络、虚拟化、混合云等的管理，对 PaaS 层的容器、结构化存储等的管理。

硬件维护层面管理涉及机房设备摆放（考虑供电、理线要求、网络区域、服务器计算区域与存储容量区域匹配等）；设备带外网络建设，控制台区与设备区分离权限管理；管理微码、固件升级管理；设备到货、测电、上架、安装调试；硬件资产登记，设备和接入线材标签管理；硬件及基础环境高可用管理；系统切换流程梳理，脚本化、平台化平台流程设计；覆盖各个技术条线的资源池管理。

操作系统 / 虚拟化层面管理涉及配置基线管理、补丁及版本升级管理、主机与集群规范管理、资源环境准备、操作系统定期深度巡检和优化、定期关机重启、实战切换等。

资源规划层面管理涉及虚拟化集群资源池规划管理、资源池容量评估与扩容实施、服务器和存储硬件配置标准制定、虚拟机配置与计费标准制定、采购方案管理、资产入库管理等。

第 28 章 Chapter 28

连接利器 ChatOps

连接创造价值。

——企业微信官网

集结所有人员和必要工具，让你的工作方式从此不一样。

——Slack 官网

我们认为，构建企业级互动参与体系是大势所趋，有战略眼光的企业领导者将会使用移动和社交化来提升反应速度，随时随地与客户、合作伙伴、员工交互；在每一次与客户交互中体现个性化。

——IBM 全球企业咨询服务部大中华区总经理兰希·托马斯

领先的协同工作平台 Slack、钉钉、企业微信等都是围绕即时通信、文件管理、工具整合几个核心模块，将人、事、物、系统关联在一起，打破原来的协同断点，建立企业内部的社交网络。社交化手段有助于激活员工，比如通过分享将知识透明化，通过游戏化方式引导团队学习，通过视频和多媒体方式提升学习效果等。ChatOps 是运维领域的社交化解决方案。

28.1 ChatOps 概述

ChatOps 是一种以社交化为核心的协作模型，将人、流程、工具在高频交互的聊天室进行连接，实现透明、高效的协同。

1. ChatOps 由来

ChatOps 最早由 GitHub 提出，主要是为了解决远程协作涉及的大量操作性工作的痛点。GitHub 中有 60% 人员远程办公，其中运维和研发人员有相当一部分工作是操作性的，比如运维人员需要远程登录操作系统完成各种运维，要和同事远程沟通生产环境中的监控告警，研发人员在研发过程中需要反复执行代码合并、代码部署、单元测试、检查指标等操作性工作。

为了解决上述痛点，GitHub 基于命令行方式开发了 Hubot 机器人，采用“问答＋命令执行”的操作方式，协助远程人员完成操作性工作。在取得良好效果后，GitHub 将机器人整合到企业 IM 聊天软件，在聊天软件中增加了一个虚拟机器人角色，通过这个机器人与后端服务进行交互。通过和 IM 聊天软件集成，员工可以在聊天软件中和 Hubot 进行交互，以查看生产对象运行状态、监控系统仪表盘、执行代码部署、查看反馈等，达到信息透明化、提升远程协作等目的。

随着 ChatOps 理念的推广，更多企业认识到基于 IM 聊天软件建立的协同模式将给 IT 行业带来很大效益，各大企业与 IT 服务厂商纷纷提出 ChatOps 解决方案。笔者对 ChatOps 的认识源于 Slack。Slack 具有开放的平台能力，支持与第三方聊天机器人友好地集成，支持在类似 Channel 聊天室的聊天输入窗口输入“/＋命令”，快速匹配相应命令，调用后台服务 API，相当于有一个 7×24 小时的服务助手。Channel 聊天室这种扁平、高效的工具连接人、后台服务，实现了多方协同、远程、实时连接。国内的钉钉、企业微信等社交工具也提供类似的 ChatOps 解决方案。

2. 从协同看 ChatOps 的优势

ChatOps 以 Chat 为载体，建立扁平、高效的运维协作。用户不仅可以在 Chat 中连接运维的“监、管、控、析”平台，还可以建立虚拟的机器人岗位以辅助运维人员。ChatOps 得益于企业级 IM 更加开放的服务能力。IM 的群空间相当于一个更加灵活的工作台，能够打破以往工具的烟囱式存在问题。ChatOps 的运营思路一直在我们身边，比如淘宝利用旺旺建立商品订单、买家、卖家、淘宝客服之间的协同，买家可以将商品信息在线推送到旺旺向卖家咨询，也可以与淘宝客服基于 IM 建立投诉与在线法庭事项。淘宝这种协同方式是利用高频、扁平的 IM，连接人、工具、事，解决交易、协作的事项。表 28-1 针对企业协同中常用的几个工具进行对比。

从表 28-1 可以看出，虽然 IM 也有一些不足，比如与 OA 相比，数据结构化不强，不利于数据分析；与电话或视频相比，实时性差；与邮件相比，信息比较分散，主题性不强，某一个主题上下文关联关系相对弱。但 IM 优点也很明显，比如 IM 是员工日常最频繁使用的工具，将工作工具与机器人连接，可以让员工及时触达需要关注的信息。同时，聊天群的信息推送还有公示效果，能够达到信息透明共享的效果，促进员工快速响应。

表 28-1　企业中常用的协同工具对比

渠道	特点	当前主要应用场景	即时性排名	预计协同变化
邮箱	延时互动 抄送，回顾和转发 沟通与确认性内容的依据 与外部沟通成本低（协议标准） 主题性强	内部工作协同、交流、问题咨询与解答等 正式通知、宣传 系统通知 与外部沟通	3	变少
企业流程管理系统	规范流程	内部规范化流程申请与审批	3	变少
线下会议或面聊	比较复杂、时间长 需要强调 集中讨论、头脑风暴	工作讨论、汇报 任务安排 线下流程会议 临时性沟通	1	变少
电话、视频	实时在线 视频会议有线下会议的特点	工作讨论、汇报 任务安排 线下流程会议 临时性沟通	1	变多
IM	实时性强 利用碎片化时间 体验好 利于融合各种业务场景 自组织性 传播速度快 兴趣点聚集 信息比较分散，主题性不强	非规范化的沟通 规范化业务或工作协同 内外部服务交付渠道	2	变多
社群	主题内容 创新、创意 传播速度快 自组织性	自组织的传播、宣传、协同	3	变多
文档协作	文档集中处理	文档集中处理	4	变多

28.2　ChatOps 解决方案

ChatOps 是一种协作模型，适用于企业所有团队的日常协同。本节总结几个 ChatOps 解决方案的关注点。

1. ChatOps 组成部分

ChatOps 由 3 个部分组成，即社交工具、机器人、平台服务（见图 28-1）。社交工具主要指企业用于协作的即时通信工具，比如钉钉、企业微信等；机器人在社交工具作为角色存在，通常企业级社交工具自带机器人角色，也可以选择第三方开源的机器人角色；平台服务主要指能够开放的基础设施服务，在 IT 领域主要包括支撑运维、研发、测试等团队的工具服务。

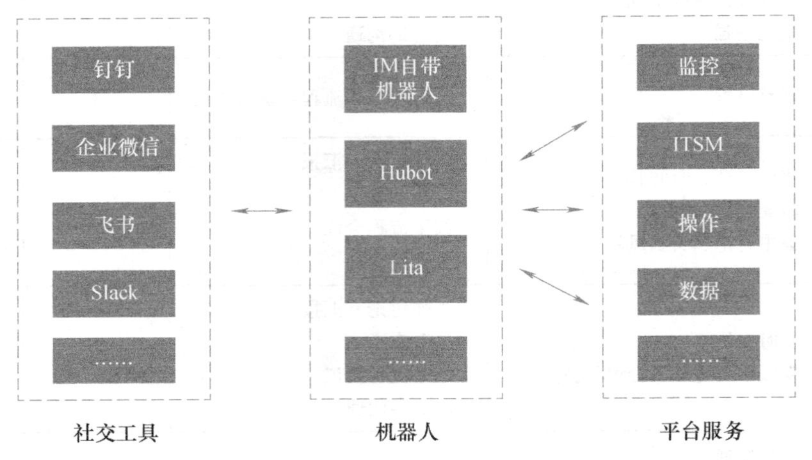

图 28-1 ChatOps 3 个组成部分

从用户旅程看，ChatOps 协作的发起点可以是人或平台服务，机器人是连接人、平台服务、事件的连接器。在运维领域，平台服务重点围绕“监、管、控、析”能力，机器人与运维平台之间通过 API 相互调用。一个扩展性强的 IM 工具能够让 ChatOps 应用如鱼得水。但如果 IM 工具扩展性不理想，组织要进行相应的妥协，放弃一些功能，比如企业微信开放的接口不多，在聊天室的回调、监听，以及根据输入模糊匹配的交互功能无法实现，但利用好已有的机器人也能产生很大效益。

ChatOps 机器人表现为聊天室的一个角色，机器人的行为与聊天上下文密切相关，主要解决全在线、自动化、透明共享、快速响应等人机协作问题。与同样流行的 RPA 相比，RPA 表现为模拟真实人的鼠标、键盘操作，主要解决旧系统开放性不够、人工成本高等痛点。由于社交软件被员工高频使用，ChatOps 机器人具有广泛的应用场景。行业内也提供了一些第三方 ChatOps 机器人开源解决方案，具体如下。

- Hubot 是一款领先的 ChatOps 机器人工具，是 GitHub 在 2013 年针对自动化聊天室制作的有价值的开源机器人，主要帮助用户将标准操作任务自动化。
- Lita 是一个机器人框架，专用于以 Ruby 语言实现的聊天室，可以被用来实现标准操作任务自动化，拥有一系列插件列表，可以集成很多沟通平台。

- Cog 由 Operable 公司开发，是辅助 DevOps 工作流自动化的机器人实现框架。
- ErrBot 是一个机器人守护进程，由 Python 语言开发，通过命令可以轻松地将 API 提供给聊天室。

2. ChatOps 实施关注问题

ChatOps 机器人起到连接人、工具、流程的作用。IM 基于机器人与运维平台实现，在高频使用的聊天窗口中连接人与工具，聊天室起到集中任务的作用。对于一些紧急、透明、公开的工作，基于聊天群，能够让员工更加及时地处置，形成在线协作。下面结合企业微信总结一些关于 ChatOps 需要关注的问题。

1）**理解群、机器人、应用号**。ChatOps 能够发挥作用，主要与群、机器人、应用号相关。群是发生协作的场所，机器人和应用号是群的成员，应用号比机器人提供更多的服务，比如可以增加、删除群成员，群可以由应用号创建。在具体实施上，我们要明确群、机器人、应用号的作用，有针对性地选择，可思考好以下几个问题。

- 是否是一个主题明确的群：如果是，建议设计与群主题相关的专用机器人，或者通过应用号创建机器人，以免同样的消息在多个群里发布，减少信息爆炸。
- 是否要实现控制群成员自动化：比如当需要某个人处理某个事件时，如果这个人不在群里，需要先将人拉入群，此时这个群须由应用号创建，让应用号控制群成员管理。
- 是否需要根据信息细节发布到不同的群或机器人：比如服务端数据匹配到不同的团队时，需要机器人与不同的团队关联。在实践上，笔者团队在企业微信之上增加了机器人、群、应用号的注册管理，注册时可以设置相关机器人 WebHook、标签、主题、团队、权限、路由等属性。

2）**管理消息推送**。ChatOps 应用涉及大量消息（包括群里面与群外面消息）的推送。

- 群里面的消息重点由机器人与应用号发出。由于工具现在还无法统一在一个系统上，群在一定程度上起到了工具导航的作用。虽然信息触达时效性不如电话高，但机器人有公示效果，在某些场合有相互监督的作用。
- 群外面的消息重点是结合 IM 与其他消息推送工具发出，比如应用号、短信、电话、邮件。

3）**数据是内涵**。群是协同场景与工作台，机器人与应用号是连接手段，数据是协作的内涵。在设计 ChatOps 时，以场景为驱动，关注在协同流程中是否在信息触达、信息响应、人员连接等方面存在痛点，评估是否能在协同流程中挖掘数据，引入 ChatOps；确定流程节点后，分析是否可以基于数据自动触发流程，以及流程执行过程中是否需要提供更多的感知与决策辅助。

4）**关注消息表达方式**。随着 ChatOps 的广泛应用，我们有必要建立群消息描述模板，支持消息的无代码配置，选择适当的字体与色彩。同时，消息中最好带上链接，以便想看细节的人查看。

28.3 ChatOps 的应用场景

1. 提高业务连续性保障水平之应急处置

应急处置可分为事件发生、监控发现、监控响应、异常申报、异常处置（预案请示、预案审核、预案执行、异常挂起）、异常诊断、异常恢复、异常复盘几个步骤。很多组织在应急处置上会遇到以下问题。

- 基于 ITSM 系统的事件管理功能只能在线下复盘时使用，无法在线提升故障处置的协同效率。
- 监控告警发出后，未及时得到受理及处理。
- 识别故障后，一线值班人员要在多个渠道通知相关人员协同应急，无法专注应急。
- 每个故障涉及的协同处置人员不同，为了减少对无关人员的打扰，通常还需要手动临时建一个协同群。
- 偶尔出现故障处置负责人线下处理不及时，导致延误战机。
- 故障跟进不及时，有些小故障因处置时间过长升级为大故障。
- 为了加快故障处置进度，值班经理忙于监督、督促告警受理。
- 故障处置进度只有个别人员知道，处置过程不透明。
- 故障复盘没有形成闭环，部分复盘工作内容不到位、不及时。
- 故障处置过程线上化程度低，回顾故障处置时间线花费时间长。

通过引入 ChatOps 协同模式，我们可在应急管理过程中引入一些机器人（见图 28-2）。

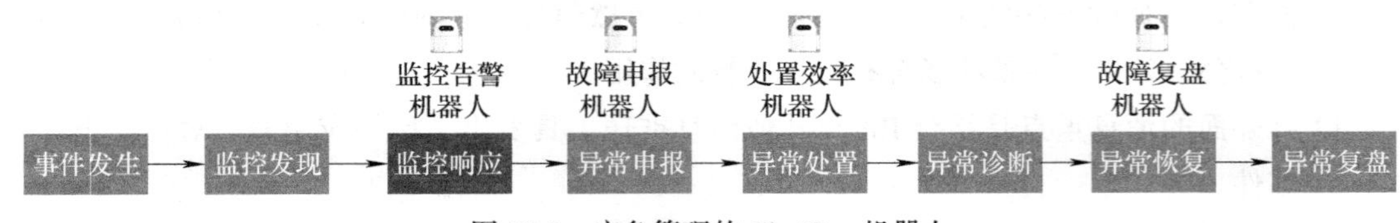

图 28-2 应急管理的 ChatOps 机器人

- **监控告警机器人**：负责实时监测监控告警发出后的处置效率，将未及时处置的监控告警进行升级，触达处理人及上级，并在运维团队大群公示，让更多的人监督监控告警处理进度。同时，在盘后对监控响应及时性从组、系统、人角度进行公示总结，以持续提升响应效率。

- **故障申报机器人**：当得知某个系统出现异常后，该机器人会自动从CMDB中找到与系统相关联的运维、开发、测试人员，以及值班经理、测试经理等，并拉到一个故障专属处置群。故障申报机器人还会在多个群中进行申报公示，采用订阅号、IM消息、电话等多个渠道进一步辅助触达相关人员。
- **处置效率机器人**：故障申报后，处置效率机器人会协助值班经理督促异常处置，当发现某个步骤状态时间过长时，机器人会在线提醒、触达、公示。另外，所有处置步骤完成后，该机器人会协助负责人将信息公示给需要知会的人。
- **故障复盘机器人**：故障复盘机器人会协助将故障处置过程中的数据收集在一起，并建立复盘工单，提交给处置人，协助落实复盘工作。

2. 提升业务软件交付效率之技术评审、持续交付

前面提到影响软件交付有两条流水线，分别是面向审批管理流程和面向工程的流水线。下面介绍在这两条流水线中的技术评审环节与流水线中引入ChatOps机器人。

1）提升评审效率。项目立项过程中涉及技术架构评审。技术架构评审负责人需要周期性地重复以下工作。

- 定时受理技术评审申请，汇总整理申请信息。
- 做好评审会议安排，将评审会议信息提前发给技术架构评审委员会的评委。
- 组织评审会议，提醒评审人分批次按时参会、准备清单等。
- 评审完成后对评审结果进行整理，发送申请人与评委确认，并最终表决评审结果。

上述整个过程涉及大量操作性协同工作。为了提升评审效率，减少操作性工作，我们可以引入技术架构评审机器人，通过机器人辅助评审，具体负责执行以下工作。

- 根据评审安排需要，将会议提前知会申请人与评委。
- 评审会开始前提醒申请人与评委参会。
- 在线确认哪些评委可以参加会议。
- 评审过程中提供类似排队叫号能力，触达申请人。
- 提醒评审后让申请人补充材料。
- 收集评委补充意见与申请人反馈意见，发起评审表决协同等。

2）提升持续交付效率。主流的持续交付解决方案是利用流水线代替生产对象操作，但仍存在信息不透明、协同不畅等问题。持续交付涉及多个角色协作，ChatOps机器人能够连接人与持续交付过程中涉及的工具，简化了人与DevOps工具链之间的集成，比如将ChatOps机器人融入Jira问题管理平台、GitLab版本管理平台、Jenkins、Grafana、Prometheus、制品库、容器平台、监控系统、ITSM系统等。ChatOps以事件驱动的方式将信息推送到IM聊天窗口，通过IM聊天窗口串联所有工作事项。以持续交付“最后一公里”

的软件发布为例，利用 ChatOps 将软件发布前的环境准备、数据备份、应用预处理、程序分发、脚本执行、监控检查等环节的执行情况及时给发布执行人、复核人、所属系统下游负责人，让整个发布过程更加透明发送、高效。

3. 辅助提升客户体验之客户体验信息感知与辅助业务运营

以客户为中心是企业数字化转型的核心，运维可以利用运行数据感知客户体验，辅助业务运营。下面分别从客户体验感知与辅助业务运营两方面进行介绍。

客户体验感知。与其他行业不同，证券行业会提供多个不同类型的终端给不同需求的客户，多版本给终端迭代带来极大风险，为了平衡多终端版本敏捷迭代与变更风险，通常会采用灰度发布模式，并在灰度发布过程中做好客户体验分析，以便尽快发现问题，并及时告警。同时，实际客户体验问题需要多个团队协同处理，比如功能使用反馈或建议需要产品经理负责，性能问题需要运维与研发团队共同负责，功能异常问题需要运维、研发、测试团队共同负责，系统崩溃问题需要运维团队负责，传统监控告警统一由运维值班人员负责。ChatOps 解决方案是建立不同终端协同群，每个群里有不同的角色，当某个终端出现体验问题时，机器人将问题推送到群里，并指定具体角色牵头处理。在协同群中讨论问题与解决方案，可以提升问题响应速度，提高产品迭代效率，从而优化用户体验。

辅助业务运营。开户系统运营工作由总、分机构协同完成。为了提升运营协同效率，业务团队基于企业 IM 建立更加扁平的协同群，以完成开户问题咨询等工作。在这项工作中，业务团队遇到一些困难，比如：如何监测审核内容的驳回占比，如何监测分支机构审核时效是否满足规定，如何实时发现开户效率、队列堆积问题，如何将问题实时触达业务运营人员，业务运营人员岗位发生变化时如何更新协作群人员等。ChatOps 可辅助提升业务协同效率，首先从用户、总部开户业务人员、一线分支机构、技术人员等多个视角，梳理各个角色关心的指标，并在开户系统前端建立指标数据埋点；接着，在后台监测审核步骤、跑批步骤、流程接口、关联系统指标，当监测指标超出基线时由 IM 软件推送消息给协同群中的指定负责人或分支机构团队负责人，利用协作群的公示性、扁平化特点，有效提升问题响应效率，减少业务人员手工分析数据、推送信息等大量操作性工作。

4. 提升 IT 服务质量之审批流程与 CMDB 数据运营

IT 服务管理中涉及较多流程，设计不佳的流程容易被用户诟病，ChatOps 是改善流程的利器。下面分别从提高变更审批流程效率与辅助 CMDB 数据运营两方面进行介绍。

提高变更审批流程效率。一个完整的变更审批流程通常涉及项目或研发侧发起变更、组织 CAB 评审、运维侧发起变更三步。随着 IT 服务风险管理要求越来越高，审批流程涉及的节点、角色、岗位也越来越多，员工迫切需要一种更平等、更高效、更少沟通层级的协同模式。在这种情况下，ChatOps 扁平化的协同模式给变更审批流程带来效率上的提升。

比如：根据项目设计协同群，将变更流程节点状况及时推送到特定的群，让关注流程的人能够即时获知进度，让协同节点处理人能够更快地审批；根据CAB会议评审需要准备评审文档，评审过程中用机器人协助呼叫相关员工参会，评审后由机器人发布结果；运维变更流程中涉及的操作执行、操作复核、操作状态等数据均由机器人传递。甚至在满足机制要求的条件下，原来串行的审批流程可以以聊天群为基础，将审批信息推送到聊天群，在聊天群中完成审批，提高审批效率。

辅助CMDB数据运营。数据运营是CMDB项目的难点，以业务配置数据运营为例，涉及建立配置目录，制定配置项管理工作机制，落地配套的配置管理方案，监测配置数据质量并定期分析，配置任务跟进5个步骤。5个运营步骤涉及大量协同性工作，部分工作并不能完全由机器人自动化完成，以往采用“线下沟通＋线上流程”模式，但成本很高。引入ChatOps后，部分需要与人协同的环节的效率提升，比如：建一个CMDB数据运营专属群，当配置数据异常时则将异常消息发送到群并触达具体负责人，负责人在群消息中可以快速查看或处理，并及时在群中反馈，形成扁平、高效的数据运营闭环。

Chapter 29 第 29 章

数据赋能场景

亮使至，帝（司马懿）问曰：诸葛公起居何如，食可几米？对曰：三四升。次问政事，曰：二十罚已上皆自省览。帝既而告人曰：诸葛孔明其能久乎！

——《晋书·宣帝纪》

运维组织面对几百个应用系统、几千个应用程序、几万台主机、几十万个应用服务、海量运维数据，以及错综复杂的逻辑与技术架构，有效管理这些复杂的生产对象需要借助运维数据分析应用。利用运维数据分析应用，组织能够感知系统运行状态，进而进行应急指挥、风险评估、服务管理决策，并跟踪运维管理执行情况。在具体实施中，本章围绕系统稳定性分析相关的数字化感知、IT 服务管理相关的数据运营，以及体验、性能、容量相关的技术运营。

29.1 数字化感知

数字化感知是围绕业务连续性的感知能力。相对于监控而言，感知更强调面的广度与发现的主动性。业务连续性感知能力可以概括为“**持续数据建模，实时洞察变化，基于数据驱动决策**”，也可以梳理为：

- 实时获得“发生了什么”；
- 关联分析“为什么会发生”；
- 智能预测“将会发生什么”；

- 主动预测“未知故障有哪些”；
- 决策判断“采取什么措施”；
- 自动决策“如何快速执行任务”；
- 实时感知“工作执行效果”。

要构建数字化感知能力，组织可以在现有监控能力基础上建立以下“6+2+1”感知体系（见图 29-1），6 个感知力围绕业务可用性感知、运行状态感知、客户体验感知、复杂系统感知、应急过程感知、安全态势感知，2 个决策力围绕运营指挥中心、运维知识图谱，1 个执行力重点构建人机协同模式。

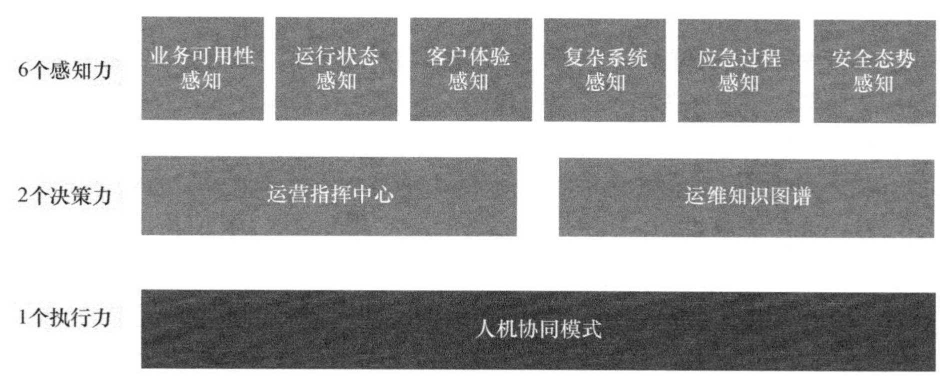

图 29-1　感知体系

1. 6 个感知力

（1）感知力 1：业务可用性感知

业务可用性感知重点指以业务为中心，从业务整体可用、部分重点客户业务可用、功能可用、性能可用、数据正确等角度，建立评价业务可用性的指标体系，以及评价业务可用性的动态基线，实现业务可用性的实时感知。业务可用性指标数据来自性能管理系统、统一日志系统、业务监控系统等，由运维数据中台实现数据的“采存算管用”。针对业务可用性感知，组织在设计上需要关注关键指标的抽象与建模，在技术上需要利用 AIOps 海量数据计算与异常检测算法，解决指标的动态组合难题。

（2）感知力 2：运行状态感知

运行状态感知重点以系统运行的技术指标为中心，从基础设施、平台软件、应用服务等角度，对监控指标数据、监控告警、日志数据等进行统一分析，围绕平台、应用服务、资源、调度任务、日志、数据库、网络带宽等，建立运行状态评价的基线。运行状态感知的数据来自平台监控系统、基础设施监控系统、调度任务系统、云管理平台、网管系统、环控系统等，由运维数据中台实现数据的“采存算管用”。针对运行状态感知，组织在设计上需要重点解决运行状态灵活组合配置的难题，支持可视化与异常推送等。

（3）感知力3：客户体验感知

客户体验感知重点以终端系统客户体验为中心，围绕终端响应、功能、客户反馈等进行数据埋点，感知真实客户行为、体验。通常，组织围绕业务质量监控和用户感知进行分析：一方面以具体的终端订单或终端响应数据为载体，从多个维度分析业务指标和使用该业务的用户感知指标，综合评价业务质量；另一方面，以用户感知为出发点分析用户行为，包括单用户行为分析、用户组行为分析、客户反馈分析等。具体实现上，通常引入APM、NPM等，分析移动端和Web端终端数据，以了解终端用户体验问题、客户反馈问题。

（4）感知力4：复杂系统感知

当前，业务量及数据量剧增，业务连续性要求越来越高，软件基础设施云原生化，应用软件架构微服务化，业务逻辑越来越复杂，交易链路节点越来越多，复杂性导致牵一发而动全身、变更引发故障成常态。复杂系统感知重点以系统架构为中心，发现架构可用性影响因素、关系依赖等，在技术实现上以混沌工程系统、链路追踪、架构评审等为基础，构建主动的复杂系统可用性感知能力。以混沌工程为例，为了发现系统风险与提升故障处置能力，通过主动关闭进程、注入异常依赖、数据库宕机、断电等操作，模拟真实情况下的服务失效，并从故障中发现硬件或软件运行风险，以及组织人员能力与协同问题。

（5）感知力5：应急过程感知

以"在线应急处置场景工具"整合应急协同的"人、软件、机器"，构建应急过程感知能力，即以场景连接实现全在线的应急过程感知。场景建设包括申报故障（向关联方通知故障），感知重要业务指标、关联业务指标、客户反馈、行业动态，评估应急决策条件，问题尝试性诊断、启动监管报备、落实客服解释等，并覆盖值班经理、值班领导、IMS经理、（一线、二线）运维人员、IT服务台人员、研发团队、测试团队、安全团队、业务团队、故障机器人等。技术实现上，重点围绕ECC值班室、企业IM群、应急场景工具进行过程感知。

（6）感知力6：安全态势感知

以安全态势感知系统为基础，从防攻击层面感知网络、服务器、应用、终端安全，从防泄密层面感知网络、服务器、应用、终端安全，从防特权层面感知IT特权、数据库安全，构建策略管理、合规审计能力。

2.2个决策力

（1）决策力1：运营指挥中心

以"应急指挥系统+ECC"为基础，建立IT运营指挥中心，以全在线、多角色、多终端的协同应急与指挥模式，实现从故障发现、申报、处置申请、处置审批、处置操作、诊断定位、启动预案、远程专家协作、恢复到复盘等过程的全在线，覆盖一线值班、二线运维专家、值班经理、管理决策层、服务台等多角色。

（2）决策力 2：运维知识图谱

以“业务 CMDB 系统＋AI 决策引擎”为基础，建立围绕“运维对象＋关系”的运维知识图谱，提升生产对象与对象关系的描述能力。运维知识图谱能赋能故障恢复，融入运维应急工具，可以实现运故障定位过程数字化。针对运维知识图谱，组织可以考虑基于 CMDB 与运维数据中台，在运维场景工具反馈中不断提升模型数据准确性。

3. 1 个执行力

执行是决策落实的“最后一公里”。针对执行力，组织可以业务场景感知系统、低代码研发系统、ITSM 系统、风险提示场景等为基础，建立敏捷的机器人中心，推动人机协同运维模式构建。

29.2 管理运营

1. 管理运营范围

管理运营围绕运维工作流程、平台工具、组织能力，可以从以下角度进行持续性覆盖。

- 数字化感知能力，覆盖内容包括故障应急处置效率、监控告警处置效率、生产变更发布、数据维护执行、非常规操作执行等。
- 应急管理主题的数据运营，覆盖内容包括 IMS 应急处置效率周报，生产事件分析报告、上一工作日生产事件综合查询看板，生产已知缺陷看板、应急指挥看板、具体生产故障 IMS 应急过程看板。
- 监控管理主题的数据运营，覆盖内容包括监控告警处理时效性管理、日志监控分析、监控告警分布分析、监控覆盖面分析、监控告警误报率分析、生产事件监控发现率分析等。
- 变更和发布管理主题的数据运营，覆盖内容包括生产变更报告、CD 流水线效能及质量分析、生产制品交付过程管理等。
- 配置管理主题的数据运营，覆盖内容包括 CMDB 数据治理看板、配置目录、CMDB 综合看板、交易系统访问关系看板等。
- 周末测试管理主题的数据运营，覆盖内容包括 CAB 时序执行情况分析、周末测试管理看板、周末测试执行报告、周末测试系统状态看板等。
- 文档及预案管理主题的数据运营，覆盖内容包括应急预案管理看板、应急预案更新分析、文档有效性管理等。

- IT 服务管理主题的数据运营，覆盖内容包括服务台服务分析、重要系统业务连续性状况分析等。
- 值班管理主题的数据运营，覆盖内容包括值班管理规范性、巡检任务执行、复盘主题数据运营、盘后分析日报等。
- 工具运营主题的数据运营，覆盖内容包括监控误报与准确性分析、日志工具使用分析、监控覆盖面分析、ITSM 数据质量分析等。

2. 实现思路

管理运营实现可以围绕**建章立制、价值导向、痛点切入、闭环跟进**四点。其中，建章立制是从制度标准层面确立具体运营场景的地位，价值导向是运营场景为运维组织提供的价值服务，痛点切入是以痛点为切入点，闭环跟进是对运营问题应对措施的有效落地。下面以监控管理为例介绍监控指标驱动的数字化运营。

（1）建章立制

在推动监控管理数字化运营前，运维组织要为监控管理制定相应的制度标准，比如，在制度层面落地监控管理办法涉及的角色、职责、基本要求，在工作守则层面落地监控告警处置时效性要求、基本的监控覆盖面、监控系统维护期等；在监控系统层面对源端监控系统推送统一告警的标准、统一告警丰富与收敛标准等；在服务化层面对监控数据指标的开放要求等。制度标准的提前落地，有助于监控管理主题的数字化运营在协同上达成共识，有助于运营工作的高效推进。

（2）价值导向

数字化监控管理运营目标是围绕运维价值创造，在实时监测生产环境、采集指标数据、关联 IT 服务流程等方面发挥作用。基于价值主张，笔者团队确立的监控管理运营基本目标为：不漏报，少误报，快处理（也有人将“助定位”作为监控目标）。达成该目标的主要思路是建立监控指标基线，对各项监控的覆盖面、响应效率等进行在线感知、离线分析，以使运维组织持续提升监控运营水平，提升应急协同效率，提升业务连续性。

（3）痛点切入

接下来要以痛点为切入点，推进监控运营。首先，笔者团队从场景要素中的“人”出发进行考虑。监控管理涉及高频与低频用户，找准具体的用户进行针对性的监控行为运营分析有助于收获更高的价值。其中，高频用户通常包括监控工具建设者、事件管理流程经理、一线值班、一线操作员、二线运维工程师；低频用户通常包括研发与测试工程师、各职能线决策层。针对每一类用户，监控管理运营有不同的关注点。本节监控管理运营针对的是一线值班与二线运维工程师。当前，这类用户通常有以下痛点：

- （漏报）反复出现监控漏配置，触发运维合规风险。

- (漏报)监控策略没有生效，但是没人知道。
- (漏报)监控工具能力不足，部分监控点无法通过线上工具覆盖。
- (误报)误报率过高，引发用户对监控告警的信任问题。
- (误报)监控策略多，但是某些新增策略从来不会触发告警。
- (事件风暴)监控要求越来越高，系统架构越来越复杂，告警越来越多，产生监控风暴。
- (迟报)业务人员发现先于监控告警的情况时有发生。
- (处置时效)监控告警后，一线运维人员跟进响应不及时。

解决上述痛点需要监控管理运营与当前工作场景相结合。

(4)闭环跟进

质量监测。监控质量通过实时或离线监测数据进行评价。首先，在线获得监控性能指标、告警主体、告警处理时效等数据。其次，围绕“不漏报，少误报，快处理”，基于生产故障发现或主动发现潜在风险评价“不漏报”，基于告警总数或复盘告警与事件关系评价“少误报”，基于对告警处理时效性评价“快处理”。为了方便用户使用，组织可提供多种主题的统计分析报告和看板，支持不同角色自定义符合自身需求的质检数据。此时，低代码、可配置解决方案是必要的。

精准触达。通过数据监测发现与“不漏报，少误报，快处理”目标不匹配的问题，并做好精准触达，让正确的人处置问题。要达到精准触达，笔者有一些经验，比如：基于CMDB、值班管理等构建监控管理问题与负责人的关系，制定的规则更加公平透明，采用机器人触达；高优先级问题采用即时触达的方式，比如统一告警、ChatOps 机器人、电话等，同时建立问题超时升级机制；建立必要的公示机制，比如在协同群中公示督办信息，以透明化的方式引起更高的重视；引入计时或倒计时机制，提升协同处理紧迫性等。

任务跟进。不是所有问题能够实时解决，可通过建立优化工作机制、制定监控管理标准、制定软件设计规范、扩大源端监控覆盖面、提升监控感知能力等，持续落实任务跟进管理。

3. 运营机制

以一线与二线运维工程师监控管理工作场景中的“事件”为例，运营主要包括监控告警的响应与处置，监控策略的新增、删除、调整，应急过程中使用监控数据辅助定位，基于监控数据的离线分析 / 复盘等。应对上述“事件”运营配套的工作机制如下。

建立监控漏报管理机制。首先制定监控漏报底线，最好以明确的清单为基准。触发监控漏报管理机制最直接的方法是将监控与事件关联，考虑在事前将某个级别的监控告警与事件关联，在事中将监控告警处理与事件关联，在事后将事件复盘与监控告警关联。组织内建立监控漏报管理机制，要求运维人员发挥主观能动性、积极扩大监控覆盖面，通过将事件与监控关联，围绕“生产事件监控发现率”运营指标，从系统、应用、团队、运维人员等维度，发现突出的漏报问题，持续降低监控漏报率。

建立监控响应时效性管理机制。生产事件处置最核心的要求是缩短故障恢复时间。相比故障响应后各团队的紧急协同，监控响应时效性是容易忽视的，时常出现因故障未及时响应而延误战机的情况。运维组织需要制定“监控告警响应时长”指标，围绕系统级别、告警级别等，对响应超时故障在线督办、升级、公示等，提升监控告警响应时效性。

建立监控误报管理机制。监控误报分析有多种方法，比如按团队、系统、负责人、监控系统维度统计告警数，通常能发现突出问题的误报源；将监控告警与故障关联分析，可发现与故障无关的监控告警。

建立监控对异常发现速度管理机制。加快监控对异常发现速度，需要将“监控告警的发现时间”与“故障实际发生时间”关联起来，判断监控是否及时，从而发现是工具问题，还是工具运营问题，或是工具使用问题，再有针对性地进行管理。

4. 场景要素分析

基于上述思路，监控管理运营场景不是以一个独立工作场景出现，而是以监控性能及告警数据为基础，融入应急管理、例行运行评估等工作场景，按场景 5 要素可以总结为如下内容。

- **人**：包括一线值班人员、二线运维工程师、值班经理、职能团队经理、监控平台研发人员，针对不同的人推送不同的任务、消息、流程环节。
- **事件**：监控告警实时处置分析并公示，每日推送监控告警多维度分析报表及跟进任务，每日各团队对监控告警复盘分析任务，每周或每月推送监控工具运营分析任务等。
- **时间**：包括每日盘后总结、每周或每月例行运营分析。
- **连接**：协同关注工作机制，可以考虑建立事中监控响应时效性管理机制、每日复盘工作机制等。
- **环境**：包括线下 ECC 值班室、企业 IM 群、监控管理运营场景工具等。

29.3 技术运营

技术运营主要是利用体验数据、性能数据、容量数据等的分析，预先发现潜在运行风险，推动运维从被动向主动运营转变，并以服务方式向其他团队输出。

1. 技术运营范围

技术运营主要围绕生产对象数据，从以下方面进行持续性覆盖。

- 围绕互联网终端发布管理主题的数据运营，比如手机终端发布灰度管理、手机终端客户体验管理等。
- 生产环境运行管理主题的数据运营，比如生产主机时钟、重启周期、数据库版本、操作系统版本、操作留痕等。
- 重要系统性能、容量、质量管理主题的数据运营，比如重要交易系统性能管理日报、核心系统性能管理看板等。
- 平台软件性能、容量、质量管理主题的数据运营，比如数据库性能管理看板、数据库数字化感知、大数据平台运营月报、大数据平台数据质量月报等。
- 重要业务状态主题的数据运营，比如重系统运行状态感知、重要系统上下游看板、交易终端交易分布、客户订单感知、功能号运行感知、业务品种分析、清算过程管理、应用状态墙等。
- 系统效能管理主题的数据运营，比如应用系统收益、支出分析、系统下线等。
- IT 风险评估主题数据运营，比如系统运行风险评估季报、IT 风险评估季报等。
- 重要业务运行分析的数据运营，比如某业务系统的运行月报或季报。

2. 实现思路

技术运营同样可以依据“建章立制、价值导向、痛点切入、闭环跟进”进行分析。下面以重要系统稳定性运行评估报告为例介绍。系统稳定性运行评估是指通过对应用系统运行过程中产生的数据进行分析，发现应用系统潜在的风险，或发现业务情况，并做出前瞻性的优化建议。

（1）建章立制

重要系统稳定性运行评估是一项持续性、高投入工作。要想让稳定性运行评估能够有效落地，需要规范、标准等机制层面给予支持。为了落地重要系统稳定性运行评估，一方面要制定数据层面的标准与规范，比如在应用设计环节制定数据埋点要求，在生产运行环节制定数据采集、存储、计算标准；另一方面要建立一个常态化、例行化的重要系统稳定运行评估工作机制。具体的场景中需基于线上化工具，在运维、研发、测试、产品团队之间，形成运维数据运营分析在线协同。实施上，需要在重要变更发布后或定期生成重要系统稳定性运营风险评估任务并给到运维人员，方便运维人员在线感知指标数据，根据运行数据评估风险。

（2）价值导向

运维故障不可避免。主动性的重要系统稳定性保障需要通过一些前瞻性的分析，减少故障数量、加快故障恢复速度、降低故障影响级别，有效应对不确定性，实现“3得”。

运维人员“管得住”。运维人员可以从日常繁杂的操作性事务工作中解放出来，专注于业务优化；运维人员可以清晰地知道哪个应用系统的资源、性能满足业务发展要求，专注于业务优化，做到“管得住”应用系统。

运维部门管理者“看得清”。运维部门管理者可以通过可视化平台、报告、邮件等方式快速获得系统运行情况，避开雷区，看清全局运行水平，辅助宏观决策分析。

业务部门“取得多”：有了应用系统稳定性分析，业务部门不仅可以看到业务整体的运行情况，还可以将自己关注的运行指标提交给运维人员，由运维人员进行数据分析，获取更多利于业务决策的数据。

（3）痛点切入

下面从“**管得住、看得清、取得多**”三个稳定性评估目标进一步分析痛点。

运维人员“管得住”。影响应用系统运行稳定的因素有很多，比如系统硬件资源分配不足、应用系统内业务并发量大、数据库及中间件的参数配置不合理、业务量突增等。以往在分析系统运行情况时，运维人员主要是依据经验。这种依赖经验与管理制度的方式，在应用系统很多时问题就会很突出。也许一个运维人员靠经验可以管好2个应用系统，但管理几十个应用系统时，运维人员就会处于被动应急境地，出现“管不住”的情况。

运维部门管理者“看得清”。对于运维部门管理者来说，他们身边就像有一片雷区，不知道什么时候就会爆发。以证券行业的应用系统为例，哪怕发生一分钟交易中断，都将引发企业内部、外部的监管部门、第三方机构等一系列处罚整改措施。

业务部门“取得多”。对于业务而言，应用系统投入生产环境，就相当于将应用系统托管给运维部门进行维护。既然是托管，就需要透明地提供应用系统运行状况给托管人，这样业务部门才能更好地做决策。

从上面的痛点出发，运维部门可以设计相关系统稳定性评估方案，具体如下。

- 围绕SLA、SLO、SLI确定系统稳定性保障目标，从应用系统可用性、重点业务功能性能等方面建立指标基线，通过与指标基线进行比对，发现影响稳定性的潜在风险。
- 抽象影响稳定性的因素，比如系统资源、数据库、中间件、交易性能（交易量、成功率、耗时）等。
- 建立自动化的数据“采存算管用”生命周期管理。
- 制定基于指标的数据感知策略，在线发现指标异常，触发实时告警策略并跟进任务。

（4）闭环跟进

通过系统稳定性评估，基于感知策略在线或离线发现异常，运维部门可针对异常制定闭环应对措施，以及跟进措施落地。

通过数据运营发现问题。系统稳定性评估可以发现系统资源、数据库、中间件、交易性能（交易量、成功率、耗时）等维度的问题。比如以交易性能为例，某支交易系统处理耗时过长将导致整个系统业务并发量过高，某关联系统性能下降将导致上游应用系统的交易堵塞，应用某个公共入口交易设计有问题将导致整个平台平均每次交易处理耗时增加1倍，应用存量数据未进行合理清理将导致应用性能急剧下降等。同时，对业务人员关注的业务运营指标进行分析，可面向业务提出业务运营优化建议。

落实闭环反馈。基于数据分析发现潜在风险，运维人员标注问题。应用管理人员确定标注的问题，生成闭环流程，关联跟踪任务形成闭环反馈，并提供重要系统稳定性运行评估主题的风险发现与任务跟踪的看板。

3. 场景要素分析

风险感知场景关键的3点是：影响风险的客观信息组合、专家经验的融入、扩展到决策与执行的闭环。风险感知之所以能成为场景，在于风险感知在运维体系中是一个既能独立运作，又能与其他场景相结合产生更大的效能。

1）**人**：系统稳定性评估涉及多团队协作，比如在评估环节运维人员牵头稳定性评估方案制定与落地工作，研发人员负责落地相关软件，通常涉及以下角色。

- **一线运维专家**：高频用户，具体风险感知指标、策略、任务的设计与调优者，指标数据模型、源数据处理规则提供者，落实常态化风险处理，以及识别风险后的定界、处理、跟踪。
- **运维管理决策**：中频用户，含纵向多个层级的管理决策层，以及横向风险管理相关的流程经理，了解全局与重要信息系统健康状态，支持风险感知工作机制的落地，不仅是用户还提供资源。
- **兄弟团队（研发、测试）**：中频或低频用户，从各自专业角色在线感知风险状况，完成数据埋点。
- **工具团队建设者**：中频用户，实现“采存算管”数据开发，挖掘、识别真实的用户需求，设计并推动配套工作机制落地，开发、迭代场景工具。
- **机器人**：虚拟用户，特定职责的机器人，处理辅助性、重复性、操作性工作。

2）**事件**：运行风险感知场景由分解的分析主题组合而成，每一个主题的功能实施项可以理解为具体的事件。需要认识到，上层不同主题的事件需要进行个性化分析，比如：

- 周期性（季度、月度）的重要信息系统性能管理、容量评估。
- 周期性（季度、月度）的数据库性能管理、容量评估。
- 交易系统盘前运行状态感知分析。
- 互联网终端交易系统盘前运行状态及客户体验分析。
- 变更后首个工作日进行运行风险分析。

- 某新建系统上线后进行试运行分析。
- 每日重要交易系统盘后风险评估。

从数据流动看，运行风险感知评估工作如下。

- 设计评估指标：梳理影响系统稳定性的重要指标，包括明确指标计算涉及的数据来源、计算规则等。
- 生产指标数据：在线或离线采集数据，计算评估指标，存储数据。
- 设置策略：针对指标的健康状况设置感知策略，支持单指标与多指标监测。
- 生成分析任务：对于离线分析，生成分析任务并推给相关人员。
- 发现风险：通过在线监测策略发现影响系统稳定性的风险。
- 跟踪执行：在线跟踪任务执行情况，并督办改进任务落地。

3）**时间**：包括在线感知与离线分析，在线感知针对稳定性指标的实时指标进行监测、感知，离线分析主要基于报告，比如周期性月度评估，或基于生产故障进行临时性评估。以“某新建系统上线后试运行分析”主题中的“事件”为例，时间要素内容包括新系统上线试运行期间，每天盘后分析；新系统上线后每周最后一个工作日分析。在场景设计上，运维组织可以考虑建立一个新建系统上线后试运行分析主题，并为负责人分派在特定时间完成的分析任务，在任务中提供风险指标及异常检测数据。

4）**连接**：考虑建立常态化的重要系统稳定性运营工作机制，在工作机制下确保多角色顺畅协作，进而实现目标。比如离线评估场景中的风险处置涉及任务分派、任务时效性管理、任务跟踪等。在实施上，关注人、事件、机器的在线协同，利用流程、ChatOps、数据指标、任务管理、异常统一告警等，建立数字化风险感知协同机制。

5）**环境**：包括显性环境与隐性环境。显性环境包括线下协同与线上工具，比如运行风险评估环境主要以线上为主，评估涉及的数据生产基于运维数据平台。隐性环境重点指风险评估配套的流程机制，流程机制是场景能够有效落地的保障，是为了明确协同人员的责权利。流程机制又包括存量的ECC管理办法、监控管理办法等配套的规范或管理要求，以及新增主题涉及的协同机制。

第30章 Chapter 30

场景案例

全数字化业务敏捷性的三个能力包括：超强的感知能力、明智的决策能力、快速的执行能力。

——《全数字化赋能》

运维场景是每个运维团队沉淀下来的宝贵知识，不同企业的运维场景各有不同，场景融汇了团队在组织、流程、平台方面的智慧，数字化运维需要用“连接、数据、赋能”数字化思维重新将运维沉淀下来的智慧场景化。本章挑选应急管理场景、变更管理场景、周末测试场景、演练场景案例剖析场景设计思路。

30.1 应急管理场景

应急管理场景作为运维组织的底线场景，在数字化运维场景中横贯所有时间段，是达成“提升业务连续性保障水平”价值的关键措施。随着新技术引入，业务逻辑日益复杂，软件迭代速度加快，以及外部日益严峻形势，影响业务连续性的因素越来越多，应急管理越来越复杂。结合第三部分故障管理流程中的“故障预防、故障发现、故障响应、故障定位、故障恢复、复盘改进”6个环节，本节的应急管理场景重点关注事中应急处置，整合了应急协同组织、应急流程、“监、管、控、析”平台能力，并通过“数据、连接、赋能”数字化思维打造。

1. 应急管理场景描述

故障管理包括事前、事中、事后三个环节，其中应急管理场景关注事中环节，目标是最大限度地增加 TBF 和缩短 TTR，包含故障发现、故障响应、故障定位、故障恢复，需要在岗位职能、协同机制、管理流程、应急预案、工具平台、运行感知等方面进行统筹建设。

在岗位职能层面，随着系统架构越来越复杂，运维岗位要求越来越高，比如：一线应用运维岗位不仅需要清楚应用系统部署架构、应用逻辑架构，掌握上下游系统、容灾架构，清楚核心业务功能业务逻辑，还要善于利用工具定位问题；同时设置二线、三线运维，故障经理、值班经理，以及研发、测试等应急集结协同等岗位，实现多团队应急处置协作。

在协同机制层面，运维组织需要认识到大部分应急是跨团队协作的，在场景设计中，关注如何让故障信息即时、准确地触达多个角色，以便用户透明地获取故障信息，按需加入应急协同。重复沟通、操作性工作应该尽可能地从应急中分离出来，由机器人自动化处理，以便应急人员专注于应急。

在管理流程层面，以 ITIL、ISO20000、ITSS、SRE 等行业最佳实践与组织内标准规范为基础，建立围绕在事前预防，事中发现、响应、定位、处置、恢复，事后复盘的应急管理流程，并将流程落地到 ECC 管理、应急协同与指挥、故障定级等工作中。

在应急预案层面，运维组织需要持续优化预案，建立健全和完善的应急预案体系，达到所谓“纵向到底，横向到边”的目的。从运维角度看，纵向到底是将管理对象垂直分布，从大到小制订应急预案，不可断层地细化到原子节点预案；横向到边即按故障分类制定专项预案，根据发生和可能发生的突发事件，事先研究应对计划和方案。预案管理需要推进预案策略原子化、预案场景卡片化、预案执行线上化，让每个预案能够像乐高一样组装。

在工具平台层面，平台要为专家应急赋能，利用大数据、人工智能、社交软件、AR、自动化技术等构建“监、管、控、析”平台能力，比如：监控平台持续提升、主动拨测、及时准确告警、加快告警处置速度等能力；统一生产运行日志平台提供便捷的信息检索、配置监控、历史比对、日志分析等能力；生产对象操作自动化提供远程执行、批量操作、操作风险控制、操作留痕等能力。

在运行感知层面，借鉴可观测工具整合关键数据信息，结合 AIOps 人机协同模式，利用运维海量数据、智能算法提供动态基线、异常检测、辅助定位等能力，达到基础设施、技术架构、业务功能、客户体验等层面的运行感知目的。

2. 痛点分析

随着系统架构及业务功能日益复杂，应用软件版本迭代日益频繁，金融行业的系统安全运行保障已由原来的业务连续性，扩展到“业务连续性、数据正确性、逻辑完整性”，给事中应急管理带来巨大挑战。

高频迭代，动则生变。应用软件高频迭代且架构日益复杂，存在“动则生变”的常态化风险，某些细小的变更也会引发大故障，同时这些细小的变更导致异常定位与定界难度大。

手工维护数据风险突出。软件需求设计阶段考虑不周全，导致频繁通过修改数据应急常态化。而因业务紧迫度、时间有限、人员认知能力不足等，手工维护数据极易引发数据正确性和逻辑完整性风险，加大了应急处置难度。

架构设计健壮性和逻辑完整性问题突出。一方面，技术人员对业务或应用逻辑的认知能力不足，导致故障定位慢、尝试诊断恢复处置方法不准确；另一方面，架构健壮性不足，导致系统出现故障后无法从架构层面快速止损。

第三方依赖风险突出。随着系统架构越来越复杂，系统稳定运行需要依赖第三方系统，甚至外部企业的系统服务，比如苹果 App 发布高度依赖苹果商城的审批，当苹果 App 出现逻辑性缺陷时需很长的修复时间且不可控。

基础设施容灾风险突出。基础设施容易引发全局性故障，带来的风险范围、深度影响极大，容易出现雪崩效应，给应急定位带来挑战。

应急工具能力有待提升。应用软件逻辑完整性异常事件缺乏快速定位工具，影响故障恢复效率。

应急协同效率低。故障应急是一个跨团队协同工作场景，但是当前仍主要以现场临时应急指挥为主，涉及大量的重复性、操作性、沟通性的低效协同工作，导致一线应急人员无法专心进行应急。

复杂架构运行状况的可观测性不足。系统架构涉及的服务越来越多，上下游服务关系越来越复杂，但对系统的日志、指标、链路关系建设不够，系统运行状况的可观测性低。

3. 场景要素分析

场景设计结合用户旅程、客户价值主张等，围绕人、事件、时间、连接、环境 5 要素形成解决方案，具体如下。

1）**人**：包括值班经理、值班领导、IMS 经理、运维（一线、二线）、IT 服务台人员、研发团队、测试团队、安全团队、业务团队、故障机器人、生产对象。应急管理场景需要通过线上化工具，将“人”与“事件”连接起来。

2）**事件**：异常发现后的处置，包括申报故障（向干系人通知故障），感知重要业务指标、细分指标、关联业务影响，获知客户反馈、行业动态，评估应急决策、定位工具，启动监管报备，落实客服解释等。场景需要将“事件”连接形成闭环，对于需要向外开放的申请性工作服务化，同时将基于数据的“感知、决策、执行”能力融入每个环节。

3）**时间**：主要针对重要业务异常事件发生，事件触发包括：监控、巡检、业务反馈、

IT 服务台等渠道推送的异常信息。场景上，通过 ECC 管理机制与机器人等实现应急处置各环节顺畅协同。

4）**连接**：主要针对人、事、机器的在线协同，在应急管理场景中重点将“ChatOps、任务管理、数据可观测”赋能到应急处置环节，建立数字化应急协同机制。

5）**环境**：主要针对应急 ECC 值班、远程应急两个环节，环境包括线下 ECC 值班室、企业 IM 群、场景工具等。

4. 场景分解

为了有效提升业务连续性，运维组织需要延长无故障时间（TBF），缩短故障恢复时间。这就要充分利用数字技术，实现应急场景在线化，将“洞察、决策、执行”闭环驱动融入事中处置过程，减少运维专家应急处置琐事，利用平台化管理、运行可观察与定位工具，让数据、工具真正发挥价值。

（1）全数字化应急指挥

构建数字化应急管理场景，需要进行全在线的应急过程管理，重点内容如下。

一是线上化应急处置过程。结合组织禀赋，将应急关键步骤标准化，并固化在线上。线上化应急处置过程设计时，需要整合组织（主办及协同人员）、流程（处置流程机制）、平台（监控发现、自动化操作、数据看板等）。线上化应急处置过程至少需要包括故障申报、故障处置、故障恢复、故障复盘环节，并需根据组织需求增加故障诊断、处置申请 / 审批 / 恢复、远程专家协作、故障集结、故障升级、故障处置进展说明、监管报送等环节。线上化应急处置过程不能像传统 ITSM 系统事件管理关注事后留痕，需要在事中通过在线观测应急处置状况进行指挥，并通过持续优化达到赋能应急恢复的目标。

二是加强应急管控。线上化应急将关键步骤固化到线上，围绕风险管理、合规操作、规范要求、协同效率等进行完善，以便达成关键步骤不漏与减少操作性工作等目的。

三是数字化应急效率。线上化应急通过对处置时间进行划分，实现在线度量应急效率。比如，将发现时长（MTTI）、平均故障响应时长（MTTR）、平均故障定位时长（MTTK）、平均故障恢复时长（MTTF）数字化，实现应急处置效率可观测。

四是以实战练兵。应急处置效率可观测后，围绕 MTTI、MTTR、MTTK、MTTF 设置处置时效，对于超时环节自动提醒，帮助管理决策层发现应急协同问题，帮助值班经理监督一线应急执行，培养一线运维故障处置紧迫感，达到以实战培养应急处置能力的效果。

五是赋能应急指挥。线上化应急提供应急指挥需要的处置协同信息，比如系统关键指标看板、应急处置步骤状态看板等，以便值班经理、职能经理、管理决策层在线或远程应急指挥。

六是持续优化。可度量的指标是持续优化的基础，可推动数字化、自动化、服务化的实现。比如在事前故障识别前关注机器人监测告警处置效率、在事中关注机器人督促处置节点进度、在事后关注应急效率分析。

（2）平台赋能组织应急

平台赋能专家应急重点落实以下几项内容。

人机协同让应急专家从琐事中抽离。当前，大部分故障需要多团队协同处理，且部分运维人员能力不足会导致延误战机，所以运维组织需要在确认故障后遵循“先申报后处理”的规程。在场景设计上，运维组织可以参考先在线申报，申报后由事件机器人从CMDB中获得故障涉及的运维、研发、测试、值班经理、IMS经理等干系人并自动通知，生成关于此故障的协同群，将故障处置信息实时推送到协同群。机器人的引入不仅能让应急人员专注应急，还能让应急人员只要花1分钟时间，就能将故障信息扩散出去，提升并行处理效率，且故障专家能够从信息公告、解释、召集等琐事中抽离中来专注应急。

建立“数据＋机器人”平台化管理模式。以往在应急管理中主要依靠值班经理、职能经理现场管理，容易遗漏事项，需要将管理手段融入平台，比如以故障发现管理为例，一方面，建立监控告警覆盖面数据运营，包括事后复盘、跨团队与跨系统横向排名等；另一方面，实时监测监控告警响应时效性，当受理过长时，由机器人在协同群公示，降低因未及时受理监控延误战机的风险。

（3）数字化感知提升运行可观测性

出现故障后，运维专家需要通过必要的在线信息提升可观测性，辅助专家应急决策。

全数字化的业务及系统状态感知看板赋能应急洞察。提前构建应用系统主要运行指标体系与收集细分运行指标实时数据，包括关键时间的系统运行状态、业务性能、业务日志、组件状态、依赖状态、基础资源状态、上日变更信息状态、系统缺陷列表信息、依赖连通性指标、应用日志上下文信息等。

推动关联业务同步分析。关联业务分析通常包括上下游业务与前端渠道影响分析，在技术实现上采用以下几种方式：一是采集系统上下游关系数据，基于异常信息快速获取上下游系统拓扑关系；二是提前准备关联系统运行状态数据可视化看板；三是建立协同线上化CheckList任务，当异常启动后拉起IM应急群，将需确认的信息同步推送给上下游系统负责人，基于CMDB获取系统上下游关系。

感知客户与行业动态。一方面提前构建客户反馈、行业动态信息在线获取能力，在技术实现上包括在应用系统或客户端增加客户反馈、行业动态信息获取功能，线上从IT服务台、终端拨测工具等获取信息，并将相关信息整合；另一方面获取客户端体验及功能可用性等数据，以及服务端性能、容量、系统状况等数据。

（4）工具赋能故障定位及恢复

提升故障定位效率。通过业务运行看板、统一日志工具、自动化巡检、最小颗粒度可用性看板等，辅助故障定位，尤其是在面对复杂故障时可以为研发、测试、产品等兄弟团队提供工具，以便多个专业团队并行参与应急，避免将工作集中在个别专家身上。

实现智能排障。引入 AIOps 辅助故障定位；同时，围绕重要系统运行关键指标、上下游关系数据感知，为故障定位赋能。

数字化提升应急预案有效性。构建线上化应急处理工具，引入乐高式、可组装的应急策略、应急机器人等，解决以往 Word 版预案“内容多、难匹配、无保鲜”等问题。同时，制定主机、应用程序、专线、容器服务等最小颗粒度的线上应急预案管理策略，基于最小颗粒度管理策略关联自动化操作脚本，达到预案自动化或半自动化目的。

提升应急沟通效率。通过线上化应急预案策略提升应急沟通效率，比如当业务影响达到监控报送要求时主动通知安全组，通知客服及业务部门拟定客户解释话术。

AR 赋能远程专家协作。AR 技术打破传统远程协作平台的局限性，充分贴近 IT 应急现场需求，当异地系统或设备异常时，利用 AR 与远程驻场工程师连接，驻场工程师利用 AR 眼镜现场操作，远程专家在线查看、指导、复核应急。

提升技术架构韧性。针对特定系统在架构上的前端限流、扩容等需求，配合个性化工具管理，提升系统自动恢复能力。

30.2 变更管理场景

变更管理是 IT 服务管理的一个重要流程，目标是通过规范生产系统变更实施，减少变更带来的问题，更高效和迅速地发布，以快速交付业务需求。变更管理场景需要将上述多个环节的变更工作线上化，将能自动化的工作自动化，并有效连接在一起，建立高效、安全的 IT 交付价值链。

1. 变更管理场景描述

变更管理是一项时间周期长、跨团队协同的复杂工作。从实施上，变更管理通常涉及软件交付标准前移、生产变更评审、软件发布、变更窗口管理、变更后验证、变更运营分析等工作。其中，软件交付标准前移，包括将提升可靠性与高可用性涉及的技术架构规范，提升可运维性涉及的数据规范、监控异常埋点，组织其他历史经验沉淀的规范，融入变更管理工作机制。生产变更评审是从审批流程角度评估变更涉及的准备工作是否就绪、变更风险是否评估到位。软件发布是从软件交付工作流角度达成软件部署。变更窗口管理是为了整合组织资源，控制变更风险，提高变更成功率，减少变更沟通成本。变更后验证是对变更达标情况进行主动性验证，包括变更当天与实际业务的验证。变更运营分析是对变更过程数据进行分析，持续优化变更管理。

生产变更通常包括应用变更、基础平台变更两类。其中，应用变更主要针对企业业务及运营管理相关系统的变更，比如新系统上线、存量系统迭代发布、配置变更、业务参数调整、数据维护、补丁升级、账户迁移、系统切换、版本回滚等。基础平台变更主要针对支持应用系统相关的IaaS平台、PaaS平台、操作系统、数据库、中间件等的变更，比如设备更换、新模块安装、软硬件升级加固、预防性维护等。

从经验看，生产变更管理不到位是引发生产故障的主因，有效控制变更风险是运维提升业务连续性保障水平的重要手段。构建变更管理场景，需要基于“数据智能、协同网络、一切皆服务”的数字化思维，为复杂的生产变更管理提供更全面的把控能力，从而达到提升IT软件交付速度与控制风险的平衡。

2. 痛点分析

运维组织建立了大量的变更管理机制，设置了变更管理横向组织，使用了变更管理流程与软件发布工具，每天都会有围绕基础设施、硬件、网络、应用、数据、配置、参数等开展变更工作。频繁变更给运维带来不少痛点，主要表现如下。

动则生变，变更带来稳定性风险。大到软件基线调整，小到一个功能变更，甚至一个参数或配置的调整，都可能引发重大故障。变更带来的风险点很多，有设计层面的程序缺陷类问题，也有管理层面的版本管理类问题，还有操作层面的执行问题，或者协作层面的上下游沟通不畅引发的问题等。解决变更带来的风险问题是一个极为复杂的系统性工作。从生产变更故障引发率看，通常来自变更的故障领先于其他因素引发的故障，所以变更后通常是运维组织最为繁忙的时段。

变更迭代越来越快，业务部门始终有抱怨。随着公司业务发展，每年新上线系统越来越多，存量系统迭代频率要求越来越高，生产故障与功能设计问题带来大量非常规的数据修复工作。同时，为了满足复杂应用运行需要，平台、基础设施也发生大量变更。另外，由于业务部门对越来越复杂的技术环境并不了解，对引入的变更流程、评审管理流程、变更失败等容忍度降低，同时业务与研发团队提交的变更需要时间审批，特别是一些紧急情况下的变更也需要配套的流程，容易引发抱怨，降低IT服务满意度。

变更准备不足，风险评估、变更管理不到位。DevOps提出的持续交付思想，在很多组织中得到广泛应用，但在一些金融企业遇到不少问题。全自动化、持续的变更模式能否落地，与组织文化、工程师思维、人员技能、行业及企业对故障的容忍度等有非常大的关系。很多金融企业仍在执行计划性的评审变更管理机制，比如变更窗口、集中管控等机制。

操作性工作多，自动化程度不够。由于变更执行涉及面广，比如基础设施层面的多品牌硬件部署、软件安装、补丁升级、配置调整，平台软件层面的基线升级、参数调整，应用系统层面的厂商技术架构不同等，自动化实现难度大。而操作性工作往往在执行规范性等方面不足，容易引发生产故障。

紧急变更数量太大，导致团队成员疲于应付。紧急变更很多时候由于没有足够的时间进行评估与测试，变更数量增多会导致软件稳定性降低。另外，紧急变更数量太大也会导致运维人员长期处于应付状态。

3. 场景要素分析

下面从“人、事件、时间、连接、环境”5要素构建生产变更场景建设解决方案。

1）**人**：包括各职能线团队运维人员、CAB委员、技术架构委员会委员、软件交付过程涉及的研发/测试/产品/项目人员、业务部门人员、合作方人员、供应商、变更协作机器人等。

2）**事件**：包括新系统技术可行性评估、技术选型、软件设计、变更申请、变更评审、软件发布、变更验证、变更窗口运营分析等环节的工作事项。场景设计上，重点需要建立端到端的协同连接，将上述事项线上化连接形成闭环，对需要向外开放的新系统技术评审、软件变更、变更评审的申请性工作服务化，将与变更对象相关数据的“感知、决策、执行”能力融入每个环节，比如将部署架构、生产对象容量与性能数据与评审环节关联，辅助评审。

3）**时间**：包括变更申请前的设计阶段、变更申请后的发布阶段，以及变更发布后的复盘阶段。在设计阶段，重点关注如何将变更前移的相关工作融入IT组织的项目管理流程。在发布阶段，重点关注从变更管理流程、软件发布到变更后验证管理的在线化与互联互通。在复盘阶段，视组织变更机制而定复盘方式，比如以统筹的变更窗口为依据进行复盘。

4）**连接**：主要针对人、事件、机器的在线协同，重点放在变更管理流程、软件发布、变更后验证几个环节的协作，其中ITSM负责审批流程的打通，CD流程负责软件发布线上化，CMP或IaaS平台负责硬件变更线上化，ChatOps促进人沟通协作，数据让整个过程可量化。

5）**环境**：主要是指线下与线上相结合的工作环境，以及变更管理相关机制。线上实现变更审批流程、评审辅助工具、指挥管理工具、变更执行工具等的整合。线下针对具体的人与人协作，或物理环境下的变更操作，结合ChatOps与社交工具，辅助变更管理机制更好地落实。变更管理机制应以变更管理规范为基础，并引入技术架构评审、架构可维护性标准、CAB评审、变更审批流程等标准规范细则。

4. 场景分解

（1）标准前移

对于标准前移，组织可重点关注具有可运维性的非功能需求。从以业务需求为导向的项目角度看，当业务需求都已实现，项目牵头人通常认为应用上线条件具备。但是事实上，满足业务需求并不意味着万事俱备只待部署，接下来可能有监控告警、客户投诉，要改变这种上线后再救火的状况，组织需要在设计过程中增加相关具有可运维性的非功能需求。同时，很多时候研发人员面对紧迫的交付任务，很可能会减少对非功能需求的投入，所以运维人员需要进行设计标准前移。具有可运维性的非功能需求关注技术架构规范，涉及日志、监控、配置、参数配套的数据规范，软件变更交付文档涉及的标准发布、标准查询、评审 CheckList 等规范。另外，由于标准需要结合配套的协同工作机制才能落地，组织需要将变更前移标准的服务化能力赋能项目与研发设计环节，比如项目立项涉及的可行性评审、软件研发涉及的新系统或重大改造涉及的技术架构评审环节等。标准前移要将规范与评审过程线上化、与评审跟踪相关联以达到闭环。

（2）变更评审

软件交付过程中的评审环节涉及重大项目可行性、技术架构、功能需求、非功能需求、系统设计、测试案例、变更准入几个环节的评审。此处提到的变更评审特指变更准入环节的评审。针对每一个重大变更都做好评审，有助于避免变更发布后紧急修补。与项目立项、软件研发、测试阶段的评审不同，变更评审的牵头方是 CAB 组织或运维组织。变更评审通常会先将变更清单进行初步划分，梳理出需要集中评审的变更范围，再组织集中评审。在集中评审中，为了让评审过程更加有序，一方面需要快速获得相关变更流程进度、交付材料、软件架构等信息；另一方面要将评审涉及的协同工作线上化，比如评审排队、评审叫号、评审过程问题登记、评审表决、遗留问题登记与跟踪等。生产变更场景的评审工作需要结合运维平台在“管”层面的变更流程、CMDB 在部署架构与上下游关系的信息等、以及在“析”层面的系统容量与性能数据。

（3）窗口管理

由于金融企业对交易连续性与客户权益保障要求极高，互联网企业的效率优先的管理思维并不适用。很多金融企业会制定变更窗口，即要求变更执行在适当时间完成，最小化对业务的影响。变更窗口主要为了解决非计划性紧急变更问题。另外，建立变更窗口还有利于组织集中资源保障变更落地。运维组织可根据国家节假日、重大保障事件提前设计年度的变更窗口，根据交易系统重要业务时间段设计工作日可发布的变更窗口，根据计划性与非计划性变更设计计划变更窗口，以区别于紧急变更。

在场景设计上，运维组织可以根据企业业务设计差异化的变更窗口。比如在通用窗口方面，每年年底提前设计窗口日历，并提供可供全公司快速获取的变更窗口日历表服务；针对特殊的业务、系统、团队，可以在大窗口范围内设计针对性的窗口，比如某个刚上线试运行的应用采用更加频繁的迭代窗口。变更窗口在技术上可以提供与流程审批、自动化操作相关的工具。同时，基于变更窗口的计划管理机制，运维组织可将变更工作与窗口关联，提供变更计划与执行的日历看板，以实时观测具体窗口下的变更执行情况。

（4）变更发布

变更发布环节关注变更任务的执行，主要包括软件发布、数据维护、参数配置调整、基础设施及系统变更。

软件发布指应用系统的版本部署，即将制品安装到运行环境，这个环境可以是测试环境、准生产环境、生产环境。运维组织常说的持续部署就是指通过自动化的手段将部署过程以流水线的方式进行分解编排，并固化为可自动化、反复执行的操作。软件发布涉及的工具比较成熟，主要包括可配置的脚本组件。组件支持通过流水线部署进行编排，执行流水线可实现从获取制品到制品发布到运行环境，并进行相关变更验证等。互联网产品还涉及灰度发布。在场景设计上，软件发布管理主要是整合 ITSM 系统审批流程、自动化发布工具能力完成变更，将发布过程与结果以数字化方式进行管理，并通过 ChatOps 促进协作。

数据维护是一项频繁的变更操作，主要指对数据库中的数据进行新增、修改、删除等。数据维护通常源自软件变更、系统设计不完善、功能缺陷、生产故障等。在场景设计上，运维组织需要减少直接从操作系统层面进行数据维护，应该通过线上化工具进行数据维护。同时，数据维护工具需要和软件发布工具、ITSM 系统的变更审批流程进行关联，实现更流畅的变更发布管理。

参数配置调整是对技术与业务参数进行变更，通常涉及数据库中数据维护、配置文件修改、应用系统前台功能维护。其中，数据库中的数据维护基于上面提到的数据维护工具，配置文件修改可以基于软件发布或线上化工具修改。而应用系统前台功能维护则很难标准化，主要通过 ITSM 系统完成。

基础设施及系统变更主要针对机房环控、网络设施、服务器、存储设备、基础软件方面的变更，包括空调、交换机、路由器、负载均衡设施、专线、防火墙、小型机、服务器、存储设备、SAN 交换机、操作系统、数据库、中间件、备份软件等的变更。在场景设计上，基础设施及系统变更更加标准化，需要充分整合环控系统、网管系统、虚拟化控制台、云管平台等的能力。

（5）变更验证

变更验证环节关注变更任务执行是否达标，变更是否产生运行风险。下面从发布过程中验证、发布后真实业务验证、变更试运行、灰度变更进行简述。

发布过程中验证。发布过程中的验证指在软件发布后马上组织相关技术与业务验证，技术验证包括从技术角度进行可用性、性能、变更功能有效性等的验证，业务验证主要从业务角度进行验证。通常，业务验证需尽最大可能模拟真实业务操作，需要提前准备相关用户账号、收集业务数据等。在场景设计上，对于技术验证，运维组织应制定关键业务的技术指标与变更项技术指标，基于指标构建感知能力，并引入软件发布工作机制。业务验证由于比较难标准化，通常是与线上审批流程结合，以落实相关方职责。

发布后真实业务验证。有些变更涉及的功能点无法马上实现，运维组织需要充分利用从软件发布到系统核心业务（可能非变更项）发生、核心业务发生到涉及变更功能的首笔业务发生两个时间段进行验证。在场景设计上，一方面需要基于监控、日志、数据库流水、拨测等，结合变更验证项、变更指标、关键业务指标实时感知对业务的影响；另一方面，要在管理机制上，设计多个重要时间点的技术验证任务，比如券商涉及的周末技术验证、周一开市前的变更影响验证、周一开市后的变更功能验证。

变更试运行针对软件从发布到正式上线的运行。在一些重要的新业务发布、新系统上线时，运维组织在有条件的情况下会设定试运行期，如果试运行评价报告不够好，或是不满足当初评估的预期，可以考虑回滚，只有评估满足预期并稳定运行的变更，才会转为正式发布或全面推广。在场景设计上，首先要将运行状态线上化，通过在 CMDB 中设置应用系统与业务功能配置模型的上线状态，支持从试运行向上线状态移动。同时，由于试运行通常涉及一些重要变更，运维组织需要在软件发布后构建线上化任务评估与运行指标感知能力。

灰度变更主要应用于互联网系统，应用最多的是滚动发布，是在发布过程中一部分用户继续使用老版本，一部分用户使用新版本，不断扩大新版本的访问流量，最终实现老版本到新版本的过渡。在场景设计上，要整合应用系统的灰度发布工具能力，包括支持创建灰度区，进行流量控制，在灰度区验证等。相关灰度发布工具的能力可尽量与持续部署工具的能力相整合。

（6）变更管理运营

变更管理运营是基于数据评价变更管理能力，建立持续优化的工作机制。推动变更运营，首先需要设计评价变更管理能力的相关可量化指标。指标设计可以考虑从流程审批与执行工程两个层面实现，比如：针对流程审批，设计变更总数、变更失败量 / 率、未按计划执行变更量 / 率、紧急变更量 / 率、被拒绝或退回变更量 / 率、变更负责人平均处理变更数量 / 时长、引发事件的变更数 / 率、未准时执行 CAB 评审的变更数 / 率、客户满意度、变更文档不全数 / 率等指标；针对执行工程层面，设计非 CD 流水线发布的变更次数、紧急发布数 / 率、发布导致事件数 / 率、按时发布数 / 率、平均发布时长、未经测试的发布数 / 率、平均带缺陷发布的数 / 率、不在制品库的软件包、客户满意度等。选择哪几个指标作为变更运营切入点，视组织管理需要而定。确定变更管理运营指标后，运维组织可以基于指标实现“感知、决策、执行”闭环管理，将变更管理运营工作融入窗口变更管理，利用指标感知变更过程中存在的问题，基于指标的感知与故障复盘，决策改进措施并跟进。

30.3　周末测试场景

证券行业经过多年发展，形成周末测试的惯例，即利用非交易日，市场核心机构组织部分或全部市场参与方，或企业内部的重大变更参与方在生产环境进行联网测试，目的是通过模拟真实的市场行为来验证交易所和各参与方的系统功能、性能、可靠性以及整体业务流程与需求的一致性，判断系统是否具备上线条件。由于周末测试的环境最接近生产状态，参测系统也比较全面，证券公司交易相关系统也会利用全网测试的机会，完成公司内部测试、通关测试、性能测试等任务，甚至部分重要系统的重要变更一定要通过通关测试，才能正式变更。周末测试是对重要生产变更的验证，提前发现变更问题，有效降低每周第一个工作日的运行风险，所以运维组织需要关注**测试有效性**。同时，周末测试涉及环境与数据的切换，测试本身又带来操作风险，由于周末测试完成到周一开市之间有一个空档期，利用好这个空档期进行运行感知与分析将降低变更与测试带来的风险，所以运维组织需要关注**环境完整性**。全网测试、证券公司内部组织的周末测试十分频繁，很多证券公司全年90% 以上的周末均有测试，每次测试涉及上百人协作，因此建设全数字化的周末测试管理场景尤为重要。

1. 周末测试的过程

周末测试通常包括以下几个步骤：周四前发起周末测试申请并在评审前初步编排时序任务，周四下午完成周末测试评审，并在周五前确定测试时序安排，周五晚发布变更、周五晚到周六凌晨准备测试环境、周六白天测试、周六晚进行测试后的环境恢复、环境恢复后到周一早盘期间观察生产环境等。

周末测试申请主要发生在上半周，评审发生在下半周。CAB 委员牵头组织周末测试评审。时序安排指将周末测试多个团队、上百人、跨多个工作日的协同工作任务化，并基于任务执行时间进行在线编排，形成完整的周末任务时序。涉及测试的变更发布通常安排在周五后，一般来说核心交易系统清算后升级，其他系统在收市后升级。测试环境准备发生在变更发布后，需要做好环境备份，并落实测试环境准备。周末测试工作通常是在周六发起，包括变更系统与关联参测系统的测试。环境恢复通常在周六完成测试后实施，是一个容易引发操作风险的环节。生产运行“动则生变”的风险是一个经验共识。为了有效防范测试带来的风险，运维组织需利用好从环境恢复后到周一开盘的观察期，更早地发现风险。

2. 痛点分析

周末测试的价值是更早地发现变更带来的风险，并在开市前消除。要实现这个价值，运维组织面临两个关键痛点：如何提升测试有效性，如何保证环境完整性。下面从测试有效性和环境完整性两点涉及的风险，以及工作机制与场景工具两个角度来分析组织所面临的痛点。

（1）测试有效性涉及的风险

风险 1：包括设计环节评估不到位，周末测试时下游关联系统测试、验证不到位，测试后的环境恢复不完整，变更后对变更点影响主动发现能力不足等。

风险 2：包括周末测试过程中发现问题临时变更、修改方案、最小功能集测试覆盖面不大引发核心业务不可用风险等。

风险 3：周末测试涉及上百人、跨团队协同，缺乏在线感知测试进度、洞察问题的能力等。

风险 4：周末测试所用的版本、测试环境中已测试版本、生产环境中部署的版本可能不一致的风险。

（2）环境完整性涉及的风险

风险 1：测试环境切换及恢复方案不全面将带来风险，比如遗漏重启导致配置未生效，或临时性的环境切换及环境恢复方案缺乏评审管理。

风险 2：周末测试期间及观察期的监控误报多，对业务可用性相关的数据感知能力有待增强。

3. 场景要素分析

下面从“人、事件、时间、连接、环境”5 要素制定场景建设方案，具体如下。

1）**人**：包括 CAB 委员、测试与运维值班经理、部门领导、IT 服务台人员、运维管理员、项目经理、产品经理、研发工程师、测试工程师、业务部门人员、分支机构人员、合作方人员等。

2）**事件**：指上半周内发起周末测试申请，下半周内完成周末测试评审，周五测试时序安排，周五晚窗口变更发布，周五晚到周六凌晨测试环境准备，周六白天测试，周六晚测试后的环境恢复，环境恢复后到周一早盘期间生产环境观察等。

3）**时间**：可以从计划性与临时性方面来分析。其中，周末测试的主干流程是相对有计划性的，比如每周上半周安排相关测试申请、下半周做好评审与准备、周末执行测试与总结。临时性主要针对实时自动化监测问题的管理、超出周末测试时序任务的临时性变更管理。

4）**连接**：主要针对人、事件、机器的在线协同，手段包括 CAB 时序看板、官方 QQ 沟通群、现场总结会、CAB 微信群。

5）**环境**：周末测试环境有严格的区分，在指定环境基础上，还可建立与通关测试相关的环境，重点防范测试工作影响或污染生产系统。在管理机制上，运维组织需要建立周末测试的环境管理、测试管理、时序管理等相关工作机制。

4. 场景分解

提前创建好场景，参测人员在测试各个时间段、各环节根据测试方案完成各项工作，管理负责人通过 CAB 时序看板管理各项工作，主要协同工作如下。

周末测试申请。周末测试是针对外部与内部变更的管理，由 CAB 建立在线协同机制，线上收集、受理企业外部与跨团队需求，编排时序任务等。

周末测试评审。汇集周末测试申请后，CAB 委员牵头组织周末测试评审，具体评审周末测试申请工作风险、准备工作是否就绪，以及是否需要增加相关资源投入等。由于周末测试也属于变更的一部分，周末测试评审工作与生产变更评审工作合并。在场景设计上实现评审会组织、取号叫号、专家评审、评审总结的线上化。

任务时序安排。CAB 确认周末测试工作后，通过时序任务编排实现各团队人员安排、测试用例安排、环境安排等。

变更发布。基于 CD 及自动化操作工具，实现变更发布管理。

测试环境准备。变更发布后，下一步是做好环境备份，落实测试环境准备，包括制定完整的环境准备技术方案、多环境管理等。测试环境准备的关键是有全面、合理的技术方案，针对性地控制环境风险，是整个测试工作最基础的工作。周末测试通常涉及全网环境、独立测试环境。运维组织可采用独立测试环境、生产备份环境，以及“生产备份环境＋独立测试环境”“生产备份环境＋独立测试环境＋生产环境”组合的方式进行环境准备。

周末测试。周末测试工作包括测试事件管理、性能测试、测试环境管理、现场总结等。

- **测试事件管理**：IT 服务台值班人员根据测试沟通协作群及值班经理的要求，记录测试当天遇到的问题，尤其测试协作、环境准备、重大风险类问题，值班经理分配相关人员处理问题。
- **性能测试**：提前准备好测试方案，并严格在指定时间段测试，及时在沟通协作群等公告情况，以防与功能测试冲突。
- **测试环境管理**：完成测试环境准备工作，协调对外各项事宜，并及时跟进、解决测试中遇到的与环境相关的问题。
- **现场总结**：在周末当天测试基本完成后，组织相关测试人员，召开测试总结会，总结测试情况、测试结论、分析测试问题，并安排必要的后续工作。

环境恢复。对测试环境准备工作的逆向操作，比如关闭所有中间件、数据库主备切换并恢复同步、中间件切换、重启操作系统、启动中间件、检查业务可用性等。环境恢复的有效落地建立在技术方案完整、操作自动化、验证能力强的基础上。

生产环境观察。在生产环境恢复后到周一盘前进行系统巡检、监控、运行感知。

30.4 应急演练场景

应急演练是检验、评估和持续提升应急能力的一个重要手段，可以在事件真正发生前暴露预案、技术架构的缺陷，发现应急资源与人员能力的不足，提升各个应急部门、机构、人员之间的协同能力，增强运维组织应对突发故障的信心和意识。

在具体应急演练实施中，通常是先设计一个异常事件场景，参与方提前做好准备工作，按应急预案指挥整个演练过程，多个团队、业务、供应商分工协作，形成整体联动，实现从问题发现、启动应急响应机制、故障诊断到应急恢复。

1. 应急演练场景描述

常见的应急演练包括验证数据中心火灾防范能力、基础设施高可用性、PaaS平台健壮性、应用系统架构高可用性、微服务容错能力、重要功能健壮性等，以及组织协作是否有序、监控告警时效性与覆盖面是否到位、应急工具是否就位、组织应急定位能力是否高效、关键岗位人员技能是否达标、工作流程设计是否到位、对问题的应急能力等。应急演练形式包括桌面演练、实战演练、混沌工程等，实施步骤如下。

- 明确演练目标，比如验证容灾、技术架构等技术层面的可用性管理能力，或重要主机宕机、网络中断、断电、火灾等涉及的跨团队协同管理能力等。
- 确定组织架构，通常包括决策层、应急执行人员、应急保障小组、运维人员、研发人员、第三方供应商等。
- 制定演练剧本，需要有角色、时机、时间、具体的事等要素，通常是基于任务时序，制订应急演练计划，形成可操作的演练剧本。
- 关联应急预案，演练通常由一个或多个应急场景组成，每个场景需要配套应急预案，由于演练通常是对已知故障的演练，有些企业会设计事前培训环节以促成演练。
- 落实演练过程管理，监测演练过程问题，并对问题进行总结，以实现持续优化演练。

2. 痛点分析

应急预案可操作性差。具体表现有：有些应急预案只有一个粗略的说明，缺少必要的问题、对象、操作步骤、检查方法等信息；有些预案在编制中将大量应急场景整合在一起，使用中很难被快速、准确地找到；大部分预案是以描述性为主，缺乏可识别的步骤，应用不够高效。

应急预案准确性不足。有些预案涉及跨团队协作，但是涉及的协同机制不明确，上下级、各岗位没有很好地衔接，存在盲点、重叠、矛盾现象；预案涉及的字段或对象未与环境配置关联，当环境配置发生变更，容易出现更新不及时的问题；预案没有与日常工作机制关联，没有实现优化闭环。

演练过程管理不足。具体表现有：实际演练执行步骤与预案步骤不符，比如漏执行操作、未通知到人、汇报不及时、指挥不够等；参与人员不够重视，执行松散，对方案了解不够。

演练演的成分高。不少演练很大程度是以宣传、演示为主，而不是以应对风险事件为目的组织的。演练没有真正发挥检验平台能力、检验协同机制、锻炼队伍、教育员工的作用。

演练过程不可观测。对演练过程中的环境变化、执行时效性、协同效率等关键要素缺乏量化，无法在线发现问题，问题无法留痕，无法及时调整方案。

演练引发问题。如果对故障注入引发的问题爆炸半径掌握不足，将引发严重的生产事件。同时，在演练过程中可能产生脏数据，或遗漏演练后的环境恢复关键步骤，将引发生产故障。

3. 场景要素分析

下面从“人、事件、时间、连接、环境”5要素制定应急演练场景建设方案，具体如下。

1）**人**：包括运维工程师、运维经理、部门领导、IT服务台人员、演练支持人员（研发人员、测试人员、厂商）、协同机器人、生产对象。场景需要通过线上化功能，将这些“人”与“事件”连接起来。

2）**事件**：包括常态化的应急方案维护、周期性的演练计划管理、编排演练操作、根据应急方案启动事件模型、根据演练时序推进每个时序步骤执行、过程中观察应急演练、演练后完成环境恢复、演练总结、针对演练发现的问题进行应对措施跟踪。场景需要将事件线上化连接起来形成闭环，对需要向外开放的申请性工作服务化，同时将基于数据的“感知、决策、执行”闭环能力融入每个环节。

3）**时间**：在场景设计上，演练过程管理的时间严格按线上化演练时序推进。

4）**连接**：主要针对人、事件、机器的在线协同，其中时序工具将演练过程连接起来，ChatOps将人与事件连接起来，数据将整个过程连接在一起。

5）**环境**：主要包括线下与线上环境。线上环境以演练场景工具功能为主线，利用运维平台的“监”与“析”功能实现过程可观测、可留痕，利用“管”功能实现事前申请与事后跟踪，利用“控”功能实现部分策略可执行。线下环境结合ChatOps与社交工具，辅助管理机制更好地落实应急行动。在管理机制上，制定针对不同级别信息系统的演练覆盖面、时效性要求，以及演练过程及演练总结要求。

4. 场景分解

（1）应急方案

应急演练方案主要包括在线化应急预案与模拟事件方案。

1）在线化应急预案。大部分企业的应急预案采用文档进行管理，每个应急预案对应对一个故障场景。在线化应急预案重点需要解决应急工具数字化、原子级通用应急策略、执行策略准确性与保鲜、预案快速获取与启动等方面的问题。

- 设计数字化的应急工具，工具设计需要考虑场景与策略。场景决定具体预案应该在某个事件背景下启动，策略是具体预案的执行步骤。应急场景由应急策略构成，支持根据用户选择的策略执行，并将执行过程以流水方式留痕。

- 确定原子级通用应急策略，比如 IDC、机柜、存储设备、主机、程序、依赖系统、数据库、专线等原子级（或组件）异常场景下，应该采用什么措施。同时，基于通用应急策略，数字化评估机制与标准落实情况。
- 在执行策略的准确性与保鲜方面，推动预案的使用，尤其是在真实应急场景下的使用。比如将预案的启用与生产事件管理整合，通过主动性的运行分析，评估预案使用情况，形成持续改进闭环。
- 在预案的快速获取与启动方面，支持用户根据关键词快速获取预案，并将预案与应急处置场景关联起来，同时建立预案申请、执行、结果反馈机制。

2）模拟事件方案。企业以往主要采用指令式、描述性的模拟事件方案，比如：按剧本通知应急演练执行人事件发生，或事先不通知，让服务台或客服通知一线值班人员，或由机器模拟异常告警。随着技术架构复杂性越来越高，很多组织提出了混沌工程，基于真实生产环境注入故障的方案。

实现上，故障注入方案需要基于自动化操作平台或应急演练系统自带的远程自动化操作与数据采集能力，执行故障注入，并获取故障注入后的运行数据。

（2）演练计划

为了保证演练工作有序落实，应急演练场景需要制订应急演练计划，包括演练主题、关联方案、计划方案、责任人以及提醒催办。通常，演练计划管理包括周期性计划管理与临时性计划管理。

周期性计划管理指通用的应急演练工作，在场景中包含不同职能团队的应急演练计划管理，比如应用运维团队制定的每个季度验证应用系统架构高可用性的演练计划，运维团队制定的验证重要交易系统应用稳定性的周期性演练计划；基础设施团队制定的每个季度验证关键基础设施高可用性的演练计划；平台软件管理团队制定的每个季度验证数据库、中间件高可用性的演练计划。场景需要支持周期性计划的录入、修改、未执行计划的催办等。

临时性计划管理指根据特定事件触发的应急预案计划，比如特定生产事件触发的应急演练计划。场景同样需要支持临时性计划的录入、修改、未执行计划的催办等。

（3）操作时序

一个完整的应急演练场景在执行环节通常包括以下步骤：

- 调用应急方案模拟事件发生。
- 通过监控等渠道发现事件。
- 基于应急处置场景模块进行事件定位、组织研判。

- 根据专家评估申请启动预案。
- 完成预案审批，根据应急预案，检查执行是否有效，完成应急预案涉及环境的恢复。

操作时序是将上述环节中的动作线上化，并落地为带有时序的工作任务。时序管理场景让演练过程数字化，以便事中与事后分析哪些任务由哪些团队、哪些人执行等，并进行持续优化。

在场景设计上，操作时序主要由计划、任务、子任务3部分组成。运维领域的应急演练是一项长期性、涉及面广的工作，通常在某个时段涉及多个团队、多个主题的应急演练同时执行。计划针对某个时段组织的演练工作，比如某个周末进行第一季度验证应用系统高可用性的应急演练。一个计划由多个任务组成，一个任务对应一个应急演练场景。一个任务包含多个子任务，子任务是演练操作步骤，每一个子任务至少包括子任务内容、子任务负责人、子任务复核人、子任务计划开始时间、子任务计划完成时间，部分子任务还需要建立依赖关系。

从场景要素“连接”看，时序任务是一个将人与应急演练方案、协作机制连接起来的关键手段。引入 ChatOps 机器人对子任务进行开始提示、超时公示、升级上报等，可加强人对时序任务执行的紧凑感，及时完成任务。

（4）过程观测

数字化让过程可观测，以便运维组织可以在事中对演练过程进行管控。可观测在大规模演练协同与混沌工程中显得尤为重要。

应急演练过程可观测主要依赖时序任务执行的过程管理。场景建设包括设计计划角度子任务执行状况看板，以便值班经理、领导观测整体子任务执行情况；设计任务角度的子任务执行状况看板，以便职能团队观测演练执行情况；设计用户角度的子任务执行状况看板，以便具体的演练执行人观测自己的子任务执行情况、上游依赖子任务的执行情况、下游依赖子任务的堵塞情况。再结合 ChatOps 理念设计演练机器人助手，协助督促子任务执行，确保演练有序执行。

生产环境与对象的可观测主要从观测指标、架构 / 关系可视化、感知告警3个角度进行管理。观测指标可反映异常状况、业务运营、技术组件性能等。运维组织通过看板可以实时观测指标变化，再对不同时刻的指标数据快照下来作为基准，与多个不同时刻的快照数据进行比较。很多故障应急场景会发生故障扩散，是故障事件分析的难点。架构 / 关系可视化支持相关人员从全局视角观测事件引发后各个技术节点的状况，发现真实故障下彼此间的依赖关系。感知告警相当于一个演练过程的监测机器，支持实时发现并反映演练过程中发现的问题。感知告警具体到每一个技术节点的异常发现。

（5）演练收尾总结

演练收尾总结是演练工作的“最后一公里”，是演练的闭环，在实施中是一项极其重要又容易执行不到位的工作。下面从环境恢复、演练复盘、设计任务三点进行介绍。

环境恢复是对演练过程中的参数状态、主备环境等进行必要的反向操作，确保演练工作不会产生新的异常影响。场景设计上，一方面操作性的环境恢复需要与演练故障模拟进行整合，尽量自动完成；另一方面基于指标数据快照，利用感知告警实时监测环境恢复的完整性。

应急演练是为了检验应急预案是否有效，可用性架构是否可靠，应急处置过程中判断是否准确、果断，处理是否及时、有效，内部分工是否明确，应急操作是否规范等，是为了发现问题。演练复盘需要利用演练过程中的执行时序数据、生产对象观测数据，结合参与人员描述性信息等，挖掘存在的问题。

发现演练问题后，下一步是设计任务解决问题。任务有 3 种：针对某些特定人的整改性工作，需要指定责任人、完成目标、完成时间；针对问题向相关方进行风险揭示，或发布管理机制；针对问题的解决经验进行沉淀，形成组织的知识。

推荐阅读

DevOps落地与转型：提升研发效能的方法与实践

作者：蒋星辰 ISBN：978-7-111-71759-1

本书首先介绍了一些解决研发过程中阻碍点的工程实践方法，旨在培养产研人员良好的研发习惯；随后介绍了结合平台、度量管理方法提升技术团队的自运维能力和持续改进能力的方法，以及向技术团队引入 DevOps 文化的方法。同时，本书介绍了DevOps 全链路平台建设和实践的方法，以及如何协助项目管理者落实有效的项目管理方法，如何提高项目价值交付的有效性。通过本书的学习，你将具备 DevOps 落地的能力，并将为该领域贡献自己的力量。

云原生落地：企业级DevOps实践

作者：应阔浩 李建宇 付天时 赵耀 ISBN：978-7-111-71045-5

通过阅读本书，你将透彻理解云原生的发展历程与意义；了解云原生实践应重点关注哪些方向；Kubernetes管理后台、关键组件选型以及定制化开发；如何研发自定义的企业级PaaS平台；如何设计持续集成的环境与分支选型；如何打造一个一流的CI/CD平台；如何选择流水线工具；如何设计企业级的持续部署平台；如何为工程师打造NPS高的配套工具；如何通过服务网格解决通用的熔断、限流问题；如何运营和推广云原生平台，让它100%落地。

持续架构实践：敏捷和DevOps时代下的软件架构

作者：[美] Murat Erder [美] Pierre Pureur [美] Eoin Woods ISBN：978-7-111-71774-4

本书介绍了架构师和软件工程师如何快速交付，提供了解决当今软件系统关键质量属性和交叉问题（例如安全性、性能、可伸缩性、弹性、数据和新兴技术等）的深入指导，通过一个贯穿全书的案例研究，对每项关键技术都进行了演示，反映了作者应对复杂软件环境的丰富经验。

推荐阅读

AIDevOps：智能微服务开发、运维原理与实践

作者：吴文峻 张文博 王德庆 任健 张奎 等 ISBN：978-7-111-70865-0

本书主要围绕微服务架构的智能服务适配，针对复杂服务软件系统，系统阐述智能微服务软件架构、开发与运维技术、主要支撑工具等。这些相关技术在国内外互联网企业得到高度关注，特别是如何把AI技术与DevOps进行紧密融合，是学术界和工业界都在积极探索的热点话题。本书深入浅出地介绍这些领域的最新进展和相关研究成果，并给出未来的发展趋势。

DevSecOps敏捷安全

作者：子芽 ISBN：978-7-111-70929-9

这是一本体系化讲解DevSecOps敏捷安全的实战性著作，为企业应对软件开发方式敏态化与软件供应链开源化带来的安全挑战提供了解决之道。它能有效指导企业快速将安全能力完整嵌入整个DevOps体系，在保证业务研发效能的同时实现敏捷安全内生和自成长。

本书由国内软件供应链安全领域领军企业悬镜安全创始人子芽出品，得到了企业界和学术界10位权威安全技术专家的联袂推荐。

DevSecOps实战

作者：周纪海 周一帆 马松松 陶芬 杨伟强 等 ISBN：978-7-111-69565-3

本书作者都是拥有DevSecOps相关工具开发或者落地实践经验的资深专家和高级管理者，却又来自不同的领域（DevOps和应用安全）。 由于DevSecOps本身是跨越软件开发、研发效能和应用安全等不同领域的全新方法论，本书作者群体正好可以从不同角度对DevSecOps的实践和落地进行全方位覆盖。其目标是不仅使具有开发和DevOps背景的读者了解DevSecOps相关的安全理念和实践，也使具有信息安全背景的读者了解如何进行安全前置，最终将安全意识和能力落地开发团队。

推荐阅读

SRE原理与实践：构建高可靠性互联网应用

作者：张观石 ISBN：978-7-111-71582-5

本书参考传统可靠性工程及软件可靠性工程体系，把传统可靠性工程中的“六性”（可靠性、维修性、测试性、保障性、安全性、环境适应性）转化为互联网软件可靠性工程的6种能力（可靠性设计能力、观测能力、修复能力、保障能力、反脆弱能力、管理能力）。每一项能力都包括互联网SRE体系中的概念、能力的设计、能力建设的原则与方法、能力的度量与改进，以及相应的实践案例。通过这6种能力把可靠性相关的工作组织起来，本书不仅清晰地描绘了互联网软件可靠性工程体系的全貌，而且详细阐述了每一种能力的获得方法。

Prometheus云原生监控：运维与开发实战

作者：朱政科 ISBN：978-7-111-66783-4

这是一部从运维和开发双重视角全面讲解Prometheus的著作，受到华为、阿里、腾讯、京东、网易等一线IT企业，以及Apache、云原生社区等的多位资深专家高度评价。

本书不仅能指导读者快速搭建一个Prometheus监控系统并将其应用到实践中，还通过私有云、公有云、混合云环境下的大量案例证明了一个事实——Prometheus可监控一切，它是一种通用的监控系统解决方案。

Prometheus监控技术与实践

作者：陈金窗 刘政委 张其栋 郑少斌 ISBN：978-7-111-64964-9

本书系统地介绍Prometheus的基本理论与应用，包含作者多年的实战经验。本书主要内容分为三部分，共14章。第一部分介绍监控系统的技术发展与基础原理以及Prometheus的核心组件及架构；第二部分介绍Prometheus的Exporter导出器、服务发现、PromQL数据查询、告警处理、可视化Grafana、Pushgateway等；第三部分介绍Prometheus与其他系统结合的综合案例，如与OpenStack、Docker、Kubernetes、日志系统等结合，最后介绍了Prometheus监控系统的生产部署和统一监控系统平台的构建。